CONTRATO DE FIANÇA

CONTRATO DE FIANÇA

ASPECTOS ATUAIS E TEMAS CONTROVERTIDOS

2023

Marcello Uriel Kairalla

ALMEDINA

CONTRATO DE FIANÇA
ASPECTOS ATUAIS E TEMAS CONTROVERTIDOS

AUTOR: Marcello Uriel Kairalla

DIRETOR ALMEDINA BRASIL: Rodrigo Mentz
EDITORA JURÍDICA: Manuella Santos de Castro
EDITOR DE DESENVOLVIMENTO: Aurélio Cesar Nogueira
ASSISTENTES EDITORIAIS: Larissa Nogueira e Letícia Gabriella Batista
ESTAGIÁRIA DE PRODUÇÃO: Laura Roberti

DIAGRAMAÇÃO: Almedina
DESIGN DE CAPA: FBA

ISBN: 9786556278940
Julho, 2023

Dados Internacionais de Catalogação na Publicação (CIP)
(Câmara Brasileira do Livro, SP, Brasil)

Kairalla, Marcello Uriel
Contrato de fiança : aspectos atuais e
temas controvertidos / Marcello Uriel Kairalla. --
São Paulo, SP : Almedina, 2023.
Bibliografia.
ISBN 978-65-5627-894-0
1. Contratos (Direito) - Brasil 2. Garantias
constitucionais 3. Inadimplemento contratual
I. Título.

23-154266 CDU-347.422(81)

Índices para catálogo sistemático:

1. Brasil : Inadimplemento : Direito das obrigações
: Direito civil 347.422(81)

Tábata Alves da Silva - Bibliotecária - CRB-8/9253

Este livro segue as regras do novo Acordo Ortográfico da Língua Portuguesa (1990).

EDITORA: Almedina Brasil
Rua José Maria Lisboa, 860, Conj.131 e 132, Jardim Paulista | 01423-001 São Paulo | Brasil
www.almedina.com.br

Em memória de Zeno Augusto Barros Veloso:
"Dizendo: Mais servíra, senão fôra
Para tão longo amor tão curta a vida"
(Sete anos de pastor, Luís Camões)

AGRADECIMENTOS

Esse livro é fruto da dissertação apresentada para obtenção do título de mestre. A dissertação foi majoritariamente escrita durante a pandemia de coronavírus. Estranhamente, em grande parte da pós-graduação, não estive na Faculdade – o Largo de São Francisco esteve irreconhecível nesses tempos. Os encontros com os colegas e professores, os cafés e as aulas, todos, foram substituídos por um sucedâneo online. Superamos, como coletividade, a pandemia de COVID-19, mas muitos não tiveram a mesma sorte. Não posso deixar de agradecer às únicas pessoas que afiançaria, meus pais e meu irmão, parceiros de todas as horas. Sem eles nada seria, nada conseguiria e, certamente, não teria concluído esse trabalho.

Preciso agradecer ao meu orientador, Professor José Fernando Simão, por ser, ao mesmo tempo, leal, parceiro, exigente e culto. Agradeço pelas aulas, pelas oportunidades, pelas discussões jurídicas, históricas e filosóficas, parceria e companhia durante todos esses anos. Agradeço o acesso às obras raras que só se encontram em sua coleção.

Agradecimentos também ao meu assistente Bruno – que tem futuro brilhante na academia, tenho certeza –, pela paciente leitura do trabalho, pelas profícuas discussões jurídicas e pelas horas a fio de revisão e pesquisa.

Agradeço, profundamente, à Bruna, que, além de colega de monitoria e de aulas, parceira de profundos debates jurídico, acadêmicos e profissionais, grande amiga, é hoje minha sócia. Seus comentários sempre ajudaram muito na evolução do trabalho e sua companhia tornou o ano da peste melhor. A escrita é um trabalho eminentemente solitário, mas alguns amigos permitiram que eu compartilhasse algumas ideias e a tornaram melhor. Nesse ensejo agradeço aos Henrique, Laís, Caian, Marcello, César, Michel e Fabio, pois contribuíram com indicações inestimáveis, conselhos e opiniões.

Agradeço à Almedina Brasil, nas pessoas de João Paulo Hecker e Aurélio Nogueira, pela paciência com este procrastinador e pela oportunidade de publicar nessa prestigiosíssima instituição, que honra as melhores tradições.

Finalmente, mas não menos importante, agradeço à Cecília, pela paciência com as insones noites e longos dias (ou seria ao contrário?) de estudo, pela companhia nos momentos de maior dificuldade, pelo apoio nos dias de desilusão e pela compreensão.

Meu muito obrigado a todos!

APRESENTAÇÃO

Apresentar uma obra é sempre uma alegria. Nesse caso, a alegria fica redobrada. A obra em questão é de autoria de um grande amigo e um brilhante pesquisador, Marcello Kairalla.

Conheci Kairalla no ano de 2014, ainda nos bancos da Faculdade de Direito da Universidade de São Paulo, por força de um amigo comum. Não tive a alegria de ser seu professor de graduação, mas Marcello se tornou monitor em minha disciplina.

Seu interesse acadêmico era tão intenso que naturalmente fui seu orientador da tese de Láurea (o famoso trabalho de conclusão de curso) sobre os Alimentos ao fim da Conjugalidade. Aquela pesquisa do jovem graduando impressionou pela qualidade e conteúdo. Era um trabalho maduro, com requinte, apesar de Marcello não ter ainda concluído sua formação.

O mestrado era o passo seguinte. O tema da fiança, por mim sugerido, passava pelo viés que sempre prezei como civilista: doutrina profunda para resolver questões práticas. O estudioso do Direito Civil não é nem deve ser um filósofo ou sociólogo. A decadência que vive hoje parte (considerável) da doutrina decorre do fato de os estudiosos do Direito Civil terem rebuscado seu pensamento, que ficou rococó, muito rebuscado por fora, mas vazio por dentro. Há uma clara opção de parte (considerável) da doutrina por escrever "difícil", construir verdadeiros Titanics, muito chiques, muito badalados, mas que afundam ao encontrar o primeiro iceberg (por exemplo, civilistas que esmiuçam as categorias jurídicas e que não se preocupam com obviedades).

Não é o caso de Kairalla. O pesquisador jovem da graduação se tornou um estudioso requintado. Conhece Direito Civil à antiga. Sabe que a função do civilista é resolver problemas práticos, do cidadão. É herdeiro da melhor tradição franciscana na matéria.

Como aprendi com o saudoso Mestre, dos maiores juristas de todos os tempos, José de Oliveira Ascensão, quando proferi uma palestra a seu lado em Lisboa (a primeira de muitas), no ano de 2006, "civil" decorre do latim "civitas", cidade, cidadão. Direito Civil é o direito do homem comum.

É por isso que o livro, de maneira acadêmica, estuda a fiança segundo os planos da validade (primeiro) e depois da eficácia. Segue a melhor tradição de Pontes de Miranda. Nem por isso o trabalho deixa de resolver problemas práticos, do cidadão comum. Na validade, a fiança de obrigação inválida, depois a outorga conjugal, e, por fim, a fiança prestada por pessoa jurídica. Na eficácia, a exoneração do fiador, a sucessão por morte e o bem de família. Todas as questões são tormentosas, difíceis e geram controvérsias judiciais intermináveis.

A fiança como garantia pessoal é contrato de uso corrente[1]. É socialmente tido como útil e bom para as trocas, mormente na garantia da locação de imóvel urbano em que a gratuidade acaba sendo regra. E é por ser gratuita que a fiança se interpreta de maneira restritiva, sempre para impor menos prestações ao fiador.

Trabalhar esse tipo contratual é necessário, imprescindível, mormente em se tratando de um programa de pós-graduação de uma Universidade pública.

[1] Dados do SECOV para março de 2021: "O Brasil tem aproximadamente 685 milhões de metros quadrados construídos de imóveis não residenciais, tais como shopping centers, edifícios de escritórios, imóveis de uso logístico e industrial, galpões isolados, pequeno e médio comércios, entre outros. Destes, 51% estão alugados, totalizando aproximadamente R$ 17,5 bilhões/mês. São 20 mil contratos, sendo 78% deles garantidos por fiadores. Já as locações de grandes empreendimentos, em regra, utilizam outras modalidades de garantia, informa Sartori. Ele lembra, ainda, que o fiador também é garantia mais frequente entre os inquilinos na locação residencial, respondendo por 45% dos contratos celebrados em janeiro de 2021, na cidade de São Paulo, segundo a Pesquisa de Locação do Secovi-SP. O depósito caução de três meses de aluguel foi a segunda modalidade mais usada – cerca de 39,5% escolheram essa forma de garantia. O seguro-fiança foi o tipo de garantia pedido por 15,5% dos proprietários".

Trata-se de hipótese em que alguém assume a responsabilidade de pagar dívida alheia. Na velha terminologia de Brinz, ao decompor o vínculo obrigacional, temos responsabilidade (*Haftung*) sem dívida própria (*Schuld*). E responder por dívida alheia exige expressa previsão legal (v.g. artigo 932 do Código Civil) ou declaração de vontade, negócio jurídico, como no caso da fiança. É situação excepcional.

O contrato de fiança nem sempre é bem compreendido. Isso porque ele se forma entre o fiador e o credor da prestação afiançada. É um contrato entre duas partes apenas, o devedor não é parte e não pode se opor à fiança. Se não quiser sofrer os efeitos da fiança, basta ao devedor cumprir a prestação (ou as prestações) devidas. Extinta a obrigação, extinta será a garantia.

Li eu no início dos anos 2000 a seguinte frase de Clóvis Beviláqua:

> "Pode a fiança não ter limitação de tempo e aderir a uma obrigação, que também o não tenha. A fiança, ato benéfico e desinteressado, não pode ser uma túnica de Nessus. Assim como o fiador, livremente a tomou sobre si, livremente lhe sacode o jugo, quando lhe convier, pois não tendo prometido conservá-la por certo tempo, contra sua vontade, não poderá permanecer indefinidamente obrigado" (Comentários, v. 5).

Fui, então, pesquisar quem era Nessus e descobri se tratar do centauro que cobrava uma paga para transportar pessoas que quisessem cruzar o Rio Evenos na Grécia. Hércules se recusa a pagar (para alguns) ou o centauro tentar atacar sua amada Djanira (para outros) e a briga acaba em morte: Nessus é morto pelas flechas de Hércules embebidas no veneno da Hidra da Lerna (segundo trabalho do herói). O centauro, já quase morto, usando de um ardil, convence Djanira a humedecer uma túnica com seu sangue (incolor segundo a mitologia) e diz que, se o herói a usasse, o amor dele pela jovem seria eterno. O dolo resulta: Djanira pede a Hércules que use a túnica com o sangue de Nessus contaminado pelo veneno da Hidra.

As dores de Hércules são lancinantes. A túnica gruda no corpo e o maior herói de toda a mitologia grega não consegue removê-la. Prefere ele a morte pelo fogo a seguir "preso" na túnica de Nessus.

É essa a interpretação da exoneração do fiador que o STJ deu ao contrato de fiança quando a locação se prorroga por tempo indeterminado.

O fiador pode resilir o contrato, a qualquer tempo, sendo nula a cláusula que impeça a extinção do contrato, transformando-o em uma "túnica de Nessus".

A palavra fiança tem "fides" no radical, ou seja, fé. Quem confia o faz porque acredita, tem fé. Não é por menos que fiança e confiança vem do latim "fidare". O infiel é aquele que não tem fé, já que a partícula "in" serve para negar certa qualidade. E é por isso que os muçulmanos eram chamados pelos cristãos de infiéis. Fidelidade tem aquele que não mantém relação sexual com outra pessoa, sendo casado (art. 1.566, I do Código Civil).

O fiador, mormente na fiança gratuita, afiança porque confia no devedor, porque acredita que o devedor saldará a dívida. É um pai que afiança o filho, um amigo que afiança outro, os sogros que afiançam o genro ou a nora. Contudo, quando o inadimplemento ocorre, temos Sêneca em sua Carta 4 a Lucílio: "não confies nessa calmaria: o mar se torna revolto num segundo. Há navios que são tragados no mesmo dia em que se lançam ao mar".

É quando cessa a calmaria que o Poder Judiciário poderá se valer da obra que ora apresento. Quais os limites da responsabilidade do fiador? Pode ele invocar a proteção do bem de família ou prevalece a regra do artigo 3º da Lei 8.245/91? Há questões de invalidade ou ineficácia da fiança que permitam livrar o fiador de sua responsabilidade?

Kairalla se mostrou competente ao responder as dúvidas da doutrina que geram um mar revolto de decisões judiciais. E foi competente porque não perdeu de vista a sua função como civilista. Além disso, como o autor tem gosto pela literatura (da melhor qualidade), pelas artes (mormente os pintores europeus do Século XVI), pela boa música (de Bach a Shostakovich) e pela História. A obra ganha em qualidade. O livro que ora apresento é erudito, agradável e, porque não, sofisticado.

É por isso que o livro vai dar nova dimensão à palavra "confiança". Confiança passa a ser lida como segurança jurídica, como certeza de boas decisões judiciais que bebam na fonte da obra de Marcello Kairalla.

Para se evitarem tragédias "judiciais", ouçamos o apelo de Electra na tragédia de Ésquilo (Oréstia) ao clamar por Justiça:

> "Mas, quando, então, Zeus todo-poderoso fará descer a sua mão, fendendo os crânios dos culpados e trazendo de volta a confiança a esta terra? Quero justiça contra a injustiça! Ouvi-me, Terra e deuses infernais!"

É isso. As obras sobre fiança da doutrina e as decisões que doravante sejam proferidas sobre o tema acham agora um porto seguro.

Desejo eu ao amigo Kairalla que essa seja a primeira de muitas obras e que sua contribuição ao direito civil seja uma presença constante.

Do quente mês de março de 2023, São Paulo.

José Fernando Simão

SUMÁRIO

INTRODUÇÃO

1. Quadro geral do direito das garantias

O adimplemento das obrigações depende da colaboração do devedor, nas palavras de Gisela Sampaio, Maria Celina Bodin de Moraes e Rose Melo Vencelau Meireles[2]. Parece-nos que seria mais acertado falar, nesse caso, em adimplemento *voluntário*, pois o devedor pode ser compelido a adimplir ao arrepio de sua vontade. O risco decorrente do inadimplemento produz efeitos desde antes da celebração do negócio, quando da realização das tratativas negociais, e consubstancia o termômetro para aferir o custo de determinado negócio.

No direito atual, o patrimônio do devedor responde pelas obrigações assumidas por ele. É o que diz o Código Civil brasileiro de 2002 em seu artigo 391[3]. O diploma português, por outro lado, prescreve em seu artigo 601 a mesma norma, com destaque a sua restrição "*susceptíveis de penhora, sem prejuízo dos regimes especialmente estabelecidos em consequência da separação de patrimónios*". Nesses dispositivos resta claro que o patrimônio do devedor é a garantia do cumprimento da palavra empenhada[4].

Pestana de Vasconcelos define que "*o conjunto de bens penhoráveis que compõem o patrimônio do devedor*" é a *garantia geral* dos credores, de modo

[2] Guedes, Gisela Sampaio da Cruz; et al (coord). *Direito das Garantias*. São Paulo: Saraivajur, 2017, p. 7.

[3] Art. 391. Pelo inadimplemento das obrigações respondem todos os bens do devedor.

[4] Romano Martinez, Pedro. Direito das obrigações – apontamentos. Lisboa: AAFDL, 3ª edição, 2011, p. 349.

que se os bens penhoráveis do devedor forem insuficientes para o adimplemento das dívidas, caracterizar-se-á a insolvência[5]. A insolvência é uma saída indesejável, pois é o reconhecimento da impossibilidade do adimplemento, da morte da obrigação e o fracasso do contrato – a obrigação não atinge sua finalidade. Mesmo que o sistema positivo preveja uma solução ao litígio decorrente da insolvência, economicamente essa solução também é indesejável ao credor, que despenderá recursos e tempo na busca de bens para satisfação da dívida, justificando a utilidade de um reforço ao adimplemento.

Surge, então, o conceito de *garantia*[6] como avesso do *risco*: perante o *risco* do inadimplemento, o direito fornece mecanismos para *garantir* o adimplemento ou, em outras palavras, de o credor se defender do inadimplemento. Assim, é possível dizer que garantia significa segurança[7-8] e ela é, por sua vez, um dos principais valores tutelados pelo direito[9]. Francisco Amaral coloca a segurança como valor estruturante do direito, descrevendo-a como sinônimo de paz, ordem e estabilidade, traduzidos pela certeza da realização do direito. A primordial função

[5] VASCONCELOS, L. Miguel Pestana de. *Direito das Garantias*. Coimbra: Almedina, 2ª Ed. 2013, p. 46.

[6] O vocábulo garantia vem do *garant* (francês e alemão), que, por sua vez, descende de uma variedade de palavras proto-francesas e do latim vulgar (*warand, warjan, werênd, warire, warantus*), que significam algo como o ato de se defender.

[7] OLIVEIRA, Lauro Laertes de. *Da fiança*. São Paulo: Saraiva, 1981, p. 1.

[8] Ávila adverte quanto à polissemia do vocábulo segurança e de segurança jurídica, segurança pode ser a proteção contra adversidades (seguro contra o frio); um estado psicológico de confiança (estou seguro de que sei determinada matéria) – este, especialmente, ligado à origem etimológica da palavra (*sine+cura*, sem preocupações) – e que é aplicável à economia, à filosofia, à sociologia e à política; também pode ser um estado de proteção de bens individuais e coletivos, como no caso da *segurança pública*, sendo sinônimo de "afastamento de ameaças à paz das pessoas"; ainda segurança pode ser a proteção "*contra as ameaças às condições essenciais de sobrevivência*" (ÁVILA, Humberto. *Segurança jurídica Entre permanência, mudança e realização no Direito Tributário*. São Paulo: Malheiros, 2011, pp. 99-105). Nenhum desses sentidos, contudo, é segurança jurídica. A segurança, enquanto garantia, é vinculada à confiança de estado de consciência e fático, ligado à previsibilidade.

[9] Sampaio Ferraz assim prescreve: "O Jurista contemporâneo preocupa-se, assim, com o direito que ele postula ser um todo coerente, relativamente preciso em suas determinações, orientado para uma ordem finalista, que protege a todos indistintamente" (FERRAZ JUNIOR, Tercio Sampaio. *Introdução ao estudo do direito: técnica, decisão, dominação*. 6ª edição, 4ª reimpressão. São Paulo: Atlas, 2012, p. 57).

dos sistemas jurídicos é "*permitir que cada pessoa possa prever o resultado de seu comportamento*"[10-11].

Considerando, precisamente, as múltiplas e fundamentais funções cumpridas pela segurança no ordenamento jurídico pátrio, assim conclui José Fernando Simão: "*A segurança jurídica, por conseguinte, deixa de ser aquela exclusivamente formal, pautada pela certeza da irretroatividade, para ser igualmente a previsibilidade da concretização de direitos e liberdades fundamentais. A aferição da segurança jurídica passa a ser feita não apenas pelos critérios formais (Estado de Direito), mas também por critérios materiais (Estado Democrático de Direito, v.g., dignidade da pessoa humana, sociedade justa etc.)*"[12].

A segurança se manifesta de diversos modos: em um deles, o direito pode prescrever formas determinadas a certos atos, pois acredita que, na ausência delas, a segurança restaria prejudicada. Tal concepção pode ser decorrente da facilidade da prova em caso de crise jurídica, mas também pode decorrer da publicidade a terceiros de informações indispensáveis à formação dos seus conhecimentos. É por esses motivos que se tem como indispensável o registro da compra de um apartamento pelo respectivo comprador, o registro do casamento pelos nubentes, a divulgação dos balanços, por uma sociedade empresária, aos seus investidores etc.[13].

O direito das garantias surge essencialmente pela necessidade de fomentar a segurança e evitar o prejuízo decorrente do inadimplemento, ou, pelo menos, mitigar os seus efeitos[14]. Esses objetivos, aliás, são as

[10] Amaral, Francisco. *Direito Civil: introdução.* 7ª ed. Revista, modificada e aumentada. Rio de Janeiro: Renovar, 2008, p. 18.

[11] A segurança jurídica, por sua vez, seria "*definida como uma ideia supraordenadora ou como um sobreconceito*", "*um elemento de metalinguagem doutrinária*" (Ávila, Humberto. *Segurança jurídica Entre permanência, mudança e realização no Direito Tributário.* São Paulo: Malheiros, 2011, p. 107), mas pode ser entendida como um fato, como um valor ou, principalmente, como uma norma princípio. Ávila aponta, contudo, que a norma-princípio também possui conteúdo valorativo, pois "o objeto do princípio da segurança jurídica não é, por assim dizer, diretamente a configuração da realidade, mas sim a configuração do Direito ou de um direito como instrumento para se configurar a realidade" (Ávila, Humberto. *Segurança jurídica Entre permanência, mudança e realização no Direito Tributário.* São Paulo: Malheiros, 2011, p. 120).

[12] Simão, José Fernando. *Prescrição e decadência: início dos prazos.* São Paulo: Atlas, 2013, p. 155.

[13] Amaral, Francisco. *Direito Civil: introdução.* 7ª ed. Revista, modificada e aumentada. Rio de Janeiro: Renovar, 2008, p. 19-20.

[14] Igual conclusão pode ser chegada em um estudo no âmbito da Análise Econômica do Direito, como bem demonstram Ejan Mackaay e Stéphane Rousseau: "Do ponto de vista

principais preocupações das partes na celebração de um contrato. Em que pese arraigado o conceito de segurança, logo que se inicia o estudo das garantias, apresenta-se problema de difícil solução: o que são as garantias para o direito?

De acordo com Pinto e Silva, as garantias das obrigações são multidisciplinares e estão presentes nos maiores contratos e nos mais comezinhos, demonstrando, então, a sua ampla aplicação e a dificuldade de delinear contornos precisos para a classe. Ressalta o autor que o estudo das garantias nas escolas jurídicas é fragmentado, pois a parcela pessoal é estudada conjuntamente com as obrigações, enquanto a parcela das garantias reais se integra ao Direito das Coisas, de modo que não há um estudo holístico e funcional das garantias. Em face de tal ausência, questiona se seria possível a consecução de um sistema adequado às circunstâncias hodiernas. O autor salienta que, em reforma moderna, citando Grimaldi como um dos condutores, foi criado o livro das Garantias no Código Napoleão, consubstanciando, atualmente, o livro IV do referido diploma[15]. O tratamento uniforme das garantias traria uma versão mais apurada da sua finalidade.

Menezes Cordeiro, por sua vez, descreve de forma ampla garantia como "*esquemas de Direito destinados a assegurar determinadas situações jurídicas*" de modo que garantia jurídica pode ser definida como "*toda a sanção ou grupo de sanções institucionalizados*". Nesse conceito, a responsabilidade civil é garantia geral da satisfação do credor de uma obrigação, enquanto a responsabilidade penal é a garantia de determinados bens jurídicos considerados primordiais pelo ordenamento, ao ponto de a violação deles exigir a mais grave sanção. Em apertadíssima síntese, conclui que há garantias que existem somente com a violação a determinado direito (responsabilidades civil e criminal, por exemplo) e há as que existem anteriormente a qualquer violação (como os contratos de garantia), sendo estas chamadas de *garantia stricto sensu*[16], estas de interesse direto do

individual, cada um visa ao desenvolvimento ótimo do contrato. (...) Da mesma forma, se a execução do contrato parecer muito incerta, pode insistir para que a contraparte preste garantia – o que, entende-se, representa uma forma de compensação com a redução do risco de incerteza e o ganho do contrato que não seria celebrado sem a garantia (...). (Mackaay, Ejan; Rousseau, Stéphane. *Análise econômica do direito* – 2ª edição – São Paulo: Atlas, 2015, p. 414).

[15] Pinto e Silva, Fábio Rocha. *Garantia das Obrigações*. São Paulo: Editora IASP, 2017, p. 1-4.

[16] Menezes Cordeiro, António. *Direito das obrigações* – volume 2. Lisboa: AADL, 1ª edição de 1980, reimpressão de 1986, p. 465-466.

presente livro. Daqui em diante, a garantia em sentido estrito será referida somente como garantia.

Retomando a sistematização proposta por Pinto e Silva, vê-se a dificuldade de encontrar o "mínimo comum" para o direito das garantias: muito pouco há de comum entre a fiança e a hipoteca – em suas estruturas, modos de formação, execução, enquadramento jurídico etc. –, não obstante, é possível encontrar alguma unidade, a partir de uma definição funcional: "é a garantia-função, que permite ao beneficiário proteger-se contra um risco". Novamente, tem-se aqui a aproximação fundamental da ideia de garantia com a de segurança e, em consonância com Menezes Cordeiro, *garantia é* o vínculo destinado ao reforço do adimplemento, é segurança contra o inadimplemento[17].

Clarifique-se: não se trata de responsabilidade patrimonial, que é princípio geral vigente no direito hodierno[18]. A garantia é uma forma de sanção antecedente, enquanto a responsabilidade patrimonial é coerção. Aplicável a sanção, portanto, verificar-se-á a aplicação coativa, atualmente exercida pela responsabilidade patrimonial[19].

A garantia se exprime de diversas formas, visando ao asseguramento das obrigações, podendo ser enquadrada como geral ou especial. A garantia geral é o efeito da promessa de pagamento e se limita, imediatamente, pelo princípio da responsabilidade patrimonial. É dizer, em outras palavras, que "*a simples existência de qualquer obrigação implica a imediata aplicação das normas destinadas à sua efectivação patrimonial*"[20]. Há debate sobre o conceito de garantia geral, conforme apontado por Vasconcelos, em razão das nomenclaturas alemã e francesa para as garantias especiais (*Sicherheiten* e *sûretés*) não se refletirem na garantia

[17] Pinto e Silva, Fábio Rocha. *Garantia das Obrigações*. São Paulo: Editora IASP, 2017, p. 5-6.

[18] A oposição à garantia patrimonial é a garantia pessoal do devedor. Chegava-se ao extremo da retenção do cadáver do devedor para garantia do adimplemento. Ver, sobre esse ponto, Claudio, Affonso. *Direito Romano: Da retenção do cadaver do devedor em garantia do direito creditorio, entre os romanos*. Rio de Janeiro: Besnard Frères, 1916.

[19] Não cabe aqui delinear a evolução histórica que culminou nessa forma do devedor responder pelo inadimplemento de uma obrigação, pois esse percurso foge aos propósitos do presente trabalho. Para um panorâmico dessa trajetória e do consequente desenvolvimento da teoria dualista da obrigação, vide Silva, Clóvis do Couto e. *A obrigação como processo*. Rio de Janeiro: Editora FGV, 2006, pp. 81 a 84.

[20] Menezes Cordeiro, António. *Direito das obrigações* – volume 2. Lisboa: AADL, 1ª edição de 1980, reimpressão de 1986, p. 468.

geral[21]. O fato de que a responsabilidade do devedor está limitada ao seu patrimônio não implica a totalidade do patrimônio como garantia da dívida, pois mesmo que a responsabilidade esteja limitada ao patrimônio do devedor, este pode não ser excutido em algumas hipóteses, como, no direito brasileiro, no caso do bem de família[22]. A excussão do patrimônio no cumprimento forçado da obrigação é consequência da garantia patrimonial do devedor, não sua causa. É por isso que se diz que o patrimônio do devedor é a garantia geral da obrigação. Em síntese, a natureza da garantia geral é de um poder atribuído ao credor que tem a faculdade dele fazer uso. Não se trata, portanto, de um direito potestativo ao patrimônio do devedor, mas sim, e antes, de um poder de cobrar as prestações devidas, sendo o patrimônio do devedor um meio de realização delas. A garantia geral é a "*permissão normativa genérica de actuação de responsabilidade patrimonial*"[23-24].

Além dessa garantia primária, geral, existem as garantias especiais. Estas consubstanciam um meio de o credor mitigar o risco do inadimplemento, mediante reforço à garantia primária ou geral. Quando a

[21] Vasconcelos, L. Miguel Pestana de. *Direito das Garantias.* Coimbra: Almedina, 2ª Ed. 2013, p. 50-51.

[22] A Lei 8.009/1990 traz a impenhorabilidade do imóvel residencial da família, com algumas exceções, entre as quais a que será abordada na Segunda Parte, Capítulo III, desse trabalho. O art. 833 do Código de Processo Civil, por seu turno, traz outras hipóteses de impenhorabilidade: bens inalienáveis, móveis que guarnecem a residência, vestuários e bens de uso pessoal, vencimentos subsídios, pensões até 50 salários-mínimos mensais, os livros etc.

[23] Menezes Cordeiro, António. *Direito das obrigações* – volume 2. Lisboa: AADL, 1ª edição de 1980, reimpressão de 1986, p. 465-496. Desse ponto se desdobra uma série de remédios que visam à conservação da garantia geral dos credores, seja em razão da dilapidação do patrimônio do devedor (alienação a título gratuito ou destruição), seja graças ao aumento de seu passivo (contratação de dívida), ou, ainda, em razão do não aumento patrimonial ou da não diminuição do passivo (repúdio a herança ou anulação de débito). É dizer que, a fim de conservar a garantia geral dos credores, o Direito fornece aos credores dois tipos de faculdades, as preventivas e as repressivas. Citem-se, como exemplo, as ações nulificantes e de anulação, as sub-rogatórias oblíqua e direta (repressivas), o arresto (preventivo).

[24] "em se tratando de *haftung*, estamos diante de uma relação de responsabilidade em que uma pessoa ou coisa se encontra sujeita a dominação de outra pessoa, como garantia da realização de um acontecimento qualquer" (...) "e h*aftung*, que consiste na submissão ao poder de intervenção daquele a quem não se presta o que deve ser prestado" (Simão, José Fernando. *A teoria dualista do vínculo obrigacional e sua aplicação ao direito civil brasileiro.* In: Fernanda Pessoa Chuahy de Paula; et. al. (Org.). *Direito das obrigações: reflexões no direito material e processual. – obra em homenagem a Jones Figueirêdo Alves.* 1ed. São Paulo: Método, 2011, v. 1, p. 239-253).

garantia especial recai sobre um bem específico, é denominada real, enquanto a garantia especial que não recai sobre determinado bem, mas sim sobre o patrimônio daquele que garante a obrigação principal, denomina-se pessoal[25].

As garantias pessoais, dentre as quais se encontra a fiança, são, portanto, uma modalidade de garantia especial e possuem características variáveis a depender do tipo de garantia que se pretende obter. Podem ser típicas ou atípicas, contratuais ou não, acessórias ou autônomas[26].

Dessa forma, estabelecido que a garantia especial é um reforço à garantia geral, determinada obrigação somente pode ser considerada uma garantia em sentido jurídico se houver acréscimo à garantia geral dos credores, seja ele qualitativo ou quantitativo[27]. Se determinado sujeito assinar um contrato intitulado "fiança" e, no clausulado, constar que "asseguro o pagamento da dívida em questão, mas meu patrimônio não se sujeitará à execução forçada", em verdade, não haverá fiança, mas mera carta de conforto, que, juridicamente, não se pode qualificar como garantia – uma vez que não há reforço à garantia geral[28].

Urge delinear, então, a natureza jurídica da garantia especial. Vasconcelos aponta que a garantia surge em decorrência do crédito. E crédito, aqui, deve ser entendido de maneira ampla, abrangendo tanto

[25] Fábio Rocha Pinto e Silva lembra que as garantias pessoais se originaram das reais e que há muito mais uma linha divisória entre ambas do que um oceano. O autor lembra também que a proliferação de garantias pessoais e reais torna a linha entre elas cada vez mais translúcida (*In. Garantia das Obrigações*. São Paulo: Editora IASP, 2017, p. 8).

[26] Romano Martinez, Pedro. *Direito das obrigações* – apontamentos. Lisboa: AAFDL, 3ª edição, 2011, pp. 357-359.

[27] Vasconcelos, L. Miguel Pestana de. *Direito das Garantias*. Coimbra: Almedina, 2ª Ed. 2013, p. 47, com estofo na doutrina de Vaz Serra e Antunes Varela.

[28] "'Que há num simples nome? O que chamamos rosa, com outro nome não teria igual perfume?' O *nomen juris* é relevante para a identificação do instituto e seus efeitos? Se o contrato denominado comodato contiver remuneração em favor do "comodante" pelo uso da coisa, prevalece a categoria do comodato ou há verdadeira locação? O *nomen juris* é menos relevante (para não dizer totalmente irrelevante) que a causa típica do negócio jurídico. Se há cessão da posse direta mediante remuneração em dinheiro o contrato só pode ser de locação" (Simão, José Fernando. *Mora do afiançado não impede a exoneração do fiador nos contratos por prazo indeterminado – Parte 2*. Disponível em https://professorsimao.com.br/mora-do-afiancado-nao-impede-a-exoneracao-do-fiador-nos-contratos-por-prazo-indeterminado-parte-2/, acesso em 4 de abril de 2023).

o direito de crédito, quanto o direito de exigir uma contraprestação[29]. Não se trata de uma decorrência obrigatória, pois na maioria dos casos não há garantia especial, apenas o patrimônio do devedor, embora a garantia torne o fluxo econômico de relações mais eficiente, trazendo segurança e previsibilidade. É a ideia econômica elementar de que a efetividade da recuperação do crédito aumenta sua oferta no mercado[30]. A maior certeza de que a obrigação será adimplida – que é o cerne da garantia da obrigação e o final último da obrigação[31] – reduz os custos, aumenta a segurança e é fator de desenvolvimento econômico e social. Em outros termos, traçando-se uma espécie de escala: se a chance de recuperação for inexistente, não haverá mercado de crédito; se for baixa, os juros cobrados (remuneração pelo alto risco e pelo capital) serão altos; se for um crédito com altas chances de recuperação, os juros serão mais baixos (remuneração pelo baixo risco e pelo capital); se não houver, virtualmente, risco de perda, os juros (aqui somente remuneração pelo capital) serão ainda mais baixos. A conta é simples: com maior chance de ser recuperado, o crédito, *lato sensu*, fica mais barato. A natureza jurídica da garantia especial seria, portanto, o reforço à garantia geral, que culmine em maior eficiência.

Outra definição possível para garantia especial é a negativa: caracterizada como toda aquela que não seja a geral. Questiona Menezes Cordeiro "*qual a natureza da situação em que se encontra o sujeito cuja posição é tutelada pelas aludidas garantias, geral e especial?*"; é certo que a resposta a

[29] "*Schuld*, como um dever legal em sentido amplo, mas em sentido estrito e a dívida autônoma em si mesma, que tem por conteúdo um dever legal" (Simão, José Fernando. *A teoria dualista do vínculo obrigacional e sua aplicação ao direito civil brasileiro*. In: Fernanda Pessoa Chuahy de Paula; et. al. (Org.). *Direito das obrigações: reflexões no direito material e processual. – Obra em homenagem a Jones Figueirêdo Alves*. 1ed. São Paulo: Método, 2011, v. 1, p. 239-253)

[30] Vasconcelos, L. Miguel Pestana de. *Direito das Garantias*. Coimbra: Almedina, 2ª Ed. 2013, p. 53-54, avançando, ainda no sentido de que o crédito faculta a expansão econômica e, por consequência, auxilia no desenvolvimento da sociedade. Também Guedes, Gisela Sampaio da Cruz; et al (coord): "as garantias representam, assim, um instrumento poderoso que atende, a um só tempo, aos interesses do credor, ao lhe assegurar o resultado útil programado, e do devedor, que passar a ter acesso ao crédito (e mais barato)" (*in. Direito das Garantias*. São Paulo: Saraivajur, 2017, p. 8).

[31] "O adimplemento atrai e polariza a obrigação. É o seu fim" (Couto e Silva, Clovis V. do. *A obrigação como processo*. Rio de Janeiro: Editora FGV, 1ª edição 2006, 8ª Reimpressão 2013, p. 17).

tal questão não é possível, pois o que une todas as garantias é a finalidade geral, é "*tudo aquilo que se destina a assegurar obrigações*". Como visto, as garantias se unem, portanto, por sua finalidade comum: "*O conteúdo da garantia geral implica faculdade destinadas a, em cada caso, actuar a responsabilidade patrimonial, sendo, com esse sentido, estatuídas por lei*"[32].

Assim, as garantias especiais são um meio de dar segurança ao crédito, mas não se restringem à ampliação de pessoas sujeitas à constrição involuntária. E isso se deve ao fato de que as garantias especiais podem gerar uma série de efeitos, a depender de sua espécie, desde segregar uma parcela do patrimônio (garantias reais), até criar privilégios especiais no concurso de credores[33].

O contrato de constituição de garantia especial pode, ainda, ser típico ou atípico e, ainda, constituir um híbrido entre real e pessoal – pode-se pensar, por exemplo, em um contrato no qual determinado garantidor sujeita seu patrimônio e um bem específico, como um relógio ou um imóvel, garantindo cumulativamente com um penhor/uma hipoteca e com a universalidade de seu patrimônio. Não obstante, mesmo sendo infinitas as possibilidades de combinação e de criação de tipos de garantias, todas elas se reúnem pela finalidade comum: dar segurança ao adimplemento.

Antes de iniciar o trabalho, importa verificar quais são as classificações das garantias, para bem situar a fiança nesse vasto universo das garantias e, assim, delinear os seus limites categoriais.

[32] Menezes Cordeiro, António. *Direito das obrigações* – volume 2. Lisboa: AADL, 1ª edição de 1980, reimpressão de 1986, p. 468-496. Ver, nesse sentido, a unidade das garantias a partir de sua função de tutela do risco, explanada por Fabio Rocha Pinto e Silva (Garantia das Obrigações. São Paulo: Editora IASP, 2017, p. 56-57).

[33] Menezes Cordeiro, António. *Direito das obrigações* – volume 2. Lisboa: AADL, 1ª edição de 1980, reimpressão de 1986, p. 497-509. Os privilégios especiais já foram criticados pela doutrina, pois em análise do dia a dia das garantias verificou-se que os credores com maior poder negocial acabavam capturando a parcela mais expressiva do patrimônio, criando uma desvantagem para os credores menores (ver, nesse sentido, Vasconcelos, L. Miguel Pestana de. *Direito das Garantias*. Coimbra: Almedina, 2ª Ed. 2013, p. 56). Contudo, é certo que o risco assumido pelos grandes financiadores, bancos por excelência, é maior, de modo que o prejuízo advindo do inadimplemento sem garantias seria ainda mais profundo e atuaria de forma disseminada na economia, aumentando marginalmente os custos para todos os tomadores.

A primeira grande distinção se dá na natureza do reforço: quantitativo e qualitativo. O reforço quantitativo é a vinculação de novas pessoas ao crédito em questão, aqui residindo a fiança, ao lado da garantia autônoma, do aval, dos seguros de crédito etc. Por outro lado, o reforço qualitativo é a preferência dada ao credor para a satisfação do crédito, mediante certos bens ou rendimentos do devedor. Veja-se, no caso destas, não necessariamente se tratará de um direito real de garantia, pois estes são típicos e oponíveis contra terceiros, desde que seja anterior ao crédito do terceiro (por exemplo, uma hipoteca de segundo grau não é prioritária a uma hipoteca de primeiro grau, que não possui prioridade em relação a uma penhora anterior relativa ao mesmo bem). A garantia qualitativa poderá se dar, outrossim, pelo recurso à titularidade de um direito, como é o caso da alienação fiduciária em garantia, na qual o bem é transferido ao patrimônio do credor, lá se mantendo até o adimplemento da dívida. Existem outras hipóteses de segregação patrimonial, como anota Luiz Edson Fachin[34], como a constituição de patrimônio autônomo[35], que poderá ser titularidade de diversas pessoas, constituindo ou não pessoa jurídica, destinado a um fim específico, como a garantia de certo credor, que sobre ele tem preferência especial; o patrimônio de afetação[36], que é uma massa patrimonial destinada a um fim específico[37], que podem funcionar como garantia das dívidas.

[34] FACHIN, Luiz Edson. *Estatuto Jurídico do Patrimônio Mínimo.* Rio de Janeiro: Renovar, 2001, pp. 41-43.

[35] "Outra espécie de patrimônio existente é o patrimônio autônomo. Neste, há a atribuição da massa de bens para uma pessoa jurídica ou para um ente dotado de autonomia patrimonial, embora imperfeita" (XAVIER, Luciana Pedroso. *As Teorias do Patrimônio e o Patrimônio de Afetação na Incorporação Imobiliária.* Dissertação apresentada ao Programa de Pós-Graduação em Direito como requisito para a obtenção do título de Mestre em Direito, Universidade Federal do Paraná, p. 78).

[36] "o patrimônio afetado, assim denominado, pois corresponde a uma unidade formada por uma massa de bens e tornada independente em função do cumprimento da finalidade para a qual foi constituída" (XAVIER, Luciana Pedroso. *As Teorias do Patrimônio e o Patrimônio de Afetação na Incorporação Imobiliária.* Dissertação apresentada ao Programa de Pós-Graduação em Direito como requisito para a obtenção do título de Mestre em Direito, Universidade Federal do Paraná, p. 79).

[37] A questão da segregação patrimonial e da titularidade do patrimônio segregado ainda não é pacífica no direito brasileiro. Vejam-se que os casos da propriedade fiduciária e dos *trust* ainda prescindem de melhores contornos jurídico-doutrinários para a sua correta interpretação frente ao ordenamento jurídico brasileiro. Para mais aprofundamentos: MENEZES

As garantias especiais distinguem-se, também, pelo modo de sua execução, podendo ser executadas de forma privada, denominadas garantias automáticas (alienação fiduciária e a caução), enquanto outras, denominadas executivas, exigem a via judicial para o cumprimento forçado, dentre as quais se encontra a fiança[38].

Quanto à sua fonte, pode-se dizer que algumas são voluntárias, enquanto outras são legais. A fiança, sendo um contrato, é voluntária (embora haja hipóteses em que a lei exija ou possa vir a exigir fiança[39]).

Cordeiro, António Barreto. *Do trust no direito civil.* Coimbra: Almedina, 2014; Andrade, Margarida Costa. *A propriedade fiduciária.* separata de II Seminário Luso-Brasileiro de Direito Registral, Coimbra 10 e 11 de maio de 2007, Coimbra: Coimbra editora, 2009 disponível em https://estudogeral.sib.uc.pt/bitstream/10316/12104/1/propriedade.fiduci%C3%A1ria.pd, acesso em 17/01/2020; no direito brasileiro: Salomão Neto, Eduardo. *O trust e o direito brasileiro.* São Paulo: Trevisan, 2016. Em trâmite, no Brasil, está o PL 4.758/2020, que pretende instituir o trust no ordenamento jurídico brasileiro, de autoria do Dep. Enrico Misasi (PV-SP), foi aprovado na Comissão de Constituição e Justiça (CCJ), com parecer do Dep. Eduardo Cury, em 31 de agosto de 2022, e seguiu para o Senado Federal, onde aguarda apreciação.

[38] Como demonstra Fabio Konder Comparato, o seguro-fiança é uma modalidade de fiança bancária e não um seguro. Nos seguros fidejussórios, a obrigação da companhia fiador é de adimplemento, não de indenização (*O seguro de Crédito.* São Paulo: Revista dos Tribunais, 1968, pp. 101-102). O fato de ser uma garantia exigível à primeiro pedido não a torna, contudo, executável extrajudicialmente, como a caução.

[39] "Constituem fianças legais, e.g., aquelas prestadas em atenção aos arts. 260, 1.280, 1.305, parágrafo único, 1.400 e 1.745, parágrafo único, do Código Civil de 2002" (Figueiredo, Gabriel Seijo Leal de. *Contrato de Fiança.* São Paulo: Saraiva, 2010, p. 72); no mesmo sentido, Washington de Barros Monteiro, que preleciona, além dos exemplos citados, o artigo 121 do Código de Águas (Decreto nº 24.643/34), e artigo 36, 2ª alínea, do Decreto-Lei 3.365/41 (Monteiro, Washington de Barros. *Curso de Direito Civil: direito das obrigações: 2ª parte: dos contratos em geral, das várias espécies de contrato, dos atos unilaterais, da responsabilidade civil,* v. 5. – 35ª ed. – São Paulo: Saraiva, 2007, p. 380); Simão considera que a caução do artigo 260 é real (Schreiber, Anderson ... [et al.]. *Código Civil comentado: doutrina e jurisprudência.* 2ª ed., Rio de Janeiro: Forense, 2020, p. 170); Marco Aurelio Bezerra de Melo concorda com Figueiredo sobre a leitura de caução dos artigos 1.280, 1.400 possibilitar a utilização da fiança, mas é omisso quanto ao artigo 1.305 (Schreiber, Anderson ... [et al.]. *Código Civil comentado: doutrina e jurisprudência.* 2ª ed., Rio de Janeiro: Forense, 2020, p. 950 e 967). Também no Código de Processo Civil há hipóteses em que a Lei exige fiança para determinados atos e em determinadas situações, como é o caso dos artigos 83, para estrangeiros que litigam no Brasil; 300, §1º, no caso de tutela de urgência que possa causar danos à outra parte; 520, inciso IV, para levantamento de valores em cumprimento provisório de sentença; 525, §6º, para concessão de efeito suspensivo à impugnação ao cumprimento de sentença e §10º, para o prosseguimento da execução com efeito suspensivo; 559, no caso das ações possessórias em que

Por sua vez, as garantias que decorrem da lei, como o direito de retenção e a fiança legal, consubstanciam a categoria das garantias legais.

Há, também, o agente que presta a garantia, que pode ser o próprio devedor ou um terceiro em relação ao liame creditício. A fiança é, sempre, prestada por terceiro, uma vez que é uma garantia especial pessoal, de modo que não representaria qualquer reforço uma fiança prestada pelo próprio devedor. Por outro lado, o devedor pode hipotecar um imóvel seu, criando, assim, uma garantia de seu próprio patrimônio.

Outra forma de classificar as garantias é em relação à tipicidade, podendo a garantia ser típica ou atípica[40]. A fiança é um exemplo de garantia típica, tendo seu regime insculpido no Código Civil brasileiro (artigos 818 a 839). A garantia autônoma é, no Brasil, uma forma de garantia atípica, fruto da autonomia privada, podendo assumir as mais diversas feições, podendo ser automática ou executiva, quantitativa ou qualitativa e podendo ter os mais variados objetos[41]. A fiança e a garantia autônoma se diferenciam, centralmente, pela acessoriedade da primeira, em confronto com a autonomia da segunda – que, aliás, é o motivo essencial do seu nascimento como figura jurídica.

Diante dessas qualificações e em síntese, tem-se que a fiança é: (i) um reforço quantitativo; (ii) que exige a intervenção judicial; (iii) voluntário (mas que pode ser legal); (iv) prestado por terceiro; e (v) típico.

o autor não tem idoneidade financeira; 641, §2º, no recebimento de bens pelo herdeiro que tiver bens passíveis de colação e impugnar a necessidade de colação em processo autônomo etc., sendo estas chamadas também de fianças judiciais por parte da doutrina (ver Oliveira, Lauro Laertes de. *Da fiança*. São Paulo: Saraiva, 1981, p. 19; Figueiredo, Gabriel Seijo Leal de. *Contrato de Fiança*. São Paulo: Saraiva, 2010, p. 73). Parece que, em síntese, o legislador utiliza caução como sinônimo de garantia, em sentido lato, cabendo, nessas hipóteses, a apreciação do juízo sobre a higidez da garantia apresentada para os fins a que se destina.

[40] Essa classificação é proposta por Pestana de Vasconcelos, Luís Miguel Delgado Paredes. *Direito das Garantias* – 2ª Ed. Coimbra: Almedina, 2013, p. 62-71.

[41] "A garantia autônoma pode ter os mais diversos objetos. Habitualmente, contudo, a garantia é contratada sob os títulos de *bid bond*, *performance bond*, *repayment bond*, *advance payment bond*, ou *maintenance bond*. Os *bid bonds* garantem a manutenção de uma oferta, ainda que o proponente a retire. Os *performance bonds* garantem o adequado cumprimento de uma obrigação, sendo comuns nos contratos de engenharia. Os *repayment bonds* asseguram o reembolso de certos valores que venham a ser despendidos pelo beneficiário da garantia. Os *advance payment bonds* cobrem os riscos da não devolução de um sinal ou pagamento antecipado. E os *maintenance bonds* dizem respeito à conservação de instalações e equipamentos" (Figueiredo, Gabriel Seijo Leal de. *Contrato de Fiança*. São Paulo: Saraiva, 2010, p. 89).

Além disso, duas características proeminentes da fiança, em relação às demais garantias, devem ser destacadas. Romano Martinez define como imprescindível a característica de acessoriedade, de modo que afirma que a fiança nunca será mais gravosa do que a obrigação garantida; que a invalidade da obrigação principal será acompanhada pela da fiança; e que o fiador poderá invocar, para sua defesa, os mesmos meios de defesa do devedor. A acessoriedade é, portanto, da essência do instituto, desnaturando-se a fiança em caso contrário, como garantia autônoma, por exemplo. O segundo caractere da natureza da fiança é a subsidiariedade, que se manifesta no direito de o fiador somente ser responsável se provado que o patrimônio do devedor é insuficiente para o adimplemento da dívida[42].

A respeito da forma, na obra *Garantias de Cumprimento*, Romano Martinez aponta a vasta discussão jurisprudencial portuguesa sobre a necessidade de seguir a forma do contrato principal, mas, no Brasil, não há dispositivo idêntico ao art. 628, nº 1, do Código Civil português, sendo tão somente exigida a forma escrita para a fiança[43].

Tem-se que a fiança é, por excelência, a garantia pessoal e acessória de dívida. Nela, determinada pessoa se obriga a uma prestação (devedor) e outra garante que aquele que assumiu a obrigação a cumprirá (fiador). São duas relações jurídicas distintas, que pressupõem ao menos três atores: o credor, o devedor e o fiador. Nesse esquema, ao cabo, o credor terá, à sua disposição, duas massas patrimoniais para a satisfação da sua dívida. Retomando Menezes Cordeiro, não que a fiança ou a dívida obriguem o patrimônio, mas a responsabilidade patrimonial faz com que, em um segundo momento, com o inadimplemento das respectivas obrigações, o patrimônio deles se sujeite à satisfação do crédito, com eventuais exceções legais[44].

[42] Como se verá, embora seja natural da fiança, esse caractere não é essencial, de modo que pode ser afastado. Ver, nesse sentido: ROMANO MARTINEZ, Pedro. *Direito das obrigações – apontamentos*. Lisboa: AAFDL, 3ª edição, 2011, pp. 360-363.

[43] ROMANO MARTINEZ, Pedro e FUZETA DA PONTE, Pedro. *Garantias de Cumprimento*. Lisboa: Almedina, 5ª edição, 2006, pp. 87-88. No Código Civil português, o dispositivo é o seguinte: Artigo 628º (Requisitos) 1. A vontade de prestar fiança deve ser expressamente declarada pela forma exigida para a obrigação principal; enquanto o Código Civil brasileiro prevê, somente, que Art. 819. A fiança dar-se-á por escrito, e não admite interpretação extensiva.

[44] MENEZES CORDEIRO, António. *Direito das obrigações* – volume 2. Lisboa: AADL, 1ª edição de 1980, reimpressão de 1986, p. 509.

Adotou-se, no presente trabalho, a definição ponteana de negócio jurídico: "*O conceito surgiu exatamente para abranger os casos em que a vontade humana pode criar, modificar, extinguir, direitos, pretensões, ações, ou exceções, tendo por fito êsse acontecimento do mundo jurídico. Naturalmente, para tal poder fáctico de escolha supõe-se certo auto-regramento de vontade, dito 'autonomia da vontade', por defeito de linguagem (*nomos é lei*); com êsse auto-regramento, o agente determina as relações jurídicas em que há de figurar como têrmo. De antemão, excluamos a confusão entre o negócio jurídico e o suporte fáctico (*negotium*) do negócio jurídico. Negócio jurídico é classe de fatos jurídicos; e não de suportes fácticos. Negócio jurídico já é o suporte fáctico, o negotium, após a entrada dêsse no mundo jurídico*"[45], com a tão eficiente tripartição dos seus planos[46]. Conforme referida teoria, o negócio jurídico deve ser analisado segundo os planos da existência, da validade e da eficácia.

Marcos Bernardes de Mello sintetiza percucientemente a teoria dos planos do seguinte modo: "*No plano da existência entram todo os fatos que recebem a incidência juridicizante de norma jurídica. Portanto, concretizado suficientemente o suporte fático, a norma jurídica que o prevê incide e lhe dá entrada no mundo jurídico no plano da existência, sem exceção. Em se tratando de atos jurídicos lícitos,* lato sensu, *estes passam para o plano da validade, onde será aferida sua perfeição: se são válidos ou se são inválidos. Sendo válido, o ato jurídico passa ao plano da eficácia, onde, estando apto, produzira seus efeitos específicos*"[47].

Para organização do trabalho, foram criadas duas partes, a primeira na qual foram analisados fenômenos incidentes no plano da validade da fiança, enquanto na segunda foram analisados aqueles incidentes no plano da eficácia da fiança. A primeira parte é composta de três capí-

[45] PONTES DE MIRANDA, Francisco Cavalcanti. *Tratado de Direito Privado, T. 3.* São Paulo: Revista dos Tribunais, 2012, p. 55. É verdade que, em que pese ponteano, não se olvidará da brilhante teoria de Antonio Junqueira de Azevedo em questões pontuais.

[46] "A obra obedece a programa rigorosamente científico: a distinção entre *mundo fáctico* e *mundo jurídico,* que é o do sistema jurídico, vem à frente, e concorre imensamente para clarear os assuntos e para a solução de problemas delicados que perturbavam a ciência européia; depois, a distinção entre o *plano da existência,* o *plano da validade* e o *plano da eficácia,* sem a qual em tantas confusões incorrem os juristas, baralhando 'ser', 'valer' e 'ter efeito', como se fossem equivalentes 'ser', 'ser válido', 'ser eficaz', ou 'não ser', 'não ser válido', 'ser ineficaz'" (PONTES DE MIRANDA, Francisco Cavalcanti. *Tratado de Direito Privado, T. 2.* São Paulo: Revista dos Tribunais, 2012, p. 25).

[47] MELLO, Marcos Bernardes de. *Teoria do fato jurídico: plano da eficácia, 1ª parte* – 3ª edição – São Paulo: Saraiva, 2007, pp. 4-5.

tulos, tendo eles como temas: (i) a fiança de obrigação inválida; (ii) a outorga conjugal; e (iii) fiança prestada por pessoa jurídica. A segunda parte também é composta por três capítulos, cujos temas são: (i) exoneração; (ii) sucessão; e (iii) bem de família.

Em cada um dos capítulos propôs-se a discussão de questões controvertidas, como forma de solver problemas práticos a partir do recurso aos institutos aplicáveis, à lei, à doutrina e com recurso às fontes históricas e comparadas. Como assinala Biazi, o bom trabalho jurídico não olvida a análise das fontes, da doutrina e da jurisprudência[48].

Em encerramento a esta introdução, assinalo que se trata de um livro que busca resolver problemas práticos, do dia a dia forense e acadêmico. Algumas questões atinentes à fiança onerosa, muito menos frequente, foram assinaladas em rodapés ou com pequenas ressalvas – não foi o foco do trabalho. O estudo sistemático e compreensivo da fiança onerosa ficou para outra oportunidade, quiçá outro autor, com o desejo de que este estudo lance bases para o próximo.

[48] Biazi, João Pedro. *A exceção do contrato não cumprido no direito brasileiro*. Rio de Janeiro: GZ, 2019, p. 2.

PRIMEIRA PARTE
A FIANÇA NO PLANO DA VALIDADE

1. FIANÇA DE OBRIGAÇÃO INVÁLIDA

1. Introdução – caráter acessório da fiança

Como dito na introdução, a partir da doutrina de Romano Martinez e de delineada por Menezes Cordeiro, é característica fundamental da fiança a sua acessoriedade. Também nesse sentido, leciona Pontes de Miranda que a fiança não é uma obrigação de pagar a dívida do devedor, mas sim uma promessa de que o devedor adimplirá a dívida afiançada, verdadeira promessa de fato de outrem[49]: se o devedor não está obrigado a adimplir, também não estará o fiador. A fiança é, portanto, e por essência, um contrato acessório, de modo que sua sorte segue a do contrato principal, como regra. Assim, Lobo explana que "*Se o contrato principal for extinto ou declarado inválido, a fiança não lhe sobreviverá, também deixando de existir*"[50]. Figueiredo, a seu turno, define que o contrato principal existe independentemente de qualquer outro, enquanto o acessório pressupõe a existência de um negócio subjacente[51] e Guerreiro pontua que a primeira característica da fiança no direito ocidental é a sua acessoriedade[52], o que também coaduna com a já citada lição de Romano Martinez[53].

[49] Pontes de Miranda, Francisco Cavalcanti. *Tratado de Direito Privado, T. 2.* São Paulo: Revista dos Tribunais, 2012, p. 185.

[50] Lobo, Paulo. *Direito Civil: Contratos.* São Paulo: SaraivaJur, 4ª edição, 2018, p. 423 e 424.

[51] Figueiredo, Gabriel Seijo Leal de. *Contrato de fiança.* São Paulo: Saraiva, 2010, p. 53.

[52] Guerreiro, José Alexandre Tavares. *Contrato de fiança in. Direito Processual Empresarial* (org. Gilberto Gomes Bruschi et al.), Rio de Janeiro: Campus Jurídico, 2012, p. 409-419.

Costa Gomes afirma que as garantias de cumprimento são, por regra, acessórias, sendo a fiança a estrela das garantias pessoais de cumprimento[54]. Comparato, por sua vez, ressalta que a acessoriedade é estrutural da fiança, o que contrasta com outras figuras como, por exemplo, o seguro de crédito, que possui autonomia frente ao débito garantido[55]. Frisa, também, que a acessoriedade ou o caráter principal não está relacionado à finalidade – que, como visto, é a garantia do risco –, mas sim à estrutura interna da fiança, que dissocia os elementos da obrigação, atribuindo ao fiador tão somente a responsabilidade pela obrigação de outrem, que remanesce devedor e responsável pelo adimplemento. Sendo assim, "*como o principal é a dívida e não a responsabilidade (...), a posição do fiador é* ***sempre*** *secundária relativamente ao afiançado, nada importando ser a fiança solidária*"[56].

Segundo o autor, da acessoriedade decorrem algumas consequências: a fiança sofre com as limitações da obrigação garantida, o fiador tem direito às mesmas exceções que o devedor principal, o pagamento de dívida alheia dá ao fiador a sub-rogação plena, inclusive quanto a perdas e danos, e, ao que interessa ao presente capítulo, os requisitos de validade da obrigação principal afetam a obrigação acessória, embora o contrário não seja verdade[57]. Também nesse sentido, a doutrina clássica, ainda na vigência do Código de 1916, representada por Carvalho Santos, afirma que é da *natureza* da fiança a sua acessoriedade: "*a fiança é acessorio e*

[53] Romano Martinez, Pedro. *Direito das obrigações* – apontamentos. Lisboa: AAFDL, 3ª edição, 2011, p. 360.

[54] Costa Gomes, Manuel Januário da. *Assunção Fidejussória de Dívida: sobre sentido e o âmbito da vinculação como fiador*. Coimbra: Almedina, 2000, pp. 56, 63.

[55] O mesmo pode ser dito quanto ao aval, como bem destacam Pablo Stolze Gagliano e Rodolfo Pamplona Filho: "*A fiança é, como visto, uma garantia pessoal contratual de natureza causal. É, portanto, um pacto acessório com finalidade de garantia do cumprimento da prestação do contrato principal, cuja sorte lhe segue*" (...) "*Já o aval é uma garantia aposta em título de crédito, de natureza abstrata. Tem, portanto, existência autônoma, independentemente da sorte do título de crédito avalizado. Assim, nulo o título de crédito, persiste o aval outorgado.*" (...) "*Assim, não é adequada a utilização das regras da fiança para o aval*" (Gagliano, Pablo Stolze; Pamplona Filho, Rodolfo. *Novo Curso de Direito Civil*, volume 4, tomo II Contratos em Espécie. – 4ª ed. – São Paulo: Saraiva, 2011, pp. 651-652).

[56] Comparato, Fábio Konder. *Notas retificadoras sobre seguro de crédito e fiança*. Rev. de Direito Mercantil, Industrial, Econômico e Financeiro, São Paulo, jul.set. 1983, v. 51, p. 96.

[57] Comparato, Fábio Konder. *Notas retificadoras sobre seguro de crédito e fiança*. Rev. de Direito Mercantil, Industrial, Econômico e Financeiro, São Paulo, jul.set. 1983, v. 51, pp. 96-97.

segue a sorte da obrigação principal. Não póde valer, si é nulla a obrigação a que se refere"[58].

O raciocínio exposto é igualmente aplicável à diferenciação da fiança e do aval, na medida em que se considera a autonomia do último negócio jurídico em relação ao contrato que lhe deu causa. Dessa forma, como demonstra Miragem, tem-se como regra geral do regime jurídico do aval que eventuais vícios contaminadores do contrato avalizado em nada implicam a invalidade ou a ineficácia de sua garantia. Consequentemente, hipóteses em que a nulidade ou anulabilidade da fiança seria inconteste, o aval não é atingido, como se vê a seguir: "*e, embora tenha por função oferecer garantia, tem por característica* [o aval] *sua autonomia à obrigação avalizada, de modo que o avalista não pode opor, para responder pela obrigação, as exceções que são próprias do avalizadas. Sobrevive o aval mesmo se a obrigação garantida for nula, exceto quando se trate de vício de forma*"[59-60-61]. Sendo assim,

[58] Carvalho Santos, J. M. de. *Código Civil Brasileiro Interpretado, principalmente do ponto de vista prático.* Vol. XIX. São Paulo: Livraria Editora Freitas Bastos, 1937, p. 452.

[59] Em certos casos, a autonomia do aval é flexibilizada pela jurisprudência: em contratos de mútuo ou abertura de crédito bancário, admitiu-se a alegação de invalidade de cláusulas do contrato principal (STJ, Recurso Especial 259.561/RS, julgado em 3 de agosto de 2006) (Miragem, Bruno. *Direito bancário* – 3ª ed. São Paulo: Revista dos Tribunais, 2019, p. 521).

[60] A natureza jurídica do aval é controvertida, pois cada autor lhe atribui um certo contorno. Não obstante, como afirma Newton de Lucca, "que verdadeiramente importa, em matéria de aval, é determinar o exato conteúdo da obrigação do avalista, daí extraindo-se todas as conseqüências importantes no que toca à subsistência dessa mesma obrigação em que pese a nulidade da obrigação do avalizado". Segundo o referido autor, a doutrina francesa, a partir da *Ordonnance du Commerce*, de 1673, classificou o aval como se fosse fiança, citando Jacques Savary. Já na lei alemã *Wechselordnung*, em que pesa a ausência de disciplina específica para o aval, a opinião da doutrina majoritária foi no sentido que o aval possui autonomia substancial, mas não formal. Essa posição prevaleceu na Lei Uniforme de Genebra, esta promulgada pelo Decreto n. 57.663/66 no Brasil (Lucca, Newton de. *O aval – parte II.* Revista da Faculdade de Direito, Universidade de São Paulo, *[S. l.]*, v. 81, p. 170-201, 1986. Disponível em: https://www.revistas.usp.br/rfdusp/article/view/67076. Acesso em: 4 de abril de 2023).

[61] No direito brasileiro, a autonomia do aval é prevista pelo artigo 32 da Lei Uniforme de Genebra: "A sua obrigação mantém-se, mesmo no caso de a obrigação que ele garantiu ser nula por qualquer razão que não seja um vício de forma"; e pelo artigo 31 da Lei n. 7.357/85: "Art. 31 O avalista se obriga da mesma maneira que o avaliado. Subsiste sua obrigação, ainda que nula a por ele garantida, salvo se a nulidade resultar de vício de forma". Frise-se, por fim, que o Superior Tribunal de Justiça aplica a Lei Uniforme de Genebra em detrimento do Código Civil, por ser lei especial (Recurso Especial 1.835.278/PR; Agravo Interno no Agravo Interno no Recurso Especial 1.592.923/SP).

é forçoso concluir pela diferenciação de aval e fiança quanto à acessoriedade, naquele a regra é a autonomia, enquanto nessa há relação de dependência formal e substancial[62].

Tem-se, então, que a fiança, no âmbito do direito privado, é um contrato naturalmente coligado[63]. Sendo assim, é presumível que siga a regra geral, sintetizada no brocardo *simul stabunt, simul cadent*, ou seja, a invalidade ou ineficácia de um contrato deve acarretar a de seu coligado. Referida regra possui pares no direito estrangeiro, conforme exposto por Marino, na fórmula da jurisprudência italiana "*as vicissitudes de um contrato devem repercutir-se no outro, condicionando-lhe a validade e a eficácia*". Essa fórmula, recebida nos termos do artigo 184 do Código Civil[64], requer cuidado, pois contraria outro relevante vetor ordenamento jurídico, a conservação do negócio jurídico, prevista, entre outros, nos artigos 170[65], 183[66], 184[67] e como norma principiológica.

[62] Em síntese, pode-se dizer que o aval, por ser matéria de direito cambiário, tem regramento diferente da fiança. Pontes de Miranda é profícuo ao afirmar que: "O direito cambiário, que tudo tem a dizer sôbre o aval, nada tem a dizer sôbre a comunicação ou a não-comunicação da dívida. Não há direito de família no direito cambiário, nem direito cambiário no direito de família" (Pontes de Miranda, Francisco Cavalcanti. *Tratado de Direito Privado, T. 34*. São Paulo: Revista dos Tribunais, 2012, p. 400-401). Mesmo com o Código Civil de 2002, e a inclusão do aval no artigo da necessidade de outorga, os tribunais afastaram tal necessidade, tal a força da autonomia do título cambiário.

[63] Ver, nesse sentido, a obra de Francisco Marino, cuja definição se empresta: "*Contratos coligados podem ser conceituados como contratos que, por força de disposição legal, da natureza acessória de um deles ou do conteúdo contratual (expresso ou implícito), encontram-se em relação de dependência unilateral ou recíproca*" (Contratos Coligados no Direito Brasileiro. São Paulo: Saraiva, 2009, p. 99) e "*verifica-se que diversos casos de coligação têm origem na natureza acessória de um dos contratos coligados. São exemplos de coligação natural (...) contrato de garantia típico (fiança, seguro-fiança [...])*" (*Contratos Coligados no Direito Brasileiro*. São Paulo: Saraiva, 2009, p. 106).

[64] Marino, Francisco Paulo de Crescenzo. *Contratos Coligados no Direito Brasileiro*. São Paulo: Saraiva, 2009, p. 188-190.

[65] Art. 170. Se, porém, o negócio jurídico nulo contiver os requisitos de outro, subsistirá este quando o fim a que visavam as partes permitir supor que o teriam querido, se houvessem previsto a nulidade.

[66] Art. 183. A invalidade do instrumento não induz a do negócio jurídico sempre que este puder provar-se por outro meio.

[67] Art. 184. Respeitada a intenção das partes, a invalidade parcial de um negócio jurídico não o prejudicará na parte válida, se esta for separável; a invalidade da obrigação principal implica a das obrigações acessórias, mas a destas não induz a da obrigação principal.

Pois bem, a coligação contratual é um fenômeno típico da fiança: trata-se de contrato acessório que possui sua validade atrelada à validade do contrato principal. Ressalte-se, não obstante, que o contrário não ocorre: um vício na fiança, como a ausência de outorga conjugal – que será oportunamente estudado – não afeta a validade do contrato afiançado. A análise da propagação da invalidade de um contrato ao outro deve ser feita sob a luz da estrutura contratual: no caso, trata-se da antiga regra, hoje insculpida no supra referido artigo 184 do Código Civil brasileiro de 2002. Em síntese: pode-se dizer que a fiança se enquadra na categoria dos contratos tipicamente acessórios. A fiança, acessória e subsidiária, depende do contrato principal, devendo se aplicar a regra *accessorium sequitur principal*, embora o contrário não seja verdadeiro.

A regra geral encontra eco no artigo 824 do Código Civil brasileiro de 2002[68], que prevê não serem as obrigações nulas suscetíveis de fiança. Dessa regra, dois pontos controvertidos exsurgem: o primeiro é delimitar se, e em que medida, a anulabilidade da obrigação principal afeta a fiança e, o segundo, a extensão da exceção das invalidades decorrentes da incapacidade pessoal do devedor a outras hipóteses, como a de vícios de consentimento. Este capítulo buscará as soluções que harmonizem o sistema jurídico, conferindo-lhe operalibilidade[69].

A fim de concretizar esse mister, proceder-se-á à interpretação da regra contida no artigo 824 do Código Civil, buscando sua origem histórica e sua teleologia. Após esse desenvolvimento, será enfrentado o alcance do dispositivo: se se refere somente às obrigações nulas, ou se abrange também as anuláveis, e a eventual incidência dos denominados "novos princípios" na resolução dos problemas.

[68] Art. 824. As obrigações nulas não são suscetíveis de fiança, exceto se a nulidade resultar apenas de incapacidade pessoal do devedor.

[69] Princípio orientador da elaboração do Código Civil, nas palavras do autor do anteprojeto: "Dar ao Antaprojeto antes um sentido operacional do que conceitual, procurando configurar os modelos jurídicos à luz do princípio da realizabilidade, em função das forças sociais operantes no País, para atuarem como instrumentos de paz social e de desenvolvimento" (REALE, Miguel. *Mensagem nº 160. In.* Projeto de Lei nº 634/1975. Diário do Congresso Nacional, Suplemento (B) ao nº 061, Capital Federal, Seção I, Sexta-Feira, 13 de junho de 1975, pp. 109-110)

2. Evolução histórica: proibição do mútuo a menor e invalidade do contrato acessório

Clovis Beviláqua, ao comentar a regra contida na parte final do artigo 153 do Código Civil de 1916 (hoje correspondente ao artigo 184), acentua que a invalidade da obrigação principal implicar a invalidade da acessória é "princípio assente" no direito[70], sem versar sobre a origem de tal regra geral[71]. Teixeira de Freitas[72] a inseriu em seu Esbôço, no artigo 803, com o seguinte texto "a nulidade da obrigação principal implicará a das obrigações acessórias"[73]. Por ocasião de sua Consolidação, Teixeira de Freitas não compilou uma regra geral, mas sim três regras específicas. A nulidade da pena convencional (artigo 392), uma vez que "da natureza do acessorio é não poder subsistir sem o principal – *Quum causa principais non consistit ne ea quidem quae sequuntur locum obtinent*" – comple-

[70] Bevilaqua, Clóvis. *Código Civil dos Estados Unidos do Brasil, comentado por Clovis Bevilaqua.* Edição histórica, vol. I. Rio de Janeiro: Editora Rio, 1975, p. 419.

[71] A utilização de todas as defesas do devedor é um direito do garantidor desde o Direito Romano imperial, pelo menos (D. 44.1.19). Figueiredo, Gabriel Seijo Leal de. *Contrato de Fiança.* São Paulo: Saraiva, 2010, p. 182.

[72] Jurista brasileiro que, infelizmente, não possui o reconhecimento que merece: "Se Augusto Teixeira de Freitas tivesse nascido na França, na Itália ou na Alemanha, e, no seu tempo, em qualquer um daqueles países, tivesse produzido o que produziu, escrito o que escreveu e criado o que criou, seria consagrado e apontado como um dos maiores e mais fecundos juristas, como um autêntico patrimônio cultural de qualque ruma dessas nações, famoso, respeitado, conhecido, difundido e repetido, como um Pothier, um Giorgi, um Savigny. Entretanto, viveu a vida inteira e escreveu no Brasil. País ainda jovem, e, na sua época, mal saído da condição de colônia, na infância da independência política, atrasado, desconhecido, isolado, subdesenvolvido material e culturalmente. Se o homem é o homem e a suas circunstâncias, como quer Ortega y Gasset, as circunstâncias que envolviam Freitas eram adversas, limitantes, e a tudo ele conseguiu superar e vencer."; "Era um homem circunspecto, reservado, altivo. Seu tempo era todo voltado para a meditação, para o trabalho, para o estudo e para o ameno convívio com a família."; "Todos procuravam a sua palavra, a sua orientação, o seu conselho. Colegas, estudantes, juízes, homens do Governo buscavam-lhe a opinião serena e erudita. Foi um autêntico oráculo. O Jurisconsulto do Império, como bem o chama Sílvio Meira. Sua criação era abundante. Sua mente fervilhava, produzindo como uma usina de ideias. E sua mansidão e boa fé não o deixavam enxergar que, por algumas vezes, era explorado. Muito do seu tempo e de sua saúde foram consumidos na elaboração de longos, minuciosos e doutos pareceres, fornecidos a Ministros, Juízes e Advogados." (Veloso, Zeno Augusto Bastos. *Teixeira de Freitas e Pontes de Miranda.* Belém: Unama, 2010, pp. 9-14).

[73] Freitas, Augusto Teixeira de. Código Civil, *Esbôço*, vol. 1. Brasília: Serviço de documentação do Ministério da Justiça e Negócios Interiores, 1952, p. 328.

tando – "mas, como o principal não depende do acessorio, a nullidade da pena não faz nullo o contracto"[74]. A segunda das regras específicas é relativa ao penhor, estando insculpida no artigo 775 da Consolidação[75]. Por fim, a terceira, relativa à fiança, será abordada no subitem 2.2, abaixo.

Assim como na Consolidação, também o Direito Romano não teve regra geral para a invalidade do contrato acessório que, como bem ilustrou Bevilaqua, é um princípio assente no direito. Por outro lado, a proibição do mútuo a menor pode ser encontrada no Livro 14 do Digesto, no *Senatus Consultum Macedonianum*[76-77], de Ulpiano (D. 14.6.1), e é

[74] Segue o texto do artigo 392. "Se o contracto fôr nulo, ou torpe, e reprovado, a *pena convencional* será também nulla" (Freitas, Augusto Teixeira de. *Consolidação das Leis Civis, vol. 1.* Ed. Fac.Sim. Brasília: Senado Federal, 2003, p. 274.)

[75] Artigo 775. Se fôr nulla a obrigação principal, á que o penhor serve de garantia, também será nullo este contracto accessorio (Freitas, Augusto Teixeira de. *Consolidação das Leis Civis, vol. 1.* Ed. Fac.Sim. Brasília: Senado Federal, 2003, p. 476).

[76] Em tradução livre: Este senatus-consulto foi introduzido em ódio a um usurário chamado Macedo, que costumava emprestar dinheiro a *filius familias* cujos bens conhecia, por juros e usura tão horríveis, que os filhos não só se aborreciam com a vida dos pais, mas também traziam a morte àqueles lhe deram a vida, a fim de se livrarem, por meio de sua herança, da perseguição de um credor que havia emprestado dinheiro a um *filius familias*, não apenas contra seu pai, mas também contra ele, tanto sob o pátrio poder, quanto depois que ele o deixou.
Há divergências sobre o momento deste senatus consulto. Querem que seja da época do imperador Cláudio, porque Tácito, no livro II, cap. 13 de seus Anais, diz que na época desse imperador foi feita uma lei que reprimia a ganância dos usurários, por medo de que os filhos da família pedissem dinheiro emprestado e então esperassem pela vida de seus pais. Outros, ao contrário, querem que seja da época de Vespasiano, por causa de Suetônio, sobre a vida desse imperador, capítulo II, parece dizer isso claramente: *Auctor fuit sanatui censenti, ne foeneratoribus filiorumfamilias exigendi crediti jus unquam esset, nequidem post mortem patrum.*
Ce senatus-consulto a été introduit en haine d'un usurier appelé *Macedo*, qui avait coutume de prêter de l'argent á des fils de famille dont il connaissait les biens, á des intérêts et des usures si horribles, que les enfans étaient obligés non-seulement de s'ennuyer de la vie de leurs pères, mais aussi de procurer la mort à ceux dont ils avaient reçu la vie, afin de se délivrer par le moyen de leur succession de la poursuite d'un créancier qui avait prêté de l'argent à uns fils de famille, non-seulement contre son père, mais aussi contre lui, tant pendant la puissance paternelle, qu'après qu'il en était sorti.
On n'est pas d'accord sur le tems où ce sénatus-consulte a été fait. Les veulent qu'il ait été fait du tems de l'Empereur Claudius, parce que Tacite, au liv. II, chap. 13 de ses Annales, dit qu'on a fait du tems de cet empereur une loi qui a réprimé l'avarice des usuriers, de crainte que les fils de famille n'empruntassent de l'argent, et qu'ensuite ils n'attentassent à la vie de leurs parens. D'autres veulent au contraire qu'il ait été fait du tems de Vespasien, à cause de Suétone, dans la vie de cet empereur, chapit. II, parait le dire clairement : *Auctor fuit sanatui censenti, ne foeneratoribus filiorumfamilias exigendi crediti jus unquam esset, nequidem post mortem*

considerada como o nascedouro da regra que viria a consubstanciar o atual artigo 824 do Código Civil de 2002. Como será visto, com essa norma, impediu-se que aquele que realizava o mútuo a menor responsabilizasse o *paterfamilias* pela dívida. E, ainda, estendia a aplicação da regra ao fiador, desde que não incorresse em determinadas situações – se o garantidor se responsabiliza graciosamente, por exemplo, ele não poderia alegar o *Senatus Consultum*. Outrossim, a regra do artigo 837 do Código Civil de 2002[78], segundo a qual o fiador pode opor as exceções extintivas que competiam ao devedor principal, também tem origem romana: "*todas as defesas que competem ao devedor, também competem ao garantidor, mesmo contra a vontade do devedor*" (D 44.1.19)[79-80].

patrum. (HULOT, Henri. *La clef de lois romaines, ou dictionnaire analytique et raisonné de toutes les matières contenues dans le Corps de Droit* – Tome Second. Metz: Chez C. Lamort, 1810, p. 554).

[77] Parece que há uma divergência sobre a origem do nome Macedo: "Macedo fora um jovem, que estava prestes a matar o pai, acossado por dívidas (TEÓFILO, ao §7, L, *quod cum eo*, 4,7). O intuito foi de política jurídica criminal e civil, e não só civil (ano 47 após Cristo)" (PONTES DE MIRANDA, Francisco Cavalcanti. *Tratado de Direito Privado, T. 42*. São Paulo: Revista dos Tribunais, 2012, p. 99)

[78] Art. 837. O fiador pode opor ao credor as exceções que lhe forem pessoais, e as extintivas da obrigação que competem ao devedor principal, se não provierem simplesmente de incapacidade pessoal, salvo o caso do mútuo feito a pessoa menor.

[79] D. 44.1.19. "Marcien au liv. 13 des Institutes. Toutes les exceptions qui appartiennent au principal oblige appartiennent, même malgré lui, à son répondant" – em tradução livre: todas as exceções que cabem ao devedor principal, mesmo contra sua vontade, cabem ao garantidor. Diz também o D. 44.1.7 que "Mais le exception attachées à la chosé profitent au répondant comme au principal obligé. Telles sont le exception fondées sur l'autorité de la chose jugée, sur la mauvaise foi du demandeur, sur le sermente déjà fait an justice par le défendeur, sur une crainte grave. Ainse, si le principal obligé a fait avec son créancier une convention par laquelle celui-ci a promis de ne point demandeur la chose et si cette convention est réelle et non personnalle, elle produira une exception en faveur du répondant. L'exception fondée sur ce qu'une femme s'est obligée pour autrui, sur ce que la demande qu'on forme iroit au détriment de la liberté, peut être aussi opposée par le répondant. Il en sera de même de celui qui a répondu pour un fils de familie à qui on a prêté contre la disposition du sénatus-consulte Macédonien, ou pour um mineur de vingt-cinq ans qui a été trompé par la mauvaise foi de sa partier. Si le mineur a été trompé par sa facilité an contractant, on ne vient point às san secours avant qu'il ait été restituér; le répondant ne peut point oppose d'exception" – Mas a exceção ligada à coisa beneficia tanto o garantidor, quanto o devedor principal, como as fundadas na autoridade da coisa julgada, na má-fé do demandante, no juramento feito à justiça pelo réu, e as que fez por causa de medo. Portanto, se o devedor principal tiver se obrigado a não demandar a coisa do credor, e esse acordo for real e não pessoal, produzirá uma exceção em favor do garantidor. A exceção baseada no que

A regra da proibição do mútuo a menor deve ser entendida no âmbito da família romana, bem como de suas regras específicas. O *paterfamilias* exercia sobre seus descendentes total, completa e duradoura sujeição. É dizer que, se o *filiusfamilias* cometesse um delito, a responsabilidade seria do *paterfamilias*. Assim, aquele que emprestava a um *filiusfamilias* estava, na verdade, demovendo a autoridade familiar do *pater*, uma vez que era este o detentor de todo o poder e responsável por todos os atos da família.

O texto do Digesto é claro (D.14.6.1), veda-se essa possibilidade (emprestar dinheiro a um *filiusfamilias*), pois tal conduta consubstancia um incentivo para o cometimento de um crime. Ora, qual teria sido esse crime e porque haveria de ter sido o empréstimo um incentivo? Diz o *Senatus Consultum*: ensinar os emprestadores usurários que a dívida de um filho não pode ser adimplida mesmo após a morte do pai, pois uma pessoa que emprestou dinheiro a um *filiusfamilias* não terá ação ou pretensão mesmo depois da morte da pessoa que tinha o poder (*paterfamilias*)[81].

uma mulher se obriga pela outra, em que a pedido se faz em detrimento da liberdade, pode ser oposta pelo garantidor. Será o mesmo para aquele que garantiu um *filiusfamilia* a quem emprestou contra o *senatus-consultum* Macedoniano, ou a um menor de vinte e cinco anos que foi enganado pela má-fé da contraparte. Se o menor foi enganado, não será tutelado pela Lei, antes de haver a restituição, nem o garantidor pode opor uma exceção (tradução livre de HULOT, Henri. *Les Cinquant livre du Digeste ou Des Pandectes de L'Empereur Justinien* – Tome Sixième. Paris : Chez Rondonneau, 1804, pp. 549-550).

[80] WATSON, Alan. *The Digest of Justinian, vol. 4*. Philadelphia: University of Pennsylvania Press, 1998, p. 136. Veja-se também o D. 44.1.7, §1º, "defesas relacionadas ao problema estão disponíveis ao garantidor", p. 135.

[81] Tradução livre do inglês e do francês, texto integral: "Voici les termes du sénatus-consulte Macedonien: « Comme entre les différens crimes dont Macédos s'est rendu coupable par le penchant naturel qu'il avoit au mal, il se procuroit criminellement des créances, et que souvent cet usurier, en prètant de l'argent sans exprimer aucune cause, ouvroit la carrière aux débauches et à la mauvaise conduite des fils de famille, on a décidé que celui qui auroit prêté de l'argent à un fils de famille n'en pourroit point exiger de lui le paiement, même après la mort du père sous la puissance duquel il étoit, pour apprendre à ceux qui prêtent ainsi à usure (ce qui est d'un très-mauvais exemple), que l'obligation contractée à cet égard par un fils de famille ne pourra jamais devenir valable, et qu'on ne gagnera rien à attendre la mort du père »" (HULOT, Henri. *Les Cinquant livre du Digeste ou Des Pandectes de L'Empereur Justinien* – Tome Second. Paris: Chez Rondonneau, 1804, p. 348) e "*Whereas Macedo's borrowings gave him an added incentive to commit a crime to which he was naturally predisposed and whereas those who lend money on terms which are dubious, to say the least, often provide evil men*

Veja-se que, em outras palavras, a fim de "ensinar" (desestimular) uma conduta, retirou-se a responsabilidade do pai (garantidor subsidiário) no caso de invalidade da obrigação principal, criando, então, uma ferramenta de desestímulo a uma conduta indesejada pelo sistema[82].

A morte do *pater* extingue o pátrio poder e, além disso, transmite os bens aos herdeiros. Tal qual acontece na proibição dos *pacta corvina*[83], o fundamento da proibição ora estudada é repudiar o incentivo ao desejo à morte do *paterfamilias*, prática que, além de repugnante, feria os direitos da classe dominante. Em outros termos, se a morte do *pater* possibilita ao *filius* o adimplemento de sua dívida, é do senso de justiça se vedar tal comportamento. Essa regra foi adotada, com esse significado e fundamento, pelas Ordenações Filipinas, como será demonstrado a seguir.

É evidente que a proteção da pessoa do *paterfamilias* criou, no sistema romano, uma hipótese de ineficácia do contrato de mútuo feito a menor e, como forma de intensificar esse desestímulo, também criou hipóteses de ineficácia das obrigações subsidiárias: do *paterfamilias* e do garantidor – *acessorium sequitur principale*[84].

Portanto, tem-se que o nascedouro da regra *quum causa principais non consistit ne ea quidem quae sequuntur locum obtinent* (quando não subsistir a

with the means of wrongdoing, it has been decided, in order to teach pernicious moneylenders that a son's debt cannot be made good by waiting for his father's death, that a person who has lent money to a son-in-power is to have no claim or action even after the death of the person in whose power he was" (Watson, Alan. *The Digest of Justinian*, vol. 1. Philadelphia: University of Pennsylvania Press, 1998, p. 431).

82 Ao contrário do que assenta Fernando Noronha, parece-nos que o fundamento da regra não era a mera proteção dos menores em face da exploração perpetrada por agiotas (Noronha, Fernando. *Direito das obrigações*. São Paulo: Saraiva, 2003, v.1, p. 252).

83 Sobre origem e evolução dos *pacta corvina* e dos pactos sucessórios: Simão, José Fernando. *Os pactos sucessórios ontem e hoje: uma leitura à luz da teoria do patrimônio mínimo de Luiz Edson Fachin. in.* Transformações no Direito Privado nos 30 anos da Constituição: estudos em homenagem a Luiz Edson Fachin/Marcos Ehrhardt Júnior, Eroulths Cortiano Junior (Coord.). Belo Horizonte: Fórum, 2019, pp. 777-790.

84 Importa salientar não se tratar de, em leitura com o arcabouço jurídico atual, invalidade, uma vez que, segundo o *Senatus Consultum*, se o *filius* tivesse o *peculium* militar, ele não se aplicaria até o limite do pecúlio. Também não se aplica o *Senatus Consultum* se o *filius* se passa por *paterfamilias*, desde que o credor não seja tolo e ignorante – D.14.6.1 – (Hulot, Henri. *Les Cinquant livre du Digeste ou Des Pandectes de L'Empereur Justinien* – Tome Second. Paris: Chez Rondonneau, 1804, p. 349); (Watson, Alan. *The Digest of Justinian*, vol. 1. Philadelphia: University of Pennsylvania Press, 1998, p. 432).

causa principal, não subsistirá a acessória) é romano, sendo incorporada como princípio geral do direito e, posteriormente, positivada, pois, embora a vedação ao mútuo a menor tenha tido origem na proteção da pessoa do *paterfamilias*, fornecendo o desincentivo poderoso consubstanciado na impossibilidade de cobrança do pai, da herança e do garantidor, acabou por criar uma regra de *accessorium sequitur principal*, justamente em contratos de garantia, que é complementada pela regra de que o garantidor possui as defesas do devedor, nos termos do próprio direito romano (D. 44.1.7;19)[85].

Além disso, o benefício do *Senatus Consultum* foi concedido ao garantidor, que poderia alegá-lo como defesa pessoal, salvo no caso de a garantia ter sido prestada de forma graciosa para livrar o *filius* da dívida. Não obstante, se os garantidores pagassem sem o consentimento do *pater*, não lhes seria possível pedir a repetição (D. 14.6.9)[86], pois o benefício serve para penalizar o credor (que empresta dinheiro a um *filiusfamilias* em contrariedade à estrutura familiar romana, desestimulando a conduta socialmente indesejada) e não aliviar o devedor – como, aliás, também se conclui a partir do fato de que o *filius* poderia obter o empréstimo, desde que coubesse no seu *peculium*, e de que o *filius* que agisse de maneira a enganar os credores, se passando por *pater*, também não poderia alegar o benefício do *Senatus Consultum*.

[85] §7º "A posição é a mesma se alguém, no interesse de um *filiusfamilia*, garantiu alguma coisa em violação ao *senatus consultum*, ou se garantiu um menor de 25 anos que sofreu alguma fraude" §19º "Todas as defesas que cabem ao devedor também cabem ao seu garantidor, mesmo contra a vontade do devedor" tradução livre de "Toutes les exceptions qui appartiennent au principal obligé appartiennent, même malgré lui, a su répondant" (Hulot, Henri. *Les Cinquant livre du Digeste ou Des Pandectes de L'Empereur Justinien* – Tome Sixième. Paris: Chez Rondonneau, 1804, p. 552); (Watson, Alan. *The Digest of Justinian*, vol. 4. Philadelphia: University of Pennsylvania Press, 1998, pp. 135-136).

[86] Vê-se, aqui, um exemplo de obrigação natural, cujo adimplemento não gera possibilidade de repetição. "se o pagamento é feito por garantidores da dívida do filho, sem o consentimento do pai, eles não podem repetir o que teriam dado", tradução livre de "Cependant ceux qui ont répondu pour le fils de famille sans la volonté du père, ne pourroient, dans le cas où ils paieroient le créancier, redemander comme indû ce qu'ils auroient donné." "If payment is made by guarantors for the son without the father's consent, they cannot reclaim what they have paid" (Hulot, Henri. *Les Cinquant livre du Digeste ou Des Pandectes de L'Empereur Justinien* – Tome Second. Paris: Chez Rondonneau, 1804, p. 355); (Watson, Alan. *The Digest of Justinian*, vol. 1. Philadelphia: University of Pennsylvania Press, 1998, p. 434).

Vê-se, assim, que as regras do mútuo à menor e de subsistência excepcional da garantia em caso de invalidade do contrato já estavam presentes no direito romano, embora lá a estrutura fosse diversa da atual, e lançaram o gérmen para as legislações posteriores, que possuem nascedouro comum. Buscou, o sistema romano, desestimular uma conduta danosa, criando circunstâncias nas quais foi possível germinar a regra geral da invalidade do acessório em razão da invalidade do principal.

2.1. Ordenações Filipinas

No direito português do reino, especificamente nas Ordenações Filipinas, tampouco houve positivação de regra geral segundo a qual a invalidade do contrato contamina a de seu acessório. Não obstante, a invalidade da fiança por contaminação decorrente da invalidade do contrato principal foi expressamente prevista no Livro IV, Título 48, §1º, segundo o qual vender bens, sem expressa outorga da mulher (considerada ilícita pelo *caput* do título[87]), ou afiançar, oferecer a penhor ou prometer alguma pena, "*todo será nenhum, e de nenhum vigor*"[88].

Além de consubstanciar a regra da outorga conjugal – matéria que também possui seus pontos controvertidos, que serão abordados no capítulo específico – como requisito de validade do negócio jurídico, o ordenamento português, ao prescrever que a fiança não terá nenhum vigor, possui a primeira regra segundo a qual a fiança não subsiste a uma obrigação inválida, sendo citada diversas vezes por juristas como

[87] Texto original das Ordenações: T. 48 §1º. Mandamos, que o marido não possa vender, nem alhear (2) bens alguns de raiz sem procuração, ou expresso consentimento de sua mulher, nem bens, em que cada hum delles tenha uso e fructo somente, quer sejam casados por carta de metade, segundo costume do Reino, quer por dote e arras (5). (ALMEIDA, Candido Mendes de. *Ordenações e leis do Reino de Portugal*, livro IV. Rio de Janeiro: Typ. do Instituto Philomathico. 1870, p. 837).

[88] Texto original das Ordenações: T. 48 §1º. E vendendo, ou alheando o marido alguns bens de raiz sem expressa outorga de sua mulher, posto que para firmeza da venda, ou alheamento dê fiadores, ou penhores, ou prometta alguma pena, todo será nenhum, e de nenhum vigor. E obrigando-se o marido a trazer outorga de sua mulher a certo tempo, e sob certa pena, não pagará a pena, nem incorrerá nella posto que a não traga, porque de outra maneira esta Lei seria defraudada, porque tanto dano receberia a mulher, pagando-se a pena, como valendo a venda feita sem seu consentimento. (ALMEIDA, Candido Mendes de. *Ordenações e leis do Reino de Portugal*, livro IV. Rio de Janeiro: Typ. do Instituto Philomathico. 1870, pp. 838).

Teixeira de Freitas[89] e Clóvis Beviláqua[90], como hipótese de invalidade por contaminação da obrigação acessória.

Vê-se, a partir da leitura da doutrina contemporânea, que a finalidade da regra era, além da proteção do patrimônio familiar, a proteção do patrimônio da mulher, que estava suscetível à uma ampla gama de abusos perpetráveis pelo marido[91]. Destaque-se o caráter protetivo da norma, visando à proteção de vulneráveis em uma sociedade eminentemente patriarcal. Contamina-se a validade da fiança a fim de proteger os fiadores.

Por outro lado, segundo Bevilaqua, a utilização das defesas do devedor, pelo fiador, não encontrou positivação no direito do Reino, que era omisso sobre o tema[92]. Não obstante, o direito romano foi fonte do direito civil luso-brasileiro até a promulgação do Código Civil de 1916[93-94],

[89] Com referência à expressão em latim: *accessorium corruit, sublato principali* —. FREITAS, Augusto Teixeira de. *Consolidação das Leis Civis, vol. 1.* Ed. Fac.Sim. Brasília: Senado Federal, 2003, p. 476.

[90] BEVILAQUA, Clóvis. *Código Civil dos Estados Unidos do Brasil, comentado por Clovis Bevilaqua.* Edição histórica, vol. II. Rio de Janeiro: Editora Rio, 1975, p. 619.

[91] É reiterada a literatura nesse sentido, veja-se, a título exemplificativo, a normatividade das escrituras públicas, que visavam à garantia do legítimo interesse das mulheres.

[92] BEVILAQUA, Clóvis. *Código Civil dos Estados Unidos do Brasil, comentado por Clovis Bevilaqua.* Edição histórica, vol. II. Rio de Janeiro: Editora Rio, 1975, p. 635.

[93] Rubens Limongi França narra como o direito romano estava em toda a base da formação do direito *portucalense*, mas, principalmente, como o direito português do Reino recebia expressamente as "Leis Imperiais" como forma de decidir (*Importância e atualidade do direito romano.* Revista da Faculdade de Direito, Universidade De São Paulo, 60, 206-221. Recuperado de https://www.revistas.usp.br/rfdusp/article/view/66470, acesso em 4 de abril de 2023). Veja-se: "sem embargo do que as Leis Imperiaes ácerca do dito caso em outra maneira dispoem; porque onde a Lei, stylo, ou costume de nossos Reinos dispõem, cessem todas as outras Leis, e Direito (...) E sendo materia, que não traga peccado, seja julgado pelas Leis Imperiaes, posto que os sagrados Canones determinem o contrario. As quaes Leis Imperiaes mandamos, sómente guardar pola boa razão em que são fundadas". A aplicação do direito romano era tão intensa que, não raras vezes, o próprio direito nacional português era afastado em favor da aplicação do Direito Romano imperial. A situação se tornou tão grave que em 18 de agosto de 1769 foi editada a Lei da Boa Razão, simplesmente para afastar a aplicação das fontes romanas contra as leis do reino, dando alguma segurança para o que poderia ser considerado com status de lei entre as fontes romanas e os costumes. Para estudo sobre essa lei, recomenda-se o *Commentário Crítico à Lei da Boa Razão*, de José Homem Corrêa Telles, publicado em 1865. Mas diversas outras leis tiveram de ser editadas a fim de conseguir aplicar efetivamente o direito português, como o Alvará de 4 de julho de 1776.

tendo em vista sua presença como fonte do direito subsidiário português, reconhecidamente utilizada de modo indiscriminado pelos juristas portugueses[95]. Almeida Costa é preciso ao consignar que a "Boa Razão", como critério hermenêutico, é vaga, o que ensejou, por parte da doutrina, a densificação do que fora ou não recebido pelo ordenamento jurídico[96].

Sintetiza bem, José Rogério Cruz e Tucci, a nova recepção que o direito romano teve com o advento da Lei da Boa Razão e os novos fundamentos de sua aplicação no Reino Português: "*Partindo, pois, desse pressuposto, a* Lei da Boa Razão *determinava que não mais se aceitasse a 'autoridade extrínseca' das leis romanas, e, portanto, repudiava a aplicação generalizada do* Corpus Iuris Civilis *e dos* Santos Cânones, *que tanto prestígio haviam granjeado durante séculos como fontes subsidiárias*". Continua o autor, em esforço conclusivo, "*Assim sendo, pelas novas premissas, as eventuais lacunas d legisla-*

[94] "Vigorava, pois, no Brasil independente, o velhíssimo e arcaico Código Filipino, baseado no *Corpus Iuris Civilis*, fortemente influenciado pelo Direito Canônico, escrito numa linguagem confusa, muita vez ininteligível, sem ordem, sem coordenação, que tinha a par uma legislação posterior extensíssima, também ela desordenada, disparatada, tumultuada, sem nexo e sem sistema, representada por Alvarás, Leis, Decretos, Resoluções, Instruções, Avisos, Assentos, Portarias, Regulamentos, Regimentos, para não falar nos Usos e Costumes" (Veloso, Zeno Augusto Bastos. *Teixeira de Freitas e Pontes de Miranda*. Belém: Unama, 2010, p. 14).

[95] "O legislador pombalino vai cuidar, primeiro, de proclamar o que a *boa razão* não é, determinando que não mais possa aceitar-se como tal a «autoridade extrínseca» dos textos de direito romano e cortando cerce, dessa maneira a aceitação generalizada e indiscriminada que durante séculos o *Corpus Iuris Civilis* tivera entre nós como fonte subsidiária" (Braga da Cruz, Guilherme. *O direito subsidiário na história do direito português*. Revista Portuguesa de História, Tomo XIV – Homenagem ao Doutor Paulo Merêa, vol. III, Coimbra: Imprensa da Universidade, 1974, p. 293).

[96] "Numa palavra: apresentar-se conforme à boa razão equivalia a corresponder aos princípios do direito natural ou do direito das gentes. Deste modo, era fonte subsidiaria, ao lado do direito romano seleccionado pelo jusracionalismo, o sistema de direito internacional resultante da mesma orientação. O critério mostrava-se um tanto vago. Mas, logo em 1772, os Estatutos da Universidade fixaram um conjunto de regras destinadas a aferir – quer no ensino, quer na actividade dos tribunais – a boa razão dos textos romanos. Além dessas regras, aponta-se ao intérprete o critério prático de averiguar qual o 'uso moderno' que dos preceitos romanos em causa faziam jurisconsultos das nações modernas. Daí que o direito romano aplicado subsidiariamente, por força da Lei da Boa Razão, se reconduzisse ao aceito nas obras doutrinais dos grandes autores da escola do 'usus modernus pandectarum', que, assim, adquiriam, entre nós, valor normativo indirecto como fontes supletivas." (Almeida Costa, Mário Júlio de. *História do direito português* – 4ª ed. – Coimbra: Almedina, 2010, pp. 405-406).

ção nacional deveriam agora ser supridas pela recta ratio, *devendo-se, pois, recorrer às fontes do direito romano que não a afrontassem e ao direito das gentes aceito pelas nações civilizadas e, outrossim, às 'leis das nações crstãs iluminadas e polidas' quando a questão versasse sobre matéria política, econômica, mercantil ou marítima"*.[97]

Já no que toca à proibição do mútuo a menores, o Título 50, §2º das Ordenações é claro ao atribuir à norma finalidade idêntica àquela do direito romano. Isto é, proibir o empréstimo de dinheiro aos *filhosfamilias*, pois estes poderiam gastá-lo em "*usos deshonestos*" e, presumidamente, buscar a morte dos pais. Para evitar esse mal social, os mútuos a menor foram proibidos – tal qual visto na origem romana. Aqui, também, reaparece a vedação específica da cobrança de fiadores em razão de garantia prestada em mútuo feito a menor. Implica dizer que a disciplina da invalidade da fiança em decorrência da invalidade do contrato, que surgiu expressamente pela primeira vez nos mútuos feitos a menor, ganha robustez no direito português.

Inobstante, é importante notar que o fundamento da preservação da família é proeminente na norma. Não se buscou, aqui, a proteção dos *filhosfamilias*, mas sim da família, na pessoa do pai. É a repetição da norma romana. Veja-se que mesmo que o *filhosfamilia* saia do poder familiar, seja em virtude da morte do pai, casamento ou emancipação, não será possível exigir do devedor, agora plenamente capaz, ou de seus fiadores, qualquer quantia[98]. A invalidade somente é aferível no momento da celebração do negócio, não sendo possível cumprir os requisitos de validade após este momento.

[97] Tucci, José Rogério Cruz e. *Tradição luso-brasileira dos* Assentos *da Casa da Suplicação*. In: Bittar, Eduardo C. B. (org.). História do Direito Brasileiro: Leituras da Ordem Jurídica Nacional – 4ª ed. – São Paulo: Atlas, 2017, pp. 101-119.

[98] Em tempo, veja-se a íntegra do Título 50 §2º das Ordenações Filipinas: "E porquanto de se emprestar dinheiro aos mancebos filhosfamilias se dá azo ao converterem em usos deshonestos e occasião de serem viciosos, e se póde presumir, que carregados de divida e apertados por ellas procurem a morte a seus pais, ou lha desejem: para se isto evitár, mandamos que o que emprestar a algum filho, que estiver debaixo do poder de seu pai, quer seja varão, quer femea, perca o direito de o pedir assi a seu pai, como a elle, posto que os ditos filhosfamilias, a que se fez o dito emprestimo, saiam do poder de seus pais por morte, casamento, ou emancipação. E da mesma maneira se não poderá pedir aos fiadores, que por eles ficaram" (Almeida, Candido Mendes de. *Ordenações e leis do Reino de Portugal*, livro IV. Rio de Janeiro: Typ. do Instituto Philomathico. 1870, pp. 843-844).

É nesse sentido que se afirma que o direito português houve por bem prestigiar, nesse ponto, a tutela da família, a partir da vedação de qualquer mútuo a menores. Ainda no âmbito das Ordenações Filipinas, chama atenção a disciplina dos contratos usurários, disciplinados no Título 67 do Livro IV[99]. O estudo dos contratos usurários é importante, pois, no parágrafo oitavo do referido título, consta a narrativa da existência de um contrato mercantil difundido à época que possuía a seguinte estrutura: a fim de encobrir um contrato usurário, mercadores vendem bens e coisas sem o pagamento imediato a pessoas comuns – que necessitam de um empréstimo – por preço muito acima do valor de mercado. Os compradores então, vendem o bem para suprimento de suas necessidades, ficando obrigadas a pagar o primeiro preço, embora tenham recebido muito menos pelo preço da coisa. Sem dinheiro para adimplir a primeira obrigação, essas pessoas comuns confessavam a dívida, com os juros incorporados.

Trata-se, outrossim, de não muito sofisticado contrato simulado, no qual se esconde um empréstimo ilícito. E, sendo ilícito, as Ordenações atribuíram as seguintes consequências: "*E o que o contrario fizer, perca por isso a acção, que por virtude do contracto podia ter para demandar o preço das ditas mercadorias ao comprador, ou á seu fiador. E o comprador e seu fiador não ficarão obrigados a pagar cousa alguma por razão dos taes contractos*". Veja-se, aqui, expressa, clara e indubitável regra especial segundo a qual a ilicitude do contrato principal contamina seu acessório garantidor[100]. É clara, portanto, a difusão da norma de que a fiança, enquanto contrato acessório, não deve subsistir à invalidade do contrato principal.

Assim, embora sem a sistematicidade demandada de um Código, as Ordenações Filipinas foram responsáveis pela atualização das regras romanas que hoje conhecemos como vedação ao mútuo ao menor e a

[99] Como se sabe, a usura era repudiada na época, muito em razão do Direito Canônico, contudo, sem pretender esgotar o tema, indica-se a leitura das definições de contratos usurários de ALMEIDA, Candido Mendes de. *Ordenações e leis do Reino de Portugal*, livro IV. Rio de Janeiro: Typ. do Instituto Philomathico. 1870, pp. 872-874.

[100] Destaque-se, ainda, tamanho o repúdio do legislador a tais práticas, que a pena era muito mais ampla. Isso porque aquele que realizasse tal negócio seria deportado para a Africa por dois anos, além de ser obrigado a pagar cinquenta cruzados (ALMEIDA, Candido Mendes de. *Ordenações e leis do Reino de Portugal*, livro IV. Rio de Janeiro: Typ. do Instituto Philomathico. 1870, p. 875).

invalidade da fiança por invalidade do contrato objeto. É possível compreender com precisão qual a razão da norma no sistema luso-brasileiro, entender o porquê de se afastar a validade da fiança prestada no caso de mútuo feito a menor e a origem da contaminação do contrato acessório, de modo que, quanto a isso, não há dúvida.

Nos tópicos a seguir, serão analisados a evolução das Ordenações Filipinas para a codificação de 1916, o ínterim que se passou entre tais momentos históricos, a tramitação do Código Civil de 2002, sua promulgação e a recente alteração no capítulo das incapacidades promovida pela Lei 13.146/2015, identificando os dois pontos controvertidos que surgiram após as alterações nos séculos XX e XXI.

2.2. Antecedentes históricos da codificação no direito brasileiro

Com a independência de 1822, a fim de evitar o cenário de total anomia, D. Pedro I, em 20 de outubro de 1823, decretou que toda a legislação portuguesa fosse convalidada *de jure*[101]. Por tal motivo, as Ordenações Filipinas vigeram no Brasil, na parte civil, até a o início da vigência do Código Civil de 1916, em 1º de janeiro de 1917, em que pese o comando da Constituição Imperial de 1824 no sentido de que "*Organizar-se-ha quanto antes um Codigo Civil, e Criminal, fundado nas solidas bases da Justiça, e Equidade*" (artigo 179, inciso XVIII). Bevilaqua narra que era "*forçoso sahir desse emmaranhado cipoal, que mais servia para desenvolver o espirito de chicana do que para resguardar as possibilidades jurídicas*"[102].

Nesse contexto, já sob a influência da promulgação do Código Napoleão, os juristas brasileiros buscaram a sistematização do direito civil. Bevilaqua lista, então, as iniciativas de Carvalho Moreira e de Euzebio de Queiroz, que não vingaram. Outra sorte teve Teixeira de Freitas, contratado em 15 de fevereiro de 1855 para realizar a Consolidação das Leis Civis, como uma etapa preparatória para o Código Civil[103]. O trabalho

[101] França, Rubens Limongi. *Recepção do direito romano no direito brasileiro*, in. Revista da Academia Brasileira de Letras Jurídicas, Referência: v. 10, n. 9, p. 21–41, jan./jun., Rio de Janeiro, Academia Brasileira de Letras Jurídicas, 1996, pp. 34-35.

[102] Bevilaqua, Clóvis. *Código Civil dos Estados Unidos do Brasil, comentado por Clovis Bevilaqua.* Edição histórica, vol. I. Rio de Janeiro: Editora Rio, 1975, p. 13.

[103] A Consolidação nunca teve status de lei, era doutrina. "Como consolidador, Freitas estava preso ao passado. Mas, interpretando o direito do passado, libertava-se, e, nos mean-

foi entregue em 1858. Pode-se considerar o trabalho de Teixeira de Freitas como um marco na criação e sistematização de um direito civil verdadeiramente pátrio.

Na Consolidação das Leis Civis, Teixeira de Freitas propôs uma regra geral para a nulidade da fiança em caso de nulidade da obrigação principal, consubstanciada no artigo 797: *"Todas as vezes que a obrigação principal fôr nula, será tambem nulla a obrigação accessoria do fiadôr"*. Tratou-se de importante passo em direção à sistematização do Direito Civil, afinal a regra, de clareza solar, não admitia qualquer exceção, constituindo verdadeira incidência do princípio *accessorium sequitur principal.*

Naturalmente, após a entrega da Consolidação, em 10 de janeiro de 1859, Teixeira de Freitas foi efetivamente contratado para a realização de um projeto de Código Civil. Após 13 anos e muitos desgastes com o governo, o jurista não havia entregado o Projeto, tendo somente publicado o *Esbôço*, e teve seu contrato rescindido[104]. Cumpre ressaltar o monumento jurídico entregue por Teixeira de Freitas, reconhecido internacionalmente, inclusive inspirando o Código Civil argentino, elaborado por Velez Sarsfield. No *Esbôço*, Teixeira de Freitas demonstra todo o seu brilhantismo e, praticamente, estabeleceu as bases sobre as quais firmou-se todo o direito civil subsequente, inclusive no que toca à estrutura geral do Código[105], com partes geral e especial. No que toca à acessoriedade da fiança, veja-se a redação dos artigos 3.299 e 3.300:

dros do que era velho, anunciou o novo. Na Consolidação, ele não apenas definiu, distinguiu, dividiu, ordenou e revelou o direito de então, mas aplainou os caminhos, abriu horizontes, descortinou espaços e preparou o direito do futuro" (Veloso, Zeno Augusto Bastos. *Teixeira de Freitas e Pontes de Miranda*. Belém: Unama, 2010, p. 25). Assim, embora a Consolidação não tivesse força obrigatória, o trabalho de Teixeira de Freitas era amplamente utilizado por juízes, advogados e professores para a elaboração de seus trabalhos.

[104] Bevilaqua, Clóvis. *Código Civil dos Estados Unidos do Brasil, comentado por Clovis Bevilaqua*. Edição histórica, vol. I. Rio de Janeiro: Editora Rio, 1975, pp. 15-17.

[105] Sobre esse ponto, a contribuição de Bernardo Queiroz de Moraes: "Em outros termos, é significativo que no CC/1916 o seu sistema adote uma bipartição básica inicial (Parte Geral – Parte Especial), enquanto que o BGB simplesmente adote uma divisão inicial em cinco livros (dos quais o primeiro corresponde à Parte Geral. Parece, portanto, que, enquanto o BGB procurou seguir o sistema de Savigny, Beviláqua pautou-se pelo segundo modelo de Teixeira de Freitas: no primeiro (do *Esboço*), como em Savigny e como no (então não existente) BGB, havia uma numeração sequencial dos livros de todo o Código (Parte Geral e Especial em conjunto); no segundo (do *Vocabulário*), a Parte Geral ganha uma maior autono-

Artigo 3.299. A fiança é um contrato acessório (artigo 1.906 e 1.907[106]) que supõe necessàriamente a existência de uma obrigação principal (artigo 873[107]).

Se a obrigação principal nunca existiu, estava extinta, ou se derivar de um ato ou contrato nulo, ou anulado, será nula a fiança (artigos 803[108] e 1924[109]).

Se a obrigação principal derivar de um ato ou contrato anulável, a fiança também será anulável (artigo 792[110]).

mia, com a exclusão da referência ao "livro primeiro" (que era a Parte Geral). Outro ponto de contato entre Beviláqua e o *Esboço* é a união das várias espécies de relações jurídicas sob a rubrica de "Parte Especial" (que não ocorre no sistema do BGB)." (Moraes, Bernardo B. Queiroz de. *Parte Geral: código civil: gênese, difusão e conveniência de uma ideia.* 1ª ed. – São Paulo: YK, 2018, p. 123).

[106] Artigo 1.906. Por ocasião de celebrar-se qualquer contrato, antes dêle, também é livre modifica-lo, restringindo, ampliando, declarando, ou assegurando seus efeitos, com qualquer convenção não proibida, ainda que a lei não a tenha especialmente regulado (artigos 562, 563 e 564).
Artigo 1.907. Estas modificações (artigo 1.830), ou se reputem pactos, cláusulas, ou condições adicionais de cada um dos contratos e como tais sejam pela lei reguladas, ou a lei as regule com a denominação de contratos, formam a espécie dos contratos acessórios, e julgar-se-ão pelas disposições que lhes forem aplicáveis na mesma ordem indicada pelos artigos 1.896 a 1.902.

[107] As obrigações são principais, ou acessórias, em relação ao seu objeto, e também em relação às pessoas obrigadas. As obrigações são acessórias em relação ao seu objeto, quando êste não fôr o principal da prestação, mas uma consqüência ou dependência dêle.

[108] A nulidade, pode ser completa, ou parcial. A nulidade parcial de um ato ou disposição não prejudicará sua parte válida, sempre que esta fôr separável. A nulidade da obrigação principal implicará a das obrigações acessórias, mas a nulidade desta não induz a da obrigação principal.

[109] A nulidade do contrato principal induzirá à dos contratos acessórios, mas a nulidade destes não induzirá à daquele (artigos 803, 966 e 995); exceto quando esses contratos acessórios forem cláusulas impossíveis com aparência de condições suspensivas (artigo 584), ou forem condições proibidas (artigo 634).

[110] Os atos ou disposições anuláveis (artigo 790) reputar-se-ão atos válidos, enquanto não forem anulados; e somente se haverão por nulos desde o dia em que a sentença que os anular passar em julgado (artigos 502, 503, 506, 507, 509 e 686). Em todos estes casos poderão as partes interessadas requerer a providência do artigo 687.

> Artigo 3.300. Todavia, quando a causa da nulidade fôr alguma incapacidade relativa do devedor (artigos 42[111], 789, nº 2[112], e 810[113]), é aplicável o disposto no artigo 1.009[114]; e o fiador, ainda mesmo que não soubesse da incapacidade, será responsável como único devedor.

Embora contenham complexas remissões e referências cruzadas, o que rendeu a alcunha de inoperável ao Esbôço, pode-se abstrair dos dispositivos supracitados alguns pontos de suma importância:

1. O *Esbôço* caracteriza a fiança como o contrato acessório que é.
2. O *Esbôço* atribui nulidade à fiança acessória a um contrato nulo ou inexistente.
3. Nesse mesmo sentido, o *Esbôço* atribui a pena de anulabilidade às fianças acessórias a contratos anuláveis.
4. Contudo, no caso de nulidades decorrentes de incapacidades relativas (mulheres casadas, falidos, religiosos, incapazes físico ou moral), de vícios de vontade (erro, dolo, coação, violência, simulação e fraude) e de desrespeito às formas prescritas em lei, o fiador se tornará o único responsável pela dívida.

Esses quatro pontos são, na verdade, a base sobre a qual se construiu a normatização do Código Civil sobre a fiança de obrigação inválida.

Os trabalhos de codificação do direito civil foram retomados por Nabuco de Araujo, mas, antes de findar o projeto, faleceu em 1878. Sem interrupção, Felício dos Santos assumiu a tarefa de entregar o projeto de Código e, em 1881, entregou "*os seus Apontamentos ao governo, que nomeou uma commissão para estudal-os e emittir sobre elles parecer*"[115]. A comissão

[111] São também incapazes, mas só em relação aos atos que forem declarados, ou ao modo de os exercer: 1º Os menores adultos. 2º As mulheres casadas. 3º Os comerciantes falidos declarados por tais em juízo. 4º Os religiosos professos.

[112] Quando seus agentes forem relativamente incapazes (artigos 25, 42 45, 46, 68, 71, 72, 73, 130, 132, 135, 501, nº 1, e 508, nº 2.).

[113] Haverá nulidade relativa no caso do artigo 789, nº 2, e em todos os casos do artigo 790 com exclusão do de nº 2.

[114] Não deixará também a obrigação de ser solidária, ainda que um dos co-credores, ou um dos co-devedores, tivesse incapacidade para adquirir o direito, ou contrair a obrigação. A incapacidade de um dos interessados nada influirá na validade da obrigação quanto aos outros.

[115] BEVILAQUA, Clóvis. *Código Civil dos Estados Unidos do Brasil, comentado por Clovis Bevilaqua.* Edição histórica, vol. I. Rio de Janeiro: Editora Rio, 1975, p. 18.

foi composta pelo autor dos Apontamentos e por Lafayette Rodrigues Pereira, Antônio Joaquim Ribas, Justino de Andrade, Coelho Rodrigues e Ferreira Vianna, mas logo Ribas, Justino de Andrade e Felicio dos Santos se retiraram dela e, com a ida de Lafayette para o Ministério, na qualidade de Presidente, em 24 de maio de 1883, a comissão se extinguiu[116]. Em 1889 foi nomeada uma nova comissão, da qual Antonio Coelho Rodrigues fez parte, ao lado de José da Silva Costa, Olegario de Aquino e Castro, Affonso Augusto Moreira Penna, Manuel Pinto de Souza Dantas, José Julio Albuquerque Barros e o próprio Imperador Dom Pedro II, que presidiu de fato a primeira reunião dessa comissão, em 12 de julho de 1889[117]. Com a queda do Império, em 15 de novembro de 1889, essa comissão também falhou em entregar um projeto de Código Civil.

Ainda na fase pré-codificadora, Coelho Rodrigues, por nomeação do Decreto de 15 de junho de 1890, elaborou seu *Projeto de Código Civil*, publicando-o em 1893. Segundo Bevilaqua, o projeto era "*Trabalho de incontestável merecimento, estava, perfeitamente nas condições de se converter em lei, depois de revisto nos termos da resolução do Senado*"[118].

No projeto Coelho Rodrigues, constava do artigo 1.141 que a validade da fiança pressupunha a da obrigação principal, o que é concorde com toda a evolução jurídica e condensa o dispositivo de Teixeira de Freitas (artigo 3.299 do *Esbôço*). Contudo afastando-se de Teixeira de Freitas, propôs o autor a possibilidade de afiançar uma obrigação anulável em razão da incapacidade pessoal do devedor. Coelho Rodrigues repete, então, a regra romana do mútuo feito a menor quase na íntegra, inclusive quanto às suas exceções[119]. Vê-se intensa discussão, entre os autores dos projetos, da contaminação da fiança pelos vícios do negócio jurídico.

116 Bevilaqua, Clóvis. *Código Civil dos Estados Unidos do Brasil, comentado por Clovis Bevilaqua.* Edição histórica, vol. I. Rio de Janeiro: Editora Rio, 1975, p. 19.

117 Costa Filho, Venceslau Tavares. Antônio Coelho Rodrigues: *um súdito fiel? Ruptura e continuidade na transição da monarquia para a república no Brasil. In.* Revista de Informação Legislativa – Ano 51, n. 203 jul./set. 2014, pp. 53-61.

118 Bevilaqua, Clóvis. *Código Civil dos Estados Unidos do Brasil, comentado por Clovis Bevilaqua.* Edição histórica, vol. I. Rio de Janeiro: Editora Rio, 1975, p. 21.

119 Artigo 1141. A validade da fiança presuppõe a da obrigação principal; mas, salvo o caso do artigo 1048, é permittido afiançar uma obrigação annullavel em razão da incapacidade pessoal do devedor para contrahil-a.

Entretanto, no embate com a Comissão Revisora, o projeto não foi aceito pelo Governo. Coelho Rodrigues, senador pelo Piauí, reapresentou o seu projeto no Senado Federal que, em 1896, determinou que o governo contratasse uma nova revisão do projeto. Campos Salles, Presidente da República, nomeou Epitácio Pessoa, professor da universidade de Recife[120], para o Ministério da Justiça em 1898 e, em 25 de janeiro de 1899, convidou seu amigo, Clovis Beviláqua, para "*elaborar um novo Projecto, aproveitando, tanto quanto possível, sem prejuízo das minhas idéas, o do Dr. Coelho Rodrigues, cujos meritos se deixavam perceber*"[121].

Finalmente incumbido da tarefa de entregar o seu projeto de Código Civil, Clovis Bevilaqua assim redigiu o artigo 1.600: "*Salvo o caso do artigo 1.413, é permittido afiançar uma obrigação annullável em razão da incapacidade pessoal do devedor*". Em interpretação autêntica do dispositivo, escreveu Bevilaqua que a obrigação nula não era afiançável, no mesmo sentido proposto por Teixeira de Freitas, excetuando o caso do mútuo feito a menor.

Vê-se que, entre os principais autores de projetos prévios ao Código Civil de 1916, formaram-se consensos sobre as regras em tela. A fiança, enquanto contrato acessório, tem seu fim vinculado ao da obrigação que garante, de modo que se essa for considerada nula a fiança não deve subsistir. A exceção à regra foi a situação dos relativamente incapazes que, contraindo uma obrigação afiançada, não eram obrigados a pagar,

Artigo 1048. O emprestimo feito a pessoa menor, sem prévia autorização daquelle, sob cuja administração estiver, não póde ser exigido nem do mutuario nem dos fiadores·ou abonadores.

Para compreensão do sistema proposto por Coelho Rodrigues, ver conjuntamente o artigo 1.049:

Artigo 1049. Cessa a disposição do artigo antecedente: § 1º Si o emprestimo for ratificado pela pessoa, cuja autorização era necessaria ao mutuario para contrahil-o. §2º Si o menor, achando-se ausente da pessoa a quem competia autorizal-o, foi forçado a contrahir o emprestimo para os seus alimentos habituaes. § 3º Si elle ti ver peculio castrense ou quasi castrense; mas neste caso, a execução do credor não poderá ultrapassar as forças do mesmo peculio (Rodrigues, A. Coelho. *Projecto do Codigo Civil Brazileiro*. Rio de Janeiro: Imprensa Nacional, 1893, p. 128).

[120] Epitácio Pessoa foi também Presidente da República, entre 1919-1922, além de Ministro do Supremo Tribunal Federal, Senador e Procurador Geral da República.

[121] Bevilaqua, Clóvis. *Código Civil dos Estados Unidos do Brasil, comentado por Clovis Bevilaqua*. Edição histórica, vol. I. Rio de Janeiro: Editora Rio, 1975, p. 22.

embora os fiadores o fossem – como únicos devedores, nos dizeres de Teixeira de Freitas.

A norma formulada pelos referidos autores tinha fundamento claro. Assim como os romanos, no caso da proibição de mútuo a menor, buscaram proteger o *pater* do desejo de morte para adimplemento dos créditos, Teixeira de Freitas, Clovis Bevilaqua e Coelho Rodrigues previram a manutenção da responsabilidade do fiador em caso de incapacidade relativa do devedor, pois, sendo a fiança contrato pessoal, o fiador responde também pela capacidade do devedor. Com a superação do fundamento romano, a nova norma buscou a tutela do direito ao crédito e das garantias, atualizando o antigo preceito aos tempos atuais, especialmente a nova conformação familiar e o dinamismo das relações jurídicas privadas.

Não se resolveu consensualmente, contudo, a diferenciação entre obrigações nulas e obrigações anuláveis, o que acabou por gerar pontos controvertidos, como será exposto a seguir.

2.3. O Código Civil de 1916

Após os debates entre os projetistas, bem como longa tramitação do Código Civil[122], a redação do artigo 1.600 do projeto Bevilaqua foi

[122] Como visto acima, Coelho Rodrigues elaborou seu projeto em 1893, mas, por circunstâncias políticas, foi reiniciado o processo com a contratação de Clovis Bevilaqua em 1899, para um novo projeto. Em 1900 houve a nomeação da Comissão Revisora, presidida por Epitácio Pessoa, e "composta por Olegário Herculano de Aquino e Castro, Joaquim da Costa Barradas, Amphilophio Botelho Freire de Carvalho, Francisco de Paula Lacerda de Almeida e João Evangelista Sayão de Bulhões Carvalho — a Comissão dos 5". Dessa reunião surgiu o Projeto Revisto, que foi encaminhado pelo Presidente da República ao Congresso Nacional em 17 de Novembro de 1900. A Comissão Especial da Câmara dos Deputados encerrou seu trabalho em 18 de janeiro de 1902, sendo o projeto votado e remetido ao Senado. Nessa casa, após famigerado parecer crítico de Ruy Barbosa, o Projeto permaneceu engavetado por mais de 9 anos. Somente me 13 de Setembro de 1912 a Comissão Especial entregou ao Senado seu parecer. Após o regular trâmite, somente em 26 de dezembro de 1915 o projeto foi aprovado pela Câmara dos Deputados e foi promulgado em 1º de janeiro de 1916 pelo Presidente Wenceslau Braz e seu Ministro da Justiça, Carlos Maximiliano. Ver a história completa, narrada por QUINTELA, Felipe. *Decodificando o Código Civil (5) – A tramitação do Código Civil de 1916* disponível em Gen Jurídico http://genjuridico.com.br/2017/02/07/decodificando-o-codigo-civil-5-tramitac%CC%A7a%CC%83o-do-codigo-civil-de-1916-parte-1/ e http://genjuridico.com.br/2017/02/14/decodificando-o-codigo-civil-6-tramitac%CC%A7a%CC%83o-do-codigo-civil-de-1916-parte-2/, disponíveis em 4 de abril de 2023.

bastante alterada, resultando no seu correspondente artigo 1.488, cujo texto era: "*As obrigações nulas não são suscetíveis de fiança, exceto se a nulidade resultar apenas de incapacidade pessoal do devedor. Parágrafo único. Esta exceção não abrange o caso do artigo 1.259*".

Observe-se que esse dispositivo é, em parte, contrário ao consenso formado entre os Projetistas, uma vez que nada fala sobre as obrigações anuláveis. Por outro lado, atribui validade às fianças prestadas a obrigações cuja nulidade decorra da incapacidade pessoal do devedor e manteve a regulação distinta, o mútuo feito a menor, cuja fiança seguiria o destino do primeiro contrato[123].

Tal fato não passou desapercebido pela doutrina, que questionou a correção do dispositivo. Segundo o próprio autor do projeto, o Código foi despiciendo: não precisava ter dito que as obrigações nulas não são suscetíveis de fiança, de modo que "*o que o Código pretendeu foi referir-se* ás *obrigações méramente annulaveis, porque estas existem, podem ser confirmadas e executadas. E o que cumpria declarar era que taes obrigações não podiam ser, validamente, afiançaveis*"[124]. Em síntese, dado que a fiança não pode subsistir à obrigação nula, o Código teria pretendido, embora sem a técnica adequada, referir-se às obrigações anuláveis.

Fato é que, ao arrepio da doutrina, a redação foi promulgada e subsistiram as questões acima lançadas, isto é, as obrigações anuláveis podem ensejar fianças, que também seriam anuláveis, ou o dispositivo deveria ser interpretado conforme propôs Clovis, de modo que as obrigações anuláveis, salvo por incapacidade do devedor, não são afiançáveis?

A questão foi, efetivamente, objeto de debate na Câmara. Sergio Loreto, em seu parecer, anota que o artigo 1.600 do Projeto de Código

[123] A proibição do mútuo a menor, no direito brasileiro, não é regra de invalidade, mas tão-somente ineficácia. Por todos, "O art. 1.259 do Código Civil não é regra de nulidade, nem de anulabilidade. É regra jurídica no *plano da eficácia*. Refere-se a qualquer mútuo. Pode ter havido empréstimo nulo, ou empréstimo anulável, ou, até, empréstimo válido (espécie do art. 155), mas a regra jurídica do art. 1.259 pré-exclui a ação contra o mutuário, os fiadores e abonadores. É assaz importante saber-se que o art. 1.259 incide ainda que haja incidido o art. 155. A regra jurídica do art. 155 é regra jurídica de validade. Aliás, o art. 1.502, a que o art. 1.259 remete, dá, de nôvo, ao fiador a *exceptio*, ainda que o incapaz não argua a nulidade ou anulabilidade" (Pontes de Miranda, Francisco Cavalcanti. *Tratado de Direito Privado, T. 5*. São Paulo: Revista dos Tribunais, 2012, p. 99).

[124] Bevilaqua, Clóvis. *Código Civil dos Estados Unidos do Brasil, comentado por Clovis Bevilaqua*. Edição histórica, vol. II. Rio de Janeiro: Editora Rio, 1975, p. 620.

Civil não foi mantido no Projeto Revisto, que é silente, protestando pelo retorno da norma do projeto original. Isso, pois a norma do artigo 1.600, que prescindia de ajustes de redação[125], ao ser trazida de volta ao Projeto, pela emenda de Sergio Loreto, não foi observada a diferença entre anulabilidade e nulidade. O parecer, inclusive, menciona o verbo "anular" duas vezes em português e uma em italiano[126].

Com o texto aprovado, em especial a segunda parte do dispositivo, relativa à incapacidade pessoal do devedor (que pode ser tanto absoluta, quanto relativa), gerou-se o seguinte quadro: em caso de nulidade da obrigação principal, (i) se ela decorrer da incapacidade pessoal do devedor, o fiador é obrigado a pagar; (ii) senão, a fiança será contaminada e considerada nula, não podendo ser prestada. No caso de demais vícios que cominem anulabilidade à obrigação, o Código não oferece resposta imediata, ao contrário do que pretendia Clovis Bevilaqua – que afastava a possibilidade de prestar fiança de obrigação anulável em seu projeto.

A leitura conjunta com o artigo 1.502[127] esclarece a questão: o fiador pode opor as exceções extintivas da obrigação que caibam ao devedor principal, salvo na hipótese de incapacidade pessoal. Carvalho Santos sintetiza a controvérsia ao consignar que as obrigações anuláveis são suscetíveis de fiança, pois, sendo a obrigação ratificada, também será a fiança – o que não afasta o direito de o fiador invocar a exceção que o devedor não invocou, nos termos do artigo 1.502. À mesma conclusão se chega no caso de o devedor anular a obrigação principal: a mesma sorte terá a fiança, pois, como contrato acessório, não pode subsistir sem obrigação principal (anulada)[128].

[125] O artigo do Projeto Original prescrevia que: "Salvo o caso do artigo 1413 é permittido afiançar uma obrigação annullavel em razão da incapacidade pessoal do devedor". A boa técnica de redação recomendaria algo como: Não é possível afiançar uma obrigação anulável (regra geral), salvo na hipótese da incapacidade pessoal do devedor (regra especial), incluindo, oportunamente, eventuais parágrafos para excepcionar a regra especial.

[126] BRASIL. Congresso Nacional. Câmara dos Deputados. Comissão Especial do Código Civil; Barroso Junior, Sabino. *Projecto de Código civil brasileiro Trabalhos da Commissão Especial da Câmara dos Deputados: mandados imprimir pelo ministro do interior, Dr. Sabino Barroso Junior*, vol. 2, Rio de Janeiro: Imprensa Nacional, 1902, p. 228-229.

[127] Art. 1.502. O fiador pode opor ao credor as exceções que lhe forem pessoais, e as instintivas da obrigação que compitam ao devedor principal, se não provierem simplesmente de incapacidade pessoal, salvo o caso do art. 1.259.

[128] Carvalho Santos, J. M. de. *Código Civil Brasileiro Interpretado, principalmente do ponto de vista prático*. Vol. XIX. São Paulo: Livraria Editora Freitas Bastos, 1937, p. 453.

Quanto à manutenção da responsabilidade do fiador no que toca ao caso de anulação da obrigação por incapacidade do devedor, a *ratio legis* é a imputação, ao fiador, do ônus de mitigar esses riscos, "*o fiador garante o credor contra os riscos decorrentes da incapacidade do devedor*", diz Bevilaqua[129]. Por escolha do legislador, aquele que garante a obrigação por fiança, também garante a capacidade do devedor. Isso ocorre, pois a lei presume que o fiador conhece o devedor, afinal prestou voluntariamente uma garantia a ele. A exceção a essa norma novamente advém do direito romano: o mútuo feito a pessoa menor. Contudo, ao contrário do que fundamentou a regra romana (proteção da família através do desestímulo ao assassinato do *pater*), aqui Bevilaqua considera o fundamento da norma como a proteção dos menores, em razão de sua inexperiência, dos perigos da agiotagem e da perversão, o que considera ser um "*motivo de ordem pública*"[130].

Trata-se de mudança de paradigma que acompanha uma mudança sociocultural do século XX, que começa a abandonar a família centrada no *pater* e atribui a ela finalidade social de cuidado dos vulneráveis. É partindo desse cenário, que privilegia a proteção dos interesses dos menores, que as normas devem ser analisadas. Veja-se que a validade da fiança prestada em garantia de obrigação nula por incapacidade pessoal do devedor não visa à proteção do incapaz, mas sim do credor, que se beneficia da regra, pois, caso contrário, não seria possível a satisfação do crédito. Assim, a norma protetiva dos menores (invalidade de negócios celebrados por incapaz) deve ser analisada conjuntamente com a norma protetiva dos credores (exceção da responsabilidade do fiador pelas obrigações nulas em razão de incapacidade).

Forçoso concluir que, no âmbito do Código Civil de 1916, o legislador, ao criar uma exceção à regra contida no artigo 153[131], segundo a qual a nulidade da obrigação principal implica a das obrigações acessórias, incumbiu o fiador de garantir não só a dívida, mas também a capacidade

[129] Bevilaqua, Clóvis. *Código Civil dos Estados Unidos do Brasil, comentado por Clovis Bevilaqua*. Edição histórica, vol. II. Rio de Janeiro: Editora Rio, 1975, p. 620.

[130] Bevilaqua, Clóvis. *Código Civil dos Estados Unidos do Brasil, comentado por Clovis Bevilaqua*. Edição histórica, vol. II. Rio de Janeiro: Editora Rio, 1975, p. 620.

[131] Art. 153. A nulidade parcial de um ato não o prejudicará na parte válida, se esta for separável. A nulidade da obrigação principal implica a das obrigações acessórias, mas a destas não induz a da obrigação principal.

do devedor da obrigação. Oliveira consigna que a regra excepcional, por excelência, trata do caso dos interditos[132], de modo que o fiador é, *ipso facto*, garantidor da capacidade jurídica do devedor, nos termos do Código Civil de 1916.

Enquanto as Ordenações Filipinas e o Direito Romano devem ser interpretados sob o prisma da proteção do chefe da família, o Código de 1916 é um código liberal, fundado nos valores da liberdade e, especialmente, da segurança. O fiador, para o Código Civil de 1916, passou a garantir que o devedor pagaria, tanto porque tinha condições financeiras para tal, quanto porque tinha capacidade jurídica. Em síntese, o fiador garante as capacidades financeira e civil do devedor.

2.4. Do Projeto de 1975 ao texto promulgado

Mesmo com as críticas de Bevilaqua, a redação do art. 824 Código Civil de 2002 foi praticamente igual a do artigo 1488 Código de 1916. Durante a longuíssima tramitação do Projeto de 1975, somente ocorreu uma única alteração, realizada no parágrafo único, na Emenda 332 do Senado Federal[133].

Diante das menores alterações textuais, muito pouco mudou no que toca ao objeto do trabalho. O legislador manteve todo o regramento, inclusive a exceção da incapacidade pessoal do devedor, permanecendo o sistema segundo o qual o fiador garante a capacidade do devedor, de modo que se a obrigação vier a ser declarada nula por essa razão, o fiador responde sozinho pela dívida. Também, a possibilidade de afiançar uma obrigação anulável se manteve, nos termos do novel artigo 837[134].

[132] OLIVEIRA, Lauro Laertes de. *Da fiança*. São Paulo: Saraiva, 1981, p. 12.

[133] A Emenda do Senado Federal nº 332 realizou alterações no projeto de código civil que ora foram simplesmente textuais, ora trouxeram efetivas mudanças jurídicas. No caso, tem-se que a emenda foi somente um ajuste de redação, nos exatos termos de sua ementa: "A fim de adequar o projeto à técnica jurídica, incorporem-se ao seu texto as emendas aprovadas e procedam-se as correções de redação e de técnica legislativa recomendadas, e, ainda à renumeração de seus dispositivos e das remissões conforme consta do texto em anexo. [*Esta emenda consistiu em um texto consolidado, em que o Senador Josaphat Marinho, na qualidade de relator-geral, buscou corrigir erros de redação e de técnica legislativa de cada dispositivo do projeto de lei*]" (PASSOS, Edilenice. LIMA, João Alberto de Oliveira. *Memória legislativa do Código Civil* Vol. 3. Brasília: Senado Federal, 2012, pp. 546-550).

[134] Art. 837. O fiador pode opor ao credor as exceções que lhe forem pessoais, e as extintivas da obrigação que competem ao devedor principal, se não provierem simplesmente

Diante das críticas doutrinárias expostas acima quanto à terminologia nulo/anulável, o legislador ora generalizou, adotando a terminologia inválida ao invés de nulo, como no caso do artigo 184, correspondente ao artigo 153, já citado, do Código Bevilaqua, ora manteve a expressão nulo, como no artigo em análise. Tal proceder do legislador reforça o entendimento segundo o qual houve verdadeira opção legislativa pela restrição ao nulo, ao invés de inválido. Some-se a isto o fato de que, a essa altura, outros códigos civis adotaram posturas diversas[135].

Tome-se, por exemplo o caso do Direito Português, que adotou a regra da nulidade no Código Seabra, com estrutura semelhante à adotada aqui no Código Civil de 1916[136], mas positivou somente a invalidade, de forma genérica, no Código Civil português de 1966[137]. Quanto à proibição de mútuo a menor, o sistema português teve por bem abolir tal regra de exceção à exceção, que provinha do direito romano, por ocasião do Código Civil de 1966.

A solução atual do direito português é diversa da do direito brasileiro, uma vez que lá, sendo nula a obrigação, a fiança sempre o será, enquanto, se for anulável, a fiança poderá permanecer, caso tenha sido anulada a obrigação por incapacidade ou por vício da vontade do devedor, se o fiador conhecesse referida causa ao tempo da fiança[138] – uma vez conhecedor do vício, o fiador assumiria, então, o risco, como desdo-

de incapacidade pessoal, salvo o caso do mútuo feito a pessoa menor. Ver, nesse sentido, SCHREIBER, Anderson ... [et al.]. *Código Civil comentado: doutrina e jurisprudência*. 2ª ed., Rio de Janeiro: Forense, 2020, pp. 556 e 568.

135 Fabio Pinto e Silva ressalta, em seu ante-projeto de reforma do direito das garantias, que seria adequado não permitir garantia de obrigação nula, nem de obrigação anulável (*Garantia das Obrigações*. São Paulo: Editora IASP, 2017, p. 881).

136 Artigo 822º É nulla a fiança, que recáe em obrigação que não seja válida, excepto se a nullidade da obrigação proceder unicamente de incapacidade pessoal. §1º Nesse ultimo caso a fiança subsiste, ainda que o devedor principal faça rescindir a sua obrigação. §2º Esta exceção não abrange a fiança por empréstimo feito a filho famílias, como se dirá no titulo respectivo, artigos 1535º e 1536º.

137 Artigo 632º (Invalidade da obrigação principal) 1. A fiança não é válida se o não for a obrigação principal. 2. Sendo, porém, anulada a obrigação principal, por incapacidade ou por falta ou vício da vontade do devedor, nem por isso a fiança deixa de ser válida, se o fiador conhecia a causa da anulabilidade ao tempo em que a fiança foi prestada.

138 Essa é a interpretação de Menezes Leitão (*Direito das Obrigações*, vol. II. Coimbra: Almedina, 7ª edição, 2010, pp. 335-336) e de Almeida Costa (*Direito das obrigações*, Coimbra: Almedina, 12ª edição, 2016, p. 894).

bramento da boa-fé subjetiva. Trata-se de um novo sistema que inova nas regras aplicáveis à validade da fiança e segue a linha que lançaram os projetistas do século XIX no Brasil, mas que não foi adotada por nossos Códigos de 1916 e de 2002. A inclusão dos vícios de vontade no rol das exceções do artigo 824 é sugerida por Pinto e Silva, na sua proposta de reforma, o que alinharia o sistema brasileiro com diversos outros por ele mencionados (Espanha, Portugal e França)[139].

Diante das escolhas legislativas por um sistema diferenciado, é preciso delinear quais são os efeitos que serão produzidos. Assim, no sistema criado pelo Código Civil de 1916 e praticamente repetido pelo de 2002, só é possível fiança de obrigação nula, se a nulidade for decorrente de incapacidade pessoal do devedor, em qualquer outro caso em que a obrigação for nula, a fiança também será, por expressa previsão legal (artigo 824). Não se aplica tal lógica às obrigações anuláveis, uma vez que estas podem ser afiançadas, não obstante o fiador poder extinguir a fiança nos termos do artigo 837, se a obrigação principal for anulável, pois tal situação atrai a regra do artigo 184, *fine*, do Código Civil, segundo a qual a invalidade da obrigação principal contamina a validade das acessórias. A única situação em que se aplica essa lógica é o vício decorrente e incapacidade relativa (se fosse absoluta, seria caso de nulidade) do devedor, nos termos do artigo 171, inciso I[140], do Código Civil, hipótese em que o fiador continuará responsável[141], até porque lhe é vedado alegar a incapacidade pessoal do devedor nos termos do artigo 837.

139 Pinto e Silva, Fábio Rocha. *Garantia das Obrigações*. São Paulo: Editora IASP, 2017, p. 881.

140 Art. 171. Além dos casos expressamente declarados na lei, é anulável o negócio jurídico: I – por incapacidade relativa do agente.

141 Schreiber nomeia essa situação como "princípio da gravitação jurídica", segundo o jurista, há unanimidade na doutrina no sentido de que a validade do contrato acessório segue a do principal (*Código Civil comentado: doutrina e jurisprudência*. 2ª ed., Rio de Janeiro: Forense, 2020, p. 68 e 122). Beviláqua afirma neste sentido que "desaparece" a obrigação acessória (*Código Civil dos Estados Unidos do Brasil, comentado por Clovis Bevilaqua*. Edição histórica, vol. I. Rio de Janeiro: Editora Rio, 1975, p. 420). Também neste sentido, Carvalho Santos preconiza que a fiança "não póde subsistir" (*Código Civil Brasileiro Interpretado, principalmente do ponto de vista prático*. Vol. XIX. São Paulo: Livraria Editora Freitas Bastos, 1937, p. 453). Ressalte-se que, em sentido diverso, Costa Gomes defende que a leitura literal da lei está equivocada, sendo, na verdade, uma hipótese de ineficácia da fiança, caso seja a obrigação garantida anulada, se trataria, portanto, de uma "quebra da eficácia" (*Assunção Fidejussória de Dívida: sobre sentido e o âmbito da vinculação como fiador*. Coimbra: Almedina, 2000, pp. 350-352). Em favor da contaminação da validade da fiança, também o Código Civil Argentino, em seu artigo

O legislador, nesse ponto, criou um sistema distorcido. Veja-se a contradição intrínseca ao raciocínio do legislador pátrio: a natureza das nulidades é de tal modo contrária ao direito que o sistema jurídico impede a confirmação dos negócios jurídicos nulos, prevendo, tão somente, sua expurgação do mundo jurídico. Ainda assim, um contrato principal afligido por vício específico de nulidade (incapacidade absoluta de um dos contratantes), não retira a validade de sua garantia acessória, permanecendo, o fiador, vinculado a sua obrigação. De outro lado, eventual anulação do contrato afiançado por um vício específico de anulabilidade e análogo ao anterior (incapacidade relativa de um dos contratantes) traz consigo a possibilidade invalidação da garantia fidejussória, sem prejuízo de eventual ratificação do contrato principal[142]. O sistema, portanto, restou assimétrico e em aparente desequilíbrio.

3. O âmbito de garantia do fiador

Muitos outros códigos estenderam o âmbito de garantia do fiador para além da capacidade do devedor. É o caso já exposto do Código Civil português, que em seu artigo 632, 2, prescreve que, sendo anulada a obrigação principal por falta ou vício da vontade do devedor, a fiança continua válida, se o fiador conhecia a causa da anulabilidade ao tempo em que a

1994. Marino propõe análise casuística a fim de determinar se a contaminação da validade ocorre, ou não: a princípio, nos contratos coligados, a invalidade de um negócio não atingirá a do outro (*utile per inutile non vitiatur*), nos termos do artigo 184, 1ª parte, contudo, mas, via de regra, importará ineficácia superveniente dos contratos a ele coligados, quanto aos contratos acessórios – com a ressalva de que nem sempre é óbvia a relação de acessoriedade – a invalidade do contrato principal acarretará a também a invalidade do acessório (*acessorium sequitur principale*), constituindo exceção à regra (Marino, Francisco Paulo de Crescenzo. *Contratos Coligados no Direito Brasileiro*. São Paulo: Saraiva, 2009, pp. 189-197).

[142] Além disso, uma segunda crítica é feita por Pontes de Miranda: "A respeito da regra jurídica exceptiva do art. 1.488, 2ª parte, do Código Civil, há o problema *de lege ferenda*: convinha que se inserisse tal regra jurídica que corta o princípio de ser inafiançável a dívida que se originaria ou seria oriunda de negócio jurídico inválido? Um dos argumentos é de não se dever proteger quem conhecia o defeito. Mas nem sempre o fiador sabe que o outorgante é incapaz! Outro argumento se prende às origens da fiança, que era prestada entre amigos, por dever moral. Ora, isso passou. Melhor é ver-se a *ratio legis* no fato de ter de examinar a situação pessoal do devedor quem presta fiança; e o art. 1.488, 2ª parte, supõe essa diligência e o porem-se de lado os negligentes. Na verdade, a diligência não se havia de exigir apenas quanto à capacidade do devedor" (Pontes de Miranda, Francisco Cavalcanti. *Tratado de Direito Privado, T. 44*. São Paulo: Revista dos Tribunais, 2012, p. 242).

fiança foi prestada. Em sentido semelhante é o Código Civil Espanhol, que excetua as exceções puramente pessoais do devedor (artigo 1824[143]), e, em quase idêntica redação, o Código Napoleão (artigo 2289[144]).

O ordenamento jurídico brasileiro, assim como o argentino (artigo 1994[145]), restringiu o âmbito de garantia do fiador à capacidade do devedor (artigos 824 e 837), enquanto diversos outros países utilizaram fórmulas mais abertas, como exceções pessoais (França e Espanha) ou outras hipóteses de manutenção da responsabilidade do fiador (Portugal). O Brasil adotou sistema de responsabilização do fiador estrita à capacidade.

Assim, considerando que os negócios celebrados com vícios de vontade (erro, dolo, coação, lesão e estado de perigo) são anuláveis, e não nulos como previsto pelo Código Civil, caberia indagar se o credor pode exigir do fiador a dívida da obrigação anulada. Como regra, o fiador pode utilizar todas as exceções extintivas do devedor, com exceção à incapacidade do devedor.

[143] Tradução livre: A fiança não pode existir sem uma obrigação válida. Pode, no entanto, recair sobre uma obrigação cuja nulidade possa ser alegada em virtude de uma exceção puramente pessoal do devedor, como a menor idade. Excetua-se a disposição do item anterior o caso do empréstimo feito a filho de família.
La fianza no puede existir sin una obligación válida. Puede, no obstante, recaer sobre una obligación cuya nulidad pueda ser reclamada a virtud de una excepción puramente personal del obligado, como la de la menor edad. Exceptúase de la disposición del párrafo anterior el caso de préstamo hecho al hijo de familia.

[144] Tradução livre: A fiança não pode existir sem uma obrigação válida.
No entanto, pode-se garantir uma obrigação, ainda que ela possa ser anulada por uma exceção puramente pessoal, por exemplo o caso de menoridade.
Le cautionnement ne peut exister que sur une obligation valable.
On peut néanmoins cautionner une obligation, encore qu'elle pût être annulée par une exception purement personnelle à l'obligé ; par exemple, dans le cas de minorité.
O artigo 2289 do Code era, até a reforma da Ordonnance nº 2006-346, com o mesmo texto, o artigo 2012.

[145] Tradução livre: A fiança não pode existir sem uma obrigação válida. Se a obrigação nunca existiu, ou está extinta, ou é de um ato o contrato nulo ou anulado, será nula a fiança. Se a obrigação principal se deriva de um ato ou contrato anulável, a fiança também será anulável. Mas se a causa da nulidade for alguma incapacidade relativa do devedor, o fiador, mesmo que ignorasse a incapacidade, será responsável como único devedor.
Art. 1994. – La fianza no puede existir sin una obligación válida. Si la obligación nunca existió, o está extinguida, o es de un acto o contrato nulo o anulado, será nula la fianza. Si la obligación principal se deriva de un acto o contrato anulable, la fianza también será anulable. Pero si la causa de la nulidad fuese alguna incapacidad relativa al deudor, el fiador, aunque ignorase la incapacidad, será responsable como único deudor.

Constitui regra geral do direito civil brasileiro a possibilidade de o fiador fazer uso de exceções específicas do vínculo obrigacional do contrato de fiança (fiador – credor da obrigação principal)[146], assim como de exceções atinentes à extinção da obrigação principal (devedor da obrigação principal – credor da obrigação principal), o que decorre da natureza acessória da fiança, afetada pela obrigação que garante no que concerne a vícios, além do adimplemento e de outros fatores eficaciais[147].

Sintetiza a dicotomia apontada, a lição de Washington de Barros Monteiro: "*O fiador pode opor ao credor as exceções que lhe forem pessoais e as extintivas da obrigação que compitam ao devedor principal, se não provierem simplesmente da incapacidade pessoal, salvo o caso de mútuo feito a pessoa menor (art. 837 do Cód. Civil de 2002). Dentre as exceções pessoais, podem ser mencionadas as dos arts. 204, §3º, 366, 371, 376, 824 e 844, §1º, todos do Código Civil de 2002. Pode o fiador alegar, outrossim, exceções extintivas da obrigação e que competem ao próprio devedor, como pagamento, prescrição, nulidade da obrigação principal, etc.*"[148].

Caso se admita, como em França, Portugal e Espanha, que, no caso de anulação do negócio jurídico subjacente por vício de vontade, uma interpretação extensiva do artigo 824, poderia o credor se voltar contra o fiador, a fim de receber seu crédito. O artigo 824, nesta tese, teria de ser lido como "*exceto se a nulidade ou a anulabilidade decorrer apenas de incapacidade ou de vício de vontade do devedor*".

Não parece, contudo, ser a solução adequada. A proposta de interpretação extensiva deve ser fundada em "omissão da lei" ou em "exigên-

[146] "E, de início, faculta a lei, por evidente, a oposição pelo fiador, diante do credor, de todas as exceções pessoais, isto é, das defesas atinentes ao vínculo de garantia que entre ambos se estabeleceu. Assim, por exemplo, pode o fiador opor ao credor tudo quanto se relacione com vício da fiança em si, tal como sua nulidade ou anulabilidade, inclusive provocada por eventual vício de vontade, que acaso tenha ocorrido" (Godoy, Claudio Luiz Bueno de. In: Peluso, Cezar (coord.). *Código Civil comentado* – 7ª ed. – Barueri: Manole, 2013, p. 840).

[147] "Mas, além de todas essas exceções pessoais, também é lícito ao fiador opor ao credor qualquer exceção que, posto não pessoal, destarte ainda que deduzível pelo devedor principal, seja extintiva da obrigação. Importa, aqui, não olvidar que a fiança constitui obrigação acessória que, assim, não persiste se a obrigação principal se extingue" (Godoy, Claudio Luiz Bueno de. *Contratos em espécie*. In: Peluso, Cezar (coord.). *Código Civil comentado* – 7ª ed. – Barueri: Manole, 2013, p. 841).

[148] Monteiro, Washington de Barros. *Curso de Direito Civil: direito das obrigações: 2ª parte: dos contratos em geral, das várias espécies de contrato, dos atos unilaterais, da responsabilidade civil*, v. 5. – 35ª ed. – São Paulo: Saraiva, 2007, p. 390.

cias do bem comum" (artigos 4 e 5 da LINDB). Nenhum dos casos se verifica na fiança, pois, em primeiro, o âmbito de incidência do artigo 824 é muito claro no direito brasileiro, restrito às incapacidades, e, em segundo, há vasta doutrina nacional do sentido de que a fiança é um contrato benéfico, de modo que, sob o prisma dos costumes, princípios gerais e exigência do bem comum tampouco se mostra viável a ampliação da responsabilidade do fiador[149-150].

Igualmente, levando-se em consideração a natureza excepcional do dispositivo ora analisado, a negação à sua interpretação extensiva, ao reconhecer a vinculação de sua existência a determinadas circunstâncias particulares[151], prevalece em relação ao alargamento indevido dos seus horizontes normativos. Seguindo essa linha, assevera Carlos Maximiliano que "*as disposições excepcionais são estabelecidas por motivos ou considerações particulares, contra outras normas jurídicas, ou contra o Direito comum; por isso não se estendem além dos casos e tempos que designam expressamente*"[152]. Não se trata, portanto, de posicionamento pouco consolidado ou inusitado no âmbito da hermenêutica jurídica, na medida em que se baseia na noção inscrita no brocardo *exceptiones sunt strictissimae interpretationis*[153].

149 Tartuce é claro ao prescrever que a fiança deve ser interpretada restritivamente, pois é contrato benéfico (*Código Civil comentado: doutrina e jurisprudência.* 2ª ed., Rio de Janeiro: Forense, 2020, p. 551). Também Carvalho Santos consigna que a interpretação não pode ser feita de modo a atribuir ao fiador dívidas que ele não previu no contrato (*Código Civil Brasileiro Interpretado, principalmente do ponto de vista prático.* Vol. XIX. São Paulo: Livraria Editora Freitas Bastos, 1937, p. 440).

150 Mesmo no caso de uma fiança onerosa, afastando portanto a natureza benéfica do contrato, a interpretação extensiva importaria agravamento do risco fidejussório, alterando o equilíbrio contratual almejado pelas partes. No entanto, o fiador poderia, por disposição contratual, agravar o risco a que se submete, responsabilizando-se em outras hipóteses, como vícios da vontade, pois não se trata de norma de ordem pública – frise-se, contudo, que isso somente seria possível em contratos paritários.

151 "O mesmo se diga para as normas excepcionais: uma exceção deve sofrer interpretação restritiva" (...) "No segundo, argumenta-se que uma exceção é, por si, uma restrição que só deve valer para os casos excepcionais. Ir além é contrariar sua natureza" (FERRAZ JUNIOR, Tercio Sampaio. *Introdução ao Estudo do Direito: Técnica, Decisão, Dominação.* – 11ª ed. – São Paulo: Atlas, 2019, p. 259)

152 MAXIMILIANO, Carlos. *Hermenêutica e Aplicação do Direito.* – 20ª ed. - Rio de Janeiro: Forense, 2011, p. 184.

153 "O Código Civil explicitamente consolidou o preceito clássico *Exceptiones sunt strictissimae interpretationis* ("interpretam-se as exceções estritissimamente") no art. 6º da antiga Introdução, assim concebido: "A lei que abre exceção a regras gerais, ou restringe direitos, só

Ademais, como visto acima, a evolução histórica desse dispositivo deixa particularmente clara a razão do legislador, que optou pela manutenção de um regime mais restrito de responsabilização do fiador. Como exposto, o *Esbôço* (artigo 3300) previa a aplicação de regra análoga à do artigo 824 para os vícios de vontade do devedor, o que comprova que não foi a vontade do legislador ampliar a responsabilização do fiador em casos de contratos inválidos – mesmo no Código argentino que teve inspiração no *Esbôço*, a regra dos vícios de vontade não foi recebida. Anote-se, contudo, a posição contrária de Carvalho Santos, que defende que o fiador só pode opor as exceções inerentes à dívida, nos termos do Código Napoleão, não podendo alegar vício de consentimento, cessão de bens etc.[154].

Por tais motivos é de se rejeitar a proposta de interpretação extensiva a fim de responsabilizar o fiador de obrigações que venham a ser anuladas em razão de vícios de vontade do devedor. Caso o contrato venha a ser anulado por esses motivos, a mesma sorte terá a fiança, seguindo a regra geral do artigo 184, uma vez que sua validade também estará contaminada[155]. E mais, como o direito do fiador é autônomo, mesmo que o devedor tenha renunciado às matérias de defesa em seu favor, não há prejuízo ao direito do fiador de usar a exceção para se exonerar de sua responsabilidade[156]. Assim, ao constituir exceção à eventual cobrança do afiançado pelo credor, o vício de anulabilidade pode ser instrumentalizado pelo fiador para fins de sua defesa, na hipótese de ser demando em juízo.

abrange os casos que especifica." O princípio estronca nos institutos jurídicos de Roma, que proibiam estender disposições excepcionais, e assim denominavam as do Direito *exorbitante*, anormal ou *anômalo*, isto é, os preceitos estabelecidos *contra a razão de Direito* limitava-lhes o alcance, por serem um mal, embora mal necessário." (Maximiliano, Carlos. *Hermenêutica e Aplicação do Direito*. – 20ª ed. - Rio de Janeiro: Forense, 2011, p. 183).

154 Carvalho Santos, J. M. de. *Código Civil Brasileiro Interpretado, principalmente do ponto de vista prático*. Vol. XIX. São Paulo: Livraria Editora Freitas Bastos, 1937, p. 489.

155 Parece seguir no mesmo sentido Figueiredo, com lastro em Pontes de Miranda (Figueiredo, Gabriel Seijo Leal de. *Contrato de Fiança*. São Paulo: Saraiva, 2010, p. 183).

156 Figueiredo, Gabriel Seijo Leal de. Contrato de Fiança. São Paulo: Saraiva, 2010, p. 184. No mesmo sentido também Pereira, Caio Mario da Silva. *Instituições de Direito Civil, volume III – fontes das obrigações*. Rio de Janeiro: Editora Forense, 1963, p. 345. Como corolário lógico, Carvalho Santos é contrário à tese, pois entende que somente o próprio devedor pode exercer esses direitos (*Código Civil Brasileiro Interpretado, principalmente do ponto de vista prático*. Vol. XIX. São Paulo: Livraria Editora Freitas Bastos, 1937, p. 489).

Sobre a renúncia ao direito de alegar as exceções que lhe forem pessoais e as extintivas da obrigação que competiam ao credor principal (artigo 837 do Código Civil de 2002), há divisão na doutrina. De um lado, Figueiredo defende que a renúncia a essa defesa é tão umbilicalmente ofensiva à fiança que a desnatura, transformando-a em garantia autônoma[157], Pontes de Miranda, por outro lado, entende ser parte do *jus dispositivum*[158]. A seu turno, Tartuce defende que, sendo o contrato paritário e não por adesão, a renúncia é válida[159].

Em que pese, por regra geral, os meios de defesa serem renunciáveis, o agravamento da responsabilidade do fiador e eventual conversão da fiança em garantia autônoma devem ser aferidos no caso concreto. A lição de Costa Gomes, nesse sentido, é valiosa: "*conforme o fiador seja um particular que presta fiança a favor dum amigo ou parente, ou seja, antes, um profissional que garante o cumprimento de um mútuo contraído por uma empresa: no primeiro caso, uma cláusula de renúncia a meios de defesa pode ser usurária, mas já não no segundo*"[160]. E mais, se a cláusula estiver em um clausulado (LCGG em Portugal ou contrato por adesão no Brasil), pode haver abusividade a ser reconhecida, afastando a possibilidade, no caso concreto, da renúncia.

Pode-se, ainda, questionar sobre a fiança prestada a uma dívida futura, que é o caso do artigo 821 do Código Civil que, por autorização legislativa expressa, permite ao fiador se responsabilizar por dívidas que ainda não foram contratadas. Como contrato acessório, a fiança somente produzirá efeitos com a existência de um contrato principal, mas sua validade poderá ser contaminada posteriormente, se a obrigação futura for inválida.

4. Inalegabilidade de vícios da obrigação afiançada: má-fé do fiador

Conforme exposto anteriormente, em regra, o fiador pode se valer das exceções extintivas relativas à obrigação principal, como as relativas a

[157] FIGUEIREDO, Gabriel Seijo Leal de. *Contrato de Fiança*. São Paulo: Saraiva, 2010, p. 184.

[158] PONTES DE MIRANDA, Francisco Cavalcanti. *Tratado de Direito Privado*, T. 44. São Paulo: Revista dos Tribunais, 2012., p. 212.

[159] SCHREIBER, Anderson ... [et al.]. *Código Civil comentado: doutrina e jurisprudência*. 2ª ed., Rio de Janeiro: Forense, 2020, p. 568.

[160] COSTA GOMES, Manuel Januário da. *Assunção Fidejussória de Dívida: sobre sentido e o âmbito da vinculação como fiador*. Coimbra: Almedina, 2000, pp. 716-717.

eventuais vícios de consentimento. Cabe, porém, ressaltar que tal atribuição pode ser obstaculizada pelo comportamento do garantidor, como resumem Gustavo Tepedino e Paula Greco Bandeira: "*todavia, se o fiador, ao prestar a garantia, já sabia de causa de invalidade, não poderá invocá-la para exonerar-se*"[161], sendo impossibilitado o exercício da exceção extintiva na hipótese de o fiador conhecer a causa de invalidade da obrigação principal antes da celebração da fiança[162].

É importante destacar que não se está tratando de vedação geral à invalidação da obrigação, evidentemente, é permitido ao devedor e aos demais interessados, especialmente o fiador, pleitear sua anulação, conforme previsto no Código Civil de 2002. Na situação exposta, contudo, o fiador estaria impedido de alegar a invalidade em juízo como consequência jurídica de seu comportamento, posicionamento este que se defende com base em dois argumentos.

Frise-se, preliminarmente, que a questão só se coloca nos casos de anulabilidade, pois existindo nulidade absoluta a questão será de ordem pública, não havendo possibilidade de convalidação. Assim, nem mesmo a má-fé do fiador teria o condão de afastar a tutela da ordem pública, conforme ensina Zeno Veloso: "*se o negócio é inválido por ser contrário a normas imperativas de ordem pública ou aos bons costumes, é um negócio ilícito*"[163].

Dado que o ordenamento jurídico pátrio possibilita a alegação de nulidade absoluta por qualquer interessado – o que foi entendido pela doutrina como possibilidade de o próprio causador do vício alegá-lo, e

[161] TEPEDINO, Gustavo; KONDER, Carlos Nelson; BANDEIRA, Paula Greco. *Fundamentos do direito civil: volume 3: contratos*. – 1ª edição – Rio de Janeiro: Forense, 2020, p. 528.

[162] Nesse sentido ver "PONTES DE MIRANDA enfatiza que as partes podem avençar a não-responsabilidade do alienante pelos vícios ocultos, bem como podem agravar essa responsabilidade. Entretanto a cláusula de pré-exclusão da responsabilidade, havendo dolo, é nula por força do art. 166, II, do Código Civil vigente, nulidade essa que apanha somente a cláusula e não todo o contrato. E GEORGES RIPERT condena de maneira veemente o dolo, definindo-o como ato culpável que pode revestir as formas mais diversas, qualquer mau caminho para enganar alguém. Em regra, não existindo má-fé do alienante, a norma é de direito dispositivo. Aliás, os irmãos MAZEAUD asseveram que uma das hipóteses previstas no Código Civil francês, que admite a cláusula de não-responsabilidade, diz respeito aos vendedores que, obrigados por força de lei pelo oculto da coisa, inserem nos contratos tal cláusula" (SIMÃO, José Fernando. *Vícios do Produto no Novo Código Civil e no Código de Defesa do Consumidor*. São Paulo: Atlas, 2003, pp. 126-127)

[163] VELOSO, Zeno Augusto Bastos. *Invalidade do negócio jurídico: nulidade e anulabilidade* – 2ª edição; Belo Horizonte: Del Rey, 2005, p. 335.

mesmo podendo ser reconhecido *ex officio* pelo juiz[164] –, o afastamento da possibilidade de o fiador o fazê-lo, independentemente de seu estado psicológico, constituiria claro equívoco, especialmente ao se considerar o caráter benéfico da fiança[165].

O primeiro argumento para afastar a alegação daquele que age de má-fé encontra sua base no instituto da boa-fé subjetiva. Ao conhecer fatos cuja alegação em juízo ensejaria a anulação do contrato afiançado, seria permitido ao fiador instrumentalizar informações relevantes aos sujeitos da obrigação principal em benefício próprio. Além de contrariar o fundamento jurídico que justifica a existência dos vícios de consentimento e, em geral, das causas de anulabilidade do negócio jurídico, pois a alegação do vício serviria mais ao fiador (estranho em relação à obrigação principal) que à parte sofredora dos efeitos do vício, a eventual omissão do Poder Judiciário diante da situação apontada representaria a aceitação de um "passe de exoneração" detido pelo fiador, capaz de se exonerar de sua responsabilidade conforme seu exclusivo arbítrio.

Em outros termos, constatando-se que o fiador agiu maliciosamente ao omitir informações, seja em conluio com o afiançado, seja de forma isolada, qualquer tentativa de ele fazer uso do que escondeu em bene-

164 A esse respeito, o Código Civil de 2002 é, novamente, claro: Art. 168. As nulidades dos artigos antecedentes podem ser alegadas por qualquer interessado ou pelo Ministério Público, quando lhe couber intervir. Parágrafo único. As nulidades devem ser pronunciadas pelo juiz, quando conhecer do negócio jurídico ou dos seus efeitos e as encontrar provadas, não lhe sendo permitido supri-las, ainda que a requerimento das partes.

165 De modo a explicitar a premissa descrita, que é basilar para o raciocínio construído ao longo do presente tópico, cabe lembrar a lição de Marcos Bernardes de Mello ao tratar, precisamente, do reconhecimento da nulidade absoluta do negócio jurídico em juízo, onde o foco primordial é a expulsão do que foi pactuado do mundo jurídico: "Às nulidades *de pleno iure* aplica-se, integralmente, a regra do art. 168 do Código Civil. (a) A expressão *qualquer interessado* diz respeito àqueles a que, o ato jurídico nulo afeta. O conceito de interesse está ligado à utilidade que alguém possa tirar da decretação da nulidade. Ser interessado é ser legitimado para pedir que seja pronunciada a nulidade e desconstituído o ato nulo. (...) Aquele que deu causa à nulidade pode alegá-la, desde que tenha interesse. (...) Não cabe, na espécie, a invocação da regra *neminem cum alterius detrimento et iniuria fieri locupletationem* (L. 206, D. *diversis regulis iuris antiqui*, 50, 17), precisamente porque o interesse de ordem pública que norteia o legislador na criação da sanção da nulidade deve prevalecer sobre quaisquer interesses privados. Ademais, tomando conhecimento da nulidade, não a pode desconhecer o juiz, tendo o dever de decretá-la" (MELLO, Marcos Bernardes de. *Teoria do fato jurídico: plano da validade* – 12ª edição – São Paulo: Saraiva, 2013, p. 289 e p. 291).

fício próprio – na busca pela futura anulação da obrigação principal – constituiria flagrante abuso do direito, pois sua conduta, no momento de formação da garantia, revestiu de ilicitude, em sentido amplo, qualquer pretensão nesse sentido.

Admitindo-se a possibilidade de o fiador alegar a anulabilidade em juízo sem má-fé, tendo a conhecido antes de pactuar a fiança, o exercício do direito desconstitutivo ainda representaria uma infração à boa-fé, tomando-a em sua forma objetiva, como diretiva de conduta das partes contratantes[166].

A doutrina portuguesa, em razão da previsão contida no art. 632° do Código Civil de 1966[167], há tempos constata a legitimidade da manutenção da fiança e da ineficácia da alegação de anulabilidade pelo fiador, nas situações em que esse conhecia a causa desta forma de invalidação da obrigação principal. Não obstante a disposição legal expressa, sua fundamentação doutrinária revela que a regra em questão, longe de ser uma diretiva posta ao arbítrio do legislador lusitano, constitui uma manifestação do princípio da boa-fé. Consequentemente, como demonstra Antunes Varela, verificado um comportamento contraditório por parte do fiador, o código civil português sanciona sua tentativa de extinguir a

[166] Em prol da ilicitude do ato criador de confiança na parte adversa, Zeno Veloso defende a imposição de sanção indenizatória àquele que desconstitui um negócio jurídico tido pela primeira como válido e eficaz. Mesmo não se concordando com a solução proposta pelo ilustre civilista, para o caso específico da fiança, como se verá ao final do presente argumento, ressalte-se a impossibilidade de não se prever uma sanção jurídica à quem rompeu com a confiança formada, ainda mais quando se trata de uma garantia como a fiança, onde o caráter fiduciário é de manifesta importância: "A culpa *in contrahendo* se aplica tanto no caso de se interromperem, arbitrária e injustamente, as negociações, frustrando a conclusão do negócio, como na de este se realizar. Os deveres que estão subordinadas as partes na fase das negociações preliminares, acima mencionados, persistem na vigência do negócio e nas hipóteses em que ele seja declarado nulo ou venha a ser anulado. Assim, se uma das partes está na convicção de ter celebrado negócio válido e eficaz, e este vem, depois, a ser invalidado, a outra parte pode ser obrigada a indenizar, se agiu culposamente, com violação da confiança que criou" (VELOSO, Zeno Augusto Bastos. *Invalidade do negócio jurídico: nulidade e anulabilidade* – 2ª edição; Belo Horizonte: Del Rey, 2005, p. 337).

[167] Artigo 632º (Invalidade da obrigação principal)

1. A fiança não é válida se o não for a obrigação principal.

2. Sendo, porém, anulada a obrigação principal, por incapacidade ou por falta ou vício da vontade do devedor, nem por isso a fiança deixa de ser válida, se o fiador conhecia a causa da anulabilidade ao tempo em que a fiança foi prestada.

obrigação principal com a manutenção da fiança: "*Exceptuam-se, porém, deste núcleo de* meios de defesa, *emprestados pela obrigação principal à relação da fiança os que sejam incompatíveis com a obrigação do fiador. Cabem na excepção, além de outros, os casos em que a obrigação principal tenha sido anulada por falta ou vício da vontade do devedor, conhecendo o fiador a causa da anulabilidade ao tempo em que a fiança foi prestada. A obrigação nesse caso imposta por lei (art. 632º, 2) ao fiador de* honrar *a responsabilidade que assumiu, com pleno conhecimento de causa, é realmente incompatível com a oposição ao credor da anulação da obrigação promovida pelo devedor*"[168-169].

Levando-se em consideração a presença da boa-fé como princípio contratual social que deve irradiar sobre o regime jurídico dos contratos – conforme determina o artigo 422 do Código Civil de 2002[170] – e a ausência de obstáculos legais para a manutenção da fiança segundo a boa-fé objetiva, o raciocínio exposto é inteiramente aplicável ao contexto jurídico brasileiro, não se tratando de importação arbitrária ou meramente conveniente de dispositivo estrangeiro, mas da valorização do princípio da boa-fé nas relações contratuais.

Seja na manutenção da eficácia da fiança, seja na responsabilização do garante na forma de indenização equivalente ao valor da obrigação afiançada[171], tem-se como imperativa a existência de uma resposta jurí-

[168] ANTUNES VARELA, João de Matos. *Das obrigações em geral – vol. II* – 7ª ed. – Coimbra: Almedina, 1997, reimpressão de 2003, p. 495.

[169] Em sentido análogo, assim dispõe Luís Manuel Teles de Menezes Leitão: "No entanto, a fiança mantém-se como válida se, anulada a obrigação principal por incapacidade ou por falta ou vício da vontade do devedor, o fiador conhecia a causa da anulabilidade ao tempo que a fiança foi prestada. A razão para essa solução reside na circunstância de uma declaração de fiança com conhecimento da anulabilidade da obrigação principal por esse motivo dever valer também como garantia, prestada pelo fiador, de que a obrigação principal não será anulada, respondendo este por incumprimento da garantia, caso tal venha a suceder" (MENEZES LEITÃO. Luís Manuel Teles de. *Garantias das Obrigações* – 2ª edição. Coimbra: Almedina, 2008, p. 110).

[170] Art. 422. Os contratantes são obrigados a guardar, assim na conclusão do contrato, como em sua execução, os princípios de probidade e boa-fé.

[171] Para as nulidades formais, Menezes Cordeiro defende a conversão da obrigação contratual em obrigação indenizatória: "Quando uma situação de invalidade seja considerada como de origem censurável por, na sua génese, ter havido uma actuação contrária a regras jurídicas, incluindo a própria boa fé, altura em que ocorre a *culpa in contrahendo*, podem, com facilidade, constituir-se os pressupostos da responsabilidade civil: o dano – e não a sua imputação – tomaria corpo a quando da alegação da nulidade, ou do seu próprio reconheci-

dica à conduta do fiador, em nada compatível com o contrato que pactuou. Entre ambas, contudo, a imposição de um dever de indenização ao fiador, com a extinção simultânea da garantia, reveste-se de significativos obstáculos, considerando as dificuldades inerentes à quantificação de seu valor, afinal, não tendo se verificado o inadimplemento por parte do afiançado, em tese, não haveria o que se requerer do garante, em face da ausência de dano.

Dessa forma, diante da nebulosidade e dos óbices práticos da proposta indenizatória, deve ser dada preferência à manutenção da fiança até seu termo final (caso sua eficácia jurídica tenha duração determinada), ou até a veiculação de denúncia, após notificado o credor da obrigação principal (caso a garantia produza efeitos jurídicos por tempo indeterminado), aplicando-se, a partir dos princípios de direito civil, a solução existente no artigo 632 do Código Civil português de 1966.

O terceiro e derradeiro argumento se sustenta na própria função do contrato de fiança e na posição do garantidor diante da obrigação afiançada. Como visto, a fiança, como as garantias em geral, atua para a diminuição de riscos de um contrato, conferindo maior segurança ao adimplemento das obrigações nele previstas. Dessa forma, resta claro que a atuação do fiador se dá em prol da segurança do credor da obrigação principal, viabilizando o negócio para o devedor, pois o patrimônio do garantidor pode ser responsabilizado caso o afiançado deixe de cumprir sua prestação. Na hipótese ora analisada, da omissão *dolosa* de informações, pelo fiador, passíveis de ensejar a anulação do negócio jurídico garantido, percebe-se que as situações das partes contratantes se invertem. Quem detém a capacidade de determinar o futuro do contrato e, logicamente, da obrigação afiançada, é o garantidor, colocando-se em plano secundário as condutas do afiançado e de seu credor. De ator jurídico cuja função é diminuir riscos assumidos pelo credor da obrigação principal, o fiador pode extremar seu envolvimento de forma indevida, torpe e, como é forçoso concluir, ilícita.

mento, por ofício, pelo tribunal. Tem, então, cabimento o arbitrar de uma indemnização em espécie – art. 562º e 566º/1, *a contrario* – que, procurando reconstituir a situação a que se teria chegado se não tivesse havido prevaricação, corresponda, materialmente, ao cumprimento do contrato nulo, mediante a contraprestação acordada, devida agora a título de compensação necessária para evitar enriquecimentos indevidos" (Menezes Cordeiro, Antonio. *Boa fé no Direito Privado*, Coimbra: Almedina, 2012, pp. 795-796).

Conclui-se, a partir do exposto, que a impossibilidade de o fiador requerer em juízo a anulação da obrigação principal, em razão de ter conhecido a causa de seu vício no momento de formação da fiança, constitui uma diretiva a ser resguardada pelo ordenamento jurídico pátrio, afinal, admitindo-se tal alegação estar-se-ia negligenciando uma conduta do garante em descompasso com a boa-fé – em suas duas significações, potencialmente –, e com a finalidade do contrato de fiança. Além de ter sido acolhida alhures[172] e por parcela da doutrina jurídica pátria, a tese aqui defendida se encontra em harmonia com o direito civil positivo brasileiro, na medida em que valoriza seus princípios basilares e que se integra à lógica de nosso sistema de invalidades.

5. Conclusões

1. O Direito evolui conforme as necessidades sociais e é um reflexo das demandas das sociedades. O contexto do surgimento da regra da afetação da fiança pela invalidade da obrigação principal demonstra a importância do poder familiar.
2. O direito de o credor cobrar o fiador, em caso de incapacidade pessoal do devedor, não existiu positivado até as codificações modernas,

[172] Além do exemplo lusitano, cuja aplicação ao cenário nacional restou clara, cabe ressaltar a menção feita por Caio Mario da Silva Pereira ao sistema suíço de obrigações: "O Código suíço ressalva a garantia dada à dívida prescrita ou anulável por erro, desde que se prove que o fiador tinha ciência do defeito ou da causa extintiva" (Pereira, Caio Mário da Silva. *Instituições de Direito Civil: Volume III: Contratos* – 24ª edição – Rio de Janeiro: Forense, 2020, p. 476).
O dispositivo aludido pelo civilista é o artigo 492, 3, do Código suíço de obrigações (Loi fédérale complétant le Code civil suisse: Livre cinquième, Droit des obligations), que assim dispõe:
3. Aquele que declara garantir a dívida originária de um contrato que, por erro ou incapacidade, não obrigue o devedor, se mantém responsável, nas condições e de acordo com os princípios aplicáveis à fiança, se conhecesse, no momento de celebração, o vício do qual o contrato padece. Essa mesma regra se aplica àquele que se compromete a garantir a execução uma dívida prescrita para o devedor. (tradução livre de 3 Quiconque déclare garantir la dette résultant d'un contrat qui, par suite d'erreur ou d'incapacité, n'oblige pas le débiteur, en répond aux conditions et d'après les principes applicables en matière de caution-nement s'il connaissait, au moment où il s'est engagé, le vice dont le contrat était entaché. La même règle s'applique à celui qui s'engage à garantir l'exécution d'une dette prescrite pour le débiteur).

contudo, uma vez positivado, proliferou-se para diversos ordenamentos.

3. O fundamento da regra de responsabilização excepcional do fiador insculpida no artigo 824 é econômico. O fundamento da invalidade da fiança e da proibição do mútuo a menor sofreu alterações ao longo da história: inicialmente, nasceu como forma de proteção do *paterfamilias* – que poderia ser morto como meio de adimplemento do mútuo – e, na vigência do Código Civil de 1916, passou a ser uma norma protetiva da família. Atualmente, essa regra possui contornos correlatos à proteção dos menores e a exceção de irresponsabilidade do fiador na garantia do mútuo feito a menor consubstancia uma reminiscência histórica que foi afastada em diversos outros ordenamentos.
4. A atual estrutura do Código Civil impõe que a validade da fiança seja contaminada pela invalidade do contrato principal, seja ele nulo ou anulável.
5. O direito brasileiro optou por limitar a excepcional cobrança do fiador em caso de invalidade da obrigação aos casos incapacidade do devedor, não abrigando outras hipóteses de vícios de validade. Nesse caso, mesmo sendo a obrigação principal nula, a fiança continua válida, pois o fiador garante a capacidade do devedor quando contrata a garantia junto ao afiançado – embora, neste ponto, a lei tenha criado uma contradição que fragiliza o sistema.
6. Não é possível interpretação extensiva em desfavor do fiador para incluir, na exceção dos artigos 824 e 837, anulação da obrigação por qualquer outro motivo, como vícios de consentimento.
7. As defesas do fiador são, geralmente, renunciáveis, mas a análise do caso concreto pode revelar abusividade nessa renúncia, por exemplo no caso de contratos por adesão.
8. A fiança de dívida futura segue o regime geral, no que toca à contaminação da validade.

2. OUTORGA CONJUGAL

1. Introdução

A outorga conjugal é um tema atual e foi revisado por diversas oportunidades ao longo de sua evolução histórica. O mais recente desses debates, no curso do Código Civil de 2002, culminou na manutenção da invalidade da fiança prestada sem autorização do cônjuge. Em um sistema constitucional que proíbe a distinção em razão de gênero, todo o sistema civil sofreu readequação, mas a regra da outorga uxória[173] foi mantida, sob as vestes da outorga conjugal do artigo 1.647, inc. III. Como aponta Figueiredo, trata-se de um requisito de legitimação da fiança[174].

O que nasce como uma parte de um sistema voltado à proteção da mulher, vista, em certo momento histórico, como menos qualificada para a tomada de decisões da vida pública e civil, transformou-se em outra regra, com finalidade e sanção diversas, que serão estudadas nos itens abaixo. O cerne da questão permanece: qual é o âmbito da sanção proveniente da fiança prestada sem outorga conjugal?

A questão será abordada sob o prisma histórico a partir do *Senatus Consultum Velleano*, passando pelo direito das Ordenações Filipinas, para chegar no direito brasileiro, buscando averiguar a evolução do instituto e sua adaptação ao sistema constitucional vigente. A seguir, foram ana-

173 A palavra deriva do latim, *uxor*, que significa justamente mulher casada.

174 FIGUEIREDO, Gabriel Seijo Leal de. *Contrato de fiança*. São Paulo: Saraiva, 2010, p. 100. No mesmo sentido, Flavio Tartuce *in*. SCHREIBER, Anderson ... [et al.]. *Código Civil comentado: doutrina e jurisprudência*. 2ª ed., Rio de Janeiro: Forense, 2020, p. 1.333.

lisadas algumas questões controvertidas que exsurgem de casos concretos, como o fiador malicioso, a qualificação defeituosa das partes, a situação jurídica do companheiro e a extensão da responsabilização ao patrimônio do cônjuge outorgante.

A partir dessas questões controvertidas, será feita uma reflexão sobre a sua eventual caracterização como *casos complexos*, a fim de justificar a leitura do instituto a partir de princípios e, especialmente, dos ditames da boa-fé, vistos como regras de conduta, averiguando os efeitos de tal leitura nos diversos casos concretos selecionados.

2. Evolução histórica: do *Senatus Consultum Velleano* à proteção da família

No sistema romano imperial, a fiança era um contrato "civil e viril", nas palavras de Cândido Mendes[175], do qual as mulheres eram apartadas. As fianças prestadas por mulher não possuíam validade jurídica, podendo ser alegado o previsto no *Senatus Consultum Velleano*[176]. Como frisa Costa Gomes, os romanos proibiram atos de intercessão às mulheres, "*face aos especiais perigos dos quais nem sempre estariam conscientes*", sendo a aplicação do benefício Veleiano imperativa, "*não podendo nem mesmo ser renunciado em juízo ou fora dele* 'porque por a mesma fraqueza, por que o direito lhe quiz dar o dito benefício, por essa achamos que facilmente são movidas ao renunciar'"[177].

O fundamento histórico da regra, proveniente de uma sociedade patriarcal na qual cabia à mulher a gestão dos afazeres do lar, era explicitamente a proteção da "fraqueza do sexo"[178]. É evidente que tal fraqueza

[175] Almeida, Candido Mendes de. *Ordenações e leis do Reino de Portugal*, livro IV. Rio de Janeiro: Typ. do Instituto Philomathico. 1870, p. 858.

[176] O Senatus Consulto foi recebido posteriormente pelas Ordenações, sendo, no Brasil, renomeado como "*benefício de exoneração*" pelo Decreto n. 3.084 – de 5 de novembro de 1898, benefício esse restrito às mulheres não comerciantes desde o Assento de 2 de dezembro de 1791, pois, desde essa data, as mulheres comerciantes deixaram de poder pedir a exoneração com base no Senatus Consulto Veleiano.

[177] Costa Gomes, Manuel Januário da. *Assunção Fidejussória de Dívida: sobre sentido e o âmbito da vinculação como fiador*. Coimbra: Almedina, 2000, p. 531.

[178] Embora não sempre tão delicados assim, há textos que se referiam como *imbecillitas sexus, fragilis et adversus commoda propria laborans, facilisque ad circunveniendum* (Costa Gomes, Manuel Januário da. *Assunção Fidejussória de Dívida: sobre sentido e o âmbito da vinculação como fiador*. Coimbra: Almedina, 2000, p. 534).

só poderia ser concebida em uma sociedade na qual a mulher fora simplesmente excluída da ação na *polis* (cidade), restringindo sua existência à vida particular na *oikia* (casa). Nos dizeres arendtianos, a mulher estava restrita ao labor, enquanto o homem exercia tanto o labor quando o trabalho e a ação, completando toda a *vida activa*[179].

Contudo, realidade e norma se mostraram em descompasso com o emergir do século XVIII, pois o número de mulheres que tomaram o comércio como atividade aumentou, de modo que a proibição de onerar bens e afiançar se tornou incompatível com os dados da realidade. É nesse contexto que, no direito luso-brasileiro, a mulher comerciante passou a ser autorizada a se obrigar e onerar seus bens (Assento de 2 de dezembro de 1791), revertendo a tradição histórica de monopólio do *paterfamilias* sobre a assunção de obrigações. Tal discrepância entre norma e realidade somente se aprofundou com o passar dos séculos, culminando com a equalização constitucional e a proibição de discriminação em razão de gênero, ambas proeminentes na Constituição Federal de 1988, com a consentânea superação do paradigma patriarcal da família, que deixa de ter sua chefia exercida pelo homem – frise-se, não se trata do fim da chefia da família, mas de um compartilhamento da responsabilidade na direção da sociedade conjugal[180-181].

[179] "Segundo o pensamento grego, a capacidade humana de organização política não apenas é diferente dessa associação natural cujo centro é o lar (*oikia*) e a família, mas encontra-se em oposição direta a ela. O surgimento da cidade-Estado significou que o homem recebera, "além de sua vida privada, uma espécie de segunda vida, o seu *bios politikos*. Agora cada cidadão pertence a duas ordens de existência; e há uma nítida diferença em sua vida entre aquilo que lhe é próprio (*idion*) e o que é comum (*koinon*)" Não se tratava de mera opinião ou teoria de Aristóteles, mas de simples fato histórico que a fundação da *pólis* foi precedida pela destruição de todas as unidades organizadas à base do parentesco, tais como a *phratria* e a *phylē*. De todas as atividades necessárias e presentes nas comunidades humanas, somente duas eram consideradas políticas e constituíam o que Aristóteles chamava de *bios politikos*: a ação (*praxis*) e o discurso (*lexis*), das quais surge o domínio dos assuntos humanos (*ta tōn anthrōpōn pragmata*, como chamava Platão), de onde está estritamente excluído tudo o que é apenas necessário ou útil." (Arendt, Hannah. *A Condição Humana* – 10º ed – Rio de Janeiro: Forense, 2007, p. 33).

[180] Nesse sentido o artigo 1.567 do Código Civil: Art. 1.567. A direção da sociedade conjugal será exercida, em colaboração, pelo marido e pela mulher, sempre no interesse do casal e dos filhos. Parágrafo único. Havendo divergência, qualquer dos cônjuges poderá recorrer ao juiz, que decidirá tendo em consideração aqueles interesses.

[181] "Como decorrência lógica do princípio da igualdade entre cônjuges e companheiros, surge o princípio da igualdade na chefia familiar, que pode ser exercida tanto pelo homem

Não obstante toda evolução social e legislativa, a outorga conjugal se manteve no sistema. O ordenamento que buscava a proteção da mulher com base em premissas inexistentes, como a fraqueza do sexo, passou a proteger e tutelar outro valor jurídico: a estabilidade da família. Essa transformação das premissas que embasam o instituto fica evidente pela sanção aplicável à ausência de outorga – que gerou inúmeras discussões com a evolução do sistema jurídico positivo.

Fato é que a exigência da outorga conjugal, mantida no ordenamento jurídico atual, ainda desperta controvérsias em diversos aspectos que vão além da situação jurídica da mulher. O primeiro aspecto controvertido é a ocultação do estado civil, seja de forma acidental, seja de forma maliciosa, pelo fiador, aquela sem culpa e a outra dolosamente, justamente com o intuito de se beneficiar com a anulação da fiança. A solução para esse primeiro ponto passa pelo sopesamento de valores como segurança jurídica, proteção do direito ao crédito e boa-fé. O segundo ponto controvertido é a progressiva equiparação, por reiteradas decisões das Cortes Superiores, da união estável com o casamento e os efeitos dessa equiparação sobre a outorga conjugal. Por fim, em terceiro lugar, será abordada a eficácia patrimonial da fiança, especialmente o debate se, hoje, ela abrange os bens comuns e particulares de cada cônjuge e, em caso positivo, em qual medida isso ocorre.

2.1. Ordenações Filipinas

Como visto acima, no sistema do direito português, as Ordenações Filipinas somente tratam da fiança prestada por mulher para lhes impor a exoneração, ressalvadas algumas poucas hipóteses legais, o chamado benefício Veleiano (Ord., l. 4, tit. LXI). Tal benefício somente não era aplicado às mulheres nas seguintes situações: (I) se a mulher se obrigasse em razão da liberdade de um escravo ou de um cativo, em razão do prestígio à liberdade; (II) se a mulher se obrigasse a pagar o dote, em prestígio à instituição do Matrimônio; (III) se a mulher vestisse roupas de homem; (IV) se afirmasse ser herdeira de quem não era; (V) outros casos

quanto pela mulher em um regime democrático de colaboração, podendo inclusive os filhos opinar (conceito de *família democrática*). Substitui-se uma *hierarquia* por uma *diarquia*" (TARTUCE, Flavio; SIMÃO, José Fenando. *Direito de família* – 8ª ed. – São Paulo: Método, 2013, p. 17).

semelhantes, sendo esses últimos três em razão da proteção da boa-fé do credor, que não pode ser defraudado; (vi) se for herdeira e fiadora da mesma obrigação e, ainda, (vi) se a mulher fosse responsável pela tutoria do filho ou do neto e renunciasse ao benefício Veleiano. Como mostra Costa Gomes, esse regime era ainda mais restrito do que aquele vigente na Novela 134 de Justiniano, que permitia a renúncia ao benefício Veleiano[182], impondo a nulidade absoluta da fiança prestada por mulheres, enquanto, no direito romano até o império, era uma defesa, irrenunciável, na forma de exceção.

Vê-se que, portanto, como a fiança da mulher era excepcional no direito português importado para o Brasil[183], a outorga que interessa ao presente estudo, no âmbito do direito português dos séculos XVIII e XIX, é tão somente a outorga uxória, cuja obrigatoriedade está disciplinada no Título LX das Ordenações.

Como já exposto, a outorga uxória visava à proteção dos bens da mulher casada. Por esse motivo, se um homem casado se tornasse fiador sem outorga de sua mulher, essa fiança não obrigava a meação da esposa. Isto é dizer, em outras palavras, que a fiança era válida, mas ineficaz perante metade dos bens comuns e, evidentemente, sobre os bens particulares da esposa. Tal interpretação é robustecida pelo fato de que, sendo o casal unido pelo regime dotal, a fiança não obrigava os bens dotais. Sob a vigência das Ordenações Filipinas, essa interpretação se manteve relativamente unânime, uma vez que as alterações sociais que ensejariam as mudanças do regime jurídico somente aconteceriam alguns séculos depois, com o processo de emancipação da mulher[184-185].

[182] Costa Gomes, Manuel Januário da. *Assunção Fidejussória de Dívida: sobre sentido e o âmbito da vinculação como fiador*. Coimbra: Almedina, 2000, pp. 534, citando Campogrande, *Tratado della fideiussone*, p. 232 e ss. A leitura da Novela 134 demonstra que a mulher poderia se obrigar, desde que o dinheiro revertesse em seu benefício.

[183] Como visto no capítulo anterior, em 20 de outubro de 1823 as Ordenações foram convalidadas, *de jure*, em todo o território nacional. Aliás, o Código Seabra cominava nulidade às fianças prestadas por mulheres que não fossem comerciantes (estas protegidas pelo Ass. de 2 de dezembro de 1791), salvo as poucas exceções que foram transpostas das Ordenações do Reino.

[184] “Por outra parte, exigindo a boa ordem que n’esta sociedade haja um chefe, o qual a natureza mesma indica ser o homem, por ser o mais forte, e mais ágil para as fadigas e trabalhos da vida: em virtude d’esta preeminência devem competir a este alguns direitos especiaes, os quaes constituem o poder marital” (Coelho da Rocha, Manuel Antonio. *Instituições de Direito Civil Portuguez, Tomo I* – 8ª edição. Lisboa: Livraria Clássica, 1917, p. 134).

2.2. Antecedentes históricos da codificação civil no direito brasileiro

Ainda sem um código nacional e vinculada à tradição e às leis portuguesas, que proibiam a fiança prestada por mulher, a doutrina se dividiu na interpretação da regra da outorga uxória, especialmente no que toca ao atingimento dos bens da mulher, surgindo celeuma doutrinária. De um lado, Candido Mendes advogava pela tese de que a outorga da mulher não afetava seu patrimônio[186], de outro, Teixeira de Freitas defendia que a autorização uxória fazia com que sua meação também se sujeitasse à obrigação[187].

A interpretação de Teixeira de Freitas partia da premissa de que a outorga da mulher a tornava também fiadora, e não poderia arguir o benefício Veleiano, afinal "*Aqui não* ha proteger fraqueza do entender das molheres, *porque a molhér casada está assistida por seu representante legal, que é o marido*"[188]. Já Candido Mendes defendia que "*esta razão (leitura* a contrario sensu) *nos parece improcedente, em vista dos termos em que se expressa a Ord. deste liv. T. 61, pois se a entendera assim, ficaria em grande parte inutilisado todo o fructo que de tal beneficio podéra colher o Legislador. Maxime tendo-se em consideração (...) que as mulheres em reverencia ou por medo de seus maridos são forçadas a calar seus interesses*"[189]. A questão não foi resolvida pacificamente. Note-se, contudo, que Borges Carneiro afirmou que o entendimento forense foi no sentido defendido por Candido Mendes[190].

185 "A mulher não póde fiar, nem geralmente obrigar-se por outrem: e fazendo-o, a obrigação em rigor é valiosa, porém se elide opondo a mulher o remédio ou beneficio do *Senatusconsulto Velleiano*, concedido á fraqueza do seu sexo" (Borges Carneiro, Manuel. *Direito Civil de Portugal. Tomo III*. Lisboa: Typ. de Maria da Madre de Deus, 1858, p. 7).

186 Almeida, Candido Mendes de. *Ordenações e leis do Reino de Portugal*, livro IV. Rio de Janeiro: Typ. do Instituto Philomathico. 1870, pp. 856-857.

187 No Art. 131, consta na nota 25 "*a contrario sensu*, que a fiança prestada pelo marido com outorga da molhér obriga a meação desta, e portanto não aproveita á molhér casada nesse caso o benefício Veleiano" (Freitas, Augusto Teixeira de. *Consolidação das Leis Civis, vol. 1*. Ed. Fac. Sim. Brasília: Senado Federal, 2003, p. 142).

188 Freitas, Augusto Teixeira de. *Consolidação das Leis Civis, vol. 1*. Ed. Fac. Sim. Brasília: Senado Federal, 2003, p. 142.

189 Almeida, Candido Mendes de. *Ordenações e leis do Reino de Portugal*, livro IV. Rio de Janeiro: Typ. do Instituto Philomathico. 1870, pp. 856-857.

190 Borges Carneiro, Manuel. *Direito Civil de Portugal. Tomo II*. Lisboa: Typ. de Maria da Madre de Deus, 1858, p. 76.

Não obstante o debate travados pela doutrina durante o Século XIX, houve relativa tranquilidade quanto à questão da fiança prestada sem outorga. Nesse caso, a fiança não poderia atingir os bens da mulher[191]. No mesmo sentido se posiciona Augusto de Carvalho, em sua Nova Consolidação das Leis Civis, de 1899[192]. Também, na doutrina portuguesa, Borges Carneiro[193].

Segundo a tese de Teixeira de Freitas, a outorga conjugal na fiança funciona como fator de expansão da eficácia, estendendo os efeitos do contrato à meação da mulher. Por outro lado, como expõem Candido Mendes e Borges Carneiro, a leitura de Teixeira de Freitas resulta na inutilidade da outorga conjugal, pois, na prática, a esposa se tornaria uma cofiadora (parte contratante), ao invés de autorizante do comportamento do marido.

Ressalte-se que Teixeira de Freitas não cogitou do atingimento dos bens particulares da esposa, vide a proteção dos bens dotais, uma vez que "*Esses bens ficarão sempre salvos*" (artigo 133, *fine*, da Consolidação das Leis Civis).

Os projetistas subsequentes, contudo, tiveram leitura um pouco diversa do instituto. Em linha com a legislação e a doutrina do restante da Europa – com exceção de Portugal que, em 1866, manteve o Senatus Consulto Veleiano no Código Seabra – a proibição de a mulher fiar[194] foi paulatinamente afastada[195].

[191] Veja-se, a propósito, os artigos da *Consolidação das Leis Civis* sobre a temática: Art. 131. No regime da communhão a fiança prestada pelo marido sem outorga da molhér não obriga a meação desta. Art. 132. Quando a fiança fôr prestada em arrematação de rendas publicas, e sem outorga da molhér, obrigará todos os bens moveis do casal; e, quanto aos immoveis, somente a meação do marido. Art. 133. No regime dotal a fiança não obriga os bens, que pelo contracto pertencera à molhér. Esses bens ficarão sempre salvos.

[192] Carvalho, Carlos Augusto de. *Nova Consolidação das Leis Civis*. Porto: E. Nogueira, 1915, p. 421.

[193] Borges Carneiro, Manuel. *Direito Civil de Portugal. Tomo II*. Lisboa: Typ. de Maria da Madre de Deus, 1858, p. 76.

[194] Fiar é verbo de duplo significado no português. Além de tecer, também é sinônimo de afiançar. Segundo Grande e novíssimo dicionário da língua portuguesa, tem origem do latim *fidare*, significa entregar sob confiança; depositar confiança; e "ser fiador de; afiançar, abonar (*tr. dir.*): 'fio êste *homem* porque o conheço bem'" (Freire, Laudelino. *Grande e novíssimo dicionário da língua portuguesa, vol. III* – 3ª ed. – Rio de Janeiro: Livraria José Olympio, 1957, p. 2.542); no mesmo sentido Aulete, Caldas. *Dicionário contemporâneo da língua portuguesa em 5 volumes – Volume III* – 2ª Ed. – Rio de Janeiro: Delta, 1964, p. 1.762.

Teixeira de Freitas, em seu *Esboço*, propôs solução alternativa. Nos termos do artigo 3.292[196], a fiança prestada sem outorga da mulher faria parte do passivo do casal perante terceiros, devendo ser computada quando cessar a comunhão, no patrimônio do marido que celebrou a fiança (nos termos do artigo 1.335 do Esboço[197]). Como ocorreu em diversas soluções propostas pelo referido autor, em sua criatividade e grande valia para a resolução de complexos problemas do dia a dia, o dispositivo assinalado influenciou a elaboração da norma adotada pelo Código Civil de 1916.

O projeto de Coelho Rodrigues trilhou outro caminho, limitando a fiança às mulheres comerciantes (artigo 1.150), e criando a obrigatoriedade de consentimento da mulher para validade da fiança prestada pelo marido (artigo 1.937, §4º). Ademais, no caso de negativa à outorga, o suprimento judicial da vontade da mulher fazia com que a fiança não abrangesse nem os bens próprios, nem a meação da mulher sobre os bens comuns (artigo 1.941)[198].

Em seu projeto primitivo, Clovis Bevilaqua também defendeu, em linha com o Projeto apresentado por Coelho Rodrigues, que a fiança prestada sem outorga "uxoriana" tornava anulável a obrigação nos termos do artigo 278 do projeto original[199] e artigo 306 do projeto

[195] Em Portugal remanesceu, no Código Seabra, tão somente, a outorga conjugal, sendo que esta somente se aplicava à mulher, sendo norma discriminatória. Com o Código atual, Portugal abandonou completamente a falta legitimidade do marido e da mulher contraírem dívidas sem o consentimento do outro cônjuge (COSTA GOMES, Manuel Januário da. *Assunção Fidejussória de Dívida: sobre sentido e o âmbito da vinculação como fiador*. Coimbra: Almedina, 2000, pp. 534-536).

[196] Esboço Art. 3.292. Quanto às fianças prestadas por cada um dos cônjuges antes do casamento, ou pelo marido depois do casamento, sem outorga da mulher, observar-se-á o disposto no art. 1.335.

[197] Esboço Art. 1.335. As dívidas anteriores ao casamento, e as que derivarem de delitos ou outros atos ilícitos de cada um dos cônjuges, farão parte do *passivo do casal* somente em relação a terceiros, e cessando a comunhão levar-se-ão em conta da meação do cônjuge devedor.

[198] RODRIGUES, Coelho Antonio. *Projecto do Código Civil Brazileiro precedido de um projeto de lei preliminar*. Rio de Janeiro: Imprensa Nacional, 1893, pp. 139, 235 e 236.

[199] BRASIL. Congresso Nacional. Câmara dos Deputados. Comissão Especial do Código Civil; Barroso Junior, Sabino. *Projecto de Código civil brasileiro Trabalhos da Commissão Especial da Câmara dos Deputados: mandados imprimir pelo ministro do interior, Dr. Sabino Barroso Junior, vol. 1*, Rio de Janeiro: Imprensa Nacional, 1902, p. 67.

revisto[200]. Contudo, mesmo anulável, o projeto revisto excluía, da comunhão, a dívida decorrente de fiança prestada sem outorga da mulher[201], disposição que não encontrava par no projeto original, como descreve o próprio autor dos projetos nos comentários que elaborou à legislação promulgada[202], assemelhando-se muito à ideia de Teixeira de Freitas.

Na sistemática dos projetos de Beviláqua, caso o marido obtivesse autorização judicial substitutiva da de sua mulher, a fiança seria válida, mas ineficaz quanto aos "bens proprios dela" e à "sua meação dos communs" (artigo 277 do projeto primitivo). O projeto revisto, a propósito, manteve a lógica (artigos 302-306). Note-se que, com exceção da mulher casada, todas as outras passariam a poder prestar fiança isoladamente, ampliando a possibilidade restrita antes às comerciantes.

Embora cada um dos Projetistas, a seu turno, propusesse soluções distintas, todos caminhavam para a impossibilidade de obrigar os bens da esposa, caso essa não concordasse com a fiança. A *contrario sensu*, esse argumento leva a crer que os autores previam a tangibilidade da meação da esposa, se essa concordasse com a fiança, uma vez que, se houvesse suprimento judicial da vontade, pretendiam os projetistas excluir a possibilidade de o credor atingir a meação e os bens particulares do cônjuge virago que não autorizou a fiança, embora a questão não fosse pacífica.

2.3. O Código Civil de 1916

Com a promulgação do Código Civil de 1916, sem abandono da estrutura patriarcal de família[203], a mulher permaneceu proibida de contrair obrigações que pudessem importar no alheamento de bens do casal, embora pudesse fazê-lo com autorização do marido (artigo 242, inc.

[200] BRASIL. Congresso Nacional. Câmara dos Deputados. Comissão Especial do Código Civil; Barroso Junior, Sabino. *Projecto de Código civil brasileiro Trabalhos da Commissão Especial da Câmara dos Deputados: mandados imprimir pelo ministro do interior, Dr. Sabino Barroso Junior, vol. 1*, Rio de Janeiro: Imprensa Nacional, 1902, p. 185.

[201] BRASIL. Congresso Nacional. Câmara dos Deputados. Comissão Especial do Código Civil; Barroso Junior, Sabino. *Projecto de Código civil brasileiro Trabalhos da Commissão Especial da Câmara dos Deputados: mandados imprimir pelo ministro do interior, Dr. Sabino Barroso Junior, vol. 1*, Rio de Janeiro: Imprensa Nacional, 1902, p. 187.

[202] Bevilaqua, Clovis. *Código Civil dos Estados Unidos do Brasil comentado por Clovis Bevilaqua*, vol. 1, Rio de Janeiro: Editora Rio, 1975, p. 656.

[203] Art. 233. O marido é o chefe da sociedade conjugal.

VIII). Após intensos debates no âmbito da tramitação dos projetos, o original e o revisto, de Beviláqua, restou decidido que a mulher poderia ver sua obrigação ser anulada pelo marido, se prestasse a garantia sem outorga marital, nos termos do artigo 252[204]. O marido, no mesmo sentido, também não poderia prestar fiança sem autorização da mulher, qualquer que fosse o regime de bens[205], mas poderia obter suprimento judicial, se a mulher não apresentasse "justo motivo", enquanto, para as mulheres, o suprimento judicial da vontade somente poderia ocorrer no caso de *"o marido não ministrar os meios de subsistência à mulher e aos filhos"* (artigo 245, inc. II).

Em alteração do texto dos projetos, no caso de suprimento judicial da vontade da mulher, somente os seus bens próprios não se sujeitariam à satisfação da dívida[206], em que pesem os protestos de Beviláqua, que considerava que *"já não é pouco arrastarem-se os bens comuns á ruína, contra o parecer da compproprietaria"*[207]. O texto aprovado, então, revela que a outorga suprida judicialmente da mulher obrigava os bens comuns.

Contudo, os efeitos da ausência de outorga se tornaram questão de grande indagação, tanto para doutrina, quanto para jurisprudência. Figueiredo, abordando a questão, aponta que surgiram três vertentes interpretativas na jurisprudência do Superior Tribunal de Justiça. A primeira, que se mostrou majoritária na corte, defendia a nulidade absoluta da fiança prestada sem outorga conjugal. Essa teoria não encontra

[204] Art. 252. A falta, não suprida pelo juiz, de autorização do marido, quando necessária (art. 242), invalidará o ato da mulher; podendo esta nulidade ser alegada pelo outro cônjuge, até dois anos depois de terminada a sociedade conjugal.

[205] Art. 235. O marido não pode, sem consentimento da mulher, qualquer que seja o regime de bens: (...) III. Prestar fiança (arts. 178, § 9º, nº I, b, e 263, nº X).

[206] Art. 238. O suprimento judicial da outorga autoriza o ato do marido, mas não obriga os bens próprios da mulher (arts. 247, parágrafo único, 269, 274 e 275). Veja-se, aqui, tal ponto foi objeto de debate na Câmara, uma vez que, como visto, os Projetos de Bevilaqua propunham que também fosse excluída da eficácia da fiança a meação da mulher. Sob o argumento do Conselheiro Andrade Figueira, de que o suprimento judicial deveria produzir os mesmos efeitos do assentamento, foi eliminada a parte final do texto dos Projetos que previa a exclusão da meação da mulher. Embora a emenda do Conselheiro tenha sido rejeitada pela Câmara, no momento da votação, Oliveira Figueiredo propôs a exclusão da proteção da meação da redação final do dispositivo (Bevilaqua, Clovis. *Código Civil dos Estados Unidos do Brasil comentado por Clovis Bevilaqua*, vol. 1, Rio de Janeiro: Editora Rio, 1975, p. 597).

[207] Bevilaqua, Clovis. *Código Civil dos Estados Unidos do Brasil comentado por Clovis Bevilaqua*, vol. 1, Rio de Janeiro: Editora Rio, 1975, p. 598.

precedentes no direito luso-brasileiro, como visto nos itens anteriores. A segunda corrente era pela anulabilidade da fiança, com o que coaduna a existência de prazo decadencial para sua arguição, nos termos do artigo 178, §7º[208] e do artigo 255[209], ambos do diploma de 1916, e a terceira corrente entendia a outorga conjugal como mero fato de extensão da eficácia da fiança ao patrimônio comum, nos termos do direito filipino[210].

A primeira corrente descrita, representada pelo acórdão do REsp 555.238/RS, de relatoria do Ministro Paulo Gallotti, utiliza a expressão "*nula de pleno direito*", o que levou Figueiredo a caracterizá-la como nulidade absoluta. Ocorre que a expressão buscou, tão somente, reafirmar a tese de que a fiança sem outorga é anulável e, como tal, não pode atingir sequer a meação daquele que prestou a fiança. Como se sabe, infelizmente, a utilização do *nomen juris* muitas vezes é inadequada e causa confusão e perplexidade[211-212].

[208] Art. 178. Prescreve: § 7º Em dois anos: VII. A ação do marido ou dos seus herdeiros, para anular atos da mulher, praticados sem o seu consentimento, ou sem o suprimento do juiz, contado o prazo do dia em que se dissolver a sociedade conjugal.
Como se sabe, o Código Civil de 1916 não adotava critério científico para distinguir prescrição de decadência, de modo que "sua percepção científica tem sido ainda difusa como uma visão de míope: percebe-se a imagem, mas seus contornos não ficam perfeitamente delineados. Existe um campo comum entre o ser e o não ser. Momentos há, frequentíssimos, em que o jurista fica perplexo ante definir a ocorrência de decadência ou de instituto afim" (SIMÃO, José Fernando. Prescrição e decadência: início dos prazos. São Paulo: Atlas, 2013, p. 181). A controvérsia foi enterrada pela obra de Agnelo Amorim Filho, *Critério Cientifico Para Distinguir a Prescrição da Decadência e Para Identificar as Ações Imprescritíveis. In.* Revista dos Tribunais, ano 49, volume 300, outubro/1960, pp. 7-37.

[209] Art. 255. A annullação dos actos de um conjuge por falta da outorga indispensavel do outro, importa ficar o primeiro obrigado pela importancia da vantagem que do acto annullado lhe haja advindo, a elle, ao consorte ou ao casal.

[210] FIGUEIREDO, Gabriel Seijo Leal de. *Contrato de Fiança*. São Paulo: Saraiva, 2010, pp. 101-102.

[211] O legislador optou, em 2010, sem alterar o conteúdo, por mudar o nome da Lei de Introdução ao Código Civil Brasileiro para Lei de Introdução às normas do Direito Brasileiro. José Fernando Simão em artigo denominado *LICC OU LINDB? A triste mudança e a mediocridade legislativa*, coloca com a percuciência de praxe que: "A mudança do nome das coisas não significa mudança de sua essência" e, com base na literatura, exemplifica: "'Mamãe, por que é que eu chamo Marcelo? E por que não escolheram martelo? Por que é que não escolheram marmelo?' Os pais responderam: 'Porque marmelo é nome de fruta, menino!' Daí, retorquiu Marcelo com uma indagação genial: 'E a fruta não podia chamar Marcelo e eu chamar marmelo?' Eu, em 2011, respondo ao Marcelo: claro que você poderia chamar marmelo, mas por uma questão de convenção lingüística, o fruto recebeu, antes de você, o nome de marmelo" (SIMÃO, José Fernando. *LICC OU LINDB? A triste mudança e a mediocridade legislativa*. Publica-

A terceira linha apontada por Figueiredo, capitaneada pelo Min. Jorge Scartezzini no julgamento do Recurso Especial 246.829/SP, é peculiarmente interessante. O referido julgado não concluiu que a fiança prestada sem outorga conjugal era anulável (e não nula), contudo, embora tenha reconhecido que o vício era de validade e não de eficácia, delimitou os efeitos decorrentes do vício de validade fiança ao não atingimento dos bens do cônjuge em separação total de bens que não autorizou a fiança. Como será visto a seguir, essa exceção repercutiu na elaboração do Código Civil de 2002, que excluiu dos cônjuges casados em regime de separação de bens a obrigatoriedade de obter a vênia conjugal.

Nesse sentido, a segunda linha apontada por Figueiredo é a mais consentânea com a correta interpretação do Código Civil de 1916, pois a fiança prestada sem outorga era anulável, mas, mesmo assim, podia haver produção de efeitos, tanto perante terceiros, como internamente

do originalmente na Carta Forense, atualmente disponível em https://professorsimao.com.br/licc-ou-lindb-a-triste-mudanca-e-a-mediocridade-legislativa/, acesso em 4 de abril de 2023)

212 A propósito, o próprio acórdão cita a doutrina de Washington de Barros Monteiro, segundo o qual "a solução será anular a fiança outorgada sem consentimento da mulher" e o julgado AgRg no REsp nº 298.127/RS, no qual o Min. Hamilton Carvalhido anota "não se podendo limitar o efeito da invalidação apenas à meação da mulher", "pois é firme o entendimento desta Corte Superior de Justiça no sentido de que a fiança prestada por marido sem a outorga uxória invalida o ato por inteiro, não se podendo limitar o efeito da invalidação apenas à meação da mulher". Anote-se, contudo, o entendimento contrário, segundo o qual o Código efetivamente previu uma hipótese de nulidade: "Encerrando o presente artigo, a respeito do direito intertemporal, anote-se que pelo Código Civil de 1916, a falta da outorga conjugal gerava a nulidade absoluta do ato correspondente, conforme se podia extrair dos seus arts. 235, 242 e 252. O último dispositivo utilizava expressamente a palavra nulidade, apesar de forma atécnica prever um prazo decadencial" (Tartuce, Flavio. *Alguns pontos do art. 1.647 do Código Civil.* Publicado originalmente na Carta Forense, mas atualmente disponível em http://genjuridico.com.br/2015/01/22/a-questao-da-outorga-conjugal-alguns-pontos-do-art-1-647-do-codigo-civil/#:~:text=I%20do%20art.,n%C3%A3o%20se%20justifica%20a%20restri%C3%A7%C3%A3o e em https://www.ibdfam.org.br/artigos/540/A+quest%C3%A3o+da+outorga+conjugal, ambos com acesso em 2 de abril de 2023). Mais recentemente, o autor manteve seu posicionamento pela nulidade no Código de 1916, (Schreiber, Anderson ... [et al.]. *Código Civil comentado: doutrina e jurisprudência.* 2ª ed., Rio de Janeiro: Forense, 2020, p. 1.337).

ao casal. Isso porque, nos termos do artigo 263, inciso X[213], a fiança prestada sem outorga da mulher é excluída da comunhão – isto é, em eventual partilha dos bens comuns, a dívida decorrente da fiança prestada sem outorga deve ser imputada no patrimônio do cônjuge fiador, uma vez que, sendo anulável, não necessariamente a fiança será anulada, não obstante a eventual imputação do prejuízo patrimonial – e, nos termos do artigo 255, em caso de anulação dos atos praticados sem a outorga necessária, o cônjuge que prestou a fiança sem a devida outorga responde, individualmente, pelos prejuízos que tenha ocasionado a terceiros de boa-fé. Contudo, se o cônjuge sem autorização não tiver bens particulares e o casal obteve proveito com a operação financeira, os bens comuns estarão sujeitos, até o limite do proveito econômico, à satisfação da dívida, se provado que o terceiro agiu de boa-fé (subjetiva), ou seja, sem saber que o fiador era casado[214]. Como a fiança é, usualmente, gratuita e não traz benefícios ao fiador, tal dispositivo somente aplicar-se-ia excepcionalmente. Fica nítido o caráter protetivo da norma, seja com relação ao próprio fiador, seja à sua família.

Como visto, inclusive a partir de julgados do final da vigência do Código Civil de 1916, o complexo e confuso sistema causava problemas interpretativos, dos quais, todavia, é possível abstrair algumas conclusões. A primeira delas é que, naquele sistema, a fiança não obrigava os bens particulares do cônjuge outorgante. A segunda é que a sanção à fiança sem outorga foi alterada, antes se mostrava como um fator de

[213] Art. 263. São excluídos da comunhão: X – A fiança prestada pelo marido sem outorga da mulher (artigos 178, § 9º, nº I alinea b, e 235 nº III).

[214] Diz Beviláqua: "os actos praticados pela mulher ou pelo marido, sem a outorga exigida, para a primeira, no art. 242, e, para o segundo, no art. 235, são annulláveis. Obtida a annullação, volvem as cousas ao estado anterior ao acto, que se annullou, e o conjuge, que deu causa á annullação, por ter excedido em seus poderes, responde, individualmente, pelos prejuízos occasionados áquelle com quem contractou, na medida da vantagem, que tenha colhido, ou que tenha proporcionado, seja ao casal, seja ao outro conjuge. Se o conjuge responsável pelo acto annullado não tiver bens particulares, que bastem para a indemnização do prejuízo causado ao terceiro, este sómente poderá ser resarcido pelos bens do casal, se estiver de bôa-fé, quer dizer, se ignorava que contratava com pessôa casada, e se o casal tiver lucrado com a operação. A responsabilidade do casal, neste caso, irá sómente até onde tiver ido o seu proveito" e reforça "A indemnização somente se daria ao terceiro de bôa-fé, acarretando cada qual com as consequencias da sua malícia" (Bevilaqua, Clovis. *Código Civil dos Estados Unidos do Brasil comentado por Clovis Bevilaqua, vol. 1,* Rio de Janeiro: Editora Rio, 1975, p. 634).

redução da eficácia e, no Código Beviláqua, passou a constituir a invalidade de toda a operação jurídica (anulabilidade). A terceira é a eficácia da fiança perante os bens comuns, quando a operação fidejussória ocorrer com autorização conjugal, a partir da leitura do artigo 238 do Código Civil de 1916 (nota de rodapé 205, supra). A quarta é a imputabilidade de perdas decorrentes da fiança prestada sem outorga conjugal na meação do cônjuge-fiador, não podendo, nesses casos, a meação do outro ser afetada.

2.4. Projeto de 1975, texto promulgado e a Súmula 332

O Projeto de 1975, especialmente na seara do Direito de Família, foi enviado sob fortes críticas, tanto daqueles que acreditavam na manutenção do marido como chefe da família, quanto daqueles que buscavam extirpar toda e qualquer distinção de gênero[215]. É preciso notar que o Projeto Reale foi elaborado em um país que ainda não tinha a Lei do Divórcio, de 26 de dezembro de 1977, nem os preceitos que vieram na Constituição Federal de 1988, de modo que muitas das questões de Direito de Família ainda estavam caminhando para o patamar de igualdade que acertadamente se buscou no quarto final do Século XX.

A regra da outorga conjugal, unificada para marido e mulher e extinguindo a diferenciação prevista no Código Beviláqua, manteve-se intacta em toda a tramitação do Código Civil. A redação do PL 634/1975 era: "*Artigo 1.702. Ressalvado o disposto no artigo 1.711, nenhum dos cônjuges pode, sem autorização do outro, exceto no regime da separação absoluta (...) III – Prestar fiança*". A sanção de anulabilidade era clara, também, desde o projeto

[215] "Observe-se, desde logo, que algumas disposições foram alvo de críticas antagônicas, uns entendendo que a comissão assumira urna posição retrógrada, mesmo em confronto com a legislação vigente, enquanto que outros a condenavam por desmedidos excessos... Tais contradições da crítica ocorreram especialmente no que se refere à posição dos cônjuges, parecendo aos tradicionalistas um grave erro o abandono da natural preeminência que deveria ser assegurada ao marido, a cobro de qualquer contrasteação; em franco contraste, pois, com os defensores da absoluta igualdade entre os esposos, a ponto de condenarem quaisquer disposições tendentes a proteger a mulher no seio da família. Entre esses dois extremos situa-se o Anteprojeto, que põe termo ao 'poder marital', pois não se pode dizer que este subsista só pelo fato de caber ao marido a direção da sociedade conjugal, visto como ele só a poderá exercer com a colaboração da mulher, no interesse do casal e do filho" (REALE, Miguel. *Mensagem nº 160*. *In*. Projeto de Lei nº 634/1975. Diário do Congresso Nacional, Suplemento (B) ao nº 061, Capital Federal, Seção I, Sexta-Feira, 13 de junho de 1975, p. 123).

primitivo, como se vê no "*Artigo 1.704. A falta de autorização, não suprida pelo juiz, quando necessária (artigo 1.702), tornará anulável o ato praticado, podendo o outro cônjuge pleitear-lhe a anulação, até dois anos depois de terminada a sociedade conjugal*". Ambos os artigos mantiveram suas redações, *in totum*, nos aprovados artigos 1.647 e 1.649[216].

Se as principais regras foram mantidas, chama atenção a falta de alguns dispositivos do Código Civil de 1916. Em primeiro lugar, a regra do artigo 238, segundo a qual o suprimento judicial não obriga os bens próprios do cônjuge outorgante, deixou de ser expressa no diploma de 2002. Em segundo lugar, a ausência de uma regra como a prevista no artigo 255 do Código de 1916 atrai uma análise mais atenta. A proteção aos terceiros de boa-fé perdeu espaço no direito positivo, uma vez que não há um dispositivo expresso sobre a matéria, sendo qualquer discussão sobre os direitos dos terceiros afetados pela invalidação da fiança por ausência de outorga se dará pelo recurso à parte geral do Código Civil. As disciplinas que restam, portanto, são a dos defeitos do negócio jurídico e da boa-fé objetiva, com seus pressupostos.

O Código Civil de 2002, em sua longa tramitação, sofreu ajustes diversos. Veja-se, no que concerne ao objeto do presente capítulo, que a união estável não possuía o status jurídico de que hoje goza em 1975. Nesse contexto, em diversos dispositivos, foi acrescentada, nos últimos momentos antes da promulgação do diploma, a expressão "companheiro"[217], a fim de proporcionar proteção adequada a esse tipo

[216] Art. 1.647. Ressalvado o disposto no art. 1.648, nenhum dos cônjuges pode, sem autorização do outro, exceto no regime da separação absoluta:
Art. 1.649. A falta de autorização, não suprida pelo juiz, quando necessária (art. 1.647), tornará anulável o ato praticado, podendo o outro cônjuge pleitear-lhe a anulação, até dois anos depois de terminada a sociedade conjugal.

[217] Veja-se que, na Memória legislativa do Código Civil, vol. 1, a inclusão do termo companheiro, em diversos artigos, por meio de "Emendas de Gráfica" culminou em alteração no mérito "A inclusão, no art. 1.595, que trata do parentesco por afinidade, das situações de união estável, criando-se a figura do sogro e sogra do companheiro, parentesco que não se extingue com a dissolução da união estável. Alterou-se a redação do art. 1692 que restringia as relações de parentesco de adoção, apenas ao adotante e adotado e "entre aquele e os descendentes deste", limitando de forma inconstitucional a inserção do adotado na família do adotante. Por meio de emenda de redação o dispositivo foi alterado, passando a se referir "a todos os parentes do adotante", assegurando, assim, a plena inserção do adotado na família do adotante, conforme já estabelecia o ECA. No art. 1.711, quando se acrescentou a cláusula final do dispositivo para esclarecer que as disposições referentes ao bem de família

familiar, consagrado pela Constituição Federal de 1988, em seu artigo 226, §3º[218].

O Código Civil de 2002 optou por manter a outorga conjugal no sistema como regra, ao contrário de outros sistemas que a afastaram[219], dispensando, nos termos do voto supracitado do Min. Jorge Scartezzini, aqueles casados em separação absoluta de bens da obrigação de obter a outorga conjugal[220]. Optou, também, por sancionar com anulabilidade a fiança prestada sem outorga conjugal (artigo 1.649)[221], conferindo legitimidade ao cônjuge não outorgante e a seus herdeiros, para questionarem a validade do ato realizado sem a anuência daquele (artigo 1.650). Silente, o Código não se manifesta sobre a imputação das dívidas decorrentes da fiança, com ou sem outorga, no patrimônio comum.

Posteriormente, o Superior Tribunal de Justiça editou a Súmula 332, justamente para evitar a interpretação segundo a qual a anulabilidade da fiança beneficiaria somente o cônjuge que não anuiu, e conta com a

previstas no Código Civil interfeririam nas regras sobre a impenhorabilidade do imóvel residencial estabelecidas em lei especial (Lei n. 8.009/90). No art. 1.725, quando instituiu formalidade, anteriormente não prevista, para o regime de bens na união estável, passando a exigir "contrato escrito" no lugar de "convenção válida". No art. 1.775 quando se estabeleceu a preferência do companheiro sobre os ascendentes para o exercício da curatela do outro" (Régis, Mário Luiz Delgado. *Codificação, Descodificação e Recodificação do direito civil.* São Paulo: SaraivaJur, 2011, p. 392, apud. PASSOS, Edilenice. Lima, João Alberto de Oliveira. *Memória legislativa do Código Civil.* Vol. 1. Brasília: Senado Federal, 2012, texto disponível em http://www2.senado.leg.br/bdsf/handle/id/242712).

[218] Art. 226. A família, base da sociedade, tem especial proteção do Estado. § 3º Para efeito da proteção do Estado, é reconhecida a união estável entre o homem e a mulher como entidade familiar, devendo a lei facilitar sua conversão em casamento.

[219] Ver em Portugal: Costa Gomes, Manuel Januário da. *Assunção Fidejussória de Dívida: sobre sentido e o âmbito da vinculação como fiador.* Coimbra: Almedina, 2000, pp. 536-540.

[220] Tartuce diferencia a separação obrigatória da convencional, para fins de necessidade de outorga conjugal, uma vez que, na separação obrigatória, haveria participação nos aquestos, nos termos da Súmula 377 do STF (in. Schreiber, Anderson ... [et al.]. *Código Civil comentado: doutrina e jurisprudência.* 2ª ed., Rio de Janeiro: Forense, 2020, p. 1.333).

[221] A anulabilidade tem como caractere ínsito a possibilidade de confirmação, nos termos dos arts. 172 e 176 do Código Civil. Parece-nos ser o art. 1.649, parágrafo único, uma especificação dessa regra, impondo requisito formal especial (instrumento público ou particular autenticado) para convalidação do ato. Tartuce, adiciona o fundamento da boa-fé objetiva, na figura parcelar do *venire contra factum proprium* para embasar a regra do art. 1.649 (Schreiber, Anderson ... [et al.]. *Código Civil comentado: doutrina e jurisprudência.* 2ª ed., Rio de Janeiro: Forense, 2020, p. 1.337).

seguinte redação: "*A fiança prestada sem autorização de um dos cônjuges implica a ineficácia total da garantia*". Em que pese a correta interpretação do sistema jurídico pelos julgados que embasaram a súmula, a redação pode induzir o intérprete a erro.

Em primeiro lugar, a falta de outorga conjugal não é hipótese de nulidade da fiança, mas sim de anulabilidade, de modo que só pode ser arguida pelo cônjuge que não autorizou e por seus herdeiros – isto é, o cônjuge que afiançou ao arrepio do outro não pode pedir a anulação da fiança[222]. A vedação à alegação do vício, nesta hipótese, decorre de incongruência clara da postura do cônjuge fiador, que contratou sem consentimento de seu marido ou de sua esposa, com o uso do vício de validade, por ele ocasionado, para fins de se exonerar do cumprimento de sua obrigação como garantidor[223].

Em segundo lugar, a sanção imposta pela ação anulatória de fiança é a invalidade da fiança, não sua ineficácia, embora este seja um efeito da anulação da fiança. Sendo assim, da leitura adequada do enunciado se deve constatar que *a fiança, anulada pelo cônjuge que não anuiu, não produz qualquer efeito*.

Com a opção da manutenção da outorga conjugal no sistema brasileiro, o legislador fez clara escolha pela proteção do patrimônio familiar. Trata-se de grande evolução, que se iniciou com a proteção, inadequada e típica da sociedade patriarcal romana, do *Senatus Consultum Velleiano*, segundo o qual às mulheres era defeso afiançar, passando pelo direito

[222] Frise-se que a leitura isolada do art. 177 do Código Civil poderia levar a interpretação diversa, segundo a qual o cônjuge que fia sem autorização do cônjuge não pode ser beneficiado pela anulação da fiança. Essa leitura não coaduna com a função teleológica da outorga conjugal, que é, justamente, a tutela do patrimônio familiar: se a regra não beneficiasse, mesmo acidentalmente, o cônjuge que fia sem autorização, o patrimônio familiar estaria em risco.
Art. 177. A anulabilidade não tem efeito antes de julgada por sentença, nem se pronuncia de ofício; só os interessados a podem alegar, e aproveita exclusivamente aos que a alegarem, salvo o caso de solidariedade ou indivisibilidade.
Ainda, aceitar que o próprio cônjuge que afiançou sem autorização, implicaria que o fiador poderia, juridicamente, se beneficiar da própria torpeza, o que é inaceitável para o direito.

[223] Ou seja, a vedação decorre da impossibilidade de o fiador se beneficiar de sua má-fé, conforme destacam Pablo Stolze e Rodolfo Pamplona: "Em nosso sentir, claro está que a parte legitimada para arguir a anulação da fiança é o cônjuge que não consentiu, e não o fiador, pois isso seria arguir em juízo a própria torpeza" (GAGLIANO, Pablo Stolze; PAMPLONA FILHO, Rodolfo. *Novo Curso de Direito Civil, volume 4, tomo II Contratos em Espécie*. – 4ª ed. – São Paulo: Saraiva, 2011, p. 656).

luso-brasileiro, que impunha a ineficácia da fiança perante o patrimônio da mulher. Hoje, portanto, a preocupação legislativa não possui fundamento discriminatório, mas sim funda-se na execução do mandamento constitucional da proteção da família, como instituição essencial ao funcionamento da sociedade (artigo 226 da Constituição Federal).

3. Questões controvertidas: fiador malicioso, união estável e o impacto no patrimônio do outorgante

Conforme delineado acima, a evolução da outorga conjugal ainda deixa questões controvertidas que ensejam reflexão mais aprofundada. A primeira delas, sobre o fiador malicioso, refere-se à proteção do credor contra a má-fé e envolve a discussão sobre a existência de um ônus do credor ou de uma obrigação do fiador, no que toca à declaração do estado civil do fiador. A segunda sobre as recentes discussões a respeito da equiparação da união estável ao casamento e se tal equiparação culmina na necessidade de aplicação do disposto no artigo 1.647 também para os companheiros. E, por fim, a terceira é a extensão dos efeitos da responsabilização patrimonial à esfera de direitos do cônjuge autorizante, discussão que ainda desperta dissenso.

Na primeira discussão, será abordada a posição das cortes sobre os defeitos de qualificação do fiador e, como consequência, sobre a ausência de outorga conjugal.

Na segunda, será analisado o movimento que tem culminado na equiparação entre o casamento e a união estável. Partindo do julgamento do Recurso Extraordinário 878.694/MG, o Supremo Tribunal Federal reconheceu a inconstitucionalidade do artigo 1.790 do Código Civil, que atribuía ao companheiro regime sucessório diferenciado daquele do cônjuge. Com essa nova leitura constitucional, no item 3.2. observar-se-á se a equiparação do companheiro ao cônjuge impõe a necessidade de outorga convivencial para a prática de determinados atos.

Por fim, também será abordado o impacto da outorga no patrimônio do cônjuge autorizante, seus limites e pressupostos, sob a ótica do direito vigente.

Cada um desses tópicos será analisado individualmente, recorrendo-se, quando necessário, à interpretação histórica dos dispositivos, às mudanças legislativas, à jurisprudência e à teoria da boa-fé objetiva, como fonte subsidiária para resolução dos casos concretos.

3.1. Declaração do estado civil

A outorga conjugal, como elemento de legitimidade da fiança, também deve seguir a forma escrita, prescrita à fiança. Portanto, sempre se deve dar por escrito, nos termos do artigo 819 do Código Civil[224]. Por outro lado, não é necessário que a outorga seja dada no mesmo instrumento da fiança, que nascerá anulável, mas poderá ser ratificada nos termos do artigo 1.649, parágrafo único, por instrumento público ou particular autenticado. Não obstante, diferentes situações fáticas podem culminar em uma fiança sem a necessária outorga, gerando consequências jurídicas diversas.

Serão estudadas, nesse capítulo, três situações que partem das seguintes premissas:

1. O fiador declara ser casado, mas seu cônjuge não autoriza o ato;
2. O fiador não declara seu estado civil;
3. O fiador declara ser solteiro, viúvo ou divorciado, quando, na verdade, é casado;

Nesta primeira situação, apesar de a qualificação do fiador estar correta, a ausência de outorga conjugal vicia a validade da fiança como um todo, salvo no regime da separação absoluta de bens, no qual o legislador excepciona a necessidade de outorga conjugal. Tartuce anota que essa exceção é vigente somente para os casados pela separação de bens eleita por pacto antenupcial, sendo que os casados pela separação obrigatória de bens continuam necessitando da outorga conjugal. Na separação convencional, contudo, não há qualquer dúvida de que a fiança será válida[225]. Simão, por outro lado, advoga que a Súmula 377 do Supremo Tribunal Federal foi revogada pelo Código Civil de 2002, de modo que não é possível se falar em dois regimes de separação de bens,

[224] Art. 819. A fiança dar-se-á por escrito, e não admite interpretação extensiva.

[225] SCHREIBER, Anderson ... [et al.]. *Código Civil comentado: doutrina e jurisprudência*. 2ª ed., Rio de Janeiro: Forense, 2020, p. 1333. Nesse sentido, aliás, firmou-se a jurisprudência do Superior Tribunal de Justiça, com voto condutor do Ministro Massami Uyeda no âmbito do REsp 1163074/PB, sendo reiterada a jurisprudência nesse sentido (REsp 1199790 e AgRg REsp 1082052). A análise da tese acolhida pelo Superior Tribunal de Justiça implicaria, contudo, a análise da recepção e da viabilidade da manutenção da Súmula 377 do Supremo Tribunal Federal, o que escapa ao presente trabalho.

mas tão somente em um, no qual a outorga conjugal é despicienda[226]. Dado que a Súmula 377 continuou a ser aplicada pelos tribunais, parece-nos que a restrição proposta por Tartuce tem razão de ser, ocorrendo a dispensa à outorga conjugal somente na separação convencional[227]. Sendo assim, em todos os outros regimes de bens, contudo, a fiança será anulável, a pedido do cônjuge que não a autorizou.

Na segunda situação descrita, não há ação do fiador, tão somente sua omissão, enquanto, na terceira situação, há ação do fiador e ela é no sentido de realizar uma declaração falsa com intenção de enganar o credor, isto é, age de má-fé[228]. Destaque-se, de pronto, que o tratamento dado pelo Superior Tribunal de Justiça, para ambos os casos, é idêntico, com julgado representativo da segunda situação de lavra do Ministro Sidnei Beneti[229] e com julgado representativo da terceira situação do Min. Raul Araújo[230].

[226] Simão, José Fernando. *Ser ou não ser: outorga conjugal e solidariedade familiar. In.* A Leitura: cad. ESM-PA, Belém, v.2, n.3, nov. 2009, pp. 56-67.

[227] Posteriormente, Simão defendeu que era possível, àqueles casados obrigados a casar pela separação de bens, afastar a aplicação da Súmula 377 por pacto antenupcial, citando, inclusive, o Provimento n. 8 de 2016 da Corregedoria Geral de Justiça do Estado de Pernambuco e que foi seguida pela mesma instituição do Estado de São Paulo, no ano seguinte (Recurso Administrativo 1065469-74.2017.8.26.0100, parecer de Iberê de Castro Dias, juiz assessor da Corregedoria, aprovado por Manoel de Queiroz Pereira Calças, corregedor-geral da Justiça, em 6 de dezembro de 2017, publicado em 23.01.2018), revelando a manutenção de dois regimes de separação de bens no direito brasileiro (Simão, José Fernando. *Separação obrigatória com pacto antenupcial? Sim, é possível.* Consultor Jurídico, disponível em https://www.conjur.com.br/2018-fev-11/processo-familiar-separacao-obrigatoria-pacto-antenupcial-sim-possivel#sdfootnote5sym, acesso em 2 de abril de 2023).

[228] A questão do fiador em união estável será abordada no tópico abaixo.

[229] AGRAVO REGIMENTAL E RECURSO ESPECIAL. FIANÇA. OMISSÃO DO FIADOR DE SEU ESTADO CIVIL. VALIDADE DA FIANÇA. PRECEDENTE DA CORTE. 1.- Deve ser reconhecida a validade da fiança prestada sem outorga uxória em razão da má-fé do fiador na declaração de seu estado civil reconhecida pelo Tribunal de origem. 2.- Questão já apreciada por esta Corte no julgamento do REsp 1.328.235/RJ, Rel. Ministro SIDNEI BENETI, DJe 28/06/2013. 3.- Agravo Regimental improvido. (AgRg no REsp 1.447.925/MS, Rel. Ministro Sidnei Beneti, Terceira Turma, julgado em 27/05/2014, DJe 09/06/2014).

[230] AGRAVO INTERNO NO RECURSO ESPECIAL. CONTRATO DE LOCAÇÃO. FIANÇA SEM OUTORGA UXÓRIA. VALIDADE. QUALIFICAÇÃO DO CÔNJUGE COMO SOLTEIRO. AUSÊNCIA DE BOA-FÉ. ACÓRDÃO MANTIDO. AGRAVO INTERNO NÃO PROVIDO. 1. O entendimento desta Corte pacificou-se no sentido de que a fiança prestada sem autorização de um dos cônjuges implica a ineficácia total da garantia (Sumula 332/STJ), salvo se o fiador emitir declaração falsa, ocultando seu estado civil de casado. 2. No

Contudo, a distinção fática impõe que esses casos devem ter tratamento diferenciado, no mínimo no que toca aos fundamentos das decisões. Para chegar a tal conclusão, a análise será iniciada pela terceira situação (declaração de estado civil equivocado – má-fé). Nessa situação o Superior Tribunal de Justiça possui jurisprudência no sentido de que, caso o fiador preste informação inverídica – agindo de má-fé –, a obrigação não poderá ser anulada[231].

caso dos autos, a Corte de origem, mediante análise do contexto fático-probatório dos autos, concluiu que a fiança prestada no contrato de locação em análise foi prestada mediante declaração falsa do fiador acerca de seu estado civil, não sendo possível reconhecer a nulidade integral da garantia, sob pena de o fiador ser beneficiado por sua própria torpeza. Incidência da Sumula 83/STJ. (AgInt no REsp 1345901/SP, Rel. Ministro Raul Araújo, Quarta Turma, julgado em 25/04/2017, DJe 12/05/2017)

Ver, além desse, o julgado da Ministra Maria Isabel Gallotti:

EMBARGOS DE DECLARAÇÃO RECEBIDOS COMO AGRAVO REGIMENTAL. AGRAVO EM RECURSO ESPECIAL. AÇÃO ANULATÓRIA. FIANÇA SEM OUTORGA UXÓRIA. FIADOR QUE OMITE VERDADEIRO ESTADO CIVIL. BOA-FÉ OBJETIVA VIOLADA. REEXAME FÁTICO-PROBATÓRIO. SÚMULA 7/STJ. 1. Inviável o recurso especial cuja análise das razões impõe reexame do contexto fático-probatório da lide, nos termos da vedação imposta pela Súmula 7 do STJ. 2. Embargos de declaração recebidos como agravo regimental, ao qual se nega provimento. (EDcl no AgRg no AREsp 698.034/SP, Rel. Ministra Maria Isabel Gallotti, Quarta Turma, julgado em 17/11/2015, DJe 23/11/2015)

[231] AGRAVO INTERNO NO AGRAVO INTERNO NO AGRAVO EM RECURSO ESPECIAL. AÇÃO ANULATÓRIA DE FIANÇA. VALIDADE. AUSÊNCIA DE BOA-FÉ. QUALIFICAÇÃO DO CÔNJUGE COMO SOLTEIRO. ACÓRDÃO EM CONSONÂNCIA COM A SÚMULA 83/STJ. AGRAVO INTERNO IMPROVIDO. 1. A solução dada pelo Tribunal de origem está em sintonia com a orientação firmada nesta Corte no sentido de que a regra de nulidade total da fiança prestada pelo cônjuge sem a outorga do outro não se aplica no caso de informação inverídica acerca do estado civil. Incidência da Súmula 83/STJ. 2. Agravo interno improvido. (AgInt no AgInt no AREsp 853490/SP, Rel. Ministro Marco Aurélio Bellizze, Terceira Turma, julgado em 01/09/2016, DJe 08/09/2016).

AGRAVO REGIMENTAL NO RECURSO ESPECIAL – EMBARGOS DE TERCEIRO EM VIRTUDE DE AÇÃO DE DESPEJO E COBRANÇA DE ALUGUÉIS – DECISÃO MONOCRÁTICA NEGANDO SEGUIMENTO AO RECLAMO. IRRESIGNAÇÃO DA EMBARGANTE. (...) 1.2. Nada obstante, em respeito à cláusula geral da boa-fé objetiva, a jurisprudência desta Corte tem mitigado a incidência da regra de nulidade integral da fiança nos casos em que o fiador omite ou presta informação inverídica sobre seu estado civil. Em tais hipóteses, a meação do cônjuge, cuja autorização não foi concedida/demonstrada, deverá ser preservada. 1.3. Hipótese em que o Tribunal de origem prestigiou a boa-fé do locador, ante a informação errônea do fiador a respeito de seu estado civil, o que ensejou a anulação apenas parcial da fiança prestada sem outorga conjugal, resguardada a meação da esposa. (AgRg no

Embora não seja claro o fundamento comum a essas decisões, pois a Corte Superior ora invoca o prestígio à boa-fé objetiva, enquanto padrão de conduta, ora invoca a má-fé, o resultado é unívoco: a fiança não poderá ser anulada, mas preserva-se a meação do cônjuge que não anuiu. Já na segunda situação, na qual o fiador simplesmente não declara seu estado civil (omissão), a fim de apurar qual a melhor solução ao caso concreto, necessário aprofundar a análise dos julgados. Julga a Corte Superior que se o fiador omite seu estado civil, independentemente da prova de má-fé, a fiança prestada sem a outorga conjugal é válida e eficaz[232]. Por fim, na primeira situação, na qual o fiador declara ser casado,

REsp 1507413/SP, Rel. Ministro Marco Buzzi, Quarta Turma, julgado em 01/09/2015, DJe 11/09/2015)
AGRAVO REGIMENTAL NOS EMBARGOS DE DECLARAÇÃO NO RECURSO ESPECIAL. AUSÊNCIA DE PREQUESTIONAMENTO. SÚMULA Nº 282/STF. CONTRATO DE LOCAÇÃO. FIANÇA. FALTA DE OUTORGA UXÓRIA. VALIDADE PARCIAL DA GARANTIA. DECLARAÇÃO INCORRETA DO ESTADO CIVIL DE SOLTEIRO. SÚMULA Nº 332/STJ AFASTADA. MEAÇÃO PRESERVADA (...) 2. A regra de nulidade integral da fiança prestada pelo cônjuge sem a outorga do outro cônjuge não incide no caso de informação inverídica quanto ao estado civil. Meação preservada na origem. Precedente. (AgRg nos EDcl no REsp 1459299/DF, Rel. Ministro Ricardo Villas Bôas Cueva, Terceira Turma, julgado em 19/03/2015, DJe 31/03/2015)
PROCESSUAL CIVIL E CIVIL. RECURSO ESPECIAL. OFENSA AO ART. 535 DO CPC INEXISTENTE. FIANÇA SEM AUTORIZAÇÃO MARITAL. PRESTAÇÃO PELA MULHER DECLARANDO ESTADO DE SOLTEIRA. BOA FÉ OBJETIVA EM PROL DO CREDOR. IMPROVIMENTO. (...) 2. A regra de nulidade integral da fiança prestada pelo cônjuge sem outorga do outro cônjuge não incide no caso de informação inverídica por este de estado de solteira, assinando, no caso, a fiadora, mulher casada, com omissão do nome do marido. 3.- A boa-fé objetiva que preside os negócios jurídicos (CC/2002, art. 113) e a vedação de interpretação que prestigie a malícia nas declarações de vontade na prática de atos jurídicos (CC/2002, art. 180) vem em detrimento de quem preste fiança com inserção de dados inverídicos no documento. 4.- Quadro fático fixado pelo Tribunal de origem e inalterável no âmbito da competência desta Corte, que vem em prol do reconhecimento da inveracidade e da malícia na prestação da fiança (Súmula 7/STJ). 5.- Inocorrência de ofensa à Súmula 332/STJ, validade da fiança, no tocante à fiadora, a comprometer-lhe a meação, sem atingir, contudo, a meação do marido. (REsp 1328235/RJ, Rel. Ministro Sidnei Beneti, Terceira Turma, julgado em 04/06/2013, DJe 28/06/2013).

[232] AGRAVO REGIMENTAL E RECURSO ESPECIAL. FIANÇA. OMISSÃO DO FIADOR DE SEU ESTADO CIVIL. VALIDADE DA FIANÇA. PRECEDENTE DA CORTE. 1.- Deve ser reconhecida a validade da fiança prestada sem outorga uxória em razão da má-fé do fiador na declaração de seu estado civil reconhecida pelo Tribunal de origem. 2.- Questão já apreciada por esta Corte no julgamento do REsp 1.328.235/RJ, Rel. Ministro Sidnei Beneti,

mas não é colhida a anuência conjugal, a fiança está sujeita à anulação por iniciativa no cônjuge que não anuiu.

Parte-se, agora, para a análise crítica dos julgados e, em primeiro lugar, é preciso reconduzir a questão para a análise do plano da validade: em todos os casos, é inquestionável que houve vício que causa anulabilidade do negócio jurídico por força do art. 1.647 do Código Civil brasileiro.

Para a solução da primeira hipótese, por força da previsão legal, não há divergência interpretativa: cônjuge prejudicado pode anular o contrato. Nas demais hipóteses aventadas no início do presente item, é necessário o recurso à boa-fé, nos aspectos subjetivo e objetivo, para aferir a correção dos julgamentos da Corte Superior.

Positivada no ordenamento jurídico brasileiro pelo artigo 422 do Código Civil[233], a boa-fé objetiva age a fim de exigir das partes determinado padrão de conduta, evitando, assim, comportamentos maliciosos que visem à obtenção de vantagens indevidas[234]. É dizer, em outras

DJe 28/06/2013. 3.- Agravo Regimental improvido. (AgRg no REsp 1.447.925/MS, Rel. Ministro Sidnei Beneti, Terceira Turma, julgado em 27/05/2014, DJe 09/06/2014).
Veja-se a qualificação do fiador no referido contrato:
(a) ESTUDANTE, garantido por Paulo Isaias Seraidarian, RG 5.537.488 – SSP/SP, CFF, 806.602.908-04, daqui por diante designado(a) FIADOR(es).
Ocorre que, muito embora a segunda instância (Agravo Legal Em Apelação Cível nº 0020514-80.2003.4.03.6100) não tenha concluído pela má-fé do fiador, na análise fática, por alguma razão o acórdão relatado pelo Ministro Beneti parte da premissa de que o fiador age de má-fé, que nunca se presume.

[233] Art. 422. Os contratantes são obrigados a guardar, assim na conclusão do contrato, como em sua execução, os princípios de probidade e boa-fé.

[234] Segundo Judith Martins Costa, "A chamada boa-fé objetiva configura, diferentemente (da subjetiva), uma norma jurídica. A expressão boa-fé objetiva (boa-fé normativa) designa não uma crença subjetiva, nem um estado de fato, mas aponta, concomitantemente a: (i) um instituto ou modelo jurídico (estrutura normativa alcançada pela agregação de duas ou mais normas); (ii) um standard ou modelo comportamental pelo qual os participantes do tráfico obrigacional devem ajustar o seu mútuo comportamento (standard direcionador de condutas, a ser seguido pelos que pactuam atos jurídicos, em especial os contratantes); e (iii) um princípio jurídico (norma de dever que aponta, imediatamente, a um «estado ideal de coisas»)" (Martins-Costa, Judith. A Boa-Fé no Direito Privado, São Paulo: Saraiva, 2018, pp. 281-282). O estudo da boa-fé objetiva não pode prescindir da leitura de Menezes Cordeiro, Antonio. *Da Boa fé no Direito Civil*, Coimbra: Almedina, 2012. Especialmente quanto à boa-fé como dever de conduta, ver pp. 632-660; sobre o exercício inadmissível de posições jurídicas e a *exceptio doli*, ver pp. 719-741; e sobre as inalegabilidades de nulidades formais, ver pp. 771-796.

palavras, que se exige um padrão mínimo de probidade das partes contratantes, que devem se portar com honestidade e lealdade de modo a zelar pela correta consecução de suas obrigações – o agir bem é decorrência do cumprimento da base ética do sistema, um dever meta-jurídico que permeia todo o ordenamento jurídico, a boa-fé objetiva traça parâmetros para aferição concreta do agir bem, com relação àquilo que é esperado das partes. Esse conceito será fundamental para melhor resolver a segunda hipótese, na qual há mera omissão do estado civil.

Isso porque há uma composição dos ônus decorrentes da boa-fé objetiva na celebração de um contrato. Considerando que a fiança é um contrato unilateral, no qual só há obrigações para uma das partes, o dever de diligência do fiador é notadamente reduzido, pois toda a fiança é movida exclusivamente no interesse do credor[235-236]. Diante disso, cabe ao credor zelar pela completa qualificação da contraparte. Não cabe, contudo, esgotar as diligências possíveis para o fim de verificar se o fiador está dizendo a verdade quanto ao seu estado civil, pois o dever de agir com probidade e boa-fé é imposto também ao fiador.

Cumprido o ônus de requerer a qualificação do fiador, o fiador só terá duas opções: ou declara seu verdadeiro estado civil, ou declara um estado civil falso, reconduzindo a questão à terceira hipótese. No caso julgado pelo Superior Tribunal de Justiça, um grande banco brasileiro (Caixa Econômica Federal) não requereu qualquer qualificação de estado civil ao fiador, atraindo, assim, o descumprimento do dever,

[235] O aval, por sua natureza cambiária, tem questões distintas. Pontes de Miranda chega a dizer que: "É impossível qualquer solução que considere não-vinculado perante aquêles que podem confiar na aparência do título cambiário o homem casado que avaliza, ocultando o seu estado civil" e que "Se o mando, avalizando o título cambiário, ocultou o seu estado civil, só êle está em causa, e os possuidores de boa fé não poderiam pretender, com título em que só consta o aval de um homem, cujo estado civil não está no título, que a aparência lhes servisse para estabelecer o *dever* da mulher de avisar o público, protegendo-o. Se o marido não oculta o estado civil, nem declara ter assentimento da mulher, também seria injusto pretender-se qualquer dever de aviso por parte dela" (Pontes de Miranda, Francisco Cavalcanti. *Tratado de Direito Privado, T. 34*. São Paulo: Revista dos Tribunais, 2012, pp. 398-400).

[236] É preciso distinguir também a aplicação da fiança bancária. O fiador profissional, essencialmente instituição bancária, é remunerado pelo ato de afiançar, de modo que a asserção imediatamente anterior não se aplica, tendo, nesses casos, o fiador profissional interesse econômico em afiançar. Sendo assim, nesses contratos, o dever de diligência do fiador não é reduzido, uma vez que é remunerado para afiançar.

decorrente da boa-fé objetiva, de diligência, trata-se de culpa grave do Banco. Sendo assim, julgou mal o tribunal, ao negar a anulação da fiança.

Frise-se, em conclusão, que está no padrão de conduta esperado do credor (boa-fé objetiva) a busca da correta qualificação do fiador, até porque este é desinteressado da fiança, assumindo, dela, somente os ônus, enquanto o credor recebe todos os bônus. Sendo assim, o entendimento reiterado do Superior Tribunal de Justiça padece de um vício, pois não invalida a obrigação que guarda um vício genético. Mais recentemente, no julgamento do Recurso Especial 1.525.638/SP, a Quarta Turma, sob relatoria do Ministro Antonio Carlos Ferreira, reconheceu que o fato de a fiadora ser empresária não é suficiente para dispensar a outorga conjugal – vê-se o dever de o credor exigir a outorga conjugal sobrepujou o dever de a fiadora prestar informações.

Sobre o tema, o Tribunal de Justiça do Distrito Federal, no julgamento do processo 0728046-51.2021.8.07.0001, pela 5ª Turma Cível, sob relatoria da Des. Maria Ivatônia, a seguinte e interessante situação foi analisada: havia alegação de que a fiadora havia ocultado intencionalmente o fato de ser casada, contudo a locadora do imóvel recebeu uma certidão de ônus reais sobre os imóveis de titularidade da fiadora, na qual constava a informação de que era casada. Considerando que a locadora não adotou as cautelas necessárias, diante da existência de elementos documentais que indicam o estado civil de casada, a fiança foi anulada[237].

Já a boa-fé subjetiva, e seu oposto, a má-fé expressam estados psicológicos das partes de um negócio jurídico ou de terceiros a ele relacionados, que podem acreditar na licitude ou na ilicitude de seus atos[238]. O sistema, em sua base ética[239], não aceita a má-fé, motivo pelo qual

[237] Infelizmente a matéria não foi devolvida ao Superior Tribunal de Justiça, que poderia se manifestar sobre a situação concreta, dado que os fatos estão extensamente delineados no acórdão, que transitou em julgado.

[238] "Assim, sinteticamente, é lícita a fórmula: pela expressão boa-fé subjetiva trata-se de ou de designar um fato pelo qual um sujeito tem a convicção, ainda que errônea, de estar a respeitar o Direito, pois crê na legalidade da situação; ou de indicar a situação de um terceiro que deve ser protegido porque confiou – legitimamente – na aparência de certos atos" (Martins-Costa, Judith. *A Boa-Fé no Direito Privado*, São Paulo: Saraiva, 2018, p. 280).

[239] Para uma descrição do sentido e dos limites da boa-fé subjetiva do ponto de vista ético, veja-se Menezes Cordeiro, Antonio. *Da Boa fé no Direito Civil*, Coimbra: Almedina, 2012, pp. 425-442.

deve responder com consequências jurídicas negativas às condutas maliciosas, estado subjetivo, e que demonstrem a vontade de o agente se beneficiar de sua própria torpeza. Esse conceito é aplicável ao terceiro caso, no qual o fiador manifesta, conscientemente, qualificação incorreta, com o intuito de, posteriormente, invalidar o contrato.

Ao declarar possuir determinado estado civil, mas tal proceder não encontrar eco na realidade, o fiador age de forma desleal, não podendo se beneficiar da própria torpeza. Nesses casos, o Superior Tribunal de Justiça agiu bem, pois não é possível prestigiar a má-fé (afronta à boa-fé subjetiva). Mesmo na hipótese limítrofe de o fiador assinar o contrato sem saber (boa-fé subjetiva) que sua qualificação estava errada (ainda que superado o brocardo *culpa lata dolo aequiparatur*), o padrão mínimo de diligência impõe àquele que assina a fiança o dever de verificar os termos contratuais e sua qualificação pessoal, concretizando assim o dever de informação (boa-fé objetiva).

Não se pode, portanto, aceitar a tese proposta por Milton Sanseverino, favorável à nulidade absoluta da fiança prestada sem outorga conjugal, sob a justificativa de que o credor da obrigação principal teria sido "*indolente ou negligente*" ao não verificar o estado civil do indivíduo com quem contratou[240]. A um, já se determinou que a consequência jurídica da falta de outorga conjugal no contrato de fiança é a sua anulabilidade, conforme dispõe o artigo 1.649 do Código Civil de 2002, bem como assim o era, ainda na vigência do Código Civil de 1916. A dois, porque tal tese representaria uma desvinculação completa da boa-fé como princípio informador do direito civil[241], na medida em que se penalizaria o

[240] A crítica que segue é direcionada ao posicionamento exposto em SANSEVERINO, Milton. *Fiança concedida por um dos cônjuges sem o consentimento do outro: nulidade ou mera anulabilidade?*. Justitia, São Paulo, v. 58, n. 173, pp. 58-60, jan./mar. 1996, cujo foco está na ausência de outorga conjugal em fiança prestada sobre contrato de locação de imóvel urbano.

[241] Na presente exposição, foca-se no papel do princípio da boa-fé (abrangendo tanto sua modalidade subjetiva, quanto sua modalidade objetiva) em dar relevância jurídica ao vínculo de confiança entre as partes, função já presente no projeto do Código Civil vigente e que foi integralmente negligenciado pelo posicionamento ora criticado. Corroborando o papel do princípio da boa-fé apontado, segue a lição de Miguel Reale: "O que se impõe, em verdade, no Direito, é captar a realidade factual por inteiro, o que deve corresponder ao complexo normativo em vigor, tanto o estabelecido pelo legislador, como o emergente do encontro das vontades dos contratantes. É que está em jogo o princípio de confiança nos elaboradores das leis e das avenças, e de confiança no firme propósito de seus destinatários no sentido de

credor por um ato do fiador que, segundo Milton Sanseverino, mesmo agindo maliciosamente, sozinho ou com seu cônjuge, seria irrelevante em uma eventual apreciação judicial do contrato de fiança, tamanha a sanção imposta ao credor[242].

O acolhimento do posicionamento exposto, longe de incentivar a prudência e a cautela das partes contratantes, criaria, além de um ambiente de desconfiança do credor da obrigação principal em relação ao fiador, um risco adicional àquele que busca maior segurança em seu contrato, permanecendo impune o fiador que agiu imprudente ou maliciosamente, isto é, que introduziu a má-fé na relação jurídica negocial. A penalização do credor, por sua vez, leva à sensação de injustiça e que, levada a cabo, desincentiva a consecução de fianças, pois obrigar as partes a obterem certidões sobre todos os elementos que podem gerar defeitos nos contratos, afastando a confiança como elemento jurídico relevante, encarece e burocratiza os negócios.

Finalizando a crítica à tese apresentada por Sanseverino, em nada prejudicam as conclusões expostas o fato de a fiança ser um contrato unilateral e benéfico. A natureza da garantia não resulta na concessão de uma autorização ao fiador para agir ilicitamente. A gratuidade tem seus efeitos jurídicos delineados pelo Código Civil de 2002, a exemplo da interpretação restritiva da fiança (artigo 819) e da sub-rogação do fiador nos direitos do credor após a responsabilização do primeiro (artigo 831), entre outros dispositivos que limitam o valor a ser pago pelo garantidor e que lhe preveem benefícios e possibilidades de exoneração. O argumento da gratuidade da garantia é incompatível com a compreensão holística do ordenamento jurídico: estar-se-ia a admitir a tutela da má-fé.

adimplir, sem tergiversações e delongas, aquilo que foi promulgado ou pactuado" (REALE, Miguel. *Boa-fé no Código Civil.* Disponível em https://www.migalhas.com.br/depeso/2543/boa-fe-no-codigo-civil. Acesso em 4 de abril de 2023).

242 "De modo que, diante de condutas omissivas tão graves quanto injustificáveis, de nada adianta dizer, mais tarde, que o devedor (fiador) teria agido de má-fé, conluiado ou não com seu cônjuge, porquanto sem dúvida cabia ao credor (locador ou seu sucessor) o elementar dever de ter cuidado de se cercar de cautelas a respeito" (SANSEVERINO, Milton. *Fiança concedida por um dos cônjuges sem o consentimento do outro: nulidade ou mera anulabilidade?*. Justitia, São Paulo, v. 58, n. 173, p. 58-60, jan./mar. 1996, p. 60).

Conclui-se que, embora adote solução correta para os casos concretos, o Superior Tribunal de Justiça adota posição *contra legem*, uma vez que o ideal seria reconduzir a questão da falta da outorga conjugal ao plano da validade, reconhecendo-se o vício intrínseco à fiança e, em decorrência disso, anulando-a. Contudo, esse proceder geraria repulsa irresistível: o fiador não pode se beneficiar de sua própria torpeza (artigo 422 do Código Civil). É por isso que se flexibiliza a regra do art. 1.647 do Código Civil, a fim de harmonizá-la com a vedação à má-fé.

O caminho mais consentâneo com o direito, portanto, seria reconduzir a falta de outorga conjugal à invalidade, atribuindo excepcionais efeitos à fiança daquele que, comprovadamente, age com intuito de lesar, de fraudar e de prejudicar a contraparte, protegendo-se a meação do cônjuge que não anuiu com a fiança prestada.

3.2. Equiparação constitucional entre casamento e união estável

3.2.1. *Inexistência de outorga convivencial*

A outorga conjugal na fiança, como visto acima, evoluiu desde o direito antigo de Portugal, da proteção do patrimônio da mulher, para um instituto voltado à proteção da entidade familiar como um todo, tornando mais rígida a sanção para a sua falta, de uma ineficácia parcial para sua total invalidade. Tal instituto, agora, enfrenta novo desafio, qual seja sua aplicação aos casais unidos estavelmente.

A união estável adquiriu papel de relevo no ordenamento jurídico brasileiro, principalmente após a Constituição Federal de 1988. Contudo, as famílias de fato existem há muito mais tempo e são juridicamente reguladas desde, pelo menos, a Roma Antiga[243]. Ao longo da década de 1990, esse instituto familiar ganhou reconhecimento legal a respaldar o disposto no artigo 226, §3º da Constituição Federal de 1988 (com especial destaque às Leis 8.971/94 e 9.278/96). Após a promulgação do Código Civil de 2002, os debates sobre modelos familiares ganharam fôlego, em especial graças ao artigo 1.790, que criava um regime sucessório diferenciado para cônjuges e companheiros.

[243] Ver, nesse sentido, a obra de referência de Azevedo, Álvaro Villaça. *Estatuto da Família de Fato*: de acordo com o novo Código Civil. 2ª edição. São Paulo: Atlas, 2002. Sobre direito romano, ver pp. 38-53.

A partir dessa diferenciação, a doutrina e a jurisprudência passaram a debater quais distinções entre os regimes eram juridicamente válidas, muito embora a Constituição não tenha criado uma hierarquia entre as famílias, nem assegurado regimes jurídicos idênticos a todas. Mais recentemente, o Supremo Tribunal Federal, sob a lavra do Min. Luis Roberto Barroso, decidiu pela inconstitucionalidade do referido artigo 1.790 (RE 878.694/MG). O referido julgamento teve os seguintes argumentos como base (a) Não é legítimo desequiparar casamento e união estável para fins sucessórios, pois a hierarquização é incompatível com a Constituição Federal; (b) a diferenciação entre casamento e união estável pode ser legítima ou arbitrária[244].

Ocorre que, como dito, a diferença entre os modelos familiares não impõe, entre eles, uma relação hierárquica. *In casu*, o mais adequado é reconhecer que há liberdade de as partes escolherem o regime que melhor lhes convêm. Segundo constou do julgamento do Supremo Tribunal Federal, existem duas categorias de diferenciação entre os modelos familiares: as legítimas[245] e as arbitrárias[246]. As arbitrárias são todas aquelas que criam distinções quanto aos efeitos decorrentes da união familiar, de modo que deveriam ser consideradas inconstitucionais, pois a Constituição Federal de 1988 não criou uma hierarquia entre os modelos familiares. Nos termos desse raciocínio, "*as regras da outorga uxória e marital se aplicam* in totum *a elas (relações de união estável), nos exatos termos do artigo 1.647 do CC*"[247]. As legítimas, por sua vez, são as que regulam o modo de criação e de extinção, além da comprovação da existência das uniões familiares.

[244] Simão, José Fernando. E então o STF decidiu o destino do artigo 1.790 do CC? (parte 1) https://www.conjur.com.br/2016-dez-04/processo-familiar-entao-stf-decidiu-destino-artigo-1790-cc-parte, acessado em 4 de abril de 2023.

[245] "(...) a diferenciação entre os regimes basear-se em circunstâncias inerentes às peculiaridades de cada tipo de entidade familiar, tal distinção será perfeitamente legítima (...)" (RE 878.694/MG, Rel. Min. Luis Roberto Barroso, Tribunal Pleno, j. em 10 de maio de 2017).

[246] "(...) será arbitrária toda diferenciação de regime jurídico que busque inferiorizar um tipo de família em relação a outro, diminuindo o nível de proteção estatal aos indivíduos somente pelo fato de não estarem casados (...)" (RE 878.694/MG, Rel. Min. Luis Roberto Barroso, Tribunal Pleno, j. em 10 de maio de 2017).

[247] Simão, José Fernando. *E então o STF decidiu o destino do artigo 1.790 do CC?* (parte 2) https://www.conjur.com.br/2016-dez-25/processo-familiar-entao-stf-decidiu-destino-artigo-1790-cc-parte, acessado em 4 de abril de 2023.

Simão ressalva, contudo, que os efeitos da união estável e do casamento tão somente seriam idênticos se houvesse registro público da união estável, caso contrário sua eficácia estaria restrita à relação dos companheiros[248]. A esse propósito, veja-se o Projeto de Lei 2.686/1996, voltado à regulação da união estável, que previa, em seu artigo 5º: "*nos instrumentos que vierem a firmar com terceiros os companheiros deverão mencionar a existência da união estável e a titularidade do bem objeto de negociação. Não o fazendo, ou sendo falsas as declarações, serão preservados os interesses dos terceiros de boa-fé, resolvendo-se os eventuais prejuízos em perdas e danos, entre os companheiros, e aplicadas as sanções penais cabíveis*"[249].

Que se afaste, desse modo, a defesa da exigibilidade de uma outorga convivencial no contrato de fiança que se sustente, tão somente, na generalização da qualidade de "arbitrária" a qualquer diferenciação da união estável em relação ao casamento. Na presente crítica, que será adiante aprofundada, tem-se como premissa basilar a possibilidade de existência de regime jurídico mais formal e restritivo à fiança prestada por cônjuge do que aquela prestada por companheiros, o que não se confunde com a atribuição de uma posição hierárquica superior ao casamento, como entidade familiar, ante a união estável[250]. Se a diferença

[248] Simão, José Fernando. *E então o STF decidiu o destino do artigo 1.790 do CC?* (parte 2) https://www.conjur.com.br/2016-dez-25/processo-familiar-entao-stf-decidiu-destino-artigo-1790-cc-parte, acessado em 4 de abril de 2023.

[249] Referido Projeto nunca se transformou em lei, em razão da promulgação do Código Civil.

[250] A superficialidade de uma posição pautada sobre argumentos semelhantes somente se torna mais clara quando se percebe que a diferença entre o casamento e a união estável, no contrato de fiança, sequer incide sobre a qualidade de entidade familiar, mas sim sobre formalidades atinentes a cada entidade: "A aplicação desse pressuposto subjetivo, porém, não se comunica aos casos de união estável, segundo entendimento consolidado do STJ, no sentido de ser dispensada a autorização do companheiro para a constituição desta garantia fidejussória. Tal distinção não se mostra incompatível com o reconhecimento da união estável como entidade familiar, equiparada ao casamento, com fulcro na solidariedade familiar, já que se baseia nas diferenças entre os efeitos decorrentes do casamento como ato formal (celebração do casamento) e como relação jurídica dele decorrente (relação matrimonial). Os efeitos associados à celebração do casamento não podem ser equiparados às entidades familiares, sendo estas desprovidas de ato constitutivo. Já os efeitos decorrentes do casamento como relação jurídica, fundada na solidariedade, devem ser equiparados aos da união estável, por identidade de *ratio*." (Tepedino, Gustavo; Konder, Carlos Nelson; Bandeira, Paula Greco. *Fundamentos do direito civil: volume 3: contratos.* – 1ª edição – Rio de Janeiro: Forense, 2020, pp. 519-521)

tivesse por base a questão de hierarquia, isso implicaria reconhecimento de que famílias constituídas em regimes como a separação de bens são hierarquicamente inferiores.

O legislador sempre teve duas grandes preocupações: a alienação de imóveis comuns, em prejuízo do companheiro com situação mais frágil, e a proteção dos terceiros de boa-fé. Embora tal dispositivo não tenha sido positivado, a doutrina recomendou que "*a quem negociar com pessoas, que não se declarem companheiros ou conviventes, a providência de exigir, expressamente, do contratante alienante, a menção, no documento de alienação, de seu estado familiar, sob pena de cometimento de ilícito penal (...) além da responsabilidade civil pelos prejuízos*"[251].

Essa postura, consentânea com os deveres da boa-fé objetiva, encontra dificuldades na sua aplicação em face da inexistência de lei específica para ter eficácia. Como a outorga conjugal, hoje, é lida como um mecanismo de defesa da família e a sanção pelo seu descumprimento ganhou potência passando a atingir o plano da validade do negócio jurídico, multiplicam-se os adeptos da teoria de que existiria uma outorga convivencial, principalmente após as recentes decisões da Corte Suprema, em especial do Recurso Extraordinário 878.694/MG.

Essa não parece ser a posição do Superior Tribunal de Justiça até o momento[252], que é majoritariamente contra a aplicação da Súmula 332

[251] Azevedo, Álvaro Villaça. *Estatuto da Família de Fato*: de acordo com o novo Código Civil. 2ª edição. São Paulo: Atlas, 2002, p. 379.

[252] AGRAVO INTERNO NO AGRAVO EM RECURSO ESPECIAL. FIANÇA. UNIÃO ESTÁVEL. OUTORGA UXÓRIA. INEXISTÊNCIA. DISPENSA. VALIDADE DA GARANTIA. SÚMULA Nº 332/STJ. INAPLICABILIDADE. BEM INDIVISÍVEL. PENHORA. POSSIBILIDADE. MEAÇÃO DO CÔNJUGE. 1. Não é nula, nem anulável, a fiança prestada por fiador convivente em união estável sem a outorga uxória do outro companheiro. Não incidência da Súmula nº 332/STJ. Precedentes. 2. É possível que os bens indivisíveis sejam levados à hasta pública por inteiro, reservando-se ao cônjuge meeiro do executado a metade do preço obtido. Precedentes. 3. Agravo interno não provido. (AgInt no AREsp 841.104/DF, Rel. Ministro Ricardo Villas Bôas Cueva, Terceira Turma, julgado em 16/06/2016, DJe 27/06/2016)

DIREITO CIVIL-CONSTITUCIONAL. DIREITO DE FAMÍLIA. CONTRATO DE LOCAÇÃO. FIANÇA. FIADORA QUE CONVIVIA EM UNIÃO ESTÁVEL. INEXISTÊNCIA DE OUTORGA UXÓRIA. DISPENSA. VALIDADE DA GARANTIA. INAPLICABILIDADE DA SÚMULA N. 332/STJ. 1. Mostra-se de extrema relevância para a construção de uma jurisprudência consistente acerca da disciplina do casamento e da união estável saber, diante das naturais diferenças entre os dois institutos, quais os limites e possibilidades de traem casos de união estável. Tem decidido a Corte Superior no sentido de que a única proteção é a da meação pertencente ao companheiro que deixou de autorizar a fiança[253].

tamento jurídico diferenciado entre eles. 2. Toda e qualquer diferença entre casamento e união estável deve ser analisada a partir da dupla concepção do que seja casamento – por um lado, ato jurídico solene do qual decorre uma relação jurídica com efeitos tipificados pelo ordenamento jurídico, e, por outro, uma entidade familiar, dentre várias outras protegidas pela Constituição. 3. Assim, o casamento, tido por entidade familiar, não se difere em nenhum aspecto da união estável – também uma entidade familiar –, porquanto não há famílias timbradas como de "segunda classe" pela Constituição Federal de 1988, diferentemente do que ocorria nos diplomas constitucionais e legais superados. Apenas quando se analisa o casamento como ato jurídico formal e solene é que as diferenças entre este e a união estável se fazem visíveis, e somente em razão dessas diferenças entre casamento – ato jurídico – e união estável é que o tratamento legal ou jurisprudencial diferenciado se justifica. 4. A exigência de outorga uxória a determinados negócios jurídicos transita exatamente por este aspecto em que o tratamento diferenciado entre casamento e união estável é justificável. É por intermédio do ato jurídico cartorário e solene do casamento que se presume a publicidade do estado civil dos contratantes, de modo que, em sendo eles conviventes em união estável, hão de ser dispensadas as vênias conjugais para a concessão de fiança. 5. Desse modo, não é nula nem anulável a fiança prestada por fiador convivente em união estável sem a outorga uxória do outro companheiro. Não incidência da Súmula n. 332/STJ à união estável. 6. Recurso especial provido. (REsp 1.299.866/DF, Rel. Ministro Luis Felipe Salomão, Quarta Turma, julgado em 25/02/2014, DJe 21/03/2014)

CIVIL E PROCESSUAL CIVIL. FIANÇA. CONTRATO DE LOCAÇÃO. AUSÊNCIA DE OUTORGA UXÓRIA. IRRELEVÂNCIA NO CASO, EM FACE DE A GARANTIA TER BENEFICIADO O CASAL. (...) 2. Peculiaridades do caso concreto que afastam o entendimento da Súmula 332/STJ. Além de o recorrente ter conhecimento da garantia, obteve proveito da locação, utilizando-se do imóvel para administrar a sua própria empresa. Incidência da Súmula 7/STJ. 3. A orientação predominante nesta Corte é no sentido de que a impenhorabilidade prevista na Lei nº 8.009/90 não se estende ao imóvel do fiador, em razão da obrigação decorrente de pacto locatício. (AgRg no REsp 1061373/SP, Rel. Ministro Og Fernandes, Sexta Turma, julgado em 07/02/2012, DJe 27/02/2012)

[253] Nesse sentido: AGRAVO REGIMENTAL NO RECURSO ESPECIAL. CONTRATO DE LOCAÇÃO. FIANÇA SEM OUTORGA UXÓRIA. SÚMULA 332/STJ. PARTICULARIDADE FÁTICA DO CASO CONCRETO QUE AFASTA A APLICAÇÃO DO ENTENDIMENTO SUMULADO DESTA CORTE. MEAÇÃO DA COMPANHEIRA RESGUARDADA. 1. Tendo o fiador faltado com a verdade acerca do seu estado civil, não há como declarar a nulidade total da fiança, sob pena de beneficiá-lo com sua própria torpeza. 2. Assegurada a meação da companheira do fiador, não há que se falar em ofensa à legislação apontada. Particularidade fática do caso que, por si só, afasta a aplicação do entendimento fixado pela Súmula nº 332/STJ. 3. Agravo regimental a que se nega provimento. (AgRg no REsp 1095441/RS, Rel. Ministro Og Fernandes, Sexta Turma, julgado em 17/05/2011, DJe 01/06/2011)

Diante de todo o exposto, a solução pode parecer inadequada, uma vez que não se coaduna em nada com as funções do instituto tal como lançado nos moldes do Código Civil de 2002, isto é, proteger somente o patrimônio individual de um dos companheiros (aquele que não autorizou), mas sem tutelar o patrimônio da família. Isso porque a questão, à falta de lei específica que regule a necessidade ou não de outorga do companheiro, deve ser abordada sob o prisma da legalidade. Sendo uma norma restritiva de direitos, sua aplicação deve se dar segundo o princípio da legalidade estrita[254].

A restrição à autonomia privada não apresenta o respaldo necessário para justificar sua adoção pelos Tribunais, sendo possível justificar tal asserção a partir de duas linhas diversas que se complementam. Ambas as linhas têm como premissa a consideração da autonomia privada como manifestação do princípio da liberdade[255], tanto em sua forma ampla de direito geral à liberdade, quanto em sua especificação como liberdade de iniciativa econômica, sendo ambas resguardadas, protegidas e tuteladas pela Constituição Federal.

Do ponto de vista hermenêutico, a defesa da produção de efeitos jurídicos, na ausência de uma outorga convivencial, sustenta-se sobre uma interpretação extensiva do artigo 1.647 do Código Civil de 2002, que tem como efeito a restrição do direito fundamental de liberdade, sem nenhuma contrapartida que a fundamente. De forma análoga à vedação de interpretação extensiva a normas jurídicas excepcionais, igualmente é condenável tal postura do intérprete diante de dispositivo já restritivo da livre iniciativa das partes, na forma de necessária outorga conjugal, afinal, estar-se-ia restringindo um direito fundamental a um grau superior ao da própria lei[256].

254 Ver, nesse sentido, a opinião de Tartuce, que ainda acrescenta que "o fato de a norma ser restritiva da autonomia privada, não admitindo analogia" (Schreiber, Anderson ... [et al.]. *Código Civil comentado: doutrina e jurisprudência.* 2ª ed., Rio de Janeiro: Forense, 2020, p. 1.413).

255 Referindo-se à autonomia privada, assim se manifesta Francisco Amaral: "É uma das mais significativas representações da liberdade como valor jurídico, expresso no Preâmbulo do texto constitucional, no princípio da liberdade de iniciativa econômica (CR, art. 170) e na liberdade contratual (CC, art. 421)" (Amaral, Francisco. *Direito Civil: Introdução* – 10ª edição – São Paulo: Saraiva, 2018, p. 131).

256 "(...) recomenda-se que toda norma que restrinja os direitos e garantias fundamentais reconhecidos e estabelecidos constitucionalmente deva ser interpretada restritivamente.

Do ponto de vista constitucional, tal postura do intérprete deturparia a principal garantia constitucional da liberdade de iniciativa econômica: o princípio da legalidade[257]. Evidentemente, com o sistema do Código Civil de 2002, fundado na socialidade, não se pode olvidar de uma leitura que prestigie, além da liberdade, o bem-estar social. Porém, seja tomando-se suas tradicionais expressões (normas de ordem pública e bons costumes), ou seus novos propósitos (impedimento de exploração econômica entre contratantes), tal argumento não embasa a posição criticada[258] que, em realidade, coloca em segundo plano a liberdade e, em primeiro plano, a restrição de um direito fundamental, com fundamento na proteção da família como valor supremo. Não se pode afastar a proteção da família enquanto instituição, contudo, no caso concreto (outorga onvivencial), as restrições à liberdade econômica, que, como visto, impõem uma série de deveres às partes, devem vir acompanhadas de preceito legal, sob pena de, por recurso analógico, restringir qualquer outra liberdade.

Como ressalta Afonso da Silva, ao tratar do direito geral de liberdade, tais inversões, infelizmente, são comuns, e exigem uma postura ativa da comunidade jurídica no sentido de serem fundamentadas: "*A literatura*

(...) No primeiro caso, o *telos* protegido é postulado como de tal importância para a ordem jurídica em sua totalidade que, se limitado por lei, esta deve conter, em seu espírito (mens legis), antes o objetivo de assegurar o bem-estar geral sem nunca ferir o direito fundamental que a constituição agasalha" (Ferraz Junior, Tercio Sampaio. *Introdução ao Estudo do Direito: Técnica, Decisão, Dominação* – 11ª edição – São Paulo: Atlas, 2019, pp. 258-259).

257 "Pois é certo que postulação primária da liberdade de iniciativa econômica, como acima anotei, é a garantia da legalidade: liberdade de iniciativa econômica é liberdade pública precisamente ao *expressar não sujeição a qualquer restrição estatal senão em virtude de lei.*" (Grau, Eros Roberto. Comentário ao art. 170, *caput*. In: Canotilho, J.J. Gomes; Mendes, Gilmar Ferreira; Sarlet, Ingo Wolfgang; Streck, Lenio Luiz (coord.). *Comentários à Constituição do Brasil*. 2ªedição. São Paulo: Saraiva/Almedina, 2018, p. 1.885).

258 Caio Mário da Silva Pereira enumera as diversas situações que justificam a tendência contemporânea de intervenção estatal em matéria contratual, sem que haja a mínima coincidência com a hipótese aqui criticada: "O que se pode apontar como a nota predominante nesta quadra de evolução do contrato é o reforçamento de alguns conceitos, como o da regulamentação legal do contrato, a fim de coibir abusos advindos da desigualdade econômica; o controle de certas atividades empresárias; a regulamentação dos meios de produção e distribuição; e sobretudo a proclamação efetiva de proeminência dos interesses coletivos sobre os de ordem privada" (Pereira, Caio Mário da Silva. *Instituições de Direito Civil*: Volume III: Contratos – 24ª edição – Rio de Janeiro: Forense, 2020, p. 28).

constitucional brasileira, quando faz alguma menção à liberdade geral de ação, muitas vezes supõe que ela é constituída por aquilo que resta depois da regulação estatal. (...) Mas essa interpretação esvazia quase por completo a liberdade geral de ação, pois a liberdade seria garantida apenas se não fosse restringida. (...) Assim, se é verdade que ninguém tem a liberdade de fazer aquilo que é proibido por lei, o controle do que pode e do que não pode ser proibido (ou obrigado) somente é possível se se toma a liberdade como regra, e a restrição, como uma exceção que demanda fundamentação"[259].

A solução adotada em parte dos julgados analisados do Superior Tribunal de Justiça, embora correta, possui fundamentos que geram debate, pois partem da já criticada interpretação segundo a qual a omissão do estado civil, independentemente de má-fé, afasta a invalidade da fiança, como visto no tópico anterior. Em verdade, sequer há invalidade, uma vez que unido estavelmente não é, no ordenamento de direito positivo, um estado civil, de modo que não há omissão na qualificação do fiador.

Desse modo, acedemos à interpretação do Min. Luis Felipe Salomão, no âmbito do REsp 1.299.866, segundo a qual não padece de qualquer vício a fiança prestada sem outorga convivencial, pois tal legitimação é prescindível para o ato de afiançar. Por fim, no mesmo julgamento, o ministro ressaltou a integral incompatibilidade da posição contrária com a dinâmica contratual, impondo-se um ônus desproporcional ao credor da obrigação principal caso ele queira reduzir seus riscos no interior do contrato de fiança – o que, em última análise, está em completo descompasso com sua própria função como garantia voltada a dar segurança ao credor, e não preocupações adicionais[260].

Frise-se, por fim, que embora as partes possam registrar a união estável no Livro "E" do Registro Civil, nos termos do Provimento 37/2014 do CNJ, tal registro não é obrigatório, conforme preleciona o artigo 1º

[259] Silva, Virgílio Afonso da. *Direito Constitucional Brasileiro* – 1ª edição – São Paulo: Editora da Universidade de São Paulo, 2021, p. 167.

[260] "Além disso, essa conclusão não é afastada diante da celebração de escritura pública entre os consortes, haja vista que a escritura pública serve apenas como prova relativa de uma união fática, que não se sabe ao certo quando começa nem quando termina, não sendo ela própria o ato constitutivo da união estável. Ademais, por não alterar o estado civil dos conviventes, para que dele o contratante tivesse conhecimento, ele teria que percorrer todos os cartórios de notas do Brasil, o que seria inviável e inexigível" (REsp 1.299.866, Rel. Min. Luis Felipe Salomão, 4T, j. em 25/2/2014).

do referido Provimento. Desse modo, não sendo obrigatório e não sendo regra consuetudinária, tampouco faria sentido alargar o rol de pessoas sujeitas à outorga para a prática de negócios jurídicos. Nesse sentido, nem mesmo as alterações trazidas pelo novel Provimento 141/2022 do CNJ, para fins de eficácia perante terceiros do regime de bens, alteram as conclusões acima expostas, uma vez que o que afasta a necessidade de outorga é a falta de requisito legal específico, sendo a falta de publicidade da união estável somente um incremento argumentativo. Contudo, com a garantia da facilidade na consulta da união estável, é possível que o legislador, no seu juízo de conveniência e oportunidade, estenda a obrigação de obtenção da anuência para a prática de certos atos jurídicos aos conviventes – no âmbito do programa habitacional Casa Verde e Amarela, foi promulgada a Lei 14.118/2021, que dispensa a outorga marital ou convivencial no âmbito do Programa e o registro dados do cônjuge ou companheiro no Registro de Imóveis[261] – ou que o Supremo Tribunal Federal, em atuação exorbitante à sua competência constitucional, estenda os efeitos do artigo 1.647 aos conviventes em união estável. Referida mudança, se ocorrer, deverá ser acompanhada de imprescindível modulação de efeitos, aplicando-se somente aos contratos firmados após a mudança, sob pena de gerar insustentável insegurança.

3.2.2. *Proveito da fiança e relação entre companheiros*

Caracterizada a inexistência de imposição legal para a outorga convivencial, resta à análise um último ponto no âmbito da união estável, sobre a responsabilização do patrimônio do companheiro não outorgante e a tese do proveito obtido com a fiança.

Como visto acima, a fiança não atinge os bens daquele cônjuge que não autorizou a fiança, mas sim os bens comuns, se, e somente se, houver outorga conjugal – não havendo a outorga conjugal e superada a invalidade da fiança, os bens comuns serão divididos (se forem passíveis de divisão) ou alienados, sendo resguardado metade do proveito da venda, a fim de, em ambos os casos, preservar a meação do cônjuge não autorizante. A tese não pode ser diferente no caso de companheiros.

[261] Atualmente, referida lei está revogada, por força da Medida Provisória 1.162/23, editada em 14 de fevereiro de 2023, que rebatiza o Programa como Minha Casa, Minha Vida, mas não altera a disciplina jurídica no que toca à outorga conjugal.

Se não houver autorização conjugal, o que se sujeita à execução – na hipótese de o cônjuge ter agido de má-fé, conforme delineado no tópico 3.1, supra – é tão somente o patrimônio particular do fiador e sua metade nos bens comuns. Quanto aos companheiros, a ausência de outorga convivencial não pode sujeitar a meação do companheiro que não participou do contrato de fiança, ainda mais considerando que tal autorização não é exigível no sistema jurídico brasileiro e, portanto, não é requisito de legitimidade da fiança.

Frise-se: a fiança, como qualquer contrato, pode beneficiar, colateralmente, terceiros que não possuem relação jurídica com o contrato dito principal ou com ela mesma.

A situação a ser analisada é o caso no qual a fiança é dada, pelo fiador, em benefício de uma parte, denominada credor. O credor possui liame jurídico em outro contrato, sem relação com o fiador, com um terceiro, chamado devedor/afiançado. Contudo, além destas partes contratuais (credor, devedor e fiador), a fiança pode beneficiar colateralmente um terceiro não contratante. O fato de um terceiro estranho à operação econômica se beneficiar da fiança não torna o terceiro um cofiador, isto é, não pode sujeitar seus bens à garantia da dívida.

Não obstante, há uma tese segundo a qual o companheiro que não participou do contrato de fiança, mas que obteve proveito em decorrência dela é impedido tanto de alegar a sua nulidade quanto também de proteger a sua meação. Trata-se do "*proveito da locação*", expressão utilizada no julgamento do AgRg no REsp 1.061.373, pelo Ministro Og Fernandes. No caso concreto, a companheira afiançou um contrato de locação em benefício de uma sociedade empresária de sua propriedade (devedora), chamada Editora Jaborandi. No interregno contratual, a Jaborandi encerrou suas atividades, mas o imóvel continuou a ser ocupado, agora por sociedade de titularidade do companheiro da fiadora, que não era fiador do contrato de locação.

Assim, embora possa se defender a sucessão no contrato de locação, o dono da sociedade sucessora não se torna fiador pelo fato de que a fiadora (no caso sua companheira) era dona da sociedade sucedida. É dizer, em outras palavras, que, embora a sociedade do companheiro tenha ocupado o imóvel e exercido nele atividade empresária, isso não torna o companheiro um garantidor do contrato de locação. Mesmo que se defendesse que a sucessão no contrato de locação se deu da Editora

Jaborandi para o companheiro, na pessoa natural, o companheiro seria locatário, mas nunca fiador.

Não obstante o exposto, no julgamento do AgRg no REsp 1.061.373, o Ministro Og Fernandes, após negar a anulação da fiança por ausência de outorga convivencial (o que fez acertadamente, conforme defendido no tópico supra), decidiu que os fatos de que a garantia beneficiou o casal e de que a fiança era de conhecimento de ambos os companheiros, eram suficientes para afastar a proteção à meação do companheiro que não contratou a fiança.

Em outros termos, conforme concluído no tópico anterior, negou-se o requisito de legitimidade outorga convivencial, porém ampliou a responsabilidade do companheiro estranho à fiança, sob a justificativa de se ter verificado um benefício à entidade familiar (união estável). Esse raciocínio não deve prevalecer por três razões centrais.

A um, porque os contratos se regem pelo princípio da relatividade dos efeitos (*res inter alios acta, aliis nec nocet nec prodest*), de modo que a fiança assumida por um, não pode prejudicar aquele que não fez parte do contrato e que eventual benefício indireto não constitui razão jurídica para ampliação da sujeição patrimonial criada pelo contrato de fiança. Dessa forma, no âmbito da Teoria Geral dos Contratos, é inaceitável a inserção de um cônjuge ou companheiro estranho ao contrato de fiança em seu polo passivo, tendo a tese ora criticada, essencialmente, formado uma nova garantia, na medida em que acrescentou um novo elemento subjetivo, ampliando-a como um todo – na verdade o juiz passa a contratar pelas partes, criando contrato de fiança, à força[262].

A respeito da relatividade dos efeitos contratuais, Silvio Rodrigues, além de oferecer descrição claríssima do princípio, ainda demonstra os

[262] Simão, em artigo dividido em duas colunas do portal Consultor Jurídico, critica o fato de o juiz testar no lugar da testadora: "A decisão teratológica passa a admitir que, no Brasil, o testamento seja conjuntivo, ou seja, feito a quatro mãos pelo testador e pelo magistrado, em momentos sucessivos, é verdade. A vontade do juiz "se soma à vontade do testador" para determinar os destinos dos bens do testador. Guaxupé será lembrada, a partir de hoje, por uma nova modalidade de testamento: o testamento magistral!" (Simão, José Fernando. *O testamento magistral: uma nova figura criada em Guaxupé (parte 2)*, publicado em 12 de agosto de 2018, Portal Consultor Jurídico, disponível em https://www.conjur.com.br/2018-ago-12/processo-familiar-testamento-magistral-figura-criada-guaxupe-parte, acesso em 4 de abril de 2023).

prejuízos inerentes à sua violação, que podem ser transpostos à presente decisão: "*O segundo princípio – o da* relatividade das convenções – *contém a ideia de que os efeitos do contrato só se manifestam entre as partes, não aproveitando nem prejudicando terceiros. O que, aliás, é lógico. Como o vínculo contratual emana da vontade das partes, é natural que terceiros não possam ficar atados a uma relação jurídica que lhes não foi imposta pela lei nem derivou de seu querer. Por conseguinte, tal princípio representa um elemento de segurança, a garantir que ninguém ficará preso a uma convenção, a menos que a lei o determine, ou a própria pessoa o delibere*"[263].

A dois porque a referida tese criou verdadeira hierarquização entre casamento e união estável: no casamento não há atingimento da meação do cônjuge não autorizante, mas na união estável o companheiro estaria vedado de proteger sua meação. Percebe-se de forma clara como, na tese do "*proveito da locação*", se está diante de uma diferenciação arbitrária entre o casamento e a união estável que, analisada detidamente, revela-se como ilógica. De um lado, tem-se a fiança prestada por cônjuge que, como observado, tem sua legitimidade determinada pela prestação de outorga conjugal pelo marido ou esposa que não participaram da formação da garantia. Ausente tal requisito, permite-se a anulação da fiança por aquele que deveria autorizar. De outro lado, tem-se a união estável presente no caso concreto em que se aplicou a tese do "*proveito da locação*". Nesta decisão, mesmo negando a existência de uma outorga convivencial, onerou ainda mais os companheiros, inserindo quem seria, no casamento, simples outorgante, na posição de fiador.

Aceita a tese do "*proveito de locação*", as consequências para o julgamento de casos futuros se revelam igualmente insatisfatórias. Estendendo tal tese ao casamento, sob a justificativa de eliminar a hierarquização entre casamento e união estável criada, o Poder Judiciário tomaria posição *contra legem* cuja aplicação ampla representaria um ativismo no contrato de fiança, tão importante em contratos de locação. Mantendo a incidência da tese a casos semelhantes, estar-se-ia perpetuando uma diferenciação que, conforme exposto, é arbitrária, nas palavras do Ministro Luis Roberto Barroso (Recurso Extraordinário 878.694/MG) e carece de qualquer fundamento ou base legal.

[263] RODRIGUES, Silvio. *Direito civil, volume 3: dos contratos e das declarações unilaterais da vontade* – 30ª edição – São Paulo: Saraiva, 2004, p. 17.

A três, pois essa tese, com a responsabilização de terceiro estranho à fiança, aplicada a casos análogos, geraria distorções insuperáveis no sistema jurídico. Se, em um contrato de locação, nem locatário, nem fiador, ocuparem o imóvel, mas sim um irmão do fiador, este se tornará cofiador? Ou, ainda, se a fiança for prestada pela sociedade Fiadores S.A., em um contrato de mútuo bancário no qual figuram como credor o Banco S.A. e como devedor o Sr. Devedor, que utiliza o dinheiro do mútuo para financiar os estudos de seu filho (que é sócio da Fiadores S.A.) em Harvard, poderia o filho ser responsabilizado pela fiança? Veja-se que, na prática, os casos aventados não diferem do submetido ao julgamento analisado, visto que se responsabiliza, nos três, um terceiro completamente estranho ao contrato, mas que supostamente se beneficiou da fiança.

Some-se os pontos dois e três acima e será possível concluir que a responsabilização patrimonial do cônjuge/companheiro que não participou do contrato de fiança não é admitida. Como será visto no item 3.3., infra, a outorga conjugal funciona como fator de ampliação eficacial da fiança, para fins de sujeição do patrimônio comum à execução forçada em caso de inadimplemento do devedor/afiançado.

Ao cabo, a tese do "*proveito da locação*", invocada no julgamento do Agravo Regimental do Recurso Especial n. 1.061.373, não invoca fundamento legal, mas sim parte de um juízo de suposta equidade. É dizer que, identificando uma suposta injustiça (nesse caso, a captação de um benefício por um companheiro, terceiro estranho em relação à garantia), o julgador optou por afastar as fontes oficiais do direito em prol da aplicação suposta justiça, na forma da possibilidade de responsabilizar um indivíduo que não participou da formação da fiança ou de seu posterior desenvolvimento.

O recurso à equidade, no ordenamento jurídico brasileiro, é admitido tão-somente em hipóteses excepcionais, pois, na prática, constitui um óbice à segurança jurídica. É simples vislumbrar o problema de um Poder Judiciário fazer uso constante da equidade em suas decisões[264].

[264] Nesse sentido, Hans Kelsen apresenta um sistema em que os juízos de equidade constituem o modo de atuação padrão do Poder Judiciário, bem ressaltando suas mazelas ao convívio social: "É o sistema da livre descoberta do Direito, sistema que já Platão propôs para o seu Estado ideal. Em consequência da radical descentralização da criação do Direito que lhe vai ligada, este sistema caracteriza-se pela sua grande flexibilidade, mas, em contrapartida,

Uma vez que não se aplicam as hipóteses legais de juízo de equidade, restaria a previsão dela como fonte subsidiária, o que só pode ocorrer nos casos em que analogia, costume e princípios gerais do direito não ofereçam uma solução ao caso concreto. Levando em consideração as razões expostas, conclui-se que, além de carecer de justiça, a tese do proveito da locação não se embasa no direito positivo e não demonstra o imperativo ético de sua aplicação. Sendo assim, afasta qualquer argumento favorável a um juízo de equidade no caso, pois tal recurso somente aumentaria a insegurança[265].

Por fim, em que pese o caminho traçado estar equivocado, conforme delineado acima, é possível que a mesma conclusão, ao caso concreto, fosse atingida. Isso porque não há notícia de publicidade da união estável e, sendo assim, eventual direito que o companheiro tivesse em razão do regime de bens somente produziria efeitos internamente à união estável. Alienado o bem em nome exclusivo da companheira, restaria ao companheiro prejudicado pela fiança um direito de crédito em face da companheira-fiadora.

3.3. Responsabilidade do patrimônio do outorgante

Há, ainda, espaço para uma terceira e última questão controvertida dentro do escopo da outorga conjugal. Como visto a partir da evolução histórica, a ausência de outorga produziu diferentes consequências ao longo do tempo – abstraindo-se, também, a evolução funcional do instituto – de uma simples ineficácia parcial, com relação aos bens imputáveis na meação da mulher, para a invalidade completa da garantia (tal mudança

renuncia totalmente à segurança jurídica. Com efeito, sob uma tal ordem jurídica, os indivíduos não podem prever as decisões dos casos concretos em que participam como demandantes ou demandados, acusadores ou acusados. Por isso, não podem de forma nenhuma saber de antemão o que é que lhes é juridicamente proibido ou permitido, para que é que têm ou não têm poder ou competência" (Kelsen, Hans. *Teoria Pura do Direito*: tradução João Baptista Machado – 8ª edição – São Paulo: Editora WMF Martins Fontes, 2009, p. 280).

265 "Por isso, a mera evocação da equidade não basta, devendo-se discorrer sobre as razões e as condições do juízo de equidade, caso contrário se estará diante de um ato arbitrário, revestido de equidade. Assim, o tênue espaço entre o juízo de equidade e a arbitrariedade judicial está bem delimitado pela *qualidade dos argumentos* expendidos, pela *técnica de justificação* adotada, bem como pela *maximização da justiça* no caso concreto se comparada ao *estado-da-lei*" (Bittar, Eduardo C. B. *Introdução ao estudo do direito: humanismo, democracia e justiça* – 2ª edição – São Paulo: Saraiva, 2019, p. 297).

e a resistência a ela, inclusive, levou o Superior Tribunal de Justiça a, de forma pouco técnica, sumular a "ineficácia total da garantia" - Súmula 332, como visto no item 2.4., supra).

A já exposta interpretação de Teixeira de Freitas (item 2.2., supra), segundo a qual, *a contrario sensu*, a autorização conjugal ampliaria a eficácia da fiança, a fim de que atinja todo o patrimônio comum, prevaleceu no ordenamento jurídico brasileiro (embora a solução exposta no *Esboço* fosse mais justa, prevendo a imputabilidade ao final da comunhão, para fins de compensação, ela não prevaleceu). Contudo, nunca se cogitou a extensão da responsabilidade do fiador ao cônjuge autorizante, quanto aos seus bens próprios, pois isso o tornaria um cofiador. Também não se cogitou historicamente uma responsabilidade subsidiária do outorgante[266], que institui um novo contrato de fiança, cujo afiançado é o cônjuge fiador[267].

A concordância do cônjuge, que pode, inclusive, ser suprida judicialmente, não é compreendida como assunção de obrigação[268]. É diversa,

[266] Em sentido contrário: "Nesse sentir, a necessidade de autorização dos cônjuges para que o outro preste fiança impõe, a nosso ver, a responsabilização *subsidiária* do autorizador, permitindo que a sua meação e bens particulares venham a ser atingidos apenas e tão somente se os bens do cônjuge-fiador se mostrarem insuficientes. Ora, se o legislador exige a autorização quer-nos parecer que dessa autorização há que emanar alguma eficácia jurídica em favor do credor, até porque a finalidade da exigência seria a de permitir que o outro cônjuge fiscalizasse um negócio que poderia vir a ser extremamente prejudicial ao patrimônio familiar, e não ao patrimônio apenas do fiador (...) Destarte, quando um dos cônjuges assina a fiança apenas como autorizador, ele não se torna fiador, mas apenas corresponsável subsidiário, porque a sua *autorização* vincula o seu patrimônio ao adimplemento exato e fiel da obrigação afiançada. Se da sua autorização não decorresse nenhuma consequência jurídica, a necessidade de autorização se ostentaria inócua. Em hipóteses que tais, o outro cônjuge autorizaria para que e por quê?" (Segalla, Alessandro Schirrmeister. *Contrato de fiança*. São Paulo: Atlas, 2013, p. 94).

[267] Tal hipótese, negada no presente trabalho, mas, ainda assim, sustentada por autores, como demonstrada na nota anterior, constituiria uma subfiança tácita, cujo sujeito passivo (abonador) seria o cônjuge outorgante. A coincidência entre essa modalidade de fiança e a construção doutrinária é clara, sendo suficiente a transcrição da sintética descrição de Orlando Gomes para ser percebida: "*A* fiança *pode ser objeto de outra* fiança. *Chama-se* subfiança *o contrato pelo qual alguém afiança a obrigação do fiador. O fiador do fiador denomina-se* abonador" (Gomes, Orlando. *Contratos* - 27ª edição - Rio de Janeiro: Forense, 2019, p. 467). Sobre a subfiança, ver Capítulo II da Segunda Parte.

[268] "Quanto ao consentimento, este não se confunde com fiança conjunta. O cônjuge pode autorizar a fiança. Preenche-se desse modo a exigência legal, mas não há fiança de ambos:

portanto, da situação na qual ambos os cônjuges assumem a obrigação como cofiadores. Os casos não devem ser confundidos sob pena de responsabilizar aquele que não contratou, ferindo, inclusive, a regra *res inter alios acta, aliis neque nocet neque prodest* (o ato concluído entre certas pessoas nem prejudica nem aproveita aos outros). Aliás, tal interpretação leva à desconsideração de todo o instituto da outorga: melhor seria dizer que os cônjuges só podem fiar conjuntamente.

Essa interpretação despreza todos os debates para a sua positivação na lei e toda sua evolução histórica. Como narrado, atualmente, a outorga conjugal cumpre importante papel para a proteção do patrimônio familiar, isto é, do patrimônio comum dos cônjuges, de sorte que a sua interpretação não pode levar a uma situação de desvantagem para a família.

O Código Civil, contudo, não traz solução óbvia para a questão, positivando que "*as dívidas contraídas no exercício da administração obrigam os bens comuns e particulares do cônjuge que os administra, e os do outro na razão do proveito que houver auferido*" e que "*a anuência de ambos os cônjuges é necessária para os atos, a título gratuito, que impliquem cessão do uso ou gozo dos bens comuns*" (§§2º e 3º do artigo 1.663). Tais dispositivos revelam que, pelo recurso analógico na sua função integrativa, a fiança obriga os bens particulares daquele que contrai e os comuns, sendo os do outro somente quando houver proveito. Dado que a fiança é um contrato unilateral, o cônjuge autorizante não auferirá proveito, de modo que seu patrimônio particular estará, sempre, à salvo[269-270].

um cônjuge afiança e o outro simplesmente autoriza, não se convertendo em fiador. Os cônjuges podem, por outro lado, afiançar conjuntamente. Assim fazendo, ambos colocam-se como fiadores" (VENOSA, Sílvio de Salvo. *Direito Civil: Contratos* – 13ª edição – São Paulo: Atlas, 2013, p. 473).

[269] O Código de Processo Civil de 2015, no artigo 790, inciso IV, sujeita os bens particulares e a meação do devedor casado à execução forçada, desde que haja autorização legal para tanto: Art. 790. São sujeitos à execução os bens: (...) IV – do cônjuge ou companheiro, nos casos em que seus bens próprios ou de sua meação respondem pela dívida. Ademais, o cônjuge tem, como regra, sua meação protegida, conforme também se observa do artigo 843, §2º, pois "Não será levada a efeito expropriação por preço inferior ao da avaliação na qual o valor auferido seja incapaz de garantir, ao coproprietário ou ao cônjuge alheio à execução, o correspondente à sua quota-parte calculado sobre o valor da avaliação".

[270] É bem verdade que a solução do *Esbôço* era mais adequada, pois, além de explicitar o desenvolver dessa situação e positivar o atingimento do patrimônio comum, imputava a dívida

O patrimônio comum é afetado pela fiança havendo outorga conjugal, pois, como visto, a tese defendida por Clovis Bevilaqua e outros projetistas foi acatada[271]. Após debate legislativo específico sobre o tema, optou-se pela inclusão da meação no âmbito eficacial da fiança, inclusive quando há suprimento judicial, o que corrobora com a noção de patrimônio comum, embora, como visto, após a excussão forçada do patrimônio, deva-se restituir o quinhão do cônjuge não fiador como bem particular.

Todavia, tal posição não implica assunção da fiança pelo cônjuge autorizante, mas tão somente a sujeição do patrimônio comum à execução forçada. É dizer que a racionalidade do Código, tanto do ponto de vista histórico, como do ponto de vista estrutural, aponta para a possibilidade de atingir os bens comuns, mas nunca o patrimônio pessoal do cônjuge autorizante.

Por fim, como reforço argumentativo, nos regimes de bens em que não há comunhão, a autorização é despicienda, mas, se dada, não implicará a assunção da obrigação conjuntamente com o outro cônjuge. Em outras palavras, se, no regime da separação de bens, o cônjuge concordar com a fiança, não haverá, para o seu patrimônio, qualquer consequência.

4. Conclusões

1. O instituto da outorga conjugal passou por diversas transformações, passando de um instrumento de defesa da mulher casada, para um instrumento de defesa da família e de sua estabilidade, privilegiando o planejamento familiar conjunto dos cônjuges;
2. A sanção para o incumprimento da norma que obriga o cônjuge a outorgar sua concordância com a fiança prestada variou no decorrer dos

ao patrimônio do cônjuge que a contratou, ocorrendo compensação em eventual partilha dos bens ao final da comunhão, nos termos do artigo 3.292.

[271] O argumento de Beviláqua, para o caso do suprimento judicial da vontade do cônjuge virago, era de que a sua meação não poderia ser atingida. A *contrario sensu,* quando havia outorga conjugal, a meação da esposa era atingida. Tal entendimento não prevaleceu, pois restou positivado que os bens da meação sujeitar-se-iam à excussão, mesmo na hipótese de suprimento judicial. Por isso que, embora derrotado na exclusão da meação no caso de suprimento judicial, a tese de que o patrimônio comum responde pela fiança com outorga prevaleceu. Ver, em complementação, a Nota de Rodapé 206.

séculos, mas, de modo geral, pode ser resumida do seguinte modo: no direito antigo, a sanção era tão somente uma ineficácia parcial, com relação à meação da mulher e, no direito atual, a sanção é a invalidade da fiança prestada.

3. Diante desse novo contexto, grande parte das discussões se dissipou, principalmente após a promulgação da Súmula 332, pelo Superior Tribunal de Justiça, que encerrou qualquer polêmica acerca da natureza do vício proveniente da ausência de outorga, em que pese sua falha técnica de redação.
4. Restam, contudo, algumas dúvidas a serem mais bem dirimidas pela jurisprudência e pela doutrina. Entre elas estão a situação do companheiro e as consequências da qualificação equívoca do fiador no contrato de fiança.
   4.1. Quanto a qualificação equívoca, parece ser relevante uma distinção que a jurisprudência contemporânea não realiza, qual seja, a omissão ou a declaração equivocada do estado civil, pois, em ambos os casos, considera-se a fiança válida, com o que não se concorda. Isto porque, no primeiro caso, a boa-fé objetiva exige um padrão mínimo de conduta, segundo o qual o credor-afiançado deve exigir a qualificação completa de seu fiador, caso contrário estar-se-ia a privilegiar aqueles que não tomam providências mínimas para a tutela de seus direitos, faltando ao fiador qualquer prova do seu *animus nocendi*. Hipótese contrária é aquela que o fiador age maliciosamente, declarando estado civil diverso do seu. Nesse caso não se espera do credor a pesquisa em cartórios de registro de pessoas de todo o país em busca de eventual casamento maliciosamente ocultado – uma vez que cada credor pode ter relações econômicas com garantidores espalhados do Oiapoque ao Chuí –, de modo que a fiança deve prevalecer, sem prejuízo à meação do cônjuge que não anuiu, evitando o inaceitável benefício àquele que age de modo torpe, mas protegendo os direitos de terceiros.
   4.2. Quanto à situação do companheiro, ao passo que o Supremo Tribunal Federal parece ter fixado que qualquer diferenciação entre união estável e casamento que não diga respeito à forma de constituição, prova e forma de extinção é inconstitucional, de modo que seria obrigatória a exigência da outorga conjugal também na união estável – uma vez que se trata de medida protetiva da família –, acre-

dita-se que tal distinção não seja arbitrária, pois a restrição à liberdade individual deve decorrer da lei. A saída que o Superior Tribunal de Justiça atribuiu a determinados casos concretos é insuficiente e inadequada, pois não há omissão ou equívoco daquele que vive em união estável ao declarar-se solteiro, pois a união estável não altera o estado civil.

4.2.1. Ao decidir pela inaplicabilidade da Súmula 332 aos casais unidos estavelmente, retira-se do companheiro que viu o outro assumir obrigação sem sua concordância instrumento de proteção da família.

4.2.2. Tais tese e fundamento não parecem os mais adequados, além de, aparentemente, inconstitucionais sob a visão do Supremo Tribunal Federal. Sob a ótica da formação das novas famílias e submetendo-se à interpretação constitucional segundo a qual é impossível a diferenciação na proteção e tutela delas, dever-se-ia proteger igualmente as instituições familiares. Ocorre que tal medida necessita de lei específica, pois a necessidade de outorga é medida restritiva da liberdade das pessoas. Até que haja uma mudança na lei ou em jurisprudência vinculante, somente a cautela exigirá que se cobre a outorga convivencial para a fiança – como meio de evitar discussão judicial sobre a questão.

4.2.3. Igualmente, a tese do *"proveito da locação"*, introduzida no julgamento do AgRg n REsp 1.061.373, demonstra outro precedente insatisfatório que, além de incidir em situação de união estável em que um dos companheiros celebra contrato de fiança, corre o risco de ser generalizada a qualquer entidade familiar. Ao responsabilizar o companheiro que não participou da formação da garantia, a tese desrespeita a relatividade dos efeitos contratuais, não oferece delineamentos claros quanto à sua aplicação ao casamento e, ao fim, gera conclusões inconciliáveis, quando se estudam casos análogos.

4.2.4. A racionalidade do Código, tanto do ponto de vista histórico, como do ponto de vista estrutural, aponta para a possibilidade de atingir a meação do cônjuge autorizante, mas nunca seu patrimônio pessoal, de modo que o cônjuge outorgante não é fiador, mas o patrimônio comum fica sujeito à excussão em caso de fiança com autorização conjugal, com restituição do dinheiro na qualidade de bem particular, no caso de alienação forçada do bem comum.

3. FIANÇA PRESTADA POR PESSOA JURÍDICA

1. Introdução

No direito brasileiro, não há disciplina legal específica para a capacidade das pessoas jurídicas. O Código Civil de 2002 diz, em seu artigo primeiro, que *toda pessoa é capaz de direitos e deveres na ordem civil* e, nos artigos 41 e 44, elenca quais figuras jurídicas que também são pessoas: união, estados, municípios, associações, sociedades, fundações etc. É somente a partir de um silogismo que se conclui que, se toda pessoa é capaz e, se essas figuras jurídicas são pessoas, as pessoas jurídicas são capazes[272]. Já a leitura do art. 47 do Código Civil ensina que os atos praticados pelos administradores obrigam a sociedade, desde que dentro dos poderes definidos no ato constitutivo. Tal forma de administração é chamada "atuação regular" por Segalla, em contraposição à "atuação irregular", que é, justamente, o ato praticado em desacordo com os poderes definidos no estatuto[273].

[272] "Se, no caso da pessoa jurídica, os direitos e deveres jurídicos podem "ter por suporte" algo que não seja o indivíduo, também no caso da chamada pessoa física o que "serve de suporte" aos direitos e deveres jurídicos e que essa pessoa física tem de ter em comum com a pessoa jurídica, já que, na verdade, ambas são pessoas enquanto "portadoras" de direitos e deveres jurídicos, pode não ser o indivíduo, pode não ser este o portador em questão, mas algo que o indivíduo possua e que as comunidades a que nos referimos como pessoas jurídicas igualmente possuam" (Kelsen, Hans. *Teoria Pura do Direito*: tradução João Baptista Machado – 8ª edição – São Paulo: Editora WMF Martins Fontes, 2009, pp. 191-192).

[273] Segalla, Alessandro. *Contrato de fiança*. São Paulo: Atlas, 2013, pp. 26-27.

O DL nº 262/86, chamado Código das Sociedades Comerciais, de Portugal, possui um artigo específico para delinear a capacidade da sociedade comercial, prescrevendo, em seu artigo 6º, 1, que a "*capacidade da sociedade compreende os direitos e as obrigações necessários ou convenientes à prossecução do seu fim, exceptuados aqueles que lhe sejam vedados por lei ou sejam inseparáveis da personalidade singular*", detalhando ainda que: as liberalidades usuais não são contrárias ao fim da sociedade; (2) prestar garantias reais ou pessoais são contrárias ao fim social, salvo se houver *justificado interesse próprio da sociedade garante ou se se tratar de sociedade em relação de domínio ou de grupo*; (3) *as cláusulas contratuais e as deliberações sociais que fixem à sociedade determinado objecto ou proíbam a prática de certos actos* não limitam a capacidade da sociedade, mas constituem os órgãos da sociedade no dever de não excederem esse *objecto ou de não praticarem esses actos*; e (4) a sociedade responde civilmente pelas ações e omissões de quem legalmente a representa, nos termos da comissão (5)[274].

Especialmente quanto à fiança, a leitura conjunta dos números 1 e 3 do referido artigo 6º exclui das pessoas jurídicas a capacidade de afiançar validamente. Conforme ilustra Costa Gomes, "*prima facie*, portanto, a sociedade prestadora da garantia poderá invocar a nulidade do acto – independentemente da responsabilidade que lhe possa ser assacada, e aos seus dirigentes, nos termos do art. 227 CC"[275], isto é, por *culpa in*

[274] "Os adeptos do institucionalismo sustentam que as pessoas jurídicas são instituições. Que é que se entende pela palavra instituição? Devemos partir da ideia de que existem dois tipos de unidades, de acordo com uma velha tradição tomista: uma unidade física e uma unidade de fim ou de ordem, *unitas ordinis*. Unidade física é aquela em que o todo é homogêneo, de maneira que as partes não apresentam entre si diferenças fundamentais ou relevantes. A unidade de fim, ao contrário, estabelece-se mediante a complementação de partes diferençadas. Exemplo de unidade física é o oferecido por um bloco de ferro ou granito. Exemplo de unidade de fim ou de ordem é-nos dado pelo corpo humano ou por um relógio (...) A teoria, que vê na pessoa jurídica uma unidade de fins, e que, por conseguinte, não reduz a pessoa jurídica a algo existencial, no plano biológico, mas existencial no plano teleológico, é, a nosso ver, a que melhor atende à natureza do problema que estamos examinando. O erro dos que apresentam a pessoa jurídica como ficção consiste em pensar que real seja tão-somente aquilo que é tangível. É, em última análise, pensar que a realidade é sinônimo de coisa que se vê, que se toca, que se sente. A realidade, entretanto, é muito mais complexa" (REALE, Miguel. *Lições preliminares de direito* – 27ª edição – São Paulo: Saraiva, 2002, p. 261).

[275] COSTA GOMES, Manuel Januário da. *Assunção Fidejussória de Dívida: sobre sentido e o âmbito da vinculação como fiador*. Coimbra: Almedina, 2000, pp. 566-567.

contrahendo, de modo que cabe ao garantido provar uma das exceções do artigo 6º, 3, ou a violação das regras da boa-fé objetiva.

Essa questão foi objeto de profícuos debates na doutrina portuguesa, uma vez que a Primeira Diretiva do Conselho das Comunidades Europeias, "*tendente a coordenar as garantias que, para a protecção dos interesses dos sócios e de terceiros, são exigidas nos Estados-membros às sociedades*", de 9 de março de 1968 – à qual Portugal aderiu posteriormente, com a entrada na União Europeia – prescreve que "*A sociedade vincula-se perante terceiros pelos actos realizados pelos seus órgãos, mesmo se tais actos forem alheios ao seu objecto social, a não ser que esses actos excedam os poderes que a lei atribui ou permite atribuir a esses órgãos*" e que "*As limitações aos poderes dos órgãos da sociedade que resultem dos estatutos ou de uma resolução dos órgãos competentes, são sempre inoponíveis a terceiros, mesmo que tenham sido publicadas*".

Formaram-se, então, duas grandes teorias sobre a capacidade das sociedades: a teoria dos atos *ultra vires* e a da responsabilidade integral, mesmo para atos alheios ao objeto social[276]. Entre nós, Pontes de Miranda definiu a teoria *ultra vires* como a teoria "*segundo a qual se algum ato é estranho à atividade da sociedade, prevista no contrato, há exorbitância dos podêres de gestão e possivelmente da própria capacidade da pessoa jurídica*", o que afasta a teoria da igualdade das pessoas, "*segundo a qual o que a pessoa física pode praticar também o pode a pessoa jurídica, salvo limitação legal ou estatutária explícita*"[277]. É dizer, em outras palavras, que para a validade do ato social, o presentante da sociedade deve agir dentro dos poderes que lhe foram conferidos pelo estatuto, sob pena de invalidade. O autor destaca ainda que, no âmbito da teoria *ultra vires*, não se pode sempre negar a responsabilidade das sociedades nos casos em que a conduta não conste, explicitamente, do objeto social, pois este não se compõe somente dos "*negócios específicos, é, também, a atividade que serve aos fins sociais, ou que é de supor-se que sirvam a* êles"[278]. Segundo Pontes de Miranda, portanto, os negócios que conduzem ao fim social também estão inclusos no seu objeto. Na teoria da responsabilidade integral, por sua vez, a sociedade

276 Costa Gomes, Manuel Januário da. *Assunção Fidejussória de Dívida: sobre sentido e o âmbito da vinculação como fiador*. Coimbra: Almedina, 2000, p. 567.

277 Pontes de Miranda, Francisco Cavalcanti. *Tratado de Direito Privado, T. 49*. São Paulo: Revista dos Tribunais, 2012, pp. 67-68.

278 Pontes de Miranda, Francisco Cavalcanti. *Tratado de Direito Privado, T. 49*. São Paulo: Revista dos Tribunais, 2012, pp. 67-68.

é responsabilizada "*pelos actos praticados pelos respectivos órgãos, ainda que estejam para além do objecto, assim lhe reconhecendo a correspondente capacidade*"[279].

Em que pese a versão apresentada para obtenção do título de mestre tenha adotado como premissa a teoria *ultra vires*, em decorrência do artigo 1.015[280] do Código Civil, a Lei do Ambiente de Negócios (Lei nº 14.195/2019) revogou o parágrafo único do referido artigo, de modo que a interpretação atual do ordenamento jurídico brasileiro deve levar à conclusão de que, no direito brasileiro, a teoria da responsabilidade integral da pessoa jurídica deve ser aplicada, obrigando a sociedade a responder por atos praticados pelos seus administradores, mesmo que exorbitando a competência que lhes era conferida por força do contrato social. Tal alteração ocorreu em prestígio à celeridade do tráfego negocial e à boa-fé de terceiros que contratam com a sociedade. Como se sabe, com a teoria *ultra vires*, há longa discussão sobre os limites entre o saber e o dever saber, o que dificulta os negócios e, a fim de conferir mais celeridade ao tráfego negocial, optou-se por prestigiar a boa-fé dos contratantes[281].

[279] Costa Gomes, Manuel Januário da. *Assunção Fidejussória de Dívida: sobre sentido e o âmbito da vinculação como fiador*. Coimbra: Almedina, 2000, p. 567.

[280] Art. 1.015. No silêncio do contrato, os administradores podem praticar todos os atos pertinentes à gestão da sociedade; não constituindo objeto social, a oneração ou a venda de bens imóveis depende do que a maioria dos sócios decidir. Parágrafo único. O excesso por parte dos administradores somente pode ser oposto a terceiros se ocorrer pelo menos uma das seguintes hipóteses: I – se a limitação de poderes estiver inscrita ou averbada no registro próprio da sociedade; II – provando-se que era conhecida do terceiro; III – tratando-se de operação evidentemente estranha aos negócios da sociedade

[281] João Batista Vilela explora o *dever saber* e suas hipóteses no Código Civil: artigo 119, no qual o negócio firmado em conflito de interesses é anulável, se o representante sabia ou *devia saber*; artigo 148, o negócio jurídico pode ser anulado por dolo de terceiro, se a parte a quem aproveitou dele tinha ou *devesse ter* conhecimento dele; artigo 154, a coação exercida por terceiro vicia o negócio se a parte que aproveitou sabia ou *devia* saber. Além dessas hipóteses: "Art. 155. Subsistirá o negócio jurídico, se a coação decorrer de terceiro, sem que a parte a que aproveite dela tivesse ou devesse ter conhecimento; mas o autor da coação responderá por todas as perdas e danos que houver causado ao coacto. • Art. 989. Os bens sociais respondem pelos atos de gestão praticados por qualquer dos sócios, salvo pacto expresso limitativo de poderes, que somente terá eficácia contra o terceiro que o conheça ou *deva* conhecer. • Art. 1.009. A distribuição de lucros ilícitos ou fictícios acarreta responsabilidade solidária dos administradores que a realizarem e dos sócios que os receberem, conhecendo ou *devendo* conhecer-lhes a ilegitimidade. • Art. 1.013. A administração da sociedade, nada dispondo o contrato social, compete separadamente a cada um dos sócios. § 2o Responde

No que toca especificamente à vinculação da sociedade por fiança prestada por um gerente, administrador ou por algum órgão específico, pela teoria da responsabilidade integral a pessoa jurídica sempre está vinculada aos termos da fiança e por ela responde[282]. Anteriormente, pela teoria dos atos *ultra vires*, o excesso de poderes, ou, na acepção ponteana, o desvio do objeto social, poderia implicar a invalidade da fiança prestada.

Com a reforma e posterior adoção da teoria da responsabilidade integral, poderia se questionar sobre a aplicabilidade da teoria da aparência para as fianças – isso porque, como visto, a fiança é presumidamente válida. Assim, definir se a sociedade poderia, em primeiro lugar, celebrar fiança, poderia perder o sentido prático. Contudo, há um agravante para a situação brasileira, porque, como anota Oliveira, é "*praxe constar a proibição de sócios prestarem fiança, em nome da sociedade*" nos contratos ou estatutos sociais das sociedades[283]. Desse modo, exsurge a questão controvertida: qual deve ser a postura do ordenamento jurídico perante a fiança prestada em contrariedade ao estatuto social? Deverá o sistema jurídico privilegiar a segurança, decorrente da previsibilidade do respeito às convenções sociais, ou a celeridade decorrente do padrão de conduta e de probidade, como vetores da boa-fé objetiva, esperados dos agentes econômicos, especialmente do comércio?

por perdas e danos perante a sociedade o administrador que realizar operações, sabendo ou *devendo* saber que estava agindo em desacordo com a maioria" (VILELA, João Batista. *Apontamentos sobre a cláusula "... ou devia saber"* – *in*. Revista Brasileira de Estudos Políticos, v. 97, 1 jan. 2008, pp. 179-200). Fato é que, revogado o parágrafo único do artigo 1.015 do Código Civil, o arcabouço normativo para a teoria *ultra vires* foi retirado do ordenamento.

[282] Rubens Requião advoga, inclusive, que: "é exigir demais, com efeito, no âmbito do comércio, onde as operações se realizam em massa, e por isso sempre em oposição com o formalismo, que a todo instante o terceiro que contrata com uma sociedade comercial solicite desta a exibição do contrato social, para verificação dos poderes do gerente... A doutrina que dá validade a tal cláusula é evidentemente contrária às tendências e espírito do direito comercial. Tem razão Eunápio Borges ao comentar que 'além de sumamente nocivo à rapidez com que devem realizar-se os negócios comerciais, é de fato impraticável exigir-se, em cada caso, que terceiros examinem, nas Juntas Comerciais, os contratos ou estatutos das sociedades com que tratam'" (REQUIÃO, Rubens. *Curso de direito comercial*, 1º volume – 28ª edição – São Paulo: Saraiva, 2009, pp. 488-491).

[283] OLIVEIRA, Lauro Laertes de. *Da fiança*. São Paulo: Saraiva, 1981, p. 30.

2. Estado da arte: doutrina e jurisprudência

Antes de adentrar à dicotomia de segurança e celeridade, é preciso tecer algumas considerações preliminares. O primeiro questionamento que deve ter espaço é a diferença entre a expressa proibição e a simples omissão, do estatuto ou contrato social, quanto à possibilidade de a sociedade prestar fiança.

Quanto a esse primeiro ponto, Oliveira é sintético: "*o que não é defeso por lei ou convenção entre as partes é lícito fazer, em princípio*"[284], Marmitt, em linha com Oliveira, defende que a fiança será válida sempre, salvo expressa proibição no estatuto social[285]. Segalla, a seu turno, propõe interpretação segundo o negócio praticado pela sociedade: se o administrador praticar ato relativo a atividade-meio da empresa, é desnecessária a autorização estatutária; se, contudo, o ato for de atividade-fim, o ato deverá ser expressamente previsto no estatuto[286].

De acordo com o art. 1.015 do Código Civil brasileiro[287], o direito positivo pátrio estabelece que, em caso de omissão do contrato social, os administradores podem praticar todos os atos, desde que pertinentes à gestão da sociedade. É o que defende Delgado, esclarecendo que os atos de gestão da sociedade são aqueles necessários ao "*funcionamento da sociedade*", pois, no sistema brasileiro, o administrador é uma figura assemelhada ao mandatário, que, como regra, depende de poderes especiais e expresso para atos que exorbitem a administração ordinária dos bens[288].

No antigo parágrafo único do referido artigo, estava previsto que o excesso dos atos dos administradores poderia ser oposto aos terceiros em três hipóteses: 1) se a limitação for expressa e dotada de publicidade (inscrita ou averbada no registro próprio da sociedade); 2) provando-se que o excesso de poderes era subjetivamente conhecido pelo terceiro; e 3) em caso de operação evidentemente estranha aos negócios da sociedade. Como anota Delgado, "*o legislador revogou o parágrafo único do art.*

[284] Oliveira, Lauro Laertes de. *Da fiança*. São Paulo: Saraiva, 1981, p. 30.

[285] Marmitt, Arnaldo. *Fiança Civil e Comercial*. Rio de Janeiro: AIDE Editora, 1989, p. 323.

[286] Segalla, Alessandro. *Contrato de fiança*. São Paulo: Atlas, 2013, p. 27.

[287] Art. 1.015. No silêncio do contrato, os administradores podem praticar todos os atos pertinentes à gestão da sociedade; não constituindo objeto social, a oneração ou a venda de bens imóveis depende do que a maioria dos sócios decidir.

[288] Schreiber, Anderson ... [et al.]. *Código Civil comentado: doutrina e jurisprudência*. 2ª ed., Rio de Janeiro: Forense, 2020, p. 732.

1.015, mantendo, como regra geral, a responsabilidade da sociedade pelos atos ultra vires *praticados pelos administradores. Assim, ainda que comprovado o excesso de poder por parte do administrador, com a prática de atos não autorizados, a sociedade será vinculada ao que foi por ele contratado*"[289].

Embora haja tendência doutrinária em defesa da invalidade da fiança prestada em violação do estatuto, esse pensamento não encontrou eco na jurisprudência do Superior Tribunal de Justiça na década de 1990, sob o argumento de que a vedação social à prestação de fiança se refere a uma norma *interna corporis*, da relação entre os sócios e administradores, não podendo ser oposta contra terceiros de boa-fé[290]. É o entendimento firmado no âmbito do Recurso Especial n. 180.301/SP, relatado pelo Ministro Gilson Dipp, no qual se decidiu que a "*restrição* [do contrato social] *alcançaria, tão-somente, os próprios membros da sociedade, e não o terceiro que, desconhecendo tal óbice, anuiu ao objeto contratado*". Segundo o Ministro, esta "*exegese conduz à manutenção da segurança e confiabilidade das relações jurídicas*"[291].

O Código Beviláqua tratava a questão de forma diversa do código atual: a administração era, usualmente, exercida pelos próprios sócios, então a presunção era em favor da validade da prática de todos os atos que não excedessem o limite normal, desde que o administrador agisse sem dolo. Não à toa, o autor do projeto acreditava que ao administrador era conferida "*competencia mais alta do que a de um mandatario comum*", de modo que ele podia praticar atos que demandassem poderes expres-

[289] Schreiber, Anderson ... [et al.]. *Código Civil comentado: doutrina e jurisprudência.* 5ª ed., Rio de Janeiro: Forense, 2023, pp. 799-800.

[290] Como, aliás, prelecionava Rubens Requião (*Curso de direito comercial*, 1º volume – 28ª edição – São Paulo: Saraiva, 2009, pp. 488-491).

[291] FIANÇA. DIRETOR. VALIDADE. VEDAÇÃO INSCRITA NO ESTATUTO DA EMPRESA. INAPLICABILIDADE AO TERCEIRO DE BOA-FÉ. (...) É válida a fiança prestada por sócio-diretor de empresa com poderes de administração, sendo certo que a existência de vedação no contrato social pertine às relações entre os sócios, não tendo o condão de prejudicar o terceiro de boa-fé. (...) (REsp 180.301/SP, Rel. Ministro Gilson Dipp, Quinta Turma, julgado em 19/08/1999, DJ 13/09/1999, p. 92).
No mesmo sentido, julgamento do Ministro José Arnaldo da Fonseca
– LOCAÇÃO – FIANÇA – DIRETOR. – É VÁLIDA A FIANÇA PRESTADA POR DIRETOR DA EMPRESA COM PODERES DE ADMINISTRAÇÃO EM NOME DA FIRMA, RESSALVADA A AÇÃO DA SOCIEDADE CONTRA O SÓCIO. – RECURSO IMPROVIDO. (REsp 40.825/MG, Quinta Turma, julgado em 23/09/1996, DJ 18/11/1996, p. 44909)

sos, "*desde que o genero de operações, a que se entrega a sociedade comprehenda esses atos*"[292].

Mais recentemente, a Corte Superior alterou a linha de argumentação, sem alterar o resultado de julgamento, para partir de pressupostos intrínsecos do Direito Comercial, como privilégio aos usos e costumes, dinamismo do tráfego jurídico, celeridade e segurança das relações mercantis, e chegar no resultado idêntico: a validade da garantia prestada, mesmo em desacordo com o estatuto[293-294]. Frisa salientar: em antecipação à alteração legislativa que culminou na exclusão do parágrafo único do artigo 1.015.

A questão, contudo, ainda é complexa e exige algo além de uma resposta reducionista. Já Pontes de Miranda, ao temperar a teoria *ultra vires*

[292] BEVILAQUA, Clóvis. *Código Civil dos Estados Unidos do Brasil, comentado por Clovis Bevilaqua*, vol. 2. Rio de Janeiro: Editora Rio, Edição Histórica, 1975, p. 506.

[293] 3. Com efeito, os atos praticados pelos diretores da companhia – que, a rigor, são atos da própria sociedade –, ao menos em relação a terceiros, desloca-se do poder convencional das pessoas físicas para a capacidade legal e estatutária das pessoas jurídicas em praticar este ou aquele ato, devendo a adequada representação da pessoa jurídica e a boa-fé do terceiro contratante serem somadas ao fato de ter ou não a sociedade praticado o ato nos limites do seu objeto social, na pessoa de quem ostentava ao menos aparência de poder. 4. A sentença, invocando a boa-fé, apura que há documentação nos autos demonstrando ser evidente que a Refinaria – que ofereceu garantia real no penhor mercantil – e a Distribuidora, emitente da cédula de crédito bancário, mantêm "estreita relação" e mesmo "endereço comercial" e que a recorrente "é empresa de grande porte, com longa experiência em negócios comerciais, não sendo crível que, somente na hora em que a credora foi em busca do bem dado em garantia é que tenha se lembrado que não havia recebido tais bens". Em vista dessa moldura fática, a tese de que o negócio jurídico firmado pela Refinaria necessitaria de prévia anuência do Conselho de Administração da Companhia testilha com a essência do direito comercial, que repele o formalismo exacerbado, em benefício do dinamismo do tráfego jurídico, da celeridade e segurança das relações mercantis. 5. Nas avenças mercantis típicas, em que não há dependência econômica de nenhuma das sociedades empresárias, "as partes sabem que, estabelecido o vínculo do acordo, as vontades devem orientar-se segundo um princípio geral, mais forte e mais constante do que os mutáveis interesses individuais. Nesse esquema, a liberdade (autonomia privada) é sacrificada em prol da segurança, da previsibilidade (ou, literalmente, da 'proteção externa')", não sendo "desejável que seja dada ao contrato uma interpretação diversa daquela que pressupõe o comportamento normalmente adotado (usos e costumes). Isso poderia levar ao sacrifício da segurança e da previsibilidade jurídicas, a um nível insuportável". (REsp 1.377.908/RJ, Rel. Ministro Luis Felipe Salomão, Quarta Turma, julgado em 21/05/2013, DJe 01/07/2013)

[294] Aliás, em consonância com a revogação do parágrafo único do artigo 1.015 do Código Civil.

com circunstâncias conducentes à conclusão de que o negócio é pertinente ao objeto da sociedade, se aproxima de uma resposta adequada à questão. Se "*Yo soy yo y mi circunstancia, y si no la salvo a ella no me salvo yo*"[295], se o "*negócio jurídico é o negócio jurídico e todas as suas circunstâncias. Por outras palavras, há de se entender por negócio jurídico* aquela conduta total *socialmente qualificada como negócio*"[296], a fiança prestada por sociedade deve ser analisada no seu contexto, a fim de verificar os elementos de existência, os requisitos de validade e os fatores de eficácia, mesmo com a aplicação da teoria da responsabilidade integral, uma vez que referida teoria não pode ser utilizada para dar guarida a intuito fraudulento.

Ao fim, o debate continua, pois o legislador inverteu a presunção, relativa, de validade. Se, antes, a presunção era de que os atos praticados em violação ao estatuto social eram inválidos – o que foi temperado pelos tribunais, a partir da teoria da aparência –, hoje a presunção é de responsabilidade da sociedade pelos atos praticados pelo sócio. Referida presunção, em que pese militar em favor da validade da fiança prestada por pessoa jurídica, pode ser afastada pelo julgador, com base na mesma teoria (da aparência), pois tampouco cabe ao julgador buscar a boa-fé subjetiva do contratante, mas se antes os elementos fáticos existentes eram suficientes para que ele, contratante, pudesse acreditar que estava praticando ato lícito. Tal ajuste é necessário, pois uma leitura irrestrita da responsabilidade das sociedades, como visto, poderia prestigiar o comportamento fraudulento ou pouco diligente.

3. Conflito entre segurança e celeridade

Como visto desde a introdução, as garantias são um fenômeno jurídico intrinsecamente ligado à segurança e à previsibilidade. Sendo assim, a própria fiança não deve consubstanciar um fator de insegurança. Faz-se necessário, então, traçar um recorte metodológico: qual pessoa jurídica é objeto do debate em questão? De um lado estão as sociedades simples e as associações, consubstanciadas na reunião de pessoas para a consecução de determinado fim, enquanto, do outro lado, estão as sociedades

[295] Ortega y Gasset, José. *Meditaciones del Quijote*. Epublibre: Titivillus, 2020, p. 18.

[296] Junqueira de Azevedo, Antonio. *Negócio Jurídico Existência, Validade e Eficácia*. 4ª edição, atualizada de acordo com o novo Código Civil (Lei n. 10.406, de 10-1-2002), 2002, 7ª tiragem, 2010, p. 120.

empresárias, que buscam o lucro, o comércio e a realização do objeto social. Naquelas não há estruturação empresária, o que as diferencia de forma central. Não sendo o lucro o objetivo da pessoa jurídica, o confronto entre celeridade do tráfego negocial e segurança não seria uma questão, não obstante uma associação possa praticar alguns atos que poderiam ser caracterizados como de empresa. Sendo assim, o conflito entre segurança e celeridade se impõe àquelas pessoas que praticam atos de empresa e celebram contratos empresariais – que serão denominadas doravante como sociedades empresárias –, mas não às pessoas que não os celebram.

Isso porque, no caso das sociedades empresárias, há um importante valor jurídico a ser tutelado: a celeridade e o dinamismo do tráfico negocial. Como aponta Rubens Requião, o "*direito comercial caracteriza-se e diferencia-se dos outros ramos do direito, sobretudo do direito civil, pelos seguintes traços peculiares: cosmopolitismo, individualismo, onerosidade, informalismo, fragmentarismo e solidariedade presumida*"[297]. Dessas características, destaque-se que o cosmopolitismo é decorrência de uma linguagem universal sobre a qual versam os comerciantes: a persecução do lucro; a informalidade, decorrente da missão do direito comercial de "*regular operações em massa, em que a rapidez da contratação é elemento substancial, forçou-se a supressão do formalismo*", trazendo, como compensação, a boa-fé, que "*impera nos contratos comerciais, impondo-se meios de provas mais simples e numerosos do que no direito civil*"[298].

Note-se que a persecução do lucro como fim primeiro e último da empresa (artigo 2º da Lei das S.A. 6.404/76 – *Pode ser objeto da companhia qualquer empresa de fim lucrativo*), de modo que a mesma Lei proíbe atos de liberalidade à custa da companhia (artigo 151, §2º, *a*), ou, como assinala Waldirio Bulgarelli, essa Lei "*proíbe atos de benemerência à custa da sociedade*"[299], entre os quais pode ser incluída a fiança de favor. Assim, é possível delinear que as fianças prestadas por sociedade empresária (contrato empresarial) devem atender a um fim empresarial, o que se torna um requisito de validade da fiança prestada por sociedade empresária.

297 REQUIÃO, Rubens. *Curso de direito comercial* – 1º Volume. Editora Saraiva: São Paulo. 26ª Edição, 2005, p. 29.

298 REQUIÃO, Rubens. *Curso de direito comercial* – 1º Volume. Editora Saraiva: São Paulo. 26ª Edição, 2005, p. 30.

299 BULGARELLI, Waldirio. *Contratos Mercantis* – 11ª edição – São Paulo: Atlas, 1999, p. 559.

Não se pretende, aqui, retomar a "*elegante discussão sobre a dicotomia entre direito civil e direito comercial*", há algum tempo superada pela realidade, muito em razão do trabalho de Teixeira de Freitas[300-301]. A unificação das obrigações foi um passo adiante, pois "*Não poderiam duas situações fáticas idênticas, com iguais razões de ser, possuir regramento distinto*"[302] e, na lição de Teixeira de Freitas, teria o condão de corrigir "*o vício de quase todos os trabalhos legislativos, que é o de tomar a parte pelo todo*"[303]. Como prelecionou Forgioni, "*há muito desapareceram as razões que embasavam as críticas à dicotomia*" e, citando Carvalho de Mendonça, "*As differenças que subsistem entre esses dois ramos do direito privado nada têm de essencial*"[304].

O que se pretende é apontar que o contrato empresarial possui uma racionalidade e uma estrutura diversas do contrato civil e do contrato de consumo[305]. E, diagnosticando que a doutrina se absteve de traçar uma teoria geral dos contratos empresariais[306], Forgioni a delineou: o mercado "*identifica-se com um emaranhado de relações contratuais tecido pelos agentes econômicos*", de modo que não há como estudar o direito empresarial sem entender o contrato empresarial – frise-se: o contrato empresarial é

300 FORGIONI, Paula Andrea. *A evolução do Direito Comercial Brasileiro – Da mercancia ao mercado*. São Paulo: Revista dos Tribunais, 4ª edição, 2019, p. 77.

301 A questão foi abordada em breve artigo de José Fernando Simão com nossa coautoria *A desnecessidade de uma teoria geral da obrigação empresarial e os equívocos do projeto de Código Comercial* (https://migalhas.uol.com.br/coluna/migalhas-contratuais/315377/a-desnecessidade-de-uma-teoria-geral-da-obrigacao-empresarial-e-os), acesso em 4 de abril de 2023.

302 *A desnecessidade de uma teoria geral da obrigação empresarial e os equívocos do projeto de Código Comercial* (https://migalhas.uol.com.br/coluna/migalhas-contratuais/315377/a-desnecessidade-de-uma-teoria-geral-da-obrigacao-empresarial-e-os), acesso em 4 de abril de 2023.

303 MEIRA, Silvio. *Teixeira de Freitas – o Jurisconsulto do Império: Vida e Obra*. São Paulo: Editora Olympio, 1979, pp. 347-365.

304 FORGIONI, Paula Andrea. *A evolução do Direito Comercial Brasileiro – Da mercancia ao mercado*. São Paulo: Revista dos Tribunais, 4ª edição, 2019, pp. 102-106.

305 Bulgarelli, já na década de 1980, afirmou que "*está-se assim, hoje, bem distante do contrato clássico em que se presumia, por força da ampla autonomia de vontade, que as partes eram livres para contratar, e que eram tidas como iguais, sem qualquer distinção em relação ao poder de cada uma*" e que é necessário distinguir "*entre os* contratos comuns, *firmados entre particulares, de igual ou equivalente posição econômica, dos* contratos entre empresas, *e dos* contratos dos particulares com as empresas, *sendo estes últimos, o alvo especial do chamado* direito do consumidor, *que só agora começa a despontar entre nós, caracterizado basicamente pelo direito de não ser explorado*" (BULGARELLI, Waldirio. *Contratos Mercantis* – 11ª edição – São Paulo: Atlas, 1999, p. 26).

306 MEIRA, Silvio. *Teixeira de Freitas – o Jurisconsulto do Império: Vida e Obra*. São Paulo: Editora Olympio, 1979, pp. 347-365.

aquele em que todos os polos da relação têm sua atividade voltada para o lucro[307].

Assim, com razão julga o Superior Tribunal de Justiça. Se a sociedade fiadora age, mediante presentação de seus administradores, em desacordo com seu próprio contrato social, não cabe pena imputável ao terceiro de boa-fé, que contratou confiando na legítima possibilidade de fazê-lo. Mesmo antes da revogação do parágrafo único do artigo 1.015, que previa as restritas hipóteses nas quais o excesso dos administradores poderia ser oposto contra terceiros, entre as quais está a possibilidade de fazê-lo caso a "*limitação de poderes estiver inscrita ou averbada no registro próprio da sociedade*", essa hipótese devia ser lida *cum grano salis*, pois "*a sociedade não pode isentar-se da responsabilidade perante terceiros, alegando abuso de poder ou descumprimento da lei ou do contrato social por parte de seus administradores*", uma vez que "*prevalecerá sempre a presunção da boa-fé do terceiro contratante em face da incidência da teoria da aparência. A responsabilidade da sociedade só será afastada se ela comprovar que* [o] *terceiro estava conluiado com o administrador*"[308].

Com a revogação do parágrafo único do artigo 1.015, a exigência normativa de que todos aqueles que contratem com pessoas jurídicas verifiquem a integralidade de todos os documentos sociais públicos atuais da sociedade para buscar a existência de vedação à prestação de fiança "*contraria a lógica e a dinâmica da vida empresarial, de maneira que a regra legal possui um potencial de causar mais prejuízos do que benefícios nas situações reais do dia a dia*"[309]. Em que pese o direito privado impor normas de saber e de *dever* saber, a regra passou a ser que as sociedades são responsáveis pelos atos praticados por seus administradores, invertendo a presunção de invalidade.

Como regra geral, portanto, tem-se que os atos praticados pelos administradores regularmente constituídos são válidos. Contudo, mesmo com a revogação do parágrafo único do artigo 1.015, poderia se argu-

[307] Forgioni, Paula Andrea. *Contratos empresariais – teoria geral e aplicação* – 4ª edição. São Paulo: Revista dos Tribunais, 4ª edição, 2019, p. 24.

[308] Já afirmava o autor que o Brasil adotou "a teoria *ultra vires* de forma mitigada e, dessa forma, exonera-se a responsabilidade da sociedade pelo ato do administrador que for, evidentemente, estranho ao objeto social" (Calças, Manoel de Queiroz Pereira. *Sociedade limitada no novo código civil*. São Paulo: Atlas, 2003, pp. 151-154).

[309] Segalla, Alessandro. *Contrato de fiança*. São Paulo: Atlas, 2013, pp. 28-29.

mentar que as condutas proibidas pelo estatuto social seriam inválidas, afastando a responsabilidade da Sociedade, como forma de defesa dessa em face de atos fraudulentos praticados por seus administradores ou se, ao contrário, dever-se-ia prestigiar a boa-fé e o tráfego negocial.

Nesses casos, havendo vedação estatutária para a fiança, se faz necessária aplicação da teoria da aparência. Em que pese a presunção seja a vinculação da sociedade aos atos praticados pelos administradores, há hipóteses em que se há de privilegiar o padrão de conduta esperado dos contratantes – especialmente os deveres de informação, probidade e transparência – a fim de que não sejam convalidados atos fraudulentos praticados pelos administradores. Para tanto, o recurso à "teoria da aparência", que será explorada no item a seguir que pretende dar tratamento sistemático à matéria, revela-se pertinente, pois o terceiro de boa-fé, para ser protegido, precisa efetivamente acreditar que poderia realizar o negócio.

4. Teoria da aparência no Direito Civil

Aparência, segundo Caldas Aulete é "*o que aparece exteriormente, o que se mostra à primeira vista; o que imediatamente nos impressiona (fis. ou mor.): Não haja em* aparências *de confiança (Camões). || Probabilidade; verossimilhança: Com alguma* aparência *o julgaram envolvido na conspiração. || Exterioridade, aspecto vista: Tu, que de racionais só na* aparência *domaste a mente incrédula e teimosa. (Bocage).*", *mas também "Ficção, mostra enganosa, fingimento: Embebidos numa* aparência *branda que os contenta. (Camões, Lus., X, 24.) || Quimera, ilusão: Aquelas* aparências *de felicidade que embalavam o ânimo em descuidados ócios || Capa, côr, disfarce: É um malvado sob a* aparência *de santo*"[310]. Vê-se, desde logo, o duplo significado do vocábulo, que transmite um sério problema jurídico, que é, justamente, o objeto do presente estudo: a situação daquilo que parece jurídico, mas não é.

Mauricio Jorge Pereira da Mota destaca que, em um mundo de complexidade crescente e de dinamicidade aumentada exponencialmente, "*as oportunidades de conhecer a verdade das coisas são cada vez mais ilusórias*"[311].

[310] AULETE, Caldas. *Dicionário contemporâneo da língua portuguesa em 5 volumes* – Volume I – 2ª Ed. – Rio de Janeiro: Delta, 1964, p. 312.

[311] MOTA, Mauricio Jorge Pereira da. *A Teoria da Aparência Jurídica, in.* Revista de Direito Privado, vol. 32/2007, pp. 218-279, Revista dos Tribunais, 2007.

Assim, somente é possível exigir um padrão de conduta no sentido de apurar a higidez da situação jurídica, mas não a certeza de correção da referida situação. Isso porque na aparência "*um fenômeno materialmente existente e imediatamente real manifesta um outro fenômeno – não existente materialmente nem imediatamente real – e o manifesta de modo objetivo, através de sinais, de signos aptos a serem apreendidos pelos que dele se acercarem*"; assim, "*Manifesta-o como real, conquanto não o seja, porque essa base de relações e de ações, abstratamente verificável na generalidade dos casos, vem a falhar no caso concreto*"[312].

Faz-se útil uma breve digressão sobre os antecedentes históricos da aparência no direito, para delinear o fenômeno descrito.

4.1. Antecedentes históricos

A algumas situações, desde o direito romano, atribui-se eficácia extraordinária a negócios jurídicos eivados de vício.

O já estudado *Senatus Consultum Macedonianum* é antigo exemplo disso, pois, embora fosse proibido o mútuo a *filiusfamilias*, a regra não era aplicável se utilizados artifícios maliciosos, nos seguintes termos: "*o Senatus Consultum não se aplica se o mutuante acreditava que o mutuário era* paterfamilias, *desde que sua crença não fosse apenas tola e ignorante, mas baseada no fato de o mutuário ter essa aparência e reputação e em se comportar como tal nos negócios e na vida pública*"[313]. Vê-se, claramente, a atribuição de eficácia a um negócio jurídico proibido, verdadeira eficacização, na acepção ponteana.

Em outro caso também já analisado nesse trabalho, por ocasião da outorga conjugal, o *Senatus Consultum Velleano* previa a inaplicabilidade do benefício quando houvesse intenção de defraudar o credor. As Ordenações Filipinas foram ainda mais explícitas, pois a fiadora que agisse como se fosse homem estaria impedida de invocar o benefício previsto

[312] Malheiros, Álvaro. *Aparência de Direito, in*. Revista de Direito Privado, vol. 1, pp. 955-1006, Revista dos Tribunais, 2011.

[313] The senatus consultum does not apply if the lender believed the borrower to be head of a household, provided that his belief was not just foolish and ignorant, but was based on the borrower's having that appearance and reputation and on his conducting himself as such in business and public life. (Watson, Alan. *The Digest of Justinian*, vol. 1. Philadelphia: University of Pennsylvania Press, 1998, p. 432).

no referido *Senatus Consultus*[314], em clara proteção daqueles que confiaram na aparência.

No âmbito do direito brasileiro, em diversas passagens do Código Civil, a aparência de direito resolve problemas, como o caso do atual art. 309, que prevê que o pagamento a credor putativo é válido. É o que ensina Simão: "*credor putativo ou aparente é aquele que aos olhos do mundo parece ser credor, quando na realidade não o é. (...) A resposta passa pela boa fé do devedor. Se o devedor desconhecia, não sabia que o credor era putativo, estava de boa-fé, logo, o pagamento o libera da obrigação e produz efeito de extingui-la. O devedor que paga ao cedente antes de notificação da cessão, paga bem, apesar de pagar ao credor aparente*"[315]. Como anota Tartuce, a regra do "*quem paga mal, paga duas vezes*" não se aplica aqui, pois o pagador de boa-fé é protegido[316]. Bevilaqua anota que "*Credor putativo é aquêle que, aos olhos de todos, passar por ser o verdadeiro credor, como o herdeiro ou o legatário aparente. O pagamento a êle feito é válido, se o solvente estava de boa fé*"[317].

Já no caso da venda *a non domino*, a recepção da teoria da aparência somente veio com o Código Civil de 2002, que prescreve em seu art. 1.268, que a tradição feita por quem não é proprietário não aliena a propriedade, salvo "*se a coisa, oferecida ao público, em leilão ou estabelecimento comercial, for transferida em circunstâncias tais que, ao adquirente de boa-fé, como a qualquer pessoa, o alienante se afigurar dono*". A evolução nesse ponto é nítida, uma vez que o Código Bevilaqua somente previu a consumação da venda no caso de o alienante adquirir posteriormente a propriedade. Para Bevilaqua a "*tradição*" feita por quem não é proprietário é "*sem valor jurídico*" e que "*a alienação por quem não é dono da coisa é um ato criminoso, que a lei condena e pune, e não pode gerar direito*"[318].

[314] "E se alguma mulher enganosamente fiasse outrem, por defraudar o credor, assi como vestindo-se em vestidura de homem por mostrar áquelle, a que fazia essa obrigação, que era homem" (ALMEIDA, Candido Mendes de. *Ordenações e leis do Reino de Portugal*, livro IV. Rio de Janeiro: Typ. do Instituto Philomathico. 1870, p. 859).

[315] SCHREIBER, Anderson ... [et al.]. *Código Civil comentado: doutrina e jurisprudência.* 2ª ed., Rio de Janeiro: Forense, 2020, pp. 193-194.

[316] TARTUCE, Flavio. *Manual de Direito Civil*: Volume Único – 5ª Ed. – São Paulo: Ed. Método, 2015, p. 304.

[317] BEVILAQUA, Clóvis. *Código Civil dos Estados Unidos do Brasil, comentado por Clovis Bevilaqua.* Edição histórica, vol. I. Rio de Janeiro: Editora Rio, 1975, p. 72.

[318] BEVILAQUA, Clóvis. *Código Civil dos Estados Unidos do Brasil, comentado por Clovis Bevilaqua.* Edição histórica, vol. II. Rio de Janeiro: Editora Rio, 1975, p. 1.091.

É possível analisar, também, o caso do casamento putativo, o qual anulável, ou mesmo nulo, quando contraído de boa-fé, produz efeitos entre os cônjuges e perante os filhos, nos termos do art. 1.561 do Código Civil[319]. É evidente a concretização da teoria da aparência, pois se somente um dos cônjuges agiu de boa-fé, i.e., casou porque aparentemente poderia casar, somente ele se beneficiará de qualquer efeito do casamento. Como explica Simão "*O debate para fins de putatividade é o seguinte: 'Você conhecia ou não o vício que inquinava o casamento?' Se a resposta for afirmativa, o cônjuge agiu de má-fé e não receberá os efeitos do casamento válido. Se desconhecia, agiu de boa-fé e receberá tais efeitos*"[320].

Vê-se, portanto, que a proteção da aparência de bom direito, no Brasil, é fruto de desenvolvimento histórico extenso de múltiplas regras atualmente vigentes. Assim, também no caso da fiança prestada por pessoa jurídica, é concebível sua aplicação. Há, contudo, diversos fatores que influem na aferição da aparência para cada caso concreto.

4.2. Teoria da aparência: definição

Antes de analisar a solução de casos concretos, um rápido panorama do conceito atual de teoria da aparência se faz útil. A aparência se sobreleva à realidade, a fim de tutelar aquele que tem todos os elementos para acreditar que a aparência e realidade são a mesma coisa. Sobre o poder aparente, diz Pontes de Miranda que: "*A pessoa, que não tem poder de representação, pode, em certas circunstâncias, ter de ser considerada (sem no ter) como se o tivesse, se aquêle com quem trata há de a entender como tal*". Nessas situações não há efetivo poder, mas sim aparência de poder, de modo que o direito intervém para proteger a boa-fé e "*atender ao suporte fáctico, exteriorizado,* aparente, *de poder*"[321].

[319] Art. 1.561. Embora anulável ou mesmo nulo, se contraído de boa-fé por ambos os cônjuges, o casamento, em relação a estes como aos filhos, produz todos os efeitos até o dia da sentença anulatória. § 1º Se um dos cônjuges estava de boa-fé ao celebrar o casamento, os seus efeitos civis só a ele e aos filhos aproveitarão. § 2º Se ambos os cônjuges estavam de má-fé ao celebrar o casamento, os seus efeitos civis só aos filhos aproveitarão.

[320] Simão, José Fernando. *A PEC do Divórcio: A Revolução do Século em Matéria de Direito de Família*, artigo disponível em http://www.ibdfam.org.br/artigos/652/novosite, acesso em 4 de abril de 2023.

[321] Pontes de Miranda, Francisco Cavalcanti. *Tratado de Direito Privado, T. 3*. São Paulo: Revista dos Tribunais, 2012, p. 329.

Excepcionalmente, portanto, pode o terceiro ter garantida a eficácia do ato jurídico praticado em situação de aparente legalidade, mas com eventual vício. Ressalve-se que, conforme ensina Pontes de Miranda, a teoria da aparência mitiga os efeitos de vícios que gerem a anulabilidade do negócio jurídico, pois o "*ato ilícito absoluto*" somente poderá gerar efeito indenizatório[322]. Percebe-se, pelo exposto, que a adoção da teoria da aparência no direito privado se sustenta sobre dois pilares que formam um claro vínculo entre si: a confiança depositada sobre a parte responsável pela dissimulação[323] e o resguardo a uma parte contratante que agiu segundo as diretivas da boa-fé subjetiva[324]. Zelando pela lealdade e honestidade nas relações contratuais, o ordenamento brasileiro previu consequências jurídicas a atos eivados de vícios, sobrelevando os valores que inspiram o sistema pátrio em relação às falhas do negócio jurídico.

Tal postura gerou, no âmbito do direito brasileiro positivo, as hipóteses legais pontuais trazidas no tópico anterior, sendo a doutrina responsável pela convergência desses exemplos a um polo teórico único, a

[322] Pontes de Miranda, Francisco Cavalcanti. *Tratado de Direito Privado, T. 3*. São Paulo: Revista dos Tribunais, 2012, p. 330.

[323] "A aparência, por seu turno, é uma das formas da proteção da confiança assegurada pela ordem jurídica. A proteção da confiança é o gênero e a proteção da aparência é a espécie, a qual, para tanto, obedece a condições peculiares. No seu âmbito, as situações de confiança, de tutela das expectativas criadas, assumem, porém, caráter geral. Sempre que estivermos diante de uma situação de confiança institucional na qual condições unívocas, consoante as regras de cada ordenamento, demonstrem a necessidade da ordem social de se conferir segurança às operações jurídicas, amparando-se ao mesmo tempo os interesses legítimos dos que corretamente procedem, aplicar-se-á a tutela geral da aparência. Portanto, a aparência jurídica aplica-se à generalidade das situações jurídicas comutativas de confiança que não sejam regidas por dispositivos próprios, tendo, desta maneira, a abrangência principiológica requerida por um sistema de direito, desde que consideremos que o âmbito de sua aplicação se restringe àquele em que estejam presentes os pressupostos da confiança. Existentes estes, a aparência tutela todas as situações de direito" (Mota, Maurício Jorge Pereira da. *A teoria da aparência jurídica*. Revista de Direito Privado, vol. 32/2007, Out./Dez. pp. 218-279, RTO, p. 34).

[324] "A *subjetiva* é um dado interno, que está na consciência do sujeito, que o leva a acreditar (crença) na legitimidade da sua conduta. A pessoa é levada a crer que está sendo fiel ao ordenamento jurídico. (...) A boa-fé subjetiva serve para consolidar uma situação jurídica favorável ao agente (casamento putativo, usucapião com prazo curto) e para afastar um regime legal que lhe seria desfavorável (aquisição *a non domino*; hipoteca de bem financiado)" (Aguiar Júnior, Ruy Rosado de. *Proteção da boa-fé subjetiva*. Revista da AJURIS, Porto Alegre, ano 39, n. 126, p. 187-233, jun. 2012, p. 190 e p. 226).

que se denomina de teoria da aparência, como bem demonstra Mota ao afirmar que "*A aparência, deste modo, não se restringe a uma série delimitada de* fattispecies *previstas em lei, como o herdeiro aparente ou o mandatário aparente, mas abrange todas as situações jurídicas de confiança nas quais os interesses legítimos corretamente exercidos devem ser tutelados em consonância com a segurança das relações jurídicas*"[325].

Expostas as hipóteses e explicitados os fundamentos jurídicos da teoria da aparência, é certo que há de se limitar a sua aplicação a determinadas hipóteses concretas. A teoria da aparência não significa a responsabilidade integral da sociedade, mas antes a tempera, especificamente em casos difíceis[326], cuja aplicação da legalidade estrita feriria a base ética do sistema e os princípios aplicáveis, como a boa-fé objetiva. Em termos gerais, e baseando-se no pensamento de Calais-Auloy, Gomes chega a uma conclusão semelhante, ao impor a proteção de terceiros que tenham incorrido em erro ao depararem-se com uma aparência de direito suficientemente convincente, em especial quando a relação jurídica aparente se insere na dinâmica comercial[327].

[325] Mota, Maurício Jorge Pereira da. *A teoria da aparência jurídica*. Revista de Direito Privado, vol. 32/2007, Out./Dez. pp. 218-279, RTO, p. 34.

[326] "Nos casos difíceis, a argumentação jurídica versa sobre os conceitos contestados, cuja função e natureza são muito semelhantes ao conceito das características de um jogo. Eles incluem muitos dos conceitos substantivos através dos quais o direito se manifesta, como os conceitos de contrato e propriedade. Também se incluem aí dois conceitos de muito maior relevância para a presente argumentação. O primeiro é a ideia de 'intenção' ou 'propósito' de uma determinada lei ou de uma cláusula estabelecida por lei. Este conceito faz uma ponte entre a justificação política da ideia geral de que as leis criam os direitos e aqueles casos difíceis que interrogam sobre que direitos foram criados por uma lei específica. O segundo é o conceito de princípios que 'subjazem' às regras positivas do direito, ou que nelas estão 'inscritos'. Este conceito faz uma ponte entre a justificação política da doutrina segundo a qual os casos semelhantes devem ser decididos da mesma maneira e aqueles casos difíceis nos quais não fica claro o que essa doutrina geral requer" (Dworkin, Ronald. *Levando os direitos a sério* – 3ª ed. – tradução de Nelson Boeira. São Paulo: WMF Martins Fontes, 2010, pp. 164-165).

[327] "Entende-se, em suma, que em todas essas situações aparentes devem os terceiros merecer proteção, exigindo-se, apenas, que seu erro, como frisa Calais-Auloy, provenha de circunstâncias tais que teriam podido enganar o indivíduo médio. A aparência, em tais casos, substitui a realidade, e o mecanismo de defesa dos interesses de terceiros move-se sob o impulso de uma noção que, nos dias correntes, se torna indispensável à solução de importantes questões, sobretudo no campo do Direito Comercial" (Gomes, Orlando. *Transformações gerais do direito das obrigações* – 2ª ed. – São Paulo: Revista dos Tribunais, 1980, p. 127).

No entanto, quando defende a aplicação do modelo abstrato do homem-médio para determinar a incidência da teoria da aparência, vê-se que o autor está cercado de circunstâncias diversas das atuais, pois o Código Civil de 2002 abandonou semelhante ficção jurídica, cuja artificialidade desconecta o ordenamento cível da realidade. Dessa forma, aperfeiçoando o que fora dito, a aplicação da teoria da aparência fica restrita às hipóteses em que o indivíduo, naquelas circunstâncias (princípio da concreção)[328], acreditaria estar diante de um direito correto.

4.3. A aparência no caso concreto: parâmetros

Ressaltava Gomes que as obrigações assumidas "*em nome da sociedade, inclusive as que contraem sem embargo da expressa proibição do ato constitutivo*" não são válidas à primeira vista[329]. Contudo, alguns pontos influem na determinação da aplicabilidade da teoria da aparência para sanar eventual desconformidade com o estatuto na prestação de garantia fidejussória. Em primeiro lugar, é necessário distinguir algumas situações jurídicas que geram efeitos diversos, a depender da sua qualificação: o estatuto ou contrato social pode: (i) proibir fiança; (ii) permitir fiança, condicionada a certas formalidades; (iii) permitir fiança; (iv) ser omisso quanto à fiança.

Os primeiro e segundo casos são os mais complexos, de modo que serão analisados ao final. Quanto ao terceiro, não há dúvidas: se o estatuto permite, a higidez da fiança é presumida, só podendo ser afastada pelas hipóteses gerais de invalidade do negócio jurídico. O último caso se resolve pelo princípio de que é lícito tudo aquilo que a lei ou o contrato

[328] "O que se tem em vista é, em suma, uma estrutura normativa concreta, isto é, destituída de qualquer apego a meros valores formais e abstratos. Esse objetivo de concretude impõe soluções que deixam margem ao juiz e à doutrina, com freqüente apelo a conceitos integradores da compreensão ética, tal como os de boa-fé, eqüidade, probidade, finalidade social do direito, equivalência de prestações etc., o que talvez não seja do agrado dos partidários de uma concepção mecânica ou naturalística do Direito, mas este é incompatível com leis rígidas de tipo físico-matemático. A 'exigência de concreção' surge exatamente da contingência insuperável de permanente adequação dos modelos jurídicos aos fatos sociais 'in fieri'" (Reale, Miguel. Mensagem nº 160. In. Projeto de Lei nº 634/1975. Diário do Congresso Nacional, Suplemento (B) ao nº 061, Capital Federal, Seção I, Sexta-Feira, 13 de junho de 1975, p. 118).

[329] Gomes, Orlando. *Transformações gerais do direito das obrigações* – 2ª ed. – São Paulo: Revista dos Tribunais, 1980, p. 124.

não proíbem. Neste caso, com mais força após as mudanças trazidas pela Lei do Ambiente de Negócios, se a fiança for prestada em desfavor da sociedade, poderá ela buscar ressarcimento em face daquele que causou eventual prejuízo, mas será plenamente válida e eficaz em relação ao credor[330], que é terceiro de boa-fé e, portanto, contratou acreditando que poderia contratar.

Como visto nos casos colacionados acima, mesmo a fiança proibida por estatuto social, hipótese I, tem sido aceita pela jurisprudência como válida, em síntese, porque não caberia ao credor de boa-fé perscrutar minuciosamente os poderes de cada um dos administradores e sócios (aplicação da teoria da responsabilidade integral). Essa tese pode ser criticada, pois, ao tutelar a boa-fé dos contratantes, elimina os deveres de cautela necessários ao trânsito empresarial e civil. Ao mesmo tempo, tem-se que a fiança, embora seja um contrato que exija a forma escrita, é uma garantia simplificada e não solene, de modo que não pode deixar que formalismos exacerbados afastem sua aplicação cotidiana.

Tal confronto entre previsibilidade e boa-fé, que atualmente perpassa quase todas as áreas do direito privado, necessita de certos parâmetros para ser bem dirimido. Para elaboração desses parâmetros é conveniente a análise de determinadas situações reais, com o fito de traçar algumas linhas de orientação para a aplicação da teoria da aparência nos casos concretos.

Se a fiança for prestada pela integralidade do quadro social, em desacordo com o estatuto, ainda valeria a vedação e/ou formalidade especial? Lembra Marmitt, citando Valdemar Ferreira, que a vontade da integralidade dos sócios é a lei máxima dos contratos sociais e que, nos termos do art. 331 do antigo Código Comercial, o consentimento unânime dos sócios pode autorizar operações diversas daquelas previstas no contrato social[331]. Mesmo inexistindo dispositivo equivalente no Código Civil de 2002, a inequívoca concordância de todo o quadro social é suficiente para criar, aos olhos do credor, uma situação de aparência de correção do ato jurídico, a ensejar a aplicação da teoria da aparência, cujo desenvolvimento e aceitação histórica pelo ordenamento jurídico

[330] MARMITT, Arnaldo. *Fiança Civil e Comercial.* Rio de Janeiro: AIDE Editora, 1989, p. 323.

[331] MARMITT, Arnaldo. *Fiança Civil e Comercial.* Rio de Janeiro: AIDE Editora, 1989, pp. 322-323.

brasileiro é mais do que suficiente para suprir a apontada lacuna do direito positivo. Ademais, há, no caso, sequer seria necessário o recurso à aparência, uma vez que a limitação imposta à sociedade foi revogada por disposição dos sócios.

O caso do administrador é mais complicado, pois não se trata de uma "alteração tácita" do estatuto, mas sim de violação. Marmitt defende que "*a questão da lisura funcional e da legitimidade ou não da fiança assim dada afeta diretamente os sócios, e por eles deve ser resolvida* interna corporis" uma vez que "*ao particular que contrata com a pessoa jurídica, descabe exigir providências aprofundadas quanto aos poderes conferidos a cada sócio, emergindo na contratação a grande utilidade prática da teoria da aparência*"[332]. O autor invoca elementos das circunstâncias negociais que merecem aprofundamento. Partindo da leitura que Junqueira de Azevedo fez do negócio jurídico[333], algumas circunstâncias negociais influem diretamente na formação dos negócios e, a partir da leitura da boa-fé objetiva, afastam a proibição estatutária de afiançar, a fim de proteger aqueles que contrataram acreditando que podiam fazê-lo. Por outro lado, as circunstâncias negociais podem, simplesmente, não se mostrar suficientes para afastar a proibição estatutária, de modo que não faria sentido aplicar a teoria da responsabilidade integral.

Para elucidar melhor essa situação, dois exemplos de como as circunstâncias negociais influem para a aplicação, ou não, da teoria da

[332] MARMITT, Arnaldo. *Fiança Civil e Comercial.* Rio de Janeiro: AIDE Editora, 1989, p. 321.

[333] Apesar de a obra, como um todo, ser indispensável, destacamos os seguintes parágrafos: "Não basta, pois, que haja algo que surja aos nossos olhos como exteriorização da vontade, é preciso ainda que essa manifestação venha rodeada de circunstância que façam com que ela seja vista socialmente como manifestação jurídica, isto é, como declaração. 'E a palavra 'declaração de vontade' implica este *elemento novo,* que consiste numa finalidade de manifestação jurídica, não somente de irrevocabilidade jurídica, mas, se se pode dizer assim, de produção, ou de eficácia jurídica'", citando aqui, Raymond Salleiles, *de la déclaration,* p. 2. E, resume: "Em síntese, o que caracteriza o negócio jurídico é o fato de ser uma manifestação de vontade qualificada por circunstâncias que fazem com que ele seja visto socialmente como dirigido à produção de efeitos jurídicos (é uma declaração de vontade – característica primária). Depois, o direito, acompanhando a visão social, atribui, a essa declaração, efeitos, em correspondência com os efeitos manifestados como queridos (efeito constitutivo de relações jurídicas – característica secundária), mas, já então, somente desde que, *in concreto,* haja os demais pressupostos da existência, e, ainda principalmente, os de validade e eficácia" (AZEVEDO, Antônio Junqueira de. *Negócio Jurídico: Existência, Validade e Eficácia.* 4ª ed. São Paulo: Saraiva, 2010, pp. 121 e 124-125).

aparência. O primeiro caso consiste em fiança prestada por instituição financeira em favor de um credor pessoa física, na qual a primeira promete que o locatário adimplirá os aluguéis. A fiança é assinada na sede do banco, em frente a diversas testemunhas, com papel timbrado do banco, por um gerente de confiança de ambas as partes, mas que, estatutariamente, não possui poderes para assinar tal ato. O caso é de aplicação da teoria da responsabilidade integral, restando ao banco buscar o ressarcimento, *interna corporis*, com o responsável, se pertinente e cabível.

Se, por outro lado, a fiança for prestada em uma situação em que todos os elementos fáticos indicam a existência de conluio para lesar a sociedade em benefício de um administrador e do terceiro, aplicar a teoria responsabilidade integral ofende o sistema jurídico, pois não há motivo para responsabilizar a sociedade, que foi vítima de conluio fraudulento. Assim, é necessária a aplicação da teoria da aparência. O credor não pode agir em colusão com aquele que presta fiança sem autorização para tal, de modo que não pode receber os benefícios de tal ato. Contudo, para não impor à sociedade lesada pela colusão o ônus de provar que houve conluio (*consilium fraudis*), adota-se a teoria da aparência para afastar o elemento subjetivo do administrador e do credor, para buscar elementos concretos que impliquem a aparência de fraude. Isto é, partindo dos elementos concretos, o terceiro sabia ou deveria saber que a sociedade não pode afiançar? Em caso positivo, a sociedade não pode ser responsabilizada pela fiança, que deve ser anulada.

Por outro lado, se o presentante da sociedade fiadora agir para beneficiar o devedor, sem conhecimento do credor, a teoria da responsabilidade integral se aplica, nos termos delineados acima: o credor acreditou, pois todas as circunstâncias fáticas o levaram a acreditar, que a fiança era válida, de modo que a colusão entre o presentante da fiadora com o devedor não tem o condão de afastar a responsabilidade da sociedade. A proteção é do credor, justamente contra a má-fé do fiador, ou de seu presentante, de modo que não faz sentido afastar a proteção do credor em razão de eventual colusão entre o presentante da fiadora e do devedor.

Em resumo, a aparência deve ser aferida em concreto, com as condições subjetivas das partes no momento da contratação, a fim de apurar se aquelas partes sabiam, ou tinham condições de saber, que a fiança padecia de algum vício. Se a resposta for afirmativa, a fiança é inválida; se, contudo, for negativa, é imperiosa a proteção do credor de boa-fé.

5. Conclusões

1. Com as alterações trazidas pela lei do ambiente de negócios, parece-nos que deve ser adotada a teoria da responsabilidade integral da pessoa jurídica pelos atos praticados por seus administradores. Sendo assim, a fiança prestada por pessoa jurídica será, em regra, válida, afastando-se as hipóteses em que a aparência do direito leva o julgador a crer que o credor sabia que a garantia estava sendo prestada em desacordo com o contrato.
2. A aplicação da teoria da aparência é controvertida no caso da fiança, embora seja recebida pacificamente em diversas outras partes do ordenamento jurídico. Mesmo com a adoção da teoria da responsabilidade integral, ainda há utilidade no estudo da aparência, pois impor à sociedade o ônus de provar *consilium fraudis* é excessivo.
3. Especialmente no caso da fiança, no que concerne à aplicação da aparência devem ser considerados alguns de seus caracteres ínsitos como: baixo custo, pouca solenidade, dinamicidade das relações privadas, para decidir pela validade ou invalidade da fiança prestada por pessoa jurídica em desacordo com seus documentos constitutivos e acordos subsequentes.
4. Como explorado, os Tribunais brasileiros aplicam a larga a teoria da aparência para afastar a invalidade da fiança, o que parece acertado, uma vez que dá mais vigor à boa-fé dos contratantes e, com a mudança legislativa, soa consentâneo com a leitura mais contemporânea do direito positivo.
5. A aplicação da aparência de licitude deve ser temperada às condições do caso concreto, a fim de evitar a utilização abusiva do instituto e de evitar o tratamento privilegiado de parte que é hipersuficiente. Desse modo, a eficácia jurídica da aparência está condicionada às circunstâncias em que se deve resguardar a sociedade de atos que pretendem lesá-la.

SEGUNDA PARTE
A FIANÇA NO PLANO DA EFICÁCIA

1. EXONERAÇÃO DO FIADOR

1. Introdução: denúncia no direito civil

Os contratos se extinguem de diversas formas. Previstas nos artigos 472 até 480 do Código Civil, as modalidades de extinção por inadimplemento dos contratos são: o distrato (art. 472), a resilição unilateral (artigo 473), a resolução (artigos 474 e 475), sendo que esta comporta também a onerosidade excessiva (artigos 478 a 480). A extinção do contrato é um fenômeno eficacial, atingindo o terceiro plano ponteano do negócio jurídico, e fazendo cessar a produção de efeitos jurídicos pelo contrato no tempo e no espaço.

Todas essas regras são, naturalmente, aplicáveis à fiança, não obstante esse tipo contratual possuir regras próprias, que geram efeitos jurídicos específicos considerando a natureza contratual da garantia. Neste capítulo, será abordada uma das modalidades da extinção do contrato de fiança: a denúncia[334].

A denúncia é modalidade de resilição unilateral do contrato, prevista no já mencionado artigo 473 do Código Civil de 2002. Como

[334] "'Denúncia' é a denominação que se dá ao exercício do direito formativo-extintivo de desfazimento das obrigações duradouras, contra a sua renovação ou continuação, independentemente do inadimplemento da outra parte, nos casos permitidos na lei ou no contrato. Se o pedido de extinção estiver fundado no cumprimento, haverá a 'resilição', que é espécie de resolução, aplicável às obrigações duradouras, mas com efeitos *ex nunc*. A característica de desfazer o negócio apenas *ex nunc* decorre da impossibilidade de se desconstituir o efeito já realizado" (AGUIAR JUNIOR. Ruy Rosado de. *Extinção dos contratos por incumprimento do devedor – Resolução* – 2ª edição. Rio de Janeiro: AIDE, 2003, p. 72).

demonstra Schreiber, o direito de resilição unilateral depende de autorização expressa ou implícita da lei, sendo que a autorização expressa ocorre nos casos "*em que os contratantes celebraram contratos em que se baseiam em uma especial relação de confiança entre as partes*"[335], enquanto a autorização legal é implícita na resilição unilateral de contratos celebrados por tempo indeterminado. Essa autorização implícita de denunciabilidade dos contratos assinados sem tempo determinado, bem como aquela do contrato fundado na confiança, podem se sujeitar ao disposto no parágrafo único do artigo 473, de modo que a eficácia da denúncia pode ficar impedida após "*prazo compatível com a natureza e o vulto dos investimentos*".

No que toca especialmente à fiança, embora, em regra, ela não seja denunciável - em que pese a possibilidade anotada por Pontes de Miranda de vir a sê-lo por "*pacto adjecto entre credor e fiador*"[336] –, o Código Civil de 2002 previu, em seu artigo 835[337], a possibilidade de o fiador se exonerar de fiança, quando prestada sem limitação de tempo.

Essa possibilidade é um corolário básico dos contratos firmados por tempo indeterminado, uma vez que a combinação de perpetuidade e indissolubilidade do vínculo fere direitos básicos dos contratantes[338]. O contrato, em geral, e a fiança, especificamente, se tornariam uma prisão eterna para os devedores, não fosse a cláusula implícita de denunciabilidade[339]. Tem-se, portanto, o fundamento jurídico para a extinção

[335] Schreiber, Anderson ... [et al.]. *Código Civil comentado: doutrina e jurisprudência*. 2ª ed., Rio de Janeiro: Forense, 2020, p. 291.

[336] Pontes de Miranda, Francisco Cavalcanti. *Tratado de Direito Privado, T. 44*. São Paulo: Revista dos Tribunais, 2012, p. 217.

[337] Art. 835. O fiador poderá exonerar-se da fiança que tiver assinado sem limitação de tempo, sempre que lhe convier, ficando obrigado por todos os efeitos da fiança, durante sessenta dias após a notificação do credor.

[338] "Tradicionalmente, explica-se o princípio que proíbe as vinculações obrigacionais perpétuas pelo cuidado da ordem jurídica em defender a liberdade individual. Modernamente, essa proibição se explica, também, por considerações de ordem econômica: *en figeant les relations contractuelles, les engagements perpétuels empêchent l'entrée sur le marché de nouveaux agents* économiques *et par là-même entravent la création et la circulation des richesses*" (tradução livre: ao congelar as relações contratuais, os vínculos perpétuos impedem a entrada, no mercado, de novos agentes econômicos e, portanto, obstaculizam a criação e a circulação de riquezas) (Theodoro Júnior, Humberto. *A Fiança e a Prorrogação do Contrato de Locação*, in. Revista de Direito Privado: RDPriv, v. 5, n. 18, pp. 66-83, abr./jun. 2004).

[339] "Trata-se de um princípio indeclinável dos contratos que nem mesmo a lei expressa, no Direito brasileiro, pode excluir sob pena de ferir de morte a liberdade contratual, escravi-

do contrato de fiança por iniciativa do garantidor, seguindo-se de perto a lição de Gomes: "Na resilição unilateral dos contratos por tempo indeterminado, *presume a lei que as partes não quiseram se obrigar perpetuamente, e, portanto, que se reservaram a faculdade de, a todo tempo, resilir o contrato.* O fundamento do poder de resilir *seria, assim, a vontade presumida das partes*"[340].

Com a possibilidade de denúncia, direito potestativo[341] do fiador no caso de fiança sem tempo determinado, basta a notificação do credor para que cesse a responsabilidade do garantidor. A fim de manter o balanço de riscos do contrato, a lei concede prorrogação eficacial do contrato de fiança, que manterá seus efeitos pelo prazo de sessenta dias após a notificação. Findo esse prazo, o fiador não será responsável por qualquer nova obrigação proveniente do contrato garantido, embora continue responsável pelas dívidas vencidas anteriormente ao sexagésimo dia, contado da notificação do credor.

Pois bem, com a promulgação do Código Civil de 2002, resolveu-se a histórica celeuma correlata à necessidade de acordo ou sentença para a cessação dos efeitos da fiança. O próprio autor do projeto do Código Civil de 1916 criticava duramente o disposto no artigo 1.500[342], pois seria uma "*injustiça*", uma vez que, se o próprio juiz reconhecesse que o fiador tinha o direito de se exonerar, a atribuição do ônus da espera processual ao garantidor constituiria um inaceitável acréscimo de sua responsabilidade, devendo a sentença declarar que a fiança deixou de produzir efeitos no momento da denúncia[343]. Dessa forma, a solução do novel diploma civil foi melhor, conferindo eficácia imediata à denúncia do fiador.

zando as partes perpetuamente a uma relação negocial." (THEODORO JÚNIOR, Humberto. *A Fiança e a Prorrogação do Contrato de Locação*, in. Revista de Direito Privado: RDPriv, v. 5, n. 18, pp. 66-83, abr./jun. 2004.)

[340] GOMES, Orlando. *Contratos* – 27ª edição – Rio de Janeiro: Forense, 2019, p. 191.

[341] "(...) uma faculdade de criar, por ato de vontade de apenas uma das partes, uma nova situação jurídica" (THEODORO JÚNIOR, Humberto. *A Fiança e a Prorrogação do Contrato de Locação*, in. Revista de Direito Privado: RDPriv, v. 5, n. 18, pp. 66-83, abr./jun. 2004).

[342] Art. 1.500. O fiador poderá exonerar-se da fiança, que tiver assinado sem limitação de tempo, sempre que lhe convier, ficando, porem, obrigado por todos os efeitos da fiança, anteriores ao ato amigável ou à sentença que o exonerar.

[343] BEVILAQUA, Clóvis. *Código Civil dos Estados Unidos do Brasil, comentado por Clovis Bevilaqua*, vol. 2. Rio de Janeiro: Editora Rio, Edição Histórica, 1975, p. 634.

Contudo, remanescem algumas questões a serem exploradas. A primeira é a existência de limite ao exercício do direito de resilição contratual pelo fiador. A segunda é relativa à forma dessa notificação, bem como quais são as pessoas aptas a receber tal notificação. A terceira, a seu turno, é o regramento específico trazido pelas sucessivas reformas da Lei 8.245/91, que acabou por criar o microssistema da fiança locatícia. A quarta é a possibilidade jurídica de renúncia ao direito à exoneração, e a quinta recai sobre a exoneração da fiança no caso de novação no âmbito do contrato principal.

Para responder a essas questões, será delineada a evolução histórica da regra inscrita no artigo 835 do Código Civil de 2002, a fim de se aferir a finalidade que visa a cumprir e os fundamentos que justificam sua existência no ordenamento pátrio, buscando solucionar os pontos controvertidos acima listados.

2. Evolução histórica

O dispositivo ora analisado foi inserido no ordenamento jurídico brasileiro, originalmente, pelo Código Comercial de 1850, especificamente pelo artigo 262, segunda parte, que assim regrava a questão: "(...) *e pode desonerar-se da fiança que tiver assinado sem limitação de tempo, sempre que lhe convier; ficando, todavia, obrigado por todos os efeitos da fiança anteriores ao ato amigável, ou sentença por que for desonerado*". Anteriormente ao Código Comercial a regra não era expressa no direito brasileiro.

Em outros contratos, contudo, havia a possibilidade de resilição unilateral. Teixeira de Freitas, em sua *Consolidação das Leis Civis,* anotou que o mandato poderia ser resilido unilateralmente por ambas as partes[344], pelo procurador ou pelo mandante. Essa regra teve origem no Título XXVI das Ordenações Filipinas, que determinava critérios e situações para o afastamento do procurador, bem como para sua remuneração[345]. Teixeira de Freitas ressaltou que a limitação temporal para a revogação do mandato (até a contestação, prevista no art. 474 da Consolidação) não era respeitada no foro, pois "*O mandato é revogavel, e renunciavel, em*

[344] Freitas, Augusto Teixeira de. *Consolidação das Leis Civis*, vol. 1. Ed. Fac.Sim. Brasília: Senado Federal, 2003, p. 332.

[345] Almeida, Candido Mendes de. *Ordenações e leis do Reino de Portugal*, livro III. Rio de Janeiro: Typ. do Instituto Philomathico, 1870, pp. 610-611.

todo o estado da causa"[346]. Guardadas as peculiaridades do caso, também o contrato de sociedade é denunciável desde o direito do Reino, conforme se nota da *Consolidação*[347] e das *Ordenações*[348]. A fiança, contudo, somente permitia a exoneração da mulher, em razão do benefício do *Senatus Consulto Velleano* (objeto de estudo no Capítulo II, *supra*), mas não no caso de tempo indeterminado.

Veja-se que a disposição também não constou no Projeto de Coelho Rodrigues e que, Clovis Beviláqua, ao comentar o dispositivo do Código de 1916, assinalou que o artigo fora incluído pela Comissão de Trabalhos da Câmara (Trabalhos da Câmara, VI, p. 460), também não possuindo seu projeto disposição semelhante. Na verdade, diz o autor que "É tão intuitiva esta regra que os Códigos Civis *a suppõem contida no conceito da fiança, e se abstêm de mencional-a*" e exemplifica "*Alguem afiança o pagamento do aluguel de um predio. A locação é por tempo indeterminado; a fiança não tem prazo; o fiador exonera-se, no momento, em que não lhe convier mais responder pela obrigação do locador*"[349].

Conforme foi trazido ao início do presente capítulo, a previsão legal da exoneração do fiador por denúncia, em fiança prestada por tempo indeterminado, constitui a especificação de uma regra geral que permite a resilição unilateral em qualquer contrato com essa qualidade temporal. Acertou, portanto, Beviláqua, ao situar tal regra no âmbito da teoria geral dos contratos. De forma análoga, Costa Gomes, no âmbito do direito português – que não prevê textualmente a denúncia da fiança por prazo indeterminado no Código Civil –, menciona a existência do "*princípio da proibição da vinculação perpétua*"[350] como fonte jurídica do

[346] Freitas, Augusto Teixeira de. *Consolidação das Leis Civis*, vol. 1. Ed. Fac.Sim. Brasília: Senado Federal, 2003, p. 332.

[347] Freitas, Augusto Teixeira de. *Consolidação das Leis Civis*, vol. 1. Ed. Fac.Sim. Brasília: Senado Federal, 2003, p. 468.

[348] "E assi mais e desfaz a Companhia, quando algum dos companheiros a renunciar, dizendo aos outros per si, ou per seu Procurador, que não quer mais ser seu companheiro, e isso quando no contracto da Companhia se não declarou o tempo, que havia de durar" (Almeida, Candido Mendes de. *Ordenações e leis do Reino de Portugal*, livro IV. Rio de Janeiro: Typ. do Instituto Philomathico, 1870, p. 829).

[349] Bevilaqua, Clóvis. *Código Civil dos Estados Unidos do Brasil, comentado por Clovis Bevilaqua*, vol. 2. Rio de Janeiro: Editora Rio, Edição Histórica, 1975, p. 633.

[350] Costa Gomes, Manuel Januário da. *Assunção Fidejussória de Dívida: sobre sentido e o âmbito da vinculação como fiador*. Coimbra: Almedina, 2000, p. 706, nota 485.

artigo 654 do Código Civil português de 1966[351]. Contudo, o autor afasta a necessidade de o fiador aguardar o prazo de cinco anos para denúncia do contrato de fiança, pois é "*pacífico que os contratos duradouros celebrados por tempo indeterminado podem cessar por* denúncia, *independentemente da sua expressa previsão pelas partes e mesmo que o regulamento contratual a proíba*"[352]. Isso porque, segundo o autor, "*seria intolerável que o fiador tivesse de ficar necessária e perpetuamente vinculado, impedido de paralisar* ex nunc *o fluxo de vinculações oriundo da relação principal entre o credor e o devedor*"[353].

Assim sendo, os códigos civis, como disse Bevilaqua, sempre pressupuseram a exoneração do fiador, bem como de outros contratos de prazo indeterminado baseados na confiança entre as partes[354]. E tal proceder decorre, basicamente, de três vetores: i) o fiador não pode ficar vinculado ao contrato de fiança, em razão do "*princípio da proibição da vinculação perpétua*" e do fato de que a fiança "*não pode ser uma túnica de Nessus*"[355-356-357]; e ii) a fiança é um contrato benéfico[358] e, como tal, atraia

[351] Artigo 654º (Obrigação futura) Sendo a fiança prestada para garantia de obrigação futura, tem o fiador, enquanto a obrigação se não constituir, a possibilidade de liberar-se da garantia, se a situação patrimonial do devedor se agravar em termos de pôr em risco os seus direitos eventuais contra este, ou se tiverem decorrido cinco anos sobre a prestação da fiança, quando outro prazo não resulte da convenção.

[352] Costa Gomes, Manuel Januário da. *Assunção Fidejussória de Dívida: sobre sentido e o âmbito da vinculação como fiador*. Coimbra: Almedina, 2000, pp. 772-773.

[353] Costa Gomes, Manuel Januário da. *Assunção Fidejussória de Dívida: sobre sentido e o âmbito da vinculação como fiador*. Coimbra: Almedina, 2000, pp. 773-774.

[354] Schreiber, Anderson ... [et al.]. *Código Civil comentado: doutrina e jurisprudência*. 2ª ed., Rio de Janeiro: Forense, 2020, p. 291.

[355] Bevilaqua, Clóvis. *Código Civil dos Estados Unidos do Brasil, comentado por Clovis Bevilaqua*, vol. 2. Rio de Janeiro: Editora Rio, Edição Histórica, 1975, p. 633.

[356] "Nesso foi um centauro da mitologia Grega. Uma de suas principais aparições ocorre quando o casal Heraclés e Dejanira deixou a cidade de Calidon com o filho Hilo, a caminho de Traquis. Às margens do rio Êueno, Nesso transportava viajantes de uma margem a outra. Nesso atravessa Heraclés e, na segunda viagem, tenta violentar Dejanira às margens de um rio, mas ela pede socorro e é atendido pelo herói, que ataca o centauro, ferindo-o mortalmente com uma flecha. Antes de morrer, contudo, Nesso entrega a Dejanira um líquido preparado a partir do sangue dos seus ferimentos, alegando ser um "filtro de amor" – há, aqui, alguma divergência entre os autores, que apontam ora que Heraclés atravessou o rio a nado, pois não quis pagar pela travessia, ora que Nesso atravessou primeiro Dejanira, ora aponta-se que a flecha de Hercaclés estava envenenada com sangue de Hidra e, sabendo disso, Nesso dá o seu sangue a Dejanira (Brandão, J. S. Dicionário mítico-etimológico v.2. Petrópolis: Vozes, 2008; Stephanides, M. Hércules. Trad. Michael, Marylene P. São Paulo: Odysseus,

interpretação estrita e mais favorável ao fiador; reduzindo a responsabilidade de quem não se favorece dela; iii) a confiança ínsita ao tipo contratual, tendo em vista seu caráter *intuitu personae*[359].

Especialmente quanto ao item ii, *supra*, é importante pontificar que, embora o disposto no revogado artigo 262 do Código Comercial pretendesse regulamentar as *fianças mercantis*, prestadas, portanto, no âmbito da atividade empresária, é possível realizar raciocínio analógico que estenda a aplicação do dispositivo a qualquer contrato de fiança, a fim de compreender com acuidade a consequência de o contrato ser benéfico. Apenas em novo reforço, no âmbito do revogado Código Comercial, o

2005). Após longa peregrinação em busca de purificação em razão de seus atos, que incluem o assassinato de Ífito, filho de Êurito – rei da Ecália –, Heraclés ouve do Oráculo que deve se sujeitar à escravidão por três anos, então é escravizado por Onfale, rainha da Lídia, com quem mantém relação amorosa. No mesmo período, o herói se apaixona por outra mulher, Iole, também filha de Êurito, que impede a união de ambos. O herói então invade a Ecália e faz de Iole sua concubina. Para comemoração dessa vitória, Heraclés pede a Dejanira sua túnica, mas ela tinha o coração fulminado com ciúmes. Ela, então, envia a Heraclés sua túnica, mas embebida com sangue oferecido por Nesso. No templo de Zeus em que ocorreria a comemoração, Heraclés veste a túnica e, então, o veneno passa para a pele do herói provocando imensas dores. Heraclés tenta se desfazer da Túnica de Nesso, mas ela adere perpetuamente a seu corpo, e, quando puxada, arrancava juntamente a carne do herói. Ele decide, então, ser levado ao monte Oita, onde seria queimado, Dejanira, apercebida do que fizera, suicida-se" (Kury, Mário da Gama. *Dicionário de Mitologia Grega e Romana*; 8ª edição. Rio de Janeiro: editora Zahar, 2009, verbetes de Nesso, Heráclès e Dejanira).

[357] "Termino lembrando que a fiança, tal como interpretada pelo Prof. Segalla, significaria ao fiador, nas palavras de Clóvis Bevilaqua, uma verdadeira túnica de Nessus, o que é inadmissível para o direito contemporâneo e fere a clássica interpretação dos contratos benéficos" (Simão, José Fernando. *Mora do afiançado não impede a exoneração do fiador nos contratos por prazo indeterminado – Parte 1.* Disponível em https://professorsimao.com.br/mora-do-afianca-do-nao-impede-a-exoneracao-do-fiador-nos-contratos-por-prazo-indeterminado-parte-2/, acesso em 4 de abril de 2023).

[358] Isto é, no contrato de fiança, geralmente, apenas o fiador pode sofrer sacrifício patrimonial, beneficiando-se o credor da obrigação principal.

[359] "Além disso, o contrato de fiança consiste em negócio personalíssimo, por se estabelecer em razão da relação de confiança existente entre as partes, sendo certo que a fidúcia lhe é essencial. Por esta razão, o credor não é obrigado a aceitar como fiador pessoa que não seja idônea, domiciliada fora do município onde a prestação deva ser adimplida, ou sem bens suficientes para cumprir a obrigação, consoante o disposto no art. 825 do Código Civil" (Tepedino, Gustavo; Konder, Carlos Nelson; Bandeira, Paula Greco. *Fundamentos do direito civil: volume 3: contratos.* – 1ª ed. – Rio de Janeiro: Forense, 2020, p. 517)

determinado no artigo 256[360] era eficaz desde que a obrigação afiançada fosse mercantil, mesmo que o fiador não fosse comerciante. Diante desse quadro, partindo do fato de que a fiança é, geralmente, um contrato benéfico, o Código Comercial positivou hipótese principiológica e sistemática, a fim de facultar ao garantidor o direito de se exonerar, sempre que a fiança fosse prestada sem limitação de tempo. A única exceção a essa faculdade foi inserida no artigo 259[361], que previa que a fiança mercantil poderia ser remunerada, o que, contudo, afastaria seu caráter benéfico e, consequentemente, retiraria do fiador o direito à exoneração[362].

Em síntese, a possibilidade de o fiador se exonerar decorre do fato de que a fiança é um contrato benéfico, fundado na confiança e, ao qual, não se pode prender o fiador perpetuamente. Desse modo, dentro do sistema criado pelo revogado Código Comercial, a existência de prazo era regra quase absoluta – em razão da segurança e da previsibilidade necessárias às atividades comerciais –, enquanto a ausência de prazo era exceção. Para esses casos, a lei fornecia duas alternativas: execução do contrato em 10 dias (art. 137) ou exoneração do fiador (art. 262, segunda parte). Vê-se, assim, que o sistema jurídico pátrio previu, de forma inédita e positiva, desde 1850, a possibilidade de o fiador se exonerar

360 Art. 256 – Para que a fiança possa ser reputada mercantil, é indispensável que o afiançado seja comerciante, e a obrigação afiançada derive de causa comercial, embora o fiador não seja comerciante.

361 Art. 259 – O fiador mercantil pode estipular do afiançado uma retribuição pecuniária pela responsabilidade da fiança; mas estipulando retribuição não pode reclamar o benefício da desoneração permitido no artigo nº 262.

362 Isto está totalmente em consonância com a própria lógica do sistema, que considera estranhas as obrigações sem prazo de vencimento. Veja-se, exemplificativamente, que o revogado artigo 137 do Código Comercial tornava todas as obrigações sem prazo exequíveis em tão somente 10 (dez) dias da estipulação. Também o artigo 219, que criava a presunção de que a ausência de declaração do prazo para pagamento faz presumir que o mesmo foi feito a vista.
Art. 137 – Toda a obrigação mercantil que não tiver prazo certo estipulado pelas partes, ou marcado neste Código, será exeqüível 10 (dez) dias depois da sua data.
Art. 219 – Nas vendas em grosso ou por atacado entre comerciantes, o vendedor é obrigado a apresentar ao comprador por duplicado, no ato da entrega das mercadorias, a fatura ou conta dos gêneros vendidos, as quais serão por ambos assinadas, uma para ficar na mão do vendedor e outra na do comprador. Não se declarando na fatura o prazo do pagamento, presume-se que a compra foi à vista (artigo nº. 137). As faturas sobreditas, não sendo reclamadas pelo vendedor ou comprador, dentro de 10 (dez) dias subseqüentes à entrega e recebimento (artigo nº. 135), presumem-se contas líquidas.

pelo simples fato de a fiança ter sido prestada sem limitação temporal, embora a exoneração fosse, desde muito antes, fundada em um princípio pressuposto pelo ordenamento jurídico.

2.1. O Código Civil de 1916

Como visto, o Código Civil de 1916 recebeu a regra do Código Comercial quase de forma idêntica. É bem verdade que a regra que existia no diploma de 1850 não era do gosto dos principais civilistas pátrios, que a acreditavam ser desnecessária, em razão dos motivos supra expostos[363]. Durante a discussão na Câmara dos Deputados, ambos os projetos apresentados por Bevilaqua foram omissos quanto ao direito de o fiador se exonerar no contrato por tempo indeterminado. A situação do fiador gerou grande debate, em razão da sensibilidade de sua posição jurídica. O deputado Sergio Loreto, durante as discussões, chegou a afirmar que "*Não é possível deixar o fiador á mercê do devedor, completamente desarmado*"[364]. Então apresenta a proposição de inclusão de um artigo pelo qual "*O fiador, ainda antes de haver pago, póde exigir que o devedor satisfaça a obrigação, ou o exonere da fiança nos seguintes casos*": "*1°, si a divida se tornar exigível pelo vencimento do prazo; 2°, si antes mesmo do vencimento do prazo, o credor tiver direito do exigil-a ou de accionar o devedor por motivo de insolvencia ou outro semelhante; 3°, si o devedor obrigou-se a exonerar o fiador dentro do certo espaço de tempo e este já houver decorrido sem que o devedor tenha cumprido a obrigação; 4°, havendo decorrido 10 annos, não tendo a obrigação principal, por convenção ou natureza, prazo para o seu vencimento*"[365].

A relatoria do deputado Sá Peixoto propôs a alteração da norma sugerida por Loreto a fim de criar dois artigos, um voltado à substituição

363 "É tão intuitiva esta regra de direito que os Codigos Civis a suppõe contida no conceito de fiança e se abstêm de mencional-a" (Bevilaqua, Clóvis. *Código Civil dos Estados Unidos do Brasil, comentado por Clovis Bevilaqua*, vol. 2. Rio de Janeiro: Editora Rio, Edição Histórica, 1975, p. 633).

364 BRASIL. Congresso Nacional. Câmara dos Deputados. Comissão Especial do Código Civil; Barroso Junior, Sabino. *Projecto de Código civil brasileiro Trabalhos da Commissão Especial da Câmara dos Deputados: mandados imprimir pelo ministro do interior, Dr. Sabino Barroso Junior*, vol. 6, Rio de Janeiro: Imprensa Nacional, 1902, p. 164.

365 BRASIL. Congresso Nacional. Câmara dos Deputados. Comissão Especial do Código Civil; Barroso Junior, Sabino. *Projecto de Código civil brasileiro Trabalhos da Commissão Especial da Câmara dos Deputados: mandados imprimir pelo ministro do interior, Dr. Sabino Barroso Junior*, vol. 6, Rio de Janeiro: Imprensa Nacional, 1902, p. 165.

das três primeiras hipóteses de Loreto e outro contendo a quarta e última hipótese exoneratória: (i) "*Art. O fiador, ainda antes de haver pago, póde exigir que o devedor satisfaça a obrigação ou o exonere da fiança, desde que a divida se torne exigível ou tenha decorrido o prazo dentro do qual o devedor comprometteu-se a exoneral-o*"; e (ii) "*Art. O fiador pode desonerar-se da fiança que tiver assignado, sem limitação de tempo sempre que lhe convier, ficando, porém, obrigado por todos os effeitos da fiança anteriores ao acto amigavel ou sentença por que o fôr desonerado*"[366].

A modificação proposta partia da identificação, pela Câmara dos Deputados, da seguinte situação fática, na qual o fiador ficaria aprisionado: se o devedor não adimple a obrigação e o fiador não tem mecanismos jurídicos para forçar o cumprimento da prestação, o credor encontrar-se-ia sempre "satisfeito" por um garante passivo de responsabilização, não procurando nem encerrar o vínculo, nem buscar bens do devedor.

Já o parecer do Deputado Duarte de Azevedo é explícito no sentido de que a regra adotada foi importada do Código Comercial, mas que, no direito civil, a simples concessão de prazo ao devedor, sem o consentimento do fiador, não importava a liberação da fiança. Adotar a solução dada pelo Código Comercial, de autorizar a exoneração do fiador, foi "conveniente", nas palavras do parecerista[367]. Loreto, contudo, defendeu, em contrariedade à posição de Azevedo, que a exoneração não precisaria constar da lei, mas seriam necessárias armas para que o fiador tivesse direito de agir diretamente contra o devedor, não se mantendo submisso aos desígnios do credor[368].

De qualquer modo, findo o intenso debate legislativo narrado, prevaleceu o aditivo do relator e Presidente da comissão, Sá Peixoto, sendo

[366] BRASIL. Congresso Nacional. Câmara dos Deputados. Comissão Especial do Código Civil; Barroso Junior, Sabino. *Projecto de Código civil brasileiro Trabalhos da Commissão Especial da Câmara dos Deputados: mandados imprimir pelo ministro do interior, Dr. Sabino Barroso Junior*, vol. 6, Rio de Janeiro: Imprensa Nacional, 1902, p. 176.

[367] BRASIL. Congresso Nacional. Câmara dos Deputados. Comissão Especial do Código Civil; Barroso Junior, Sabino. *Projecto de Código civil brasileiro Trabalhos da Commissão Especial da Câmara dos Deputados: mandados imprimir pelo ministro do interior, Dr. Sabino Barroso Junior*, vol. 2, Rio de Janeiro: Imprensa Nacional, 1902, p. 24.

[368] BRASIL. Congresso Nacional. Câmara dos Deputados. Comissão Especial do Código Civil; Barroso Junior, Sabino. *Projecto de Código civil brasileiro Trabalhos da Commissão Especial da Câmara dos Deputados: mandados imprimir pelo ministro do interior, Dr. Sabino Barroso Junior*, vol. 2, Rio de Janeiro: Imprensa Nacional, 1902, p. 233.

incluído o texto acima mencionado e que viria a se tornar o artigo 1504 no *Projecto do Codigo Civil adoptado pela Commissão Especial da Camara dos deputados*[369]. Essa regra foi aperfeiçoada pela emenda 1.460 do Senado Federal, transformada em artigo 1.503 do Projeto do Senado, culminando na redação final do artigo 1500 do Código Civil de 1916[370].

Proposta de Sergio Loreto	Emenda do Relator Sá Peixoto	Código Civil de 1916
Art. XIII -O fiador, ainda antes de haver pago, póde exigir que o devedor satisfaça a obrigação, ou o exonere da fiança, nos seguintes casos: 1º Se a divida se tornar exigível pelo vencimento do prazo; 2º Se antes mesmo do vencimento do prazo, o credor tiver direito de exigil-a ou de accionar o devedor por motivo ele insolvencia ou outro semelhante; 3º Se o devedor obligou-se a exonerar o fiador dentro de certo espaço de tempo e este já houver decorrido sem que o devedor tenha cumprido a obrigação; 4º Havendo decorrido dez annos, não tendo a obrigação principal, por convenção ou natureza, prazo para o seu vencimento.	<<O fiador, ainda antes de haver pago póde exigir que o devedor satisfaça a obrigação ou o exonere da fiança, desde que a divida se torne exigível ou tenha decorrido o prazo dentro do qual·o devedor comprometteu-se a desoneral-o.>> <<O fiador, póde desonerar-se da fiança que tiver assignado sem limitação de tempo, sempre que lhe convier, ficando, porém, obrigado por todos os effeitos da fiança anteriores ao acto amigavel ou sentença por que fór desonerado.>>	Art. 1.499. O fiador, ainda antes de haver pago, pode exigir que o devedor satisfaça a obrigação, ou o exonere da fiança desde que a dívida se torne exigível, ou tenha decorrido o prazo dentro no qual o devedor se obrigou a desonera-lo. Art. 1.500. O fiador poderá exonerar-se da fiança, que tiver assinado sem limitação de tempo, sempre que lhe convier, ficando, porem, obrigado por todos os efeitos da fiança, anteriores ao ato amigável ou à sentença que o exonerar.

Diante da evolução acima descrita, percebe-se que o acolhimento da regra era unânime no debate, discutindo-se tão somente a necessidade de existência de regra expressa sobre a matéria. Importa salientar que o Código de 1916 inovou em relação à tradição portuguesa, que até hoje pressupõe a denunciabilidade do contrato, como visto pela redação do

[369] BRASIL. Congresso Nacional. Câmara dos Deputados. Comissão Especial do Código Civil; Barroso Junior, Sabino. *Projecto de Código civil brasileiro Trabalhos da Commissão Especial da Câmara dos Deputados: mandados imprimir pelo ministro do interior, Dr. Sabino Barroso Junior,* vol. 6, Rio de Janeiro: Imprensa Nacional, 1902, p. 471.

[370] Art. 1.500. O fiador poderá exonerar-se da fiança, que tiver assinado sem limitação de tempo, sempre que lhe convier, ficando, porem, obrigado por todos os efeitos da fiança, anteriores ao ato amigável ou à sentença que o exonerar.

artigo 654 do Código Civil português e dos comentários doutrinários de Costa Gomes.

2.2. Do Projeto de 1975 ao texto promulgado

O Código Civil de 2002 inovou, justamente, na principal crítica de Bevilaqua ao artigo 1.500, segundo a qual o condicionamento da eficácia da exoneração à sentença foi considerado uma "*injustiça*" e um "*acréscimo de responsabilidade*" com o qual o fiador não concordou[371]. Também Pereira pontuou que "*a solução do Código Civil não é a melhor, pois que libera o fiador sómente a partir da sentença, se o credor não anuir em desonerá-lo. Justo será que o fiador fique livre a partir da citação, retroagindo os efeitos da sentença até a data desta*"[372]. Nesse sentido, também advogou Pereira Calças, defendendo a necessidade de a sentença retroagir[373]. Segundo Santos, havia três correntes a respeito do momento em que o fiador se exonerava do contrato. A primeira somente com o trânsito em julgado, a segunda, com acórdão representativo da lavra do Des. Irineu Pedrotti, com o julgamento em primeiro grau e a terceira, na qual o fiador se exonerava com a citação. Esta última teve maior repercussão no Tribunal de Alçada Civil, com acórdãos do Des. Luiz Antonio Rodrigues da Silva (Ap. 456.700-0/6 e Ap. 293492/1)[374].

Diante desse quadro, o Projeto de Lei 634/75, fruto do anteprojeto elaborado pela comissão legislativa capitaneada por Miguel Reale, em seu artigo 845[375] - de autoria de Agostinho Alvim -, propôs a exoneração mediante simples notificação do credor[376]. A solução do Projeto de Lei 634/75, de um lado, não condicionava a exoneração do fiador à

[371] Bevilaqua, Clóvis. *Código Civil dos Estados Unidos do Brasil, comentado por Clovis Bevilaqua*, vol. 2. Rio de Janeiro: Editora Rio, Edição Histórica, 1975, p. 634.

[372] Pereira, Caio Mario da Silva. *Instituições de Direito Civil, volume III – fontes das obrigações*. Rio de Janeiro: Editora Forense, 1963, p. 344.

[373] Calças, Manoel de Queiroz Pereira. *Exoneração Da Fiança*, in. Revista do Instituto de Pesquisas e Estudos, Bauru, n. 23, p. 127-139, ago./nov. 1998.

[374] Santos, Gildo dos. *Fiança*. São Paulo: Revista dos Tribunais, 2006, pp. 110-111.

[375] Art. 845. O fiador poderá exonerar-se da fiança que tiver assinado sem limitação de tempo, sempre que lhe convier, ficando, porém, obrigado por todos os efeitos da fiança, durante sessenta dias após a notificação do credor

376 Passos, Edilenice. lima, João Alberto de Oliveira. *Memória legislativa do Código Civil*. Vol. 1. Brasília: Senado Federal, 2012, p. 227.

cooperação do credor ou à sentença judicial e, de outro, assegurava um prazo de segurança para o credor não ver seu crédito sem segurança.

Com somente uma emenda, a 332[377], excluiu-se a expressão "porém" e se chegou à redação atual do dispositivo: "*Art. 835. O fiador poderá exonerar-se da fiança que tiver assinado sem limitação de tempo, sempre que lhe convier, ficando obrigado por todos os efeitos da fiança, durante sessenta dias após a notificação do credor*". Trata-se de uma solução de consenso, adotada pelo legislador a fim de, em interpretação autêntica do instituto, respeitar seus caracteres essenciais e, ao mesmo tempo, preservar os interesses das partes contratantes. O gosto pelo artigo se tornou quase unanimidade doutrinária, sendo elogiado efusivamente, por resolver o histórico problema do credor pouco cooperativo e do fiador que não mais gostaria de se vincular à obrigação por tempo indeterminado.

3. Questões da exoneração na fiança prestada por tempo indeterminado

Diante desse quadro, traçada a evolução histórica do instituto com as alterações legislativas realizadas nos dispositivos, além de exposta a sua razão de ser e os interesses que o artigo 835 do Código Civil pretendeu harmonizar, é necessário analisar questões controvertidas ainda presentes em relação à exoneração do fiador.

Em brevíssima síntese, o sistema jurídico-positivo brasileiro afastou-se da tradição histórica, prevendo, no direito positivo, a exoneração do fiador nos contratos assinados por tempo indeterminado. Nesse novo pano de fundo jurídico, exsurgiram questões controvertidas que mereceram especial destaque. A primeira delas é a necessidade de o fiador quitar eventuais débitos pendentes para, somente então, pedir a exoneração. Essa tese foi formulada por Segalla[378-379], que será analisada e rebatida no ponto 3.1. *infra*. A segunda questão controvertida nasceu do julgamento do REsp 1.428.271/MG, de relatoria da Minª Nancy Andrighi, no qual restou consignado que terceiros não podem

377 Sobre a Emenda 332 do Senado Federal, dita de redação, ver item 2.4. do Capítulo I.

378 Segalla, Alessandro Schirrmeister. *Contrato de fiança*. São Paulo: Atlas, 2013, pp. 54-59.

379 Segalla, Alessandro Schirrmeister. *Mora do Afiançado e o Contrato de Fiança*. Disponível em http://www.cartaforense.com.br/conteudo/artigos/mora-do-afiancado-e-o--contrato-de-fianca/14363; acesso em 4 de abril de 2023.

receber a notificação exoneratória, sob o fundamento de que esta deve ser pessoal. Essa questão, por sua vez, será analisada no tópico 3.2, abaixo. A terceira controvérsia a ser abordada versa sobre o regime jurídico especial introduzido pela Lei 8.245/91, no que diz respeito às regras que dispõem sobre a exoneração do fiador de um contrato de locação de imóvel urbano. Dessa forma, tendo-se se exposto a regulação legal geral da exoneração do fiador pelo Código Civil de 2002, no tópico 3.3., focar-se-á na aplicação específica do microssistema da Lei do Inquilinato ao tema estudado. Finalmente, no tópico 3.4., a controvérsia cinge-se à apreciação da possibilidade de o fiador renunciar ao seu direito potestativo de denunciar a garantia por tempo indeterminado. Assim, serão tratadas as hipóteses de afastamento dos direitos atribuídos pelo artigo 835 do Código Civil de 2002 e, de forma análoga, pelos artigos 12, §2º e 40, inciso X, da Lei do Inquilinato, quando esta for aplicável ao contrato afiançado.

3.1. Inexistência de condicionamento ao exercício do direito à exoneração: um direito potestativo

Toda a evolução da exoneração do fiador parte de princípios históricos do direito privado, com proeminência para a vedação à vinculação perpétua. Ademais, o fiador, sendo desinteressado na fiança, tem o benefício da interpretação estrita das disposições contratuais. Tudo isso culminou na redação do artigo 835 da codificação civil vigente, que é expresso em consignar que o fiador pode se exonerar "*sempre que lhe convier*". É nesse contexto que se questiona se é cabível a defesa da tese segundo a qual o fiador deve adimplir todas as obrigações em aberto, antes de obter a sua exoneração.

Em primeiro lugar, a tese da exoneração condicionada é contraditória, pois assevera, em primeiro lugar, que o direito à exoneração é potestativo, mas, logo em seguida, condiciona o pleito exoneratório ao fato de que o fiador deve "*apresentar-se ao juízo com mãos limpas*", isto é, adimplindo a obrigação principal que estaria atrasada:

> "O fiador que pretender exonerar-se da fiança através do exercício do direito potestativo previsto no art. 835 do Código Civil ou art. 40, X, da Lei do Inquilinato deverá se apresentar "*with clean hands*", isto é, "com mão limpas" porque a exoneração não poderá ser interpretada como

> um instrumento de defraudação da garantia, permitindo que o fiador se livre de um afiançado indesejado tão-logo este apresente sinais de que não continuará a cumprir a prestação principal"[380]

Condicionar um direito potestativo em raciocínio analógico fere a própria teoria que o fundamenta, sendo, portanto, insustentável – os direitos potestativos, por sua própria natureza, somente podem ser condicionados pela lei. A título inicial de exemplo, Mota Pinto, em sua Teoria Geral, define direitos potestativos como "*poderes jurídicos de, por um acto livre de vontade, só de per si ou integrado por uma decisão judicial, produzir os efeitos jurídicos que inelutavelmente se impõem à contraparte*"[381]. É precisa a lição: a esfera jurídica da contraparte é afetada, sem o consentimento dela, por simples exercício do direito.

Simões, resgata aponta a nomenclatura ponteana, *direito formador*, que resulta no *poder formativo*[382]. A denúncia, especialmente, seria um direito formativo, exercido por "*declaração ou manifestação de vontade, formal ou não formal*", e, no caso da exoneração, extintivo, uma vez que desfaz a relação jurídica básica[383]. Frise-se que, conforme ensina Francisco Amaral, "*direitos potestativos (do italiano potestà, poder) dizem-se também direitos de formação, no sentido de que permitem ao seu titular modificar, de modo unilateral, uma situação subjetiva de outrem, que, não podendo evitá-lo, deve apenas sujeitar-se*"[384].

380 SEGALLA, Alessandro Schirrmeister. *Mora do Afiançado e o Contrato de Fiança.* Disponível em http://www.cartaforense.com.br/conteudo/artigos/mora-do-afiancado-e-o--contrato-de-fianca/14363; acesso em 4 de abril de 2023.

381 MOTA PINTO, Carlos Alberto da. *Teoria Geral do Direito Civil.* Coimbra: Coimbra Editora, 2005, p. 183.

382 "O poder formativo é um poder de caráter eminentemente jurídico, atribuído a um sujeito de direito por normas secundárias da espécie normas de produção (Bobbio) – também chamadas normas de alteração (Hart) – que permite ao seu titular tocar não apenas a própria a esfera jurídica, mas a esfera jurídica de terceiro, nesta realizando a inserção, a modificação ou a extinção de uma posição jurídica (um poder ou dever). A alteração se faz, portanto, primeira e fundamentalmente no nível jurídico, e não fático" (SIMÕES, Marcel Edvar. *Ação em sentido material ainda existe em nosso sistema jurídico? (parte 2)*, in. Direito Civil Atual, Consultor Jurídico. https://www.conjur.com.br/2016-mai-23/direito-civil-atual-acao-sen tido-material-ainda-existe-nosso-sistema-juridico-parte, acesso em 4 de abril de 2023).

383 PONTES DE MIRANDA, Francisco Cavalcanti. *Tratado de Direito Privado,* T. 5. São Paulo: Revista dos Tribunais, 2012, p. 371.

384 AMARAL, Francisco. *Direito Civil. Introdução.* 6ª ed. rev., atual. e aum. Rio de Janeiro: Renovar, 2006, p. 201.

Percebe-se que a doutrina é uníssona na negação de quaisquer limitações, senão aquelas advindas da lei, ao exercício de direitos potestativos, o que é da máxima importância, quando se considera o papel dessa fonte de direito em oferecer conceituações às categorias básicas da teoria geral do direito. Bittar anota que ao exercício do direito potestativo não se correlaciona nenhuma prestação da outra pessoa, *in litteris "à qual cabe apenas submeter-se, nada lhe competindo fazer"*[385]. Ressalte-se, ainda, a posição de Simão, segundo quem *"o conceito clássico* [de] *direito potestativo é aquele que pode ser exercido independentemente da concordância ou colaboração da outra parte, que se encontra em estado de sujeição"*[386].

Gomes chega a afirmar que os direitos potestativos sequer possuem pretensão, são simplesmente faculdade conferida ao titular de produzir o efeito jurídico desejado, isto é, *"no seu exercício, em suma, não se reclama de outrem prestação alguma"*[387]. Por fim, de modo análogo a Gomes, Reale afasta os direitos potestativos da esfera dos direitos subjetivos, exatamente na medida em que são irrefreáveis, caracterizando-os, por sua vez, como poderes jurídicos[388].

É dizer, com tal estofo doutrinário, que, havendo direito potestativo, a contraparte não pode resistir de qualquer forma, apenas se sujeitar ao que o detentor do direito potestativo desejar, nos termos de seu juízo de conveniência e interesse[389]. Ora, se o exercício do direito potestativo é irrefreável e só pode ter o exercício condicionado por norma expressa,

[385] BITTAR, Carlos Alberto. *Teoria Geral do Direito Civil.* 2ª ed. rev., atual. e ampliada por Carlos Alberto Bittar Filho, Marcia Sguizzardi Bittar. Rio de Janeiro: Forense Universitária, 2007, p. 83.

[386] SIMÃO, José Fernando. *Mora do afiançado não impede a exoneração do fiador nos contratos por prazo indeterminado – Parte 1.* Disponível em https://professorsimao.com.br/mora-do-afiancado-nao-impede-a-exoneracao-do-fiador-nos-contratos-por-prazo-indeterminado-parte-1/, acesso em 4 de abril de 2023.

[387] GOMES, Orlando. *Introdução ao direito civil.* 12ª edição, Rio de Janeiro: Forense, 1996, pp. 136-137.

[388] "Essas estruturas jurídicas, nas quais não há uma relação do tipo *pretensão-obrigação,* mas sim uma outra do tipo *poder-sujeição,* têm a denominação imprópria de 'direitos potestativos', que são duas palavras inconciliáveis. Trata-se, em suma, de situações de *poder,* caracterizadas pela eminência reconhecida a uma das partes ou pessoas partícipes da relação jurídica" (REALE, Miguel. *Lições preliminares de direito* – 27ª edição – São Paulo: Saraiva, 2002, p. 261).

[389] BITTAR, Carlos Alberto. *Teoria Geral do Direito Civil.* 2ª ed. rev., atual. e ampliada por Carlos Alberto Bittar Filho, Marcia Sguizzardi Bittar. Rio de Janeiro: Forense Universitária, 2007, p. 83.

não faz sentido, no caso da exoneração do fiador, condicionar seu exercício à purga da mora do afiançado pelo fiador. Assim sendo, não importa a qualificação do direito potestativo como direito subjetivo no qual a vontade da outra parte é irrelevante, como faculdade ou, ainda, como poder jurídico, pois resta clara a unanimidade da doutrina quanto à ausência de condicionamento ao exercício de um direito potestativo por seu detentor.

Em segundo lugar, o condicionamento do exercício do direito de exoneração à quitação das dívidas do contrato afiançado contraria a própria estrutura da fiança, que é um contrato acessório, benéfico e que, por força de lei, não comporta interpretação extensiva, nos termos do artigo 819 do Código Civil. Assim, se o artigo 835 não condicionou o exercício do direito à exoneração, esse papel certamente não caberá ao Judiciário ou à doutrina, aliás, pelo contrário, o dispositivo legal regulamentou exatamente a extensão eficacial da fiança após a notificação, limitando-a a sessenta dias, cuja contagem se inicia com a notificação do credor. Tampouco há fundamento histórico na evolução do instituto que condicione o exercício do direito ao pagamento das prestações vencidas. A tese ora criticada atua de modo contrário ao que pretende a lei: busca agravar aquele que, em sua posição contratual, já é a única parte sacrificada, enquanto a lei evoluiu no sentido de facilitar a exoneração do fiador[390].

Em terceiro lugar, como bem aponta Simão, não há qualquer possibilidade de se admitir a contaminação eficacial do contrato de fiança pelo contrato de locação, uma vez que existe, entre fiança e contrato principal, a coligação de união com dependência unilateral, de modo que não ocorre absorção, pelo tipo principal, dos caracteres essenciais do tipo secundário[391]. Sendo assim, o inadimplemento do afiançado não pode retirar do fiador o direito de se exonerar da fiança prestada, devendo-se respeitar o disposto nos prazos legalmente estabelecidos. Não obstante, é preciso frisar, em contratos paritários e negociados (não por adesão),

[390] Em primeiro lugar, com a positivação do art. 1.500 do Código Civil de 1916 e, em segundo, com a retirada da necessidade de sentença para a efetiva exoneração do fiador.

[391] Simão, José Fernando. *Mora do afiançado não impede a exoneração do fiador nos contratos por prazo indeterminado – Parte 2*. Disponível em https://professorsimao.com.br/mora-do-afiancado-nao-impede-a-exoneracao-do-fiador-nos-contratos-por-prazo-indeterminado-parte-2/, acesso em 4 de abril de 2023.

poderá o fiador pactuar cláusula específica que condicione o seu exercício do direito de exoneração ao pagamento das prestações vencidas, pois se tratará de livre exercício da autonomia privada – do contrário, admitindo-se essa cláusula em um contrato por adesão com fiador hipossuficiente, estar-se-ia diante de um âmbito de garantia fidejussória que escapa àquele que, ordinariamente, o homem médio se sujeita.

Resta insuficiente, portanto, qualquer apelo à boa-fé objetiva em sentido contrário[392], afinal, as partes contratantes (credor da obrigação principal e fiador) anuíram, voluntariamente, com uma garantia sem termo e com isso atraíram a incidência do artigo 835. Assim, não se pode afastar o exercício lícito de um direito potestativo, cuja razão de ser é, precisamente, a condição do fiador como garantidor da dívida do contrato principal, com base em suposto dever anexo decorrente da boa-fé objetiva. Ainda, note-se que a lei assegura o credor, suspendendo a eficácia da denúncia por um prazo de 60 (sessenta) dias, contados a partir da sua notificação, de modo que o exercício da denúncia, por esse segundo motivo, não pode ser considerado abusivo à luz da boa-fé objetiva.

Evidentemente, não se nega a possibilidade de afastar um exercício abusivo do direito de denúncia[393], contudo, não se pode banalizar tal im-

392 "Uma interpretação do art. 835 do Código Civil conforme à boa-fé objetiva não permite outra conclusão, pois esta diretriz deverá balizar a conduta de *todos* os figurantes dos negócios e *não ser usada como um escudo do garante para esvaziar o conteúdo da promessa fidejussória.* Aquele que se comprometeu a afiançar deverá cumprir fielmente sua promessa. Com efeito, não teria sentido garantir ao fiador o acesso ao exercício do direito potestativo de extinção da fiança *ex* art. 835 do Código Civil justamente no momento em que o credor estaria mais vulnerável, que é o do incumprimento da obrigação" (SEGALLA, Alessandro. *Contrato de fiança* – 1ª edição – São Paulo: Atlas, 2013, pp. 58-59).
É impossível alegar o descumprimento da promessa, por parte de um fiador que se vale de um benefício legal somente passível de exercício por coincidência do modelo contratual (fiança eficaz por tempo indeterminado) com a *fattispecie* legal (art. 835 do Código Civil de 2002). Do mesmo modo, ter-se-ia um dirigismo contratual exacerbado e unilateral se o Poder Judiciário, *contra legem*, resolvesse agasalhar o credor da obrigação principal, que optou por não estabelecer um termo final à garantia, em prejuízo da parte vulnerável da fiança. Ou seja, insatisfeito ou desatento com o que pactuou, o credor negligente seria beneficiado em nome de um artificial dever anexo descumprido pelo fiador.

393 "E o exercício do direito de denúncia, embora *prima facie* lícito, por vezes, pode ser ilícito («abusivo»), isto é: disfuncional aos fins concretos do contrato, à sua causa, às expectativas que, legitimamente, tenha gerado acerca de sua continuidade" (MARTINS-COSTA, Judith. *A Boa-Fé no Direito Privado* – 2ª edição – São Paulo: Saraiva, 2018, p. 731).

pedimento. A aplicação da tese de abuso do direito formativo de extinção se dá, em geral, no âmbito dos contratos prestados continuamente em que se verificaria abuso de posição econômica pela parte que visa à resilição unilateral (aliás, essa é a *fattispecie* inscrita no artigo 473, parágrafo único do Código Civil de 2002[394]). Não é o caso da fiança, afinal, o fiador é o único passível de sacrifício patrimonial no contrato que pactuou[395]. Assim, só se poderia afastar o direito de denúncia do fiador, caso esse aja de má-fé, com intuito de lesar, não por defender limitações a um direito potestativo, como sustenta Alessandro Segalla.

Por fim, não se poderia alegar a falta de motivação no exercício do direito formativo de denúncia pelo fiador, pois, além do art. 835 do Código Civil de 2002 não prever uma "denúncia cheia", o fundamento de seu exercício é a já aludida impossibilidade de o fiador se vincular perpetuamente ao credor da obrigação principal[396].

[394] Parágrafo único. Se, porém, dada a natureza do contrato, uma das partes houver feito investimentos consideráveis para a sua execução, a denúncia unilateral só produzirá efeitos depois de transcorrido prazo compatível com a natureza e o vulto dos investimentos.

[395] "Incide, então, o princípio da boa-fé como limite ao exercício da denúncia, pois, em vista das características dos contratos contendo prestações duradouras, podem ser configuradas situações de extremada injustiça para aquele contraente que, contando com a continuidade da relação jurídica obrigacional advinda de determinado contrato que se desenvolvia desde muito tempo, sem termo determinado para a sua extinção, não se preparou para o desligamento, seja redirecionando os seus negócios, seja buscando outro fornecedor; ou, ainda, o que fez investimentos de monta para poder prover a execução contratual, mas vê a relação jurídica extinta sem que tivesse corrido tempo necessário para viabilizar a possibilidade de um retorno financeiro" (MARTINS-COSTA, Judith. *A Boa-Fé no Direito Privado* – 2ª edição – São Paulo: Saraiva, 2018, p. 731).

[396] Aqui reside o motivo principal que impossibilita a limitação à denúncia criticada no presente tópico, pois, mesmo que se negligenciasse a natureza jurídica do direito potestativo e o alarmante descompasso entre a fiança prestada por tempo indeterminado e as situações descritas por Judith Martins-Costa (nota de rodapé 395) – o que já seria suficiente para afastar a tese de Alessandro Segalla –, é impossível negar a escolha do legislador em não prever qualquer motivação à exoneração do fiador e em prever um prazo de 60 dias de extensão da eficácia da fiança (após a notificação pelo fiador) para o credor da obrigação principal buscar um substituto à garantia perdida. Assim, cite-se novamente a clara e coerente lição de Judith Martins-Costa: "A distinção será, então, entre o exercício com justa causa (*denúncia cheia*) ou sem justa causa (*denúncia vazia*). Havendo causa predeterminada, o denunciante deve ater-se aos motivos predispostos *ex voluntate* ou *ex lege* para exercer a denúncia. Se não houver, pode o denunciante acionar a extinção ao seu líbito. Essa extinção é importante à compreensão da licitude, ou não, da denúncia, que se relaciona com o dever do denunciante de exercer a denúncia com ou sem aviso-prévio: nos contratos sem termo final determinado, é

Em resumo, retome-se, também aqui, a conclusão de Simão que, citando Bevilaqua, dita que a fiança não pode ser uma túnica de Nessus. A tese do condicionamento da exoneração, além de contraditória com as premissas adotadas pelo próprio autor, fere a interpretação clássica dos contratos benéficos e fomenta a continuidade de um vínculo indesejado pelo fiador – que, aliás, pode sequer ter condições para adimplir eventuais débitos já constituídos, fazendo com que o fiador fique eternamente aprisionado (algo que não tinha como imaginar quando da contratação), o que é o exato contrário do que pretendeu a lei.

3.2. Notificação exoneratória

Assentada a inexistência de condicionamento para o exercício do direito de exoneração, é importante partir para uma questão controversa formal: a *forma* adequada para a exoneração do fiador. Antes de adentrar à questão propriamente dita, cabe retomar a redação do artigo 835, do Código Civil. A lei impôs ao fiador a responsabilidade pela dívida por 60 (sessenta) dias, a partir da notificação do credor, em hipótese de suspensão eficacial do direito de exoneração. Essa inovação é contrária ao Código Civil de 1916 que, como visto, exigia o distrato ou a sentença exoneratória para a consecução da exoneração. Dessa forma, o diploma civil vigente conciliou a necessidade de proteger o fiador com a segurança do credor, liberando o garantidor com o transcurso do prazo de sessenta dias da notificação do credor.

A lei atual não prevê forma específica para a notificação exoneratória, podendo ser comprovada por qualquer meio em direito admitido[397]. Em atenção à celeridade do tráfego negocial, da empresa e da vida hodierna, o formalismo perdeu terreno no direito pátrio, em face da

preciso atentar ao aviso-prévio, que é o termo inicial inexo à declaração de vontade pela qual se dá existência à denúncia, de modo a protrair a eficácia extintiva do direito formativo a determinado ponto no tempo. Logo, entre a recepção da denúncia e a sua plena eficácia, fica estabelecido um prazo, o que é perfeitamente compatível com a finalidade do aviso-prévio (...). Não há ilicitude a macular a denúncia vazia em si mesma considerada, mas poderá se verificar a ilicitude prevista no art. 187 do Código Civil em não ser protraída sua eficácia a um prazo razoável" (MARTINS-COSTA, Judith. *A Boa-Fé no Direito Privado* – 2ª edição – São Paulo: Saraiva, 2018, p. 734).

[397] Nos termos do artigo 104, inciso III e do artigo 107, ambos do Código Civil de 2002, a validade do negócio jurídico e da declaração de vontade independe de forma especial, salvo disposição legal em contrário.

ascensão do consensualismo e da liberdade das formas[398]. Assim, embora seja recomendável a notificação escrita, para fins de segurança e previsibilidade – até porque o ônus probatório de comprovar a notificação de exoneração recai sobre o fiador, nos termos do artigo 373 do Código de Processo Civil[399] –, não há forma prevista em lei para essa notificação[400]. De qualquer modo, algumas circunstâncias fáticas podem suscitar dúvida para a correta aplicação prática do direito de exoneração, que serão analisadas a seguir.

No primeiro caso concreto analisado, o julgamento do Recurso Especial n. 1.428.271/MG, de relatoria da Minª Nancy Andrighi[401], houve notificação extrajudicial realizada pelos fiadores, mediante Cartório de Registro de Títulos e Documentos, da locadora, buscando a exoneração da fiança prestada. A missiva exoneratória foi *entregue* antes do ajuizamento de qualquer medida judicial e o contrato de locação vigorava sem tempo determinado, de modo que era cabível a exoneração.

A questão litigiosa se cinge à discussão de se o fiador tem o ônus de provar que o credor teve ciência do conteúdo da notificação. No caso concreto analisado (Recurso Especial 1.428.271/MG), a carta foi enviada ao endereço da imobiliária que representou a locadora no imóvel. O Superior Tribunal de Justiça decidiu que a notificação exoneratória era ineficaz, pois "*não há como se afirmar, nem mesmo presumir, que a locadora teve ciência da notificação enviada pelos recorrentes*". Tal solução é inadequada. Primeiramente do prisma material, se aplicada por analogia a formação dos contratos entre ausentes, o Código Civil brasileiro adotou a teoria da agnição, sendo irrelevante o fato de o proponente ter tido conhecimento do conteúdo do aceite do aceitante da proposta[402]. A fim

[398] Schreiber, Anderson ... [et al.]. *Código Civil comentado: doutrina e jurisprudência.* 2ª ed., Rio de Janeiro: Forense, 2020, p. 78.

[399] Art. 373. O ônus da prova incumbe: I – ao autor, quanto ao fato constitutivo de seu direito; II – ao réu, quanto à existência de fato impeditivo, modificativo ou extintivo do direito do autor.

[400] Ainda mais com os novos recursos tecnológicos, é plenamente possível que a notificação se dê por uma videoconferência gravada, por uma mensagem de voz ou por outro meio eletrônico, desde que seja apurável o envio da missiva e o recebimento.

[401] REsp 1.428.271/MG, Rel. Ministra Nancy Andrighi, 3T, julgado em 28/03/2017, DJe 30/03/2017.

[402] "Sob outro prisma, se a formação ocorrer *entre ausentes*, o contrato deve ser reputado como concluído a partir do momento em que a aceitação for expedida (art. 434, caput, do

de evitar a *probatio diabolica*, o próprio Código Civil criou um sistema de presunções no qual a diligência mínima impõe a formação do contrato com a mera recepção da resposta do aceitante da proposta. Tal raciocínio, aplicado à notificação exoneratória, é profícuo: não pode o fiador ser compelido a provar o conhecimento subjetivo do credor sobre a sua intenção de se exonerar, basta que tome os atos razoáveis e ordinários para a comunicação do credor[403], ainda mais considerando a situação do fiador como a única parte onerada do contrato de fiança, conforme exposto no item 3.1., supra.

Em segundo lugar, de acordo com a teoria da aparência, o destino do caso concreto deveria ter sido outro. Veja-se que o responsável pela gestão do contrato e, muitas vezes, a única pessoa com quem os locatários têm contato, é a imobiliária[404]. Sendo assim, é absolutamente aceitável que a notificação exoneratória do fiador seja enviada para o contato com quem foram resolvidas todas as questões contratuais até aquele momento e, inclusive, no endereço contratualmente assinalado. Há, para se dizer o mínimo, aparência de mandato entre a imobiliária e o locador[405].

No caso concreto, o proprietário sequer assinou o contrato de locação, mas sim uma procuradora (E-STJ fls. 17), que é sócia da sociedade empresária (imobiliária) responsável pela locação do imóvel. A carta exoneratória, que não foi aceita, pois supostamente não cumpriu a finalidade de avisar o credor da exoneração, foi recebida pelo representante legal da mesma sociedade imobiliária. Ora, mesmo que não tivesse poderes para representar o credor – uma vez que a imobiliária, inclusive, assinou o contrato de locação –, tudo conduzia o fiador a crer que a imobiliária tinha os poderes necessários, de modo que se aplica à espécie, de forma inequívoca, a teoria da aparência. Também, por esse segundo

CC). Dessa maneira, conclui-se que o Código Civil em vigor – assim como o anterior – continua adotando a *teoria da agnição* – ou da *informação* –, *na subteoria da expedição*, como regra geral" (Tartuce, Flavio. *Direito Civil: Teoria Geral dos Contratos e Contratos em espécie* – 15ª edição revista, atualizada e ampliada – São Paulo: Gen/Forense, 2020, p. 179).

403 Nesse sentido, ver também que é lícito ao julgador utilizar de regras de experiência comum a partir da observação do que acontece ordinariamente, nos termos do artigo 375 do Código de Processo Civil.

404 Novamente, aqui, é possível aplicar as máximas de experiência. Qualquer pessoa que já tenha celebrado um contrato de locação com imobiliária intermediando o contrato sabe que, dificilmente, o proprietário se envolve no cotidiano da gestão do imóvel.

405 Sobre a teoria da aparência, ver o capítulo III da primeira parte desse livro.

motivo, agiu de forma incorreta a Corte Superior, pois deveria ter reconhecido, senão a possibilidade de a imobiliária receber a notificação, a aplicação da teoria da aparência ao caso.

A aplicação da teoria da aparência, aqui defendida, não seria exorbitante ou inusitada, seguindo os mesmos fundamentos para os atos processuais tidos como mais importantes pelo ordenamento pátrio. Veja-se, como exemplo, o caso da citação, ato processual de comunicação mais relevante do processo[406], no qual é amplamente reconhecido seu caráter pessoal - como regra geral - em razão de previsão legal (artigo 242 do Código de Processo Civil)[407], sem prejuízo algum à eficácia do recebimento da carta de citação por porteiro, funcionário, ou por qualquer pessoa com vínculo com o demandado pessoa jurídica, rol nem de perto restrito àqueles com poderes específicos para o seu recebimento. Aliás, na vigência do Código de Processo Civil de 2015, o artigo 248 prevê, em seu §4º, que nos "*condomínios edilícios ou nos loteamentos com controle de acesso, será válida a entrega do mandado a funcionário da portaria responsável pelo recebimento de correspondência, que, entretanto, poderá recusar o recebimento, se declarar, por escrito, sob as penas da lei, que o destinatário da correspondência está ausente*".

A exceção criada pelo diploma processual nos §§2º e 4º do artigo 248 não é aleatória, fundamentando-se, exatamente, na teoria da aparência, como bem destaca Leonardo Carneiro da Cunha ao afirmar que "*Diante da pessoalidade, não se poderia considerar sanado o vício da citação não realizada pessoalmente, por ter sido feita em pessoa que aparentaria ser quem deveria efetivamente ter recebido a citação. A teoria da aparência permite que se tenha por sanada a citação feita em pessoa que aparentemente pudesse ter poderes para tê-la recebido. É isso que caracteriza a teoria da aparência. De fato, 'segundo esta teoria, é válido o ato citatório feito em pessoa que, estando no estabelecimento*

[406] "Sobre a relação processual, o efeito da citação consiste em completar sua *estrutura tríplice*, de modo que a partir dela o processo conta com três sujeitos indispensáveis para a preparação válida e a emissão eficaz do provimento jurisdicional esperado. (...) Considerada toda essa importância política e sistemática da citação, solenemente a lei a declara *indispensável para a validade do processo* (art. 239, *caput*.). À falta dela o processo todo será viciado, inclusive o ato final consistente na sentença de mérito (processo ou fase de conhecimento) ou entrega do bem (execução)" (DINAMARCO. Cândido Rangel. *Instituições de Direito processual civil*: volume II - 8ª edição - São Paulo: Malheiros, 2019, pp. 598-599).

[407] Art. 242. A citação será pessoal, podendo, no entanto, ser feita na pessoa do representante legal ou do procurador do réu, do executado ou do interessado.

comercial (ou na sede da pessoa jurídica demandada), aparenta ter poderes para receber citação, mormente quando tal ato induz certeza de que o destinatário tomou efetivo conhecimento da demanda"'[408].

Desse modo, adotando-se o duplo fundamento ora exposto, somado ao visto anteriormente sobre a inexigibilidade de forma especial para a notificação exoneratória, conclui-se que a notificação, no caso concreto, deveria ter tido o condão de exonerar o fiador de responsabilidade posterior, nos termos do artigo 835 do Código Civil.

Já no segundo caso concreto sob análise, no qual o Min. Ricardo Villas Bôas Cueva foi o relator do acórdão do AgRg em AREsp 721.642/PR[409], a questão controvertida era a necessidade de envio da notificação exoneratória no caso de desligamento de um sócio-fiador da sociedade afiançada. Nesse segundo caso a Corte Superior reconheceu que "*o alegado desligamento da sociedade em data anterior não possui o condão de afastar a incidência do referido dispositivo*", uma vez que "*Somente após a notificação tem início o prazo de 60 (sessenta) dias previsto no art. 835 do CC/2002, durante o qual o fiador permanece obrigado*". Interpretação em sentido diverso importaria o reconhecimento de que qualquer ato do fiador é suficiente para se exonerar. Não é verdade. A manifestação da vontade do fiador de se exonerar deve ser inequívoca, afinal, não cabe ao credor perscrutar a vontade do fiador a fim de descobrir se aquele pretendia se exonerar dos encargos contratualmente assumidos[410].

[408] CUNHA, Leonardo Carneiro da. Comentários ao Código de Processo Civil: arts. 188 ao 293 (Coleção comentários ao código de processo civil; v. III) [livro eletrônico] – 2ª edição – São Paulo: Thomson Reuters Brasil, 2018, p. 156. Analisando-se, ainda, as razões que levaram à adoção da teoria da aparência pelo direito processual, pode-se constatar a clara proximidade com o caso de um credor que busca evitar ser notificado pelo seu fiador, para evitar a perda de sua garantia: "No Direito Processual Civil, a teoria da aparência '(...) surgiu como reação à circunstância de os representantes legais das pessoas jurídicas nunca estarem no estabelecimento comercial ou colocarem à sua testa pessoas sem o devido e específico mandado para receber citações, com o nítido intuito de se beneficiarem com a nulidade do ato citatório'" (CUNHA, Leonardo Carneiro da. *Comentários ao Código de Processo Civil: arts. 188 ao 293* (Coleção comentários ao código de processo civil; volume III [livro eletrônico] – 2ª edição – São Paulo: Thomson Reuters Brasil, 2018, p. 157).

[409] AgRg no AREsp 721.642/PR, Rel. Ministro Ricardo Villas Bôas Cueva, 3T, julgado em 13/03/2018, DJe 22/03/2018

[410] No mesmo sentido, ver também AgInt nos EDcl no AREsp 853.523/MG, Rel. Ministro Marco Aurélio Bellizze, 3T, julgado em 21/02/2017, DJe 07/03/2017.

Outra questão que decorre do acórdão em análise é saber se "*a mera retirada do sócio-fiador do quadro societário da empresa, por si só, não implica a exoneração automática da fiança*". Em primeiro lugar, frise-se que o desligamento de determinado sócio fiador de uma sociedade não implica a vontade de exoneração da fiança prestada, que lhe pode ser útil ou necessária, veja-se o caso de a manutenção da fiança ser condição necessária para o acordo de desligamento da sociedade, ou para a manutenção de vantagem para outro sócio com o qual o fiador ainda possua relações. Sendo assim, é inviável que haja exoneração automática, de modo que não prospera a tese de que a mera saída do sócio de uma sociedade por ele afiançada implicaria a exoneração da fiança, agindo de forma escorreita o Superior Tribunal de Justiça, pois o sócio que se desliga não tem direito à exoneração da fiança (denúncia), salvo se a fiança estiver vigendo por tempo indeterminado – hipótese que terá direito à exoneração independentemente do *status* de sócio.

Veja a nota de Costa Gomes, segundo a qual determinados autores, como Henrique Mesquista e Evaristo Mendes, caracterizam como "natural" a interpretação da declaração negocial do sócio que se coloca na posição de fiador de sua sociedade como vinculada à sua qualidade de sócio. Consequentemente, perdida qualidade de sócio, não subsistiria, em grande parte dos casos, a garantia[411]. Ocorre que lá, como aqui, essa posição não prevaleceu. Isso porque, apesar de não ser "*sequer razoável, à luz das regras de interpretação dos negócios jurídicos, pensar que os referidos sócios – que aceitaram subscrever as declarações-formulários remetidas pelo banco, que não condicionam a fiança à subsistência da qualidade de sócio gerente – quiseram vincular-se face ao banco, mesmo relativamente às obrigações constituídas depois de cederem a terceiro as respectivas participações sociais*", "*está também longe de ser razoável entender que a estrita cessação da qualidade em que o fiador interveio (...) determina a extinção da fiança, por caducidade, deixando de estar cobertos pela mesma os créditos entretanto constituídos*"[412].

Não obstante, a fim de mitigar hipóteses extremas, nas quais a responsabilidade do fiador é acrescida de riscos não domináveis, Costa

[411] Costa Gomes, Manuel Januário da. *Assunção Fidejussória de Dívida: sobre sentido e o âmbito da vinculação como fiador*. Coimbra: Almedina, 2000, pp. 823-824.

[412] Costa Gomes, Manuel Januário da. *Assunção Fidejussória de Dívida: sobre sentido e o âmbito da vinculação como fiador*. Coimbra: Almedina, 2000, p. 825.

Gomes defende que pode se tornar inexigível "*a continuação da vinculação ao acordo de fiança*". Os critérios propostos pelo autor para delimitar a *justa causa* ou *fundamento relevante* para pôr fim ao vínculo são obscuros: "*riscos acrescidos e não domináveis, traduzidos no aumento das suas responsabilidades, tornando inexigível*" a manutenção da garantia[413]. Parece, contudo, que esse recurso da doutrina portuguesa é desnecessário no Brasil, pois há regulamentação bastante favorável à fiança prestada por tempo indeterminado - ao contrário de Portugal, que, como visto, não possui regra expressa análoga à do artigo 845.

3.3. Especificidades da fiança à locação

Embora já tenha sido abordado um caso concreto de fiança à locação, é importante frisar que o microssistema de locações de imóveis tem regra especial quanto à exoneração do fiador (Lei 8.245/91). Como será visto no Capítulo III, *infra*, a fiança é uma garantia essencial ao funcionamento do mercado de locações, de modo que o legislador criou regras específicas para as suas relações jurídicas. Aliás, é no contrato de locação de imóvel urbano, em termos práticos, que surgem os grandes debates relativos à fiança. Assim como o contrato de locação possui regras especiais de sucessão e transmissibilidade (que serão abordadas com maior profundidade no Capítulo II, *infra*), o legislador igualmente criou regras especiais para a fiança à locação.

3.3.1. *Exoneração do fiador na sucessão em razão do fim da conjugalidade*

A primeira das regras especiais é a da fiança dada em favor de um casal (casamento ou união estável) que, após a celebração do contrato, se separa (separação de fato, judicial, divórcio ou dissolução da união estável). Prevê, a Lei 8.245/91, com a alteração dada pela Lei n. 12.112/09, que, nesses casos, "*o fiador poderá exonerar-se das suas responsabilidades no prazo de 30 (trinta) dias contado do recebimento da comunicação oferecida pelo sub-rogado, ficando responsável pelos efeitos da fiança durante 120 (cento e vinte) dias após a notificação ao locador*" (artigo 12, §2º)[414]. Como anota Sylvio

[413] COSTA GOMES, Manuel Januário da. *Assunção Fidejussória de Dívida: sobre sentido e o âmbito da vinculação como fiador*. Coimbra: Almedina, 2000, p. 826-827.

[414] Ressalte-se que o prazo estendido, de 120 (cento e vinte) dias só se aplica às fianças contratadas após a promulgação da Lei 12.112/09. Para as fianças anteriores, é aplicável a regra

Capanema, a lei traz um prazo decadencial[415] para o fiador pedir a sua exoneração, de modo que, se ele não exercitar o direito, seu silêncio deve ser entendido como anuência à sub-rogação do contrato[416].

Com essa regra, a situação do fiador no microssistema de locações resta duplamente agravada: (i) porque a mudança subjetiva do afiançado importaria a automática exoneração do fiador em qualquer contrato, já que se trata de sub-rogação legal no negócio jurídico que ele, fiador, garantiu e, sendo assim, o fiador estaria liberado, uma vez que o contrato de fiança é celebrado *intuitu personae*, o que não é o caso das fianças dadas em contrato de locação, por expressa previsão legal; e (ii) porque o fiador fica responsável durante cento e vinte dias da comunicação ao locador de sua exoneração, regra especial que afasta os sessenta dias previstos no artigo 835 do Código Civil. Importante frisar que, com a saída de um dos cônjuges do polo passivo da locação (presumindo-se, portanto, que ambos eram locatários no contrato afiançado), a responsabilidade do fiador é acrescida – com menos devedores, a chance de inadimplemento é maior e a chance de o fiador exercer o direito de regresso é menor – e, portanto, dado que o garantidor não concordou com isso, também ocorreria a exoneração, caso se tratasse do sistema do Código Civil.

3.3.2. *Exoneração do fiador e a prorrogação do contrato garantido*

A segunda questão de relevo, no que toca ao microssistema de locações, é a prorrogação do contrato garantido automaticamente por tempo indeterminado. Embora seja pacífica a possibilidade de o fiador se exonerar no contrato de tempo indeterminado, mesmo com a cláusula de "entrega das chaves"[417-418], houve profícuo debate sobre a possibilidade de

geral do Código Civil. Essa é a posição adotada pelo Superior Tribunal de Justiça no REsp 1.863.571/ES, no âmbito da Terceira Turma, sob relatoria da Minª Nancy Andrighi.

415 Decadencial o é, porque potestativo é seu direito, nos termos da doutrina de Agnelo Amorim Filho (*Critério Cientifico Para Distinguir a Prescrição da Decadência e Para Identificar as Ações Imprescritíveis*. *In*. Revista dos Tribunais, ano 49, volume 300, outubro/1960, p. 7-37).

416 Souza, Sylvio Capanema de. *A lei do Inquilinato comentada artigo por artigo*. 8ª Edição. Rio de Janeiro: Gen/Forense, 2012, artigo 12, §2º.

417 Calças, Manoel de Queiroz Pereira. *Exoneração Da Fiança*, in. Revista do Instituto de Pesquisas e Estudos, Bauru, n. 23, p. 127-139, ago./nov. 1998.

418 Art. 39. Salvo disposição contratual em contrário, qualquer das garantias da locação se estende até a efetiva devolução do imóvel, ainda que prorrogada a locação por prazo indeterminado, por força desta Lei.

o fiador continuar como responsável, após a prorrogação automática do contrato de locação que passa a valer por tempo indeterminado.

A redação original do artigo 39 da Lei 8.245/91 causava certa controvérsia: "*Art. 39. Salvo disposição contratual em contrário, qualquer das garantias da locação se estende até a efetiva devolução do imóvel*". Com a reforma de 2009, o artigo passou a ser assim redigido: "*Art. 39. Salvo disposição contratual em contrário, qualquer das garantias da locação se estende até a efetiva devolução do imóvel, ainda que prorrogada a locação por prazo indeterminado, por força desta Lei*".

A inserção da frase "ainda que prorrogado por prazo indeterminado", apesar de redundante, ocorre em um cenário de desencontro jurisprudencial e doutrinário. A questão gerou tal problema que, conforme relata Theodoro Júnior, sobre o antigo artigo 39 se formaram onze linhas interpretativas no Tribunal de Alçada de Minas Gerais[419]. São, sinteticamente, as posições formadas no TAMG[420]: (i) se o fiador garante contrato por tempo determinado, sua responsabilidade se encerra findo o prazo, afastando o disposto no artigo 39, mesmo com existência da cláusula de responsabilidade estendida até a entrega das chaves, salvo se anuir com a prorrogação; (ii) os fiadores que renunciaram ao disposto no artigo 1.500 (atual artigo 835) não podem se exonerar, mesmo que o contrato tenha se tornado por tempo indeterminado, se a fiança foi pactuada com cláusula de garantia até a entrega das chaves; (iii) o fiador pode se exonerar da fiança prestada em contrato de locação prorrogado sem tempo determinado, mas, se não o fizer, a fiança persiste; (iv) a cláusula contratual de extensão de responsabilidade do fiador até a entrega das chaves é nula de pleno direito, seja porque é abusiva, seja porque o fiador não anuiu com a responsabilidade decorrente da prorrogação; (v) a responsabilidade do fiador pelo contrato prorrogado por tempo indeterminado independe de disposição contratual, pois decorre da lei e somente cessa com a sentença exoneratória (nos termos do Código Civil de 1916); (vi) a cláusula de prorrogação da responsabilidade do fiador até a entrega das chaves é ineficaz sem a concordância do fiador com a prorrogação; (vii) prorrogando-se o contrato sem anuência

[419] THEODORO JÚNIOR, Humberto. *A Fiança e a Prorrogação do Contrato de Locação*, in. Revista de Direito Privado: RDPriv, v. 5, n. 18, p. 66-83, abr./jun. 2004.

[420] Foram agrupadas situações muito semelhantes.

do fiador, ainda que exista a cláusula de garantia até a entrega das chaves, o fiador está exonerado a partir do termo final do contrato originário; e (viii) majorações dos encargos locativos não previstas no contrato não vinculam o fiador.

Não fosse isso suficiente, a Lei 12.112/09 criou regramento distinto daquele do Código Civil de 2002, principalmente no que toca à prorrogação do contrato, uma vez que estabelece que a fiança persiste até a efetiva entrega das chaves. Contudo, referidas interpretações demonstradas por Theodoro Junior, aliadas à distorção da Súmula 214 do Superior Tribunal de Justiça[421], ou, ainda, a vedação à interpretação extensiva, esbarram em um fato indelével: nenhuma delas "*autoriza o juiz a desprezar o que, expressa e claramente, as partes estipularam acerca da duração e prorrogação da fiança*"[422]. Em verdade, o juiz somente poderia intervir no contrato[423] se houvesse alguma violação de norma de ordem pública, como uma cláusula manifestamente abusiva. Ocorre que, conforme também assinala Theodoro Junior, uma cláusula que repete o teor da lei não pode ser considerada abusiva, senão seria a própria lei abusiva.

Seria possível questionar o porquê de o legislador, então, ter promulgado a Lei 12.112/09, uma vez que é ela redundante. Sucede-se que "*a Terceira Seção do STJ, em sucessivos embargos de divergência, tem decidido que:*" a obrigação do fiador se restringe ao prazo contratado e a prorrogação do contrato sem anuência do fiador não é dele exigível, mesmo com a cláusula expressa de responsabilidade até entrega das chaves[424]. Em suma, as decisões do STJ seguiam a ideia de que, findo o prazo, ainda que prorrogada a locação, o fiador estava automaticamente exonerado. Isso mudou com o Acórdão da lavra do Ministro Paulo Medina

[421] O fiador na locação não responde por obrigações resultantes de aditamento ao qual não anuiu.

[422] THEODORO JÚNIOR, Humberto. *A Fiança e a Prorrogação do Contrato de Locação*, in. Revista de Direito Privado: RDPriv, v. 5, n. 18, p. 66-83, abr./jun. 2004.

[423] Ressalte-se, ainda, que com a redação dada pela Lei 13.874/19, apelidada de Lei da Liberdade Econômica, o âmbito de atuação judicial para revisão contratual foi bastante reduzido.
Art. 421. A liberdade contratual será exercida nos limites da função social do contrato.
Parágrafo único. Nas relações contratuais privadas, prevalecerão o princípio da intervenção mínima e a excepcionalidade da revisão contratual.

[424] THEODORO JÚNIOR, Humberto. *A Fiança e a Prorrogação do Contrato de Locação*, in. Revista de Direito Privado: RDPriv, v. 5, n. 18, p. 66-83, abr./jun. 2004.

nos Embargos de Divergência em Recurso Especial nº 566.633/CE, nos quais restou decidido que, se o fiador anuiu expressamente com a prorrogação legal do contrato de locação, ele não se exonera automaticamente, mas somente se exercer o direito do artigo 835 do Código Civil.

Como bem anotou o Theodoro Junior, a correta solução para a questão da prorrogação da fiança conjuntamente à prorrogação do contrato garantido nunca foi a nulidade da cláusula (que repete o teor legal), mas sim a submissão da fiança prorrogada por tempo indeterminado à regra de exoneração. Se o prazo de prorrogação for determinado, mas previsto contratualmente, a vinculação do fiador deve se manter, caso tenha anuído com a prorrogação no contrato, afinal os pactos devem ser cumpridos.

Assim, com o Embargo de Divergência em Recurso Especial 566.633/CE, a jurisprudência assentou a possibilidade de o fiador se vincular ao contrato de locação firmado com cláusula de prorrogação e de responsabilidade do garante até a entrega das chaves, seguindo aquilo que prenunciava a doutrina[425], o que se confirmou, posteriormente, com a alteração legislativa de 2009 já mencionada.

Importante salientar que, posteriormente, esse mesmo entendimento foi estendido a outros contratos bancários de capital de giro garantidos por fiança, desde que a prorrogação fosse expressamente prevista no instrumento de garantia[426]. A título de exemplo, Gonçalves destaca a aplicação do entendimento às fianças prestadas para garantir o cumprimento de contratos bancários: "*Por sua vez, proclamou a 2ª Seção da mencionada Corte que, por ter o contrato bancário como característica a longa duração, com renovação periódica e automática, a fiança deve ser considerada prorrogada, mesmo sem autorização expressa do fiador, desde que previsto em cláusula con-*

[425] Theodoro Júnior, Humberto. *A Fiança e a Prorrogação do Contrato de Locação*, in. Revista de Direito Privado: RDPriv, v. 5, n. 18, p. 66-83, abr./jun. 2004.

[426] Abriu-se divergência entre as Terceira e Quarta Turmas do Superior Tribunal de Justiça, que foram representadas por acórdãos da lavra do Ministro Sidnei Beneti (Terceira Turma – AgRg no REsp 1.411.683/RS), que julgou ineficaz a fiança após a prorrogação contratual, em razão da interpretação restritiva da fiança; do Ministro Luis Felipe Salomão (Quarta Turma – REsp 1.374.836/MG), que julgou válida a prorrogação eficacial da fiança após a prorrogação contratual, desde que houvesse cláusula expressa nesse sentido. A segunda seção, então unificou entendimento, sob relatoria também do Ministro Luis Felipe Salomão, no sentido de que é possível o contrato prever a prorrogação da fiança em caso de prorrogação do contrato (Recurso Especial nº 1.253.411/CE, julgado em 24 de junho de 2015).

tratual. Desse modo, estendeu aos contratos bancários a tese já adotada para os casos de fiança em contrato de locação"[427].

Referido entendimento foi, posteriormente, sumulado, sob o seguinte verbete: "*Súmula n. 656: É válida a cláusula de prorrogação automática de fiança na renovação do contrato principal. A exoneração do fiador depende da notificação prevista no art. 835 do Código Civil*", de modo que, no que toca a possibilidade de prorrogação da fiança, a questão se encontra pacificada.

Não obstante, importa notar que, por fim, que o prazo em que o fiador de locação continua responsável após a notificação exoneratória é de 120 dias, nos termos do artigo 40, inciso X, e não de 60 dias, nos termos do artigo 835 do Código Civil. Dessa forma, conseguiu a legislação especial pátria equilibrar dois pilares de nosso direito contratual: reforça a força vinculativa dos contratos, devendo o fiador anuir com a prorrogação automática da fiança, se assim previsto no instrumento da garantia (*pacta sunt servanda*); impede a possibilidade de o fiador ser responsável perpetuamente, ao permitir o exercício da denúncia em face do tempo indeterminado de duração da garantia, o que, inclusive, resguarda o credor da obrigação principal de forma mais rígida que o Código Civil de 2002[428], atendendo à especificidade do contrato de locação, no qual o devedor (locatário) fica com o bem do credor até efetivado o despejo.

[427] O julgamento aludido por Carlos Roberto Gonçalves é o do REsp n. 1.253.411, 2ª Seção, rel. Min. Luis Felipe Salomão, do qual se extrai a seguinte passagem do voto do relator, confirmando, expressamente, o entendimento firmado quanto a contratos de locação urbana garantidos por fiança e o posicionamento defendido no presente tópico, que pode se estender, na realidade, a qualquer contrato em que o fiador consinta com a possibilidade de prorrogação automática: "Com efeito, como a fiança tem o propósito de transferir para o fiador o risco do inadimplemento, cumprindo dessa forma sua função de garantia, tendo o pacto, conforme reconhecido na própria causa de pedir da presente ação, previsto, em caso de prorrogação da avença principal, a sua prorrogação automática – sem que tenha havido notificação resilitória, novação, transação ou concessão de moratória –, não há falar em extinção da garantia pessoal" (Gonçalves, Carlos Roberto. *Direito Civil Brasileiro. Contratos e Atos Unilaterais: Volume 3* – 17ª Edição – São Paulo: SaraivaJur, 2020, pp. 541-542).

[428] "Todavia, chegou-se a um meio-termo, pois, com a prorrogação, passa a ser admitida a exoneração unilateral por parte do fiador, mediante simples notificação dirigida ao credor (locador). Após a notificação a responsabilidade do fiador persiste por mais cento e vinte dias (art. 40, inc. X, da Lei de Locação, também introduzido pela Lei 12.112/2009)" (Tartuce, Flavio. *Direito Civil: Teoria Geral dos Contratos e Contratos em espécie.* Vol. 3 – 15ª edição revista, atualizada e ampliada – São Paulo: Gen/Forense, 2020, p. 525).

3.4. Renúncia ao direito à exoneração

Outro ponto controvertido fora a possibilidade de renúncia à exoneração da fiança. É ampla a maioria que defende a irrenunciabilidade do direito à exoneração, contudo uma linha antiga de decisões do Superior Tribunal de Justiça[429] e pequena parcela da doutrina entende que é válida tal renúncia, uma vez que "*havendo cláusula expressa, pela qual o(s) fiador(es) renuncia(m) ao direito de obter exoneração da fiança, não se justifica enjeitar simplistamente,* data maxima venia, *tão ampla declaração de vontade, quando livre e validamente formalizada, sob pena de pôr em risco a segurança dos negócios jurídicos privados e a estabilidade dos direitos*"[430-431].

Ocorre que esse raciocínio parte de um equívoco de premissa. Ninguém pode renunciar previamente a um direito[432] – prova disso é o fato de a decadência legal ser irrenunciável[433]. Pode-se, no máximo, não o exercitar. Ademais, como consigna Theodoro Junior, essa renúncia é

[429] "E, sobre essa questão, a jurisprudência assentada hoje no âmbito desta Corte vem construindo o pensamento de que é válida a renúncia expressa ao direito de exoneração da fiança, mesmo que o contrato de locação tenha sido prorrogado por tempo indefinido, vez que a faculdade prevista no artigo 1.500 do Código Civil trata-se de interesse puramente privado, que diz respeito tão-somente ao fiador." (REsp 302.209/MG, Rel. Ministro Vicente Leal, Sexta Turma, j. em 07/02/2002); nesse mesmo sentido: Não podem exonerar-se da obrigação os fiadores que manifestaram expressa renúncia ao direito estipulado no CC, art. 1.500. Mesmo que o contrato tenha se tornado por tempo indeterminado, se expressamente anuido pelos fiadores; REsp 266.625/GO, Rel. Ministro Edson Vidigal, Quinta Turma, j. em 26/09/2000.

[430] SANSEVERINO, Mílton. *Renunciabilidade do direito à exoneração de fiança. Revista do Instituto de Pesquisas e Estudos,* Bauru, n. 21, p. 345-350, abr./jul. 1998.

[431] Também nesse sentido: "Não se vislumbra no aludido dispositivo qualquer interesse de ordem social. O interesse e o benefício restringem-se às partes contratantes. O benefício de exonerar-se é estipulado em favor exclusivo do fiador. Nada se opõe à renúncia" (OLIVEIRA, Lauro Laertes de. *Da Fiança.* São Paulo: Saraiva, 1981, p. 75); "Portanto, a renúncia ao art. 835, do CC/2002 (LGL\2002\400) (antigo art. 1.500, do CC/1916 (LGL\1916\1)) é passível por se tratar de um direito pessoal, não se podendo admitir que a doutrina ou a jurisprudência passem a interpretar de forma mais ampla do que aquela prevista pelo legislador" (ZAINAGH, Maria Cristina. *A Fiança Locatícia E Novo Código Civil* Revista de Direito Privado, vol. 15/2003, Jul-Set/2003, pp. 38-42).

[432] "Ninguém pode previamente renunciar a um direito. Com a razão a corrente que entende ineficaz essa renúncia prévia: Pouco importa que o fiador tenha eventualmente renunciado ao benefício do art. 1.500 do Código Civil" (VENOSA, Sílvio de Salvo. *Lei do inquilinato comentada – doutrina e prática* – 15ª edição. São Paulo: Atlas, 2020, p. 205).

[433] SIMÃO, José Fernando. *Prescrição e decadência: início dos prazos.* São Paulo: Atlas, 2013, p. 177.

absolutamente ineficaz, pois o direito de encerrar, por denúncia, os contratos de duração indeterminada, como é o caso, "é indisponível porque afeta a garantia de liberdade individual"[434]. Isso não implica, apesar de a renúncia ser ineficaz, o fiador deixar de ser responsável pela fiança até a efetiva exoneração.

Costa Gomes segue esta linha, afirmando que a renúncia "*não impedirá a eficácia da denúncia nas fianças omnibus por tempo indeterminado, uma vez que, de contrário, teríamos um caso anómalo de renúncia eficaz ao direito potestativo de denúncia – renúncia essa que é* nula"[435]. Mota Pinto, por sua vez, conclui que o fundamento material da denunciabilidade dos contratos por tempo indeterminado (*ad nutum*) é "*a tutela da liberdade dos sujeitos*", "*Por isso, tal poder de denúncia existe mesmo na falta de norma jurídica ou cláusula contratual explícita*". Sendo assim, a renúncia ao direito de exoneração é nula, pois ofende a ordem pública, ao criar um vínculo "*perpétuo, eterno ou excessivamente duradouro*"[436]. Um contrato de duração indeterminada, somente não será nulo se estiver sujeito à denunciabilidade.

[434] "A perpetuação do vínculo obrigacional, contra a vontade da parte, implica servidão, que o Direito moderno não tolera. A nulidade, todavia, é da renúncia à liberdade exonerativa, e não do ajuste de prorrogação da fiança por tempo indeterminado. Vale dizer: malgrado a convenção em sentido contrário, o fiador continuará detendo o direito de, a qualquer tempo, denunciar a fiança" (...) "Essa exonerabilidade é legítima e irrecusável e não pode ser suprimida por convenção, como já se demonstrou. A fiança, contudo, vigorará durante a prorrogação por prazo indeterminado da locação, enquanto não utilizar o fiador do expediente liberatório do art. 835 do novo Código Civil (...) Ineficaz é a cláusula de renúncia prévia aos favores nos mencionados artigos, por força da garantia fundamental de liberdade individual, que não condiz com vinculação obrigacional perpétua, em temas como o da fiança. Daí a irrenunciabilidade do direito de exoneração da fiança prestada sem predeterminação de tempo" (*A Fiança e a Prorrogação do Contrato de Locação*, in. Revista de Direito Privado: RDPriv, v. 5, n. 18, p. 66-83, abr./jun. 2004).

[435] Costa Gomes, Manuel Januário da. *Assunção Fidejussória de Dívida: sobre sentido e o âmbito da vinculação como fiador*. Coimbra: Almedina, 2000, p. 828, nota 349.

[436] Mota Pinto, Carlos Alberto da. *Teoria Geral do Direito Civil* – 4ª edição. Coimbra: Coimbra Editora, 2005, p. 631. No mesmo sentido, assim se manifesta Claudio Luiz Bueno de Godoy: "Por fim, também acesa a divergência sobre se é possível ao fiador renunciar ao direito de pedir a exoneração quando a lei o autorize. Parece, porém, que admitir tal prerrogativa significa abrir caminho a uma indefinida vinculação do fiador, o que não se compadece com o sistema do direito obrigacional, que tende sempre a disponibilizar meio de o obrigado se desvincular. Seria como permitir que o contratante renunciasse ao direito de denunciar um contrato entabulado por prazo indeterminado" (Godoy, Claudio Luiz Bueno de. In: Peluso, Cezar (coord.). *Código Civil comentado*. – 7ª ed. – Barueri: Manole, 2013, pp. 838-839).

A posição defendida por Sanseverino, consequentemente, padece de inconsistências[437] e, aparentemente, leva à conclusão de que haveria *renúncia relativa* pois esta não obstaria o exercício ao direito à exoneração. Diante do exposto, fica claro que não prevalece a renúncia contratual ao direito à exoneração após a prorrogação do contrato por tempo indeterminado, sendo tal disposição nula, por ferir a ordem pública, e totalmente ineficaz. No mesmo sentido, consolidou-se a jurisprudência do Superior Tribunal de Justiça, aqui representada pelo acórdão da lavra do Min. Ministro Paulo De Tarso Sanseverino, no âmbito da Terceira Turma, no Recurso Especial nº 1.673.383/SP, que consignou que "*A cláusula contratual de renúncia do direito de exoneração não tem eficácia após a prorrogação do contrato de fiança, sendo inadmissível a pretensão de vinculação dos fiadores por prazo indeterminado*".

Tal raciocínio, em seu cerne, aplica-se mesmo às fianças onerosas, prestadas em condições de paridade, pois a completa exclusão do direito de exoneração geraria a perpetuidade contratual, que não é compatível com ordenamento jurídico. Não obstante, nas condições narradas, podem as partes modular o exercício do direito exoneratório diversamente da lei, de forma a proteger mais os interesses do credor: prazos mais longos de suspensão da eficácia da denúncia e a já mencionada quitação dos débitos já vencidos são plenamente admissíveis como exercício da autonomia privada.

437 Cita, para dizer que a questão não é de ordem pública, a desnecessidade de intervenção do Ministério Público: "Até porque, se não fosse assim, no processo onde discutida a validade e/ou a eficácia da renúncia à exoneração da fiança deveria intervir, obrigatoriamente, o Ministério Público, como fiscal da lei, sob pena de nulidade, de conformidade com os arts. 82, 111, 84 e 246 do CPC" (Sanseverino, Mílton. Renunciabilidade do direito à exoneração de fiança. Revista do Instituto de Pesquisas e Estudos, Bauru, n. 21, p. 345-350, abr./jul. 1998). O argumento não se sustenta: segundo essa tese, qualquer nulidade de ordem pública, como nulidade de citação, atrairia a intervenção do Ministério Público. A questão pode ser de ordem pública, mas não ser de interesse público: "as leis imperativas, portanto, indiscutivelmente limitam e condicionam o domínio da autonomia da vontade. No plano do direito material, representam uma limitação à liberdade de contratar, impõem restrições às partes no que toca à disponibilidade dos seus direitos" (Apricliano, Ricardo de Carvalho. *Ordem pública e Processo – O Tratamento das Questões de Ordem Pública no Direito Processual Civil.* São Paulo: Atlas, 2011, p. 16).

4. Novação e liberação do fiador

O último ponto controvertido que será abordado no presente capítulo são os efeitos da novação da obrigação principal sobre a fiança[438]. No direito brasileiro, a questão é trazida pelo artigo 366 do Código Civil de 2002, segundo o qual "*Importa exoneração do fiador a novação feita sem seu consenso com o devedor principal*". Segundo anota Simão, essa regra poderia, muito bem, estar inserida no artigo 364 do Código Civil[439], que trata da extinção dos acessórios da dívida em caso de novação de forma genérica[440]. Em verdade, trata-se de reminiscência do Código Civil de 1916 e dos projetos a ele antecedentes, conforme aponta Bevilaqua em seus comentários[441].

A novação se opera objetiva ou subjetivamente. A novação objetiva é a contratação de uma nova obrigação para a substituição da anterior (artigo 360, inciso I, do Código Civil brasileiro e artigo 857º do Código Civil português). A novação subjetiva, por sua vez, ocorre com a substituição do credor ou do devedor (artigo 360, incisos III e II, do Código Civil brasileiro, respectivamente, e artigo 858º do Código Civil português).

Como requisito da novação está o ânimo de novar (artigo 361 do Código Civil). Condição subjetiva, o *animus novandi*, acabou por gerar diversas discussões na jurisprudência, como destacou Simão, ao comentar

[438] Beviláqua e Costa Gomes seguem a mesma orientação, no sentido de que a novação da obrigação principal extingue a fiança, embora o contrário não seja verdadeiro (*Código Civil dos Estados Unidos do Brasil, comentado por Clovis Bevilaqua*, vol. 2. Rio de Janeiro: Editora Rio, Edição Histórica, 1975, p. 130; *Assunção Fidejussória de Dívida: sobre sentido e o âmbito da vinculação como fiador*. Coimbra: Almedina, 2000, p. 1.042, nota 451).

[439] Art. 364. A novação extingue os acessórios e garantias da dívida, sempre que não houver estipulação em contrário. Não aproveitará, contudo, ao credor ressalvar o penhor, a hipoteca ou a anticrese, se os bens dados em garantia pertencerem a terceiro que não foi parte na novação.

[440] SCHREIBER, Anderson ... [et al.]. *Código Civil comentado: doutrina e jurisprudência*. 2ª ed., Rio de Janeiro: Forense, 2020, p. 216.

[441] BEVILAQUA, Clóvis. *Código Civil dos Estados Unidos do Brasil, comentado por Clovis Bevilaqua*, vol. 2. Rio de Janeiro: Editora Rio, Edição Histórica, 1975, pp. 128-130. Frisa o autor dos projetos que culminaram no Código Civil de 1916, que *Novatione legitime facta, liberantur hipotechae et pignus; usurae non currunt* (D. 46, 2, fr. 18). "PAUL, *Edict*, book 57: Mortgages and pledges are released by a lawfully made novation, and interest does not run." (WATSON, Alan. *The Digest of Justinian*, vol. 1. Philadelphia: University of Pennsylvania Press, 1998, p. 214. Em tradução livre: Paulo, Edito, livro 57: Com a legítima novação, o penhor e a hipoteca são liberados, não incidindo juros, em tradução livre).

os Recursos Especiais n. 921.046/SC e 1.231.373/MT, ambos relatados pelo Ministro Luis Felipe Salomão. Para o Superior Tribunal de Justiça, *"a mudança de objeto deve ser radical para que exista o* animus novandi. *Uma simples mudança de data de vencimento da prestação ou do lugar ou forma do pagamento não implica novação"*[442].

A doutrina portuguesa, ao enfrentar referida questão – afinal, como demonstrado anteriormente, há uma clara coincidência entre o regime jurídico brasileiro e o português quanto à novação – concluiu no mesmo sentido do Superior Tribunal de Justiça: *"a excessiva acentuação da exigência de um* animus novandi *pode vir a prejudicar os terceiros dadores de garantia, cujo vínculo os sujeitos da obrigação principal pretendem (porventura até de boa fé) 'segurar', fiando-se na mera intenção e afirmação – contra o razoável – da existência de novação"*[443].

Especialmente no caso da fiança, que é contrato benéfico, deve-se interpretar novação de forma ampla e, ato contínuo, garantir-se a eficácia liberatória: o fiador garante determinada dívida, em determinado tempo, em determinado local; devendo a interpretação ser estrita. Não se trata de raciocínio exclusivamente aplicável à novação do contrato principal, incidindo também sobre situações semelhantes em que o fiador pode se exonerar em face de alteração à qual não concordou quando formou-se a garantia. Se o credor conceder moratória ao afiançado, o fiador fica desobrigado, nos termos do artigo 838, inciso I[444-445]. Se o credor receber em pagamento coisa diversa daquela contratada

[442] Schreiber, Anderson ... [et al.]. *Código Civil comentado: doutrina e jurisprudência.* 2ª ed., Rio de Janeiro: Forense, 2020, p. 217.

[443] Costa Gomes, Manuel Januário da. *Assunção Fidejussória de Dívida: sobre sentido e o âmbito da vinculação como fiador*. Coimbra: Almedina, 2000, p. 1.043, nota 452.

[444] Art. 838. O fiador, ainda que solidário, ficará desobrigado: I – se, sem consentimento seu, o credor conceder moratória ao devedor;

[445] Clovis Bevilaqua aponta a inovação do sistema brasileiro, trazida pelo Artigo 1.002 do Código Civil de 1916, ao reconhecer que a moratória, dilação ou prorrogação de prazo, exonera o fiador. A solução clássica, do Código Napoleão – e até hoje vigente – cria uma situação que "a concessão de prazo pelo credor ao devedor principal não deixa de tornar a dívida exigível por acção do fiador. Contra este a moratória é como se não existisse. Esta solução é, evidentemente, illogica e indefensável, porque torna inútil a moratória (pois o fiador póde exigir o pagamento), e ao mesmo tempo, lhe dá eficácia (pois durante ella o fiador não póde ser demandado). O problema é evidente: como o fiador garantiu um determinado prazo, com a concessão de moratória, pode ocorrer de a situação do devedor piorar no interregno do vencimento e do novo prazo concedido pela moratória – um risco com o qual o fiador não

(dação em pagamento), a fiança se extingue, mesmo se depois a coisa dada em pagamento se mostrar viciada (evicção), nos termos do mesmo dispositivo, inciso III[446-447].

Sendo assim, é de se reconhecer que todo o sistema jurídico aponta para a liberação do fiador, caso ele não concorde com as modificações contratuais. Não é possível restringir a eficácia liberatória que as novações contratuais concedem ao fiador, sob pena de responsabilizá-lo em maior amplitude do que a inicialmente estabelecida. Ao dissertar acerca da extinção das garantias reais e pessoais do contrato principal, na hipótese de sua novação, Pontes de Miranda bem sintetiza a presente posição, afastando qualquer presunção jurídica em desfavor do garantidor. Conclui-se, portanto, com a lição direcionada às garantias reais e à caução, mas igualmente aplicável à fiança: "*Se o efeito novativo se produziu, extinguiram-se a dívida e as garantias. Qualquer pacto já seria de outra hipoteca, de outra anticrese, de outro penhor, ou de outra caução. Não há tácita manifestação de vontade; há de ser expressa; mas há manifestação de vontade expressa se o terceiro, dono do bem dado em garantia, assina o pacto de novação*"[448].

concordou (Bevilaqua, Clóvis. *Código Civil dos Estados Unidos do Brasil, comentado por Clovis Bevilaqua*, vol. 2. Rio de Janeiro: Editora Rio, Edição Histórica, 1975, p. 638).

446 III – se o credor, em pagamento da dívida, aceitar amigavelmente do devedor objeto diverso do que este era obrigado a lhe dar, ainda que depois venha a perdê-lo por evicção. Trata-se de regra especial, que excepciona o disposto no artigo 359: "Se o credor for evicto da coisa recebida em pagamento, restabelecer-se-á a obrigação primitiva, ficando sem efeito a quitação dada, ressalvados os direitos de terceiros".

447 O direito português não tem regra análoga: se a dação for anulada, as garantias renascem (retomam sua eficácia), salvo se a causa da nulidade não seja imputável ao credor e este não conhecia o vício (artigo 839º do Código Civil português). Tal quadro jurídico impôs à doutrina o ônus argumentativo de recorrer à argumentação *a contrario* do artigo 839º, baseado em "fortes razões para tutelar a posição do fiador exonerado que, em virtude da ocorrida (e depois invalidada) dação, passou, com plena legitimidade, a 'contar' com a sua (verificada) liberação". Assim, entendeu a doutrina que o credor, ao aceitar a dação em pagamento, aceita o risco de eventual evicção, não podendo o fiador ser prejudicado pelo risco assumido pelo credor (Costa Gomes, Manuel Januário da. *Assunção Fidejussória de Dívida: sobre sentido e o âmbito da vinculação como fiador*. Coimbra: Almedina, 2000, p. 1.039).

448 Pontes de Miranda, Francisco Cavalcante. Tratado de Direito Privado, T. 25. São Paulo: Revista dos Tribunais, 2012, p. 175. De modo a se demonstrar, de forma inegável, a aplicabilidade do raciocínio transcrito à fiança, assim afirmou: "Extinta a *prior obligatio*, extinguem-se as obrigações acessórias, inclusive a do fiador. Se o fiador garante a nova dívida, há nova fiança, sem que se haja de pensar em novação. Novação da fiança pode haver enquanto o fiador não

O Superior Tribunal de Justiça já reconheceu que a novação, inclusive por transação, implica a exoneração do fiador. Embora o Min. Luis Felipe Salomão consigne que a renegociação da dívida, inclusive com redução de encargos e concessão de prazo de carência, não configura novação objetiva, pois não haveria transação, mas mera concessão ou renúncia, resta claro que o ministro reconhece a moratória como ato jurídico apto a exonerar o fiador, bem como reconhece que a novação, subjetiva ou objetiva, tem o mesmo condão[449].

Por fim, saliente-se que, como aponta Simão, a exoneração do artigo 366 não se confunde com a do 835, pois esta dilata a eficácia da fiança por 60 dias, contados da denúncia, enquanto aquela é automática[450-451].

5. Conclusões

1. A exoneração do fiador em decorrência de denúncia da garantia firmada por tempo indeterminado é o exercício de um direito potestativo condizente com a impossibilidade de as partes contratantes se vincularem eternamente ao contrato.
2. Em termos de evolução histórica do instituto da exoneração no contrato de fiança, o ordenamento pátrio previa um dispositivo a respeito do tema no Código Comercial de 1850, sem prejuízo ao entendimento doutrinário favorável à possibilidade de exoneração do fiador em fianças não comerciais firmadas por tempo indeterminado, pois, tanto o direito pátrio, quanto o português, reconheciam a denúncia como aplicável a qualquer contrato com a qualidade temporal mencionada. Na transição para o Código Civil de 2002, além de o novo diploma receber o regime jurídico do anterior – que previa a exoneração do fiador em seu artigo 1.500 –, permitiu-se a exoneração do

se libera (Pontes de Miranda, Francisco Cavalcante. *Tratado de Direito Privado,* T. 25. São Paulo: Revista dos Tribunais, 2012, p. 154).

449 REsp nº 1.374.184/AL, Quarta Turma, Min. Luis Felipe Salomão, j. em 12 de novembro de 2019.

450 Schreiber, Anderson ... [et al.]. *Código Civil comentado: doutrina e jurisprudência.* 2ª ed., Rio de Janeiro: Forense, 2020, p. 218.

451 Ver, também nesse sentido, o Enunciado 547 da VI Jornada de Direito Civil, do Conselho da Justiça Federal: "Na hipótese de alteração da obrigação principal sem o consentimento do fiador, a exoneração deste é automática, não se aplicando o disposto no art. 835 do Código Civil quanto à necessidade de permanecer obrigado pelo prazo de 60 (sessenta) dias após a notificação ao credor, ou de 120 (cento e vinte) dias no caso de fiança locatícia".

fiador mediante comunicação ao credor da obrigação principal mediante simples notificação, nos termos do artigo 835.

3. Diante desse quadro, foram enfrentadas cinco questões controvertidas:

3.1. O direito de exoneração do fiador, sob a égide do artigo 835 do Código Civil, cuja solução foi de consenso, buscado a partir da otimização dos interesses do credor e do fiador, é potestativo, de modo que não pode ser condicionado de forma alguma, salvo por disposição legal, sendo improcedente a tese de que o devedor não pode estar em mora quando do pedido de exoneração formulado pelo fiador. Não obstante, afora a renúncia à exoneração nos contratos firmados por tempo indeterminado, que é norma de ordem pública, as partes, em contratos paritários e livremente pactuados, podem modular o exercício do direito exoneratório, como decorrência da autonomia privada.

3.2. A notificação exoneratória não demanda forma específica, nem necessita ser pessoal, podendo ser recebida tanto por procuradores, quanto por prepostos, porteiros e pessoas que se portem como representantes, em razão da aplicação da teoria da aparência. Interpretação em sentido contrário é inadmissível, pois restringe indevidamente o direito de o fiador se exonerar e contraria as normas processuais aplicadas por analogia. Por outro lado, a notificação exoneratória deve existir, não sendo presumida em qualquer hipótese.

3.3. Quanto à fiança locatícia, destacam-se duas situações. Tratando-se do fim da conjugalidade entre os devedores do polo passivo da obrigação garantida, dever-se-ia operar a exoneração automática do fiador, estando-se diante de sub-rogação do contrato principal, o que, todavia, não foi recebido pela Lei do Inquilinato, de modo que, no âmbito dessa lei, o fiador continuará responsável, se não pedir sua exoneração. Apreciando-se a cláusula de prorrogação automática de locação garantida pela fiança, a possibilidade de exoneração durante o prazo depende de previsão contratual, mas o contrato não poderá impedir a exoneração, se prorrogado por tempo indeterminado.

3.4. Deve-se negar a renúncia prévia ao direito de exoneração na medida em que, sendo um direito potestativo, ele somente está sujeito ao não exercício. Igualmente, considerando os fundamentos do direito em questão, sua renúncia traria à tona a situação de vinculação perpétua que o legislador visava a afastar, sendo a vedação a tal renúncia questão de ordem pública.

3.5. Por fim, para fins de extinção da fiança em decorrência de novação do contrato principal, o *animus novandi* deve ser aferido com base na ausência de estrita coincidência entre o contrato modificado e o garantido pelo fiador quando celebrou a fiança, devendo-se atentar ao caráter benéfico e à interpretação estrita que caracterizam a garantia em questão, de modo a não forçar o fiador a garantir obrigação diversa daquela que contratou.

2. SUCESSÃO *CAUSA MORTIS* NO CONTRATO DE FIANÇA

1. Introdução: antecedentes históricos

O direito das garantias pessoais tem raízes longevas que se estendem, de forma sistemática, pelo menos desde Roma. O direito romano, marcado pela sua especial formalidade, conheceu no período clássico[452] três contratos de garantia pessoal na forma da fiança: a *sponsio*, a *fidepromissio* e a *fideiussio*. Dentre estas, as duas primeiras são as mais antigas, do período pré-classico[453], sendo a *sponsio* reservada aos cidadãos romanos, enquanto a *fidepromissio* era negócio do *ius gentium*, portanto para romanos e estrangeiros[454]. Tanto a *sponsio*, quanto a *fidepromissio*, deviam surgir imediatamente após a dívida contraída por *stipulatio*. Em ambos os casos, a obrigação do garantidor era pessoal e se extinguia com a morte do garantidor (*Spondeo* - prometo; *Fideiubeo* - Garanto, sob palavra). O fiador recebeu, ao longo dos séculos, uma série de defesas, como o que conhecemos hoje como direito de regresso, benefício da divisão, benefício de ordem, direito de exoneração etc.

Diversas leis para resguardar a posição do garantidor (Lex Pubilia[455], Lex Cicereia[456], referentes ao período pré-clássico, e, posteriormente, já

[452] Período clássico em Roma corresponde, aproximadamente, aos anos de 130 a.C. a 230 d.C.

[453] Período pré-clássico em Roma corresponde, aproximadamente, aos anos de 753 a.C. a 130 a.C.

[454] Alves. José Carlos Moreira. *Direito Romano* – 18ª edição. Rio de Janeiro: Forense, 2018, p. 467.

[455] De 471 a.C., concedeu ao *sponsor* a ação regressiva contra o devedor.

[456] De 173 a.C., obrigava ao credor, antes de assinar um contrato de garantia, fazer uma declaração pública, expondo a natureza da obrigação principal e o número de pessoas que

no período clássico, as Lex Apuleia[457] e Lex Furia[458]) foram promulgadas. A diminuição da força da garantia, contudo, fomentou a criação de um novo contrato, a *fideiussio*, que também era do *ius gentium* e era marcada pela ausência dos benefícios concedidos anteriormente ao *sponsor* e ao *fidepromissor*[459]. A ascensão desses tipos de garantia, enquanto instrumento econômico de garantia dos débitos, esteve ligada à promulgação da Lei Poetelia Papiria, datada do ano de 326 a.C.[460], segundo a qual os bens, e não o corpo do devedor, respondiam por suas dívidas. A abolição prática do *nexum* criou grave problema ao extinguir uma forma eficaz para garantir o adimplemento das dívidas[461]. Com o advento da *Lex*

seriam garantidoras. Se a declaração não fosse feita, a garantia era afastada. Inicialmente a lei abrangia somente *sponsores* e *fidepromissores*, mas Gaio disse que a prática foi aplicada também aos *fidejussores* (Morgan, Willis D. *History and Economics of Suretyship*, 12 Cornell L. Rev. pp. 153-171, 1927, Available at: http://scholarship.law.cornell.edu/clr/vol12/iss2/2), acesso em 4 de abril de 2023.

[457] De 102 a.C., concedeu ao *sponsor* e ao *fidepromissor* que pagou mais do que sua quota na garantia o direito de regresso em face de outros *co-sponsores* ou *co-fidepromissores* (Morgan, Willis D. *History and Economics of Suretyship*, 12 Cornell L. Rev. pp. 153-171, 1927, Available at: http://scholarship.law.cornell.edu/clr/vol12/iss2/2), acesso em 4 de abril de 2023.

[458] De 95 a.C., aplicável somente na Itália e a romanos, concedeu aos *sponsores* e *fidepromissores* a exoneração após dois anos que se obrigaram. Os *fidejussores* não foram beneficiados (Morgan, Willis D. *History and Economics of Suretyship*, 12 Cornell L. Rev. pp. 153-171, 1927, Available at: http://scholarship.law.cornell.edu/clr/vol12/iss2/2), acesso em 4 de abril de 2023.

[459] Alves. José Carlos Moreira. *Direito Romano* – 18ª edição. Rio de Janeiro: Forense, 2018, pos. 467-469.

[460] Segundo corrente minoritária, seria 313 a.C., ver Marcus Terentius Varro *On the Latin Language: Book VII.* Trans. Roland G. Kent. *On the Latin Language I*: Books V-VII. Cambridge, Massachusetts: Harvard University Press, 1938. pp. 359-361.

[461] "Foi em 326 a.C., com a edição da Lex Poetelia Papiria, que o *nexum* perdeu sua força executória, ou seja, ocorreu a supressão da *manus iniectio* e o credor não mais podia obrigar o devedor a trabalhar, ou mesmo castigá-lo. Em razão da falta de sanção pessoal, o próprio instituto do *nexum* caiu em desuso, e é por isso o direito romano o desconhecia em seu período clássico. (...) A prisão civil por dívida não interessava a ninguém nos séculos 3º e 4º a.C. Aos plebeus, significava a perda da cidadania romana e a redução ao estado de objeto da relação jurídica. Aos patrícios, significava menos braços para compor o exército em uma época de instabilidade bélica em que não poderiam desperdiçar homens saudáveis. Era útil a um povo pragmático que a prisão civil fosse afastada. Melhor para os patrícios terem as terras dos plebeus falidos do que um escravo a mais, já que havia muitas lutas a travar e muito território a conquistar. A conclusão que se chega é que seja a obrigação analisada sob a ótica da responsabilidade corporal do devedor, ou após a *Lex Poetelia Papiria*, sob a ótica patrimonial, a teoria dualista é a que efetivamente explica melhor a obrigação para o direito romano" (Simão,

Furia, a reponsabilidade do *sponsor* e do *fidepromissor* ficou restrita a 2 (dois) anos, o que, contudo, não se estendeu ao *fideiussior*, que continuava perpetuamente vinculado, inclusive abrangendo seus sucessores.

Após a edição da Lei Poetelia Papiria, Roma vivenciou momento histórico de franco crescimento da complexidade da economia, que floresceu ocupando quase toda a península Itálica e, com as Guerras Púnicas (ocorridas entre 264 a.C. e 146 a.C.), conquistou a total soberania do Mediterrâneo, possibilitando que os empreendimentos privados fossem cada vez mais dilatados no tempo.

A dilatação temporal dos empreendimentos privados, a queda da utilização de uma importante sanção contratual (*nexum*) e a complexidade crescente da economia, que fez com que as relações contratuais se tornassem de longo prazo, fez com que a intransmissibilidade da *sponsio* e da *fidepromisso* precisassem de revisão, enquanto regra, não incentivava a criação de um ambiente justo e próspero[462]. "*Os credores, então, naturalmente preferiam a responsabilidade mais completa do* fidejussor. *Por essa razão, no tempo de Justiniano, o contrato do* sponsor *e do* fidepromissor *praticamente haviam caído em desuso – por isso, de fato, nas suas Institutas, ele só fala do* fidejussor"[463]. Foi desse modo que prevaleceu a transmissibilidade da obrigação do fiador, como se pode ver do texto das Institutas, "*um fidejussor não se obriga somente por si próprio, mas sua obrigação recai também*

José Fernando. *A teoria dualista do vínculo obrigacional e sua aplicação ao direito civil brasileiro.* In: Fernanda Pessoa Chuahy de Paula; et. al. (Org.). Direito das obrigações: reflexões no direito material e processual. - obra em homenagem a Jones Figueirêdo Alves. 1ed. São Paulo: Método, 2011, v. 1, p. 239-253).

[462] "A sucessão mortis causa da obrigação foi admitida em todas as etapas de evolução do direito romano (É certo que há autores – assim, Korosec (apud Monier, Manuel Élémentaire de Droit Romain, II, 4ª ed., § 193, p. 264, nota 3) – que entendem que, primitivamente, a morte do devedor ou do credor acarretava a extinção da obrigação. Outros restringem a intransmissibilidade mortis causa às obrigações uerbis (Giffard, Précis de Droit Romain, III, 3ª ed., § 401, p. 270 e segs.). A maioria dos autores, porém, se manifesta no sentido seguido no texto" (Alves, José Carlos Moreira. *Direito Romano* – 18ª edição. Rio de Janeiro: Forense, 2018, pos. 477).

[463] Tradução livre de "Creditors naturally preferred the more complete liability of the fidejussor. For this reason, by the time of Justinian, the contract of the sponsor and of the fidepromissor had practically passed out of use-so much so, in fact, that in his Institutes he speaks only of the fidejussor" (Morgan, Willis D. *History and Economics of Suretyship*, 12 Cornell L. Rev. pp. 153-171, 1927, Available at: http://scholarship.law.cornell.edu/clr/vol12/iss2/2), acesso em 4 de abril de 2023.

sobre seus herdeiros" (I.3.20.2)[464], e do Digesto, na seguinte transcrição de Ulpiano "*um fidejussor tanto se vincula, quanto enlaça seus herdeiros, pois este toma o lugar o devedor*" (D.46.1.4)[465].

O Direito português, seguindo o modelo da *fideiussio* e de Justiniano, continuou vinculando os herdeiros do devedor, o que restou positivado desde as Ordenações do Reino[466]. A respeito dessa previsão, Corrêa Telles em sua obra para "*servir de subsidio ao novo Código Civil*", apontou que "*A obrigação do fiador não acaba por sua morte, passa a seus herdeiros*"[467], lição que, aliás, assemelha-se à do Artigo 865 do Código Comercial português de 1833, de autoria de José Ferreira Borges, que previa que "*As obrigações contrahidas pelo fiador passam a seus herdeiros*". Embora o Código Seabra de 1866 não tenha repetido em seu texto essa regra, Coelho da Rocha é expresso ao ressaltar que a fiança "*passa para os herdeiros*"[468]. Nesse sentido, Costa Gomes sobre a inclusão de um artigo com essa regra, consigna que "*aparentemente, nem parece que tal fosse necessário, uma vez que a morte não constitui, de per si, causa geral de extinção das obrigações decorrentes dos contratos*"[469].

No Brasil, a primeira vez que a regra positiva da transmissibilidade surgiu foi com o Código Comercial de 1850, que não recebeu a regra clássica, com o seguinte texto: "*A obrigação do fiador passa a seus herdeiros; mas a responsabilidade da fiança é limitada ao tempo decorrido até o dia da morte do fiador, e não pode exceder as forças da sua herança*". Não há, no direito positivo, regras para a resolução dos casos decorrentes do falecimento de outras partes do contrato de fiança, tampouco era essa a tradição do

[464] Tradução livre de "a fidejussor is not only bound himself, but his obligation devolves also on his heir" (Moyle, John Baron. *The Institutes of Justinian*. Oxford: Clarendon Press, 1906, p. 142)

[465] "A surety both is bound himself and leaves the heir bound, since the latter takes the place of the debtor" (Watson, Alan. *The Digest of Justinian, vol. 4*. Philadelphia: University of Pennsylvania Press, 1998, p. 200.)

[466] Almeida, Candido Mendes de. *Ordenações e leis do Reino de Portugal*, livro III. Rio de Janeiro: Typ. do Instituto Philomathico, 1870, p. 631.

[467] Corrêa Telles, José Homem. *Digesto Portuguez ou Tratado dos direitos e obrigações civis*. Tomo I, 3ª edição. Coimbra: Universidade de Coimbra, 1845, p. 74.

[468] Coelho da Rocha, Manuel Antonio. *Instituições de Direito Civil Portuguez, Tomo II* – 8ª edição. Lisboa: Livraria Clássica, 1917, p. 595.

[469] Costa Gomes, Manuel Januário da. *Assunção Fidejussória de Dívida: sobre sentido e o âmbito da vinculação como fiador*. Coimbra: Almedina, 2000, p. 796.

direito luso-brasileiro. No âmbito cível, embora as Consolidações fossem silentes quanto a transmissão da fiança, o *Esbôço*, de Teixeira de Freitas, previa em seu artigo 3.393 que "*não se extingue a fiança: 1º pelo falecimento do fiador; 2º pelo falecimento do devedor*"[470]. Mesmo considerando a influência da obra de Teixeira de Freitas nas codificações civis pátrias, não foi esse o caminho trilhado pelo legislador brasileiro.

2. Sucessão *causa mortis* do fiador

Em primeiro lugar, será analisada a sucessão do fiador. A despeito da regra geral de transmissibilidade das obrigações, o regime da fiança possui particularidades. A sucessão do fiador é hoje regulada pelo artigo 836 do Código Civil de 2002, que prescreve que "*a obrigação do fiador passa aos herdeiros*", aparentando uma regra de transmissibilidade, como instituído pela *fidepromisso* do direito romano. Contudo, a redação do artigo continua com: "*mas a responsabilidade da fiança se limita ao tempo decorrido até a morte do fiador, e não pode ultrapassar as forças da herança*".

De início, percebe-se que apenas a obrigação se transmitirá aos herdeiros, mas se tem que a fiança, na verdade, se extingue com a morte do fiador – o espólio sempre responderá pelas prestações vencidas e não adimplidas até a morte, de modo que, na redação legal, a obrigação é intransmissível. Sendo assim, haverá a responsabilidade pelos débitos vencidos até a morte, que se transferem ao espólio e, tendo havido partilha sem pagamento da dívida, aos herdeiros. Não há, em outras palavras, eficácia póstuma da fiança, mas tão-somente a transmissão das dívidas já constituídas.

Essa redação foi retirada do Código Civil de 1916[471], que adotou aquilo que fora prescrito no Código Comercial de 1850. A disposição não se encontrava no Projeto Primitivo, nem no Revisto, tendo sido incluída por iniciativa do relator do projeto na Câmara, deputado Sá Peixoto. Bevilaqua lamentou a impropriedade jurídica, na qual a primeira oração é destruída pela segunda – se a responsabilidade está limitada até o

[470] FREITAS, Augusto Teixeira de. *Código Civil, Esbôço, vol. 2*. Brasília: Ministério da Justiça e Fundação Universidade de Brasília, 1983.

[471] Art. 1.501. a obrigação do fiador passa-lhe aos herdeiros; mas a responsabilidade da fiança se limita ao tempo decorrido até à morte do fiador, e não pode ultrapassar as forças da herança.

momento da morte, a obrigação não se transfere aos herdeiros. Ademais, como também assenta o autor, era completamente despicienda a afirmação de que a responsabilidade dos herdeiros não poderia ultrapassar as forças da herança, uma vez que "*a transmissão da herança não importa em responsabilidade* ultra vires hereditatis"[472].

É certo, portanto, que, com a repetição da regra prevista no Código Civil de 1916 no Código de 2002, em caso de falecimento do fiador, ocorre a extinção do contrato de fiança. Nesse ponto, o direito brasileiro se afastou da tradição romana e portuguesa, que previa a transmissão da obrigação aos herdeiros do fiador nos termos do contrato preexistente: tal regra era vigente no Brasil até o final da *vacatio legis* do Código Civil de 1916, em 1º de janeiro de 1917, tendo em vista a aplicação subsidiária do Direito Romano e a existência de dispositivo legal semelhante no Código Comercial[473].

Sendo assim, no sistema do Código Civil de 2002, falecido o fiador, as prestações vencidas e aquelas já contratadas, ainda que o vencimento seja posterior à morte do fiador, são transferidos para seus herdeiros; outros posteriores, contudo, não o são, pois a morte extingue a fiança. Ademais, como assinala Tartuce, "*quando a lei faz menção à obrigação do fiador que passa aos herdeiros, por óbvio que está se referindo àquelas vencidas enquanto ele era vivo e até os limites da herança*"[474].

Importa salientar, entretanto, que a lei não restringiu a eficácia da fiança às obrigações vencidas, mas sim àquelas constituídas à época do óbito. Assim, embora para contratos de prestação continuada, como na locação, possa haver coincidência entre a constituição da dívida e o seu vencimento, não se pode dizer o mesmo sobre um mútuo garantido por fiança. Veja-se, por exemplo, o mútuo bancário: o credor empresta determinado valor ao devedor, com a garantia fidejussória. A dívida existe, mas o vencimento ainda será prolatado no tempo. O falecimento do

[472] BEVILAQUA, Clóvis. *Código Civil dos Estados Unidos do Brasil, comentado por Clovis Bevilaqua*. Edição histórica, vol. II. Rio de Janeiro: Editora Rio, 1975, p. 635.

[473] Como se sabe, às Ordenações se aplicava, subsidiariamente, o Direito Romano, em casos de lacuna. No direito brasileiro o Código Comercial de 1850 previu, em seu art. 258, texto semelhante ao atual, afastando a transmissibilidade da fiança. Ver, sobre a Lei da Boa Razão e a aplicação subsidiária a nota de rodapé 95, supra.

[474] SCHREIBER, Anderson ... [et al.]. *Código Civil comentado: doutrina e jurisprudência*. 2ª ed., Rio de Janeiro: Forense, 2020, p. 567.

fiador e a consequente extinção da fiança, altera o equilíbrio econômico do contrato de mútuo, de modo que não seria correto transferir todos os ônus desse fato ao credor.

Diz a lei que "*a responsabilidade da fiança se limita ao tempo decorrido até a morte do fiador*"; se a dívida estava vencida, há responsabilização do fiador. A morte do fiador extingue a fiança quanto às dívidas não vencidas, aquelas previstas no artigo 821 do Código Civil[475] e outras que decorram da autonomia privada, como a fiança de indenidade[476-477] e a *omnibus*[478-479]. Evidentemente, uma vez vencida a dívida, a *obligation de règlement*[480] (obrigação de pagamento, em tradução livre) está em pleno vigor, mesmo que a dívida não esteja *vencida*. Raciocínio em sentido contrário retiraria da

[475] Art. 821. As dívidas futuras podem ser objeto de fiança; mas o fiador, neste caso, não será demandado senão depois que se fizer certa e líquida a obrigação do principal devedor. Como esclarece Gabriel Seijo Leal de Figueiredo, estas não são as obrigações sujeitas a condição suspensiva ou termo inicial, mas sim aquelas que ainda "pendentes de constituição" (FIGUEIREDO, Gabriel Seijo Leal de. *Contrato de Fiança*. São Paulo: Saraiva, 2010, p. 127).

[476] "A fiança de indenidade garante o adimplemento de soma que corresponda à que o credor não pôde conseguir do devedor. Portanto, não se refere às perdas e danos que resultem do inadimplemento. Não se trata de *seguro do crédito*, porque, na fiança de indenidade, o fiador presta o resíduo que se não obteve do devedor" (PONTES DE MIRANDA, Francisco Cavalcanti. *Tratado de Direito Privado, T. 44*. São Paulo: Revista dos Tribunais, 2012, p. 211).

[477] "O fiador, ao assumir a vinculação fidejussória para o dever de indemnização, assume-o com o *conhecimento* e *domínio* do dever de prestar do qual o dever de indemnizar constitui um desenvolvimento. Assim, a obrigação a cargo do fiador, não estando embora determinada, é determinável" (COSTA GOMES, Manuel Januário da. *Assunção Fidejussória de Dívida: sobre sentido e o âmbito da vinculação como fiador*. Coimbra: Almedina, 2000, p. 299)

[478] Fiança genérica, universal ou genérica, pela qual o fiador garante todas as dívidas de determinada pessoa, independentemente da origem (FIGUEIREDO, Gabriel Seijo Leal de. *Contrato de Fiança*. São Paulo: Saraiva, 2010, p. 132).

[479] "A expressão fiança *omnibus* tem segura origem na práxis bancária, tendo começado a ser divulgada na Itália, em 1964 (...) A expressão designa a operação de garantia que cobre todas as obrigações *presentes* e *futuras*, mas tendo estas últimas particularmente em mira" (COSTA GOMES, Manuel Januário da. *Assunção Fidejussória de Dívida: sobre sentido e o âmbito da vinculação como fiador*. Coimbra: Almedina, 2000, p. 599).

[480] A separação de *obligation de règlement* e *obligation de couverture* se tornou o suporte para a superação da transmissibilidade da fiança na França, ocorrida em julgamento da *Cour de Cassation* em 1982. A morte do fiador extingue a *obligation de couverture*, não sendo possível responsabilizar os herdeiros do fiador por dívidas constituídas após a sua morte, mas não extingue a *obligation de règlement*, quanto às dívidas já constituídas (COSTA GOMES, Manuel Januário da. *Assunção Fidejussória de Dívida: sobre sentido e o âmbito da vinculação como fiador*. Coimbra: Almedina, 2000, pp. 798-799).

finalidade da fiança (garantia do risco creditório) qualquer eficácia[481] e não atenderia ao sentido das palavras adotadas pelo legislador[482].

Dessa forma, o direito brasileiro, pela alteração introduzida primeiramente pelo Código Comercial e depois mantida pelos códigos civis, se colocou na vanguarda da intransmissibilidade da obrigação fidejussória, o que só foi alcançado pela França em 1982, por evolução jurisprudencial e, posteriormente, consolidado pelas sucessivas alterações legislativas do início deste século.

A solução dada pelo ordenamento civil brasileiro é adequada, ainda mais considerando a caracterização da fiança como um contrato benéfico e prestada *intuitu personae*: falecido o fiador, não se pode vincular seus herdeiros a novas dívidas usando como justificativa a fiança prestada pelo *de cujus*. O rompimento com a tradição portuguesa fez com que o instituto fosse conformado a proteger o fiador e seus herdeiros de uma excessiva vinculação perpétua. Embora a redação tenha sido precária nesse ponto, bem como não esclarece se os herdeiros respondem pelas obrigações *constituídas* ou *vencidas*, a correta intelecção do instituto aponta para a transmissibilidade das obrigações de cunho patrimonial, como é a fiança, de modo que a simples alegação de que ela é prestada *intuitu personae* não é suficiente para mudar sua natureza jurídica, pois, como visto, "*a morte não constitui, de per si, causa geral de extinção das obrigações decorrentes dos contratos*"[483].

2.1. Sucessão causa mortis do cofiador

A fiança prestada de forma conjunta presume-se solidária, nos termos do artigo 829 do Código Civil de 2002[484], sendo que tal regra é a mera

[481] Figueiredo, Gabriel Seijo Leal de. *Contrato de Fiança*. São Paulo: Saraiva, 2010, p. 131.

[482] Ver também, com a ressalva de se tratar de ordenamento diferente, a lição de Costa Gomes: "Há, a propósito, que distinguir consoante as dívidas decorrentes da relação principal estejam ou não *constituídas* à data da morte do fiador. Se for esse o caso, nenhuma razão se vislumbra que impeça a transmissibilidade das dívidas fidejussórias, atento ao carácter substancialmente patrimonial da vinculação do fiador. É certo que as dívidas em causa podem não estar ainda *vencidas*, no entanto, essa circunstância não as subtrai à efectiva vinculação do fiador" (Costa Gomes, Manuel Januário da. *Assunção Fidejussória de Dívida: sobre sentido e o âmbito da vinculação como fiador*. Coimbra: Almedina, 2000, pp. 803-804).

[483] Costa Gomes, Manuel Januário da. *Assunção Fidejussória de Dívida: sobre sentido e o âmbito da vinculação como fiador*. Coimbra: Almedina, 2000, p. 796.

[484] Art. 829. A fiança conjuntamente prestada a um só débito por mais de uma pessoa importa o compromisso de solidariedade entre elas, se declaradamente não se reservarem o

reprodução do disposto no artigo 1.493 do Código Beviláqua e, se as Ordenações Filipinas concordavam com as fontes romanas no que toca às obrigações fidejussórias aos herdeiros do garantidor, elas discordavam quanto à atribuição do benefício da divisão, tendo aquelas afastado a presunção de divisão do Direito Romano. Assim, a presunção de solidariedade adotada pelos códigos civis no Brasil é proveniente das Ordenações Filipinas, em seu L. 4, T. LIX, §4º[485-486]. Essa tradição iniciada com o direito do reino também se manteve em Portugal, cujo Código Seabra dispunha que, havendo diversos fiadores do mesmo devedor e pela mesma dívida, cada um responde pela sua totalidade (art. 835º)[487-488]. Atualmente, o Código Civil português manteve a regra e presume a solidariedade dos cofiadores (art. 649, 1[489]).

benefício de divisão. Parágrafo único. Estipulado este benefício, cada fiador responde unicamente pela parte que, em proporção, lhe couber no pagamento.

485 Que assim prescrevia "*e sendo dous homens, ou mais fiadores de hum, se na fiança declararem a parte porque cada hum se obriga, essa será cada hum obrigado a pagar, e nesse mesmo modo, e maneira que se obrigaram. E quando não declararem a parte em que se cada hum obriga, ficará cada hum obrigado* in solidum, *e o credor poderá demandar qual ele quiser pelo todo*". (ALMEIDA, Candido Mendes de. *Ordenações e leis do Reino de Portugal,* livro IV. Rio de Janeiro: Typ. do Instituto Philomathico. 1870, pp. 855-856).

486 Essa é, também, a leitura da doutrina: "Sendo dous ou mais os fiadores, sem declaração alguma da parte da divida, que cada um afiança, cada um deles póde ser demandado por toda a divida" (CORRÊA TELLES, José Homem. *Digesto Portuguez ou Tratado dos direitos e obrigações civis.* Tomo I, 3ª edição. Coimbra: Universidade de Coimbra, 1845, p. 71).

487 Destaque-se, contudo, que a doutrina portuguesa costuma indicar que o dispositivo referido não importa em solidariedade, que deve se estipulada, veja-se: "Notemos bem que este artigo não estabelece a presumpção de solidariedade entre e os comfiadores. Segundo os principios que deixâmos expostos, sería preciso para isso que expressamente os declarasse *solidarios,* o que não faz. Portanto, para que tal solidariedade exista, e produza todos os seus efeitos, é preciso que seja estipulada" (MAGALHÃES, J. M. Barbosa de. *Das obrigações solidárias.* Coimbra: Livraria Central de J. Diogo Pires. 1882, p. 411).

488 § 886. Sendo dous, ou mais fiadores, entende-se cada um obrigado in solidum; porisso: 1.° pôde ser demandado por toda a divida, excepto se expressamente estipularem o beneficio da divisão. Ord. L. 5, tit. 59, § 4. 2.° Porém por equidade perinitte-se ao demandado fazer citar os outros para assistirem á causa, com a comminação de serem condemnados na mesma sentença, e por ella soffrerem execução pro rata. (COELHO DA ROCHA, Manuel Antonio. *Instituições de Direito Civil Portuguez – Tomo I* – 8ª edição. Lisboa: Livraria Clássica, 1917, p. 598).

489 1. Se várias pessoas tiverem, isoladamente, afiançado o devedor pela mesma dívida, responde cada uma delas pela satisfação integral do crédito, excepto se foi convencionado o benefício da divisão; são aplicáveis, naquele caso, com as ressalvas necessárias, as regras das obrigações solidárias.

Essa presunção de solidariedade legal, contudo, é relativa, podendo ser contratualmente afastada, através da reserva do denominado benefício da divisão[490]. Tem-se, portanto, que, no direito brasileiro, um cofiador poderá ser responsável solidário ou não pelo adimplemento das dívidas garantidas, a depender do afastamento da presunção legal relativa do artigo 829 do Código em vigor.

Com o falecimento de um cofiador, como visto no item acima, sua fiança se extinguirá, respondendo seus herdeiros tão somente pelas dívidas já constituídas.

Caso o fiador não tenha acordado o benefício da divisão, seus herdeiros responderão pela dívida afiançada e constituída na sua íntegra, nos termos do artigo 276 do Código Civil[491], ou seja, cada herdeiro será obrigado a pagar a quota correspondente ao seu quinhão, mas, todos os herdeiros reunidos, respondem, em relação aos demais fiadores, como um devedor solidário[492]. Importante frisar que, apesar de os herdeiros reunidos serem responsáveis pela totalidade do débito, eles não assumem a posição jurídica de devedor, de modo que, com a solidariedade entre os cofiadores, se um dos garantidores pagar a dívida, ele se sub-roga nos direitos do credor e poderá demandar cada um dos outros cofiadores pela sua respectiva cota, nos termos do artigo 831 do Código Civil[493], ou o devedor, na integralidade da dívida, pois esta só interessa

[490] "Tal inversão escapa da regra vigente no direito romano imperial, pois o Imperador Adriano concedeu o Benefício de Divisão, segundo a qual o benefício em questão era presumido aos cofiadores e retoma a antiga lei Romana" (Almeida, Candido Mendes de. *Ordenações e leis do Reino de Portugal*, livro IV. Rio de Janeiro: Typ. do Instituto Philomathico. 1870, p. 856, nota 3).

[491] Art. 276. Se um dos devedores solidários falecer deixando herdeiros, nenhum destes será obrigado a pagar senão a quota que corresponder ao seu quinhão hereditário, salvo se a obrigação for indivisível; mas todos reunidos serão considerados como um devedor solidário em relação aos demais devedores.

[492] Sobre o princípio da refração do débito, ver Simão, José Fernando *in*. Schreiber, Anderson ... [et al.]. *Código Civil comentado: doutrina e jurisprudência.* 2ª ed., Rio de Janeiro: Forense, 2020, p. 177. O direito anterior era o mesmo, conforme ensina Clovis Beviláqua: "Em relação a cada um deles divide-se a dívida, se fôr divisível. Reunidos, sôbre eles recai a obrigação inteira porque representam um dos devedores solidários (Bevilaqua, Clóvis. *Código Civil dos Estados Unidos do Brasil, comentado por Clovis Bevilaqua.* Edição histórica, vol. II. Rio de Janeiro: Editora Rio, 1975, p. 45).

[493] Art. 831. O fiador que pagar integralmente a dívida fica sub-rogado nos direitos do credor; mas só poderá demandar a cada um dos outros fiadores pela respectiva quota.

a ele, nos termos do artigo 285 do Código Civil, aplicável em raciocínio lógico sistemático[494].

Se, por outro lado, houver a reserva do benefício da divisão – que poderá ocorrer de forma genérica: "reservam-se os cofiadores o benefício da divisão", hipótese na qual os cofiadores terão quotas idênticas; ou de forma individualizada: "o fiador A é responsável por 20% do débito, o fiador B é responsável por 30% do débito e o fiador C é responsável por 50% do débito"[495] –, em caso de falecimento de um dos cofiadores, seus herdeiros responderão tão-somente pela quota parte que era originalmente de sua responsabilidade[496]. Cada um dos herdeiros será responsável pelas dívidas já constituídas, estritamente na proporção de seus quinhões hereditários, restando o contrato extinto.

Desse modo, os efeitos da morte de um cofiador dependem da existência de solidariedade entre os fiadores, uma vez que, não havendo solidariedade, os sucessores responderão pela parte divisa (art. 257 do Código Civil[497]), enquanto, havendo, responderão pela integralidade da dívida afiançada.

Há, também, discussão acerca de possíveis diferenciações sobre o momento de contratação das cofianças. Em síntese, o cofiador pode contratar conjuntamente com outros cofiadores ou em apartado. No primeiro caso, todos os cofiadores sabem do montante da dívida afiançada, bem como da existência dos demais cofiadores, enquanto, no segundo, um cofiador pode simplesmente desconhecer a existência dos demais. Independentemente da hipótese, entretanto, o cofiador responderá integralmente pela dívida em todos os casos, salvo se tiver estipulado em sentido contrário, afinal, a responsabilidade em questão decorre da solidariedade propriamente dita, e não do conhecimento da fiança

494 Art. 285. Se a dívida solidária interessar exclusivamente a um dos devedores, responderá este por toda ela para com aquele que pagar.

495 Nessa hipótese, havendo benefício da divisão, não há direito de regresso entre os cofiadores, contudo se um dos cofiadores pagar a integralidade da dívida, poderá ele cobrar os outros cofiadores, no limite das responsabilidades deles, pois se sub-rogou na posição jurídica do credor, bem como poderá cobrar do devedor.

496 Essa interpretação, ademais, coaduna-se com o disposto no parágrafo único do artigo 829 do Código Civil.

497 Art. 257. Havendo mais de um devedor ou mais de um credor em obrigação divisível, esta presume-se dividida em tantas obrigações, iguais e distintas, quantos os credores ou devedores.

conjunta, que repercutirá, tão somente, no exercício de direito de regresso do cofiador. É dizer, em outras palavras, que, tendo o fiador limitado sua responsabilidade (nos termos dos artigos 822, *a contrario* e 823 do Código Civil de 2002) ou não, pouco importa se ele sabia da existência, de outros fiadores, pois, se ele não reservou expressamente o benefício da divisão, a solidariedade decorre da lei, respeitando-se eventual limitação contratualmente pactuada.

No que toca à sucessão *causa mortis* nas hipóteses de subfiança e de retrofiança, duas especificidades devem ser delineadas, relativas às posições jurídicas do retrofiador e do subfiador.

2.1.1. *Sucessão causa mortis do subfiador*

A subfiança é um contrato firmado entre o credor e uma terceira pessoa, que passa a ser fiadora do fiador original, que, por sua vez, assume a posição de devedor na relação fidejussória entre subfiador e credor[498-499-500-501]. Nesse caso, falecido o fiador original, a subfiança seguirá o regime

[498] A figura do subfiador estava presente no Código Civil de 1916 sob o nome de *abonador*. Diz Beviláqua que o princípio de que ao abonador se aplicam as regras da fiança já era reconhecido no direito (Bevilaqua, Clóvis. *Código Civil dos Estados Unidos do Brasil, comentado por Clovis Bevilaqua*. Edição histórica, vol. II. Rio de Janeiro: Editora Rio, 1975, p. 614).

[499] Teixeira de Freitas também previu a figura do subfiador, no artigo 3.297 do Esbôço, que prescrevia que "Quando alguém se obrigar como subfiador, isto é, como fiador do fiador, são em tudo aplicáveis as disposições deste Capítulo, não havendo disposição especial em contrário. Não será, porém julgado fiador quem se obrigar para com o fiador para torná-lo *indene* do que venha a pagar pelo principal devedor" (Freitas, Augusto Teixeira de. *Código Civil, Esbôço, vol. 1*. Brasília: Ministério da Justiça e Fundação Universidade de Brasília, 1983). Evidente a boa lição, pois se o dito "subfiador" se compromete perante o fiador, que é devedor da subfiança, não há fiança, pois esta é contrato que se dá entre o credor e o fiador.

[500] "A subfiança é fiança da fiança; a retrofiança, fiança à fiança. Aquela favorece o credor principal; essa, o fiador. A subfiança pode ter as espécies que a fiança pode ter. Pode haver a solidariedade e pode não haver. Pode ter sido inserto pacto de retribuição, ou ter sido feito adjectamente, e pode não ter havido. Pode ser fiança ao adimplemento, ou de indenidade" (Pontes de Miranda, Francisco Cavalcanti. *Tratado de Direito Privado, T. 44*. São Paulo: Revista dos Tribunais, 2012, p. 207).

[501] Em Portugal, há distinção no regime da subfiança entre o Código Seabra e o atual código, contudo, diz Costa Gomes que: "Resulta da articulação entre os arts. 627 e 630 uma total recondução da subfiança à fiança: tanto o fiador quanto o subfiador garantem a *satisfação de um direito de crédito,* ficando pessoalmente obrigados perante o credor" (Costa Gomes, Manuel Januário da. *Assunção Fidejussória de Dívida: sobre sentido e o âmbito da vinculação como fiador*. Coimbra: Almedina, 2000, p. 1.107).

da sucessão do devedor, que será analisado. Contudo, adiantando-se a conclusão, uma vez que o fiador é o devedor da subfiança e, sendo ela contrato *intuitu personae*, a subfiança se extingue com a morte do fiador, embora o subfiador continue responsável pelos débitos constituídos até a morte do fiador.

O falecimento do devedor original seria irrelevante para o subfiador, contudo ele é mediatamente atingido, pois com a morte do devedor original a fiança será extinta e levando ao mesmo destino a subfiança. Por fim, o falecimento do próprio subfiador importará na atração das regras da morte do fiador, pois a obrigação deles é idêntica. Sendo assim, falecido o subfiador, seus herdeiros serão responsáveis pela dívida constituída até o momento do seu falecimento; havendo pluralidade de subfiadores, aplica-se a regra exposta da cofiança.

2.1.2. *Sucessão causa mortis do retrofiador*[502]

A retrofiança, por sua vez, é uma modalidade de contragarantia[503], pela qual o fiador obtém, para sua garantia, um retrofiador, que se obrigará pelo adimplemento do devedor da obrigação na qual o fiador se sub-rogou, nos termos do artigo 831 do Código Civil[504]. Nesse caso, o fiador original se torna credor de obrigação futura, por ter adimplido o débito do devedor original e se sub-rogado nos direitos do credor original.

Na relação da retrofiança: o fiador é credor; o retrofiador é fiador; e o devedor continua como devedor. Sendo assim, se o retrofiador falecer, o regime será idêntico ao do falecimento do fiador, analisado pormeno-

502 O retrofiador é o garantidor da obrigação de regresso. Se Alfredo empresta para Bento 10.000, e contrata com Carlos uma fiança, Carlos poderá contratar com Dario uma fiança da sua obrigação de regresso contra Bento. Na relação 1, Alfredo é credor, Bento devedor e Carlos fiador; na relação 2, Carlos e credor, Bento é devedor e Dario é (retro)fiador.

503 A rigor, não se trata de cofiança: "Quando há fiador do crédito principal e outro para a pretensão de regresso dêsse fiador contra o devedor principal, há *retrofiança* ou *fiança de regresso*. Nenhum dêsses casos é de co-fiança" (Pontes de Miranda, Francisco Cavalcanti. *Tratado de Direito Privado, T. 44*. São Paulo: Revista dos Tribunais, 2012, p. 208).

504 "O que *o fiador de regresso* ou *retrofiador* promete é o que o devedor principal (ou o fiador afiançado) deva, em via de regresso, ao fiador (ou ao subfiador)" (...) "é a fiança para o caso de regresso do fiador contra o devedor principal, de jeito que se promete ao fiador que o devedor principal atenderá à pretensão de regresso. Os princípios sôbre a fiança são sempre invocáveis" (Pontes de Miranda, Francisco Cavalcanti. *Tratado de Direito Privado, T. 44*. São Paulo: Revista dos Tribunais, 2012, p. 189 e 208).

rizadamente acima, culminando com a extinção da retrofiança e a obrigação dos herdeiros do retrogarantidor pelos débitos já constituídos à época do óbito. Por se tratar de exercício do direito de regresso, a dívida do retrofiador só se constitui com o efetivo adimplemento, pelo fiador, da dívida do devedor e a consequente sub-rogação daquele na posição do credor.

Ocorrendo o falecimento do fiador original, que ocupa a posição jurídica de credor da retrofiança, que será analisado no item 4, *infra*, a retrofiança não é afetada, pois os herdeiros do fiador (credores do retrofiador) sucederão sua posição jurídica; estes, por sua vez, serão responsáveis por todas as dívidas já vencidas à época da morte do fiador, de modo que poderão vir a acionar o mecanismo de responsabilização da retrofiança. Morrendo o credor, seus herdeiros serão chamados à sucessão e assumem a posição jurídica do *de cujus*, de modo que a sucessão *causa mortis* do credor não afeta a retrofiança.

Por fim, falecido o devedor, extingue-se também a retrofiança, uma vez que essa é contrato acessório, não podendo subsistir sem o principal: a morte do devedor põe fim à fiança, que é contrato *intuitu personae*, extinção que, por sua vez, retira a eficácia da retrofiança – o que, não obstante, ainda assim, não opera efeitos *ex tunc*: os retrofiadores continuam responsáveis pelas dívidas vencidas até a morte do devedor, ou enquanto subsistirem os efeitos da fiança.

2.2. Sucessão causa mortis do fiador casado e do cônjuge do fiador

No direito brasileiro, há vedação legal à contratação de fiança sem a autorização do cônjuge, por força do artigo 1.647, inc. III. A outorga conjugal foi estudada à larga no Capítulo II da Primeira Parte desse trabalho. Apenas para fins de contextualização, a razão de ser da regra é evitar que um dos cônjuges, isoladamente, cause prejuízo à família: "*Assim, a limitação imposta ao marido tinha o claro objetivo de evitar a alienação de um bem de grande valor que, saindo do patrimônio do marido, poderia causar prejuízos à própria família (e não a ele pessoalmente). A regra, então, visava à proteção patrimonial da família como ente merecedor de cuidados, ainda que em detrimento do direito individual de alienação de bens do cônjuge varão*"[505].

[505] Ver, nesse sentido, Simão, José Fernando. *Ser ou não ser: outorga conjugal e solidariedade familiar*. Disponível em Caderno da Escola Superior da Magistratura do Estado do Pará ISSN

O Código Civil de 2002 manteve a proteção da família em prejuízo da autonomia privada dos cônjuges (com exceção da família de casados pelo regime da separação de bens). Desse modo, delineados os contornos-base e fundamentos da regra, é necessário delinear os efeitos do falecimento do cônjuge do fiador e do fiador casado. Como a outorga conjugal é norma ordem pública, as partes da fiança não podem afastá-la, cabendo, tão somente, o pedido de suprimento judicial da vontade do cônjuge, caso a recusa ocorra sem justo motivo, nos termos do artigo 1.648, do Código Civil de 2002[506]. Não verificada essa exceção, a fiança poderá ser anulada pelo cônjuge não autorizante no prazo decadencial de 2 (dois) anos, que se inicia com o fim da sociedade conjugal, nos termos do artigo 1.649, Código Civil de 2002[507].

Tal prazo possui extrema relevância para o estudo em tela, uma vez que, como se sabe, nos termos do artigo 1.571, do Código Civil, a causa por excelência de fim da sociedade conjugal é a morte de um dos cônjuges (inciso I)[508]. Caso o fiador faleça, a sucessão dar-se-á conforme delineado nos itens acima: seus herdeiros serão responsáveis pelas obrigações constituídas até o momento da sua morte e até o limite das forças da herança. Pode ocorrer, no entanto, de não haver, na fiança prestada, outorga conjugal. Nesse caso, inicia-se o prazo supramencionado para o cônjuge sobrevivente requerer a anulação da fiança, por defeito de legitimidade, conforme pormenorizadamente descrito no Capítulo II, *supra*. Trata-se de prazo decadencial de dois anos, que tem sua fluência impedida pela constância do casamento[509]. Decorrido o biênio legal, o

1984-1035 A Leitura: cad. ESM-PA, Belém, v.2, n.3, p. 1-124, nov. 2009. Referida obra está disponível, em 4 de abril de 2023, em http://esmpa.overseebrasil.com.br/imagens/Image/REVISTA_A_LEITURA/NUMERO_3/A%20LEITURA%20NR3%20V2%20-%20%20NOVEMBRO%202009.pdf.

[506] Art. 1.648. Cabe ao juiz, nos casos do artigo antecedente, suprir a outorga, quando um dos cônjuges a denegue sem motivo justo, ou lhe seja impossível concedê-la.

[507] Art. 1.649. A falta de autorização, não suprida pelo juiz, quando necessária (art. 1.647), tornará anulável o ato praticado, podendo o outro cônjuge pleitear-lhe a anulação, até dois anos depois de terminada a sociedade conjugal.

[508] Art. 1.571. A sociedade conjugal termina: I – pela morte de um dos cônjuges; II – pela nulidade ou anulação do casamento; III – pela separação judicial; IV – pelo divórcio.

[509] "Nem sempre o Código Civil elegeu a formação ou conclusão do negócio como termo inicial da decadência. O diploma adota outras duas formas de disciplinar a questão, que podem ser assim divididas: (1) certos fatos ou atos significam o início do prazo; (2) o Código

ato anulável se convalida, não podendo mais ser arguida sua invalidade. Anulada a fiança, contudo, ela não poderá produzir quaisquer efeitos, podendo os herdeiros do fiador demandar a restituição de eventuais valores pagos pelo fiador com base no contrato viciado, como ensina Zeno Veloso[510].

Se, por outro lado, a fiança não contar com outorga conjugal, mas o falecimento for do cônjuge do fiador, o negócio também poderá ser anulado, pois os herdeiros podem requerer a anulação da fiança prestada sem o consentimento do *de cujus*, por força da autorização do artigo 1.650, do Código Civil[511]. O prazo, nesse caso, iniciará com a morte do cônjuge que deixou de autorizar, mas poderá ser obstado se os herdeiros forem incapazes, nos termos do artigo 198, inciso I, do Código Civil[512-513].

3. Sucessão *causa mortis* do devedor

A morte do devedor, o afiançado do contrato de fiança (embora não seja dele parte), causa perplexidade. A divergência cinge-se em determinar se sua morte causa a extinção do contrato de fiança. A doutrina está

Civil menciona a decadência, mas não indica quando o prazo se inicia" (SIMÃO, José Fernando. *Prescrição e Decadência: início dos prazos*. São Paulo: Atlas, 2013, p. 219).

510 "O negócio anulável, pelo exposto, surge com uma deficiência menos grave do que a que fulmina o nulo. Embora anulável, isto é, passível de vir a ser anulado, entra no mundo *como se fosse* válido, produzindo todos os efeitos. Isto não quer dizer, obviamente, *que seja* válido. Erram, e erram feio, os que afirmam que o ato anulável é válido, até que seja anulado. Válido não é, nem pode ser, tanto que é anulável, sendo a anulabilidade espécie de invalidade. O que ocorre, desde que nasce e até que sobrevenha a anulação, é a eficácia: o negócio anulável produz todos os seus efeitos. Ele é anulável, inválido, portanto, mas eficaz. Pelo menos, *interinamente eficaz*, porque há a possibilidade de o interessado, dentro do prazo legal, requerer a sua anulação, com a desconstituição retroativa dos efeitos que produziu (...) Se, ao contrário, o negócio anulável *for anulado*, tudo funciona como se ele fosse nulo, e os efeitos que produziu são desfeitos, *ab initio*, como se nunca e jamais tivesse havido efeito" (VELOSO, Zeno Augusto Bastos. *Invalidade do negócio jurídico: nulidade e anulabilidade* – 2ª edição; Belo Horizonte: Del Rey, 2005, pp. 265-266).

511 Art. 1.650. A decretação de invalidade dos atos praticados sem outorga, sem consentimento, ou sem suprimento do juiz, só poderá ser demandada pelo cônjuge a quem cabia concedê-la, ou por seus herdeiros.

512 Art. 198. Também não corre a prescrição: I – contra os incapazes de que trata o art. 3º;

513 Ressalte-se, ainda, que, se o cônjuge que deixou de autorizar for divorciado e, no ínterim dos 2 (dois) anos de prazo para requerer a anulação do negócio, vier a falecer, o prazo continuará sem qualquer interrupção, suspensão ou impedimento, salvo na hipótese de herdeiros menores, caso em que o prazo restará impedido.

dividida: Carvalho Santos[514] afasta a regra do *intuitu personae*, em cuja conclusão é acompanhado por Monteiro[515], por outro lado, vê-se que Oliveira[516] defende posição intermediária, segundo a qual a fiança só seria extinta em caso de obrigações personalíssimas, enquanto Pontes de Miranda[517], Diniz[518] e Zulliani[519] defendem a extinção do contrato.

514 "A regra de *persona ad personam non extenditur fidejussio* não poderia ser invocada no caso de, morrendo o afiançado devedor, recolherem os seus herdeiros a sucessão com a dívida. Porque, no caso, a fiança subsiste; a pessoa do devedor principal continua nos seus herdeiros" (Carvalho Santos, J. M. de. *Código Civil Brasileiro Interpretado, principalmente do ponto de vista prático*. Vol. XIX. São Paulo: Livraria Editora Freitas Bastos, 1937, p. 438).

515 "Já a morte do afiançado não extingue a fiança; a seu respeito, os herdeiros respectivos são meros continuadores do *de cujus*" (Monteiro, Washington de Barros. *Curso de Direito Civil: direito das obrigações: 2ª parte: dos contratos em geral, das várias espécies de contrato, dos atos unilaterais, da responsabilidade civil*, v. 5. – 35ª ed. – São Paulo: Saraiva, 2009, p. 408).

516 "Nem sempre a morte do devedor extingue a obrigação principal e, por conseguinte, a fiança. Depende da espécie da obrigação principal. E.g., a fiança dada a um contrato de mútuo não se extingue pela morte do devedor. Morrendo o afiançado a dívida principal prevalece até ser liquidada. Agora, um exemplo de obrigação pessoal que se extingue com a morte do devedor. *A* contratou o pintor *B* para fazer determinada tela, com fiança de *C*. *B* falece antes de decorrido o prazo para cumprir a obrigação. A obrigação principal está extinta por ser personalíssima e via de conseqüência a fiança" (Oliveira, Lauro Laertes de. *Da fiança*. São Paulo: Saraiva, 1981, p. 85).

517 "Se houve sucessão na dívida, como se há transferência, entre vivos, do contrato de locação, não há pensar-se em continuação da fiança, porque, salvo cláusula expressa em contrário, a dívida cessou, porque o que se prometeu foi o adimplemento pelo devedor principal A, e não por A *e seus sucessores*. A fiança pode ser concebida quanto ao devedor principal e seus herdeiros, ou sucessores entre vivos, ou todos os sucessores" (Pontes de Miranda, Francisco Cavalcanti. *Tratado de Direito Privado, T. 44*. São Paulo: Revista dos Tribunais, 2012, p. 332).

518 Embora cometendo o mesma equívoco do Código: "A morte do afiançado não extinguirá a fiança, pois os herdeiros serão os seus continuadores; mas cessa a obrigação de fiador, a partir do óbito, logo só responderá pela dívida do falecido afiançado anteriormente assumida" (Diniz, Maria Helena. *Curso de Direito Civil Brasileiro* – v. 3 – 30ª edição. São Paulo: Saraiva, 2014, p. 623).

519 "Devido a uma acentuada ligação personalíssima do contrato de fiança advoga-se a tese de extinção da fiança quando o devedor morre, exatamente porque a garantia foi celebrada pelo fator confiança, e esse valor de força jurídica não se transmite aos herdeiros do devedor, novos responsáveis pela dívida nos limites da herança. O fiador que presta fiança contra a vontade do devedor não poderá ser exonerado com a morte dele, porque a garantia foi prestada para o credor, e o mesmo vale quando o credor determina, indica ou escolhe o fiador contra a vontade do devedor. Quando o fiador assume a posição de garante aliado ao devedor e por causa dele, é razoável considerar extinta a fiança pela morte do devedor, tendo em vista que a situação patrimonial do verdadeiro responsável modifica para pior com o faleci-

A mesma divisão se encontra na jurisprudência. De um lado a linha mais recente do Superior Tribunal de Justiça no sentido de que a obrigação decorrente da fiança se extingue com a morte do devedor[520] e, de outro lado alguns julgados fundados na antiga jurisprudência do Supremo Tribunal Federal, segundo a qual a fiança não se extingue com a morte do afiançado[521]. Diante de tal controvérsia, Figueiredo advoga por uma decisão casuística, na qual o juiz deveria adentrar nos "*atributos pessoais do afiançado na contratação da fiança*"[522], no que é seguido por Zulliani.

A posição de Figueiredo e Zulliani, de que a morte do afiançado extingue a fiança, parte da premissa de que a fiança é prestada em favor de

mento do titular, sabido que os herdeiros respondem nos limites da herança transmitida e muitas vezes o acervo real transferido no inventário não é igual ao que o devedor vivo dispunha e manipulava. O fiador tem sua expectativa alterada, e isso abala a força da causa do negócio da fiança, justificando a extinção a partir do óbito e sem necessidade de interpelação ou aviso", fazendo a ressalva quanto à fiança bancária: "na hipótese de fiança bancária em que se contrata essa caução de maneira onerosa, o vínculo se concretiza diante de requisitos objetivos, independentemente das condições pessoais, e aí não há lugar para extinção pela morte do devedor: a garantia continua e deve ser executada" (*in.* NANNI, Giovanni Ettore (org.). *Comentários ao Código Civil: direito privado contemporâneo*. São Paulo: Saraiva, 2018, p. 1.198-1.199).

520 Favorável exoneração do fiador com a morte do afiançado, linha atualmente prevalecente no Superior Tribunal de Justiça: PROCESSUAL CIVIL. AGRAVO REGIMENTAL NO AGRAVO DE INSTRUMENTO. CONTRATO DE COMPRA E VENDA. EXTENSÃO DA RESPONSABILIDADE DO FIADOR. EVENTO MORTE. CONTRATO INTUITU PERSONAE. EXTINÇÃO DA GARANTIA. 1. Esta eg. Corte de Justiça possui jurisprudência no sentido de que a responsabilidade do fiador fica delimitada aos encargos originariamente firmados, de modo que o contrato de fiança deve ser interpretado com certa nuança, no sentido de não vincular o fiador ou o espólio ao cumprimento *ad infinitum* do contrato, ainda que haja cláusula prevendo sua responsabilidade sem termo previsto. Nesse diapasão, tendo o contrato de fiança natureza *intuitu personae*, e acontecendo o evento morte do fiador ou do afiançado, como está sujeito a acontecer nos contratos de locação, a obrigação também se extingue, exonerando, por consequência, e a partir daí, o espólio. 2. Agravo regimental a que se nega provimento (AgRg no Ag 772.179/PR, Rel. Min. Raul Araújo, Quarta Turma, j. em 27/08/2013).

521 Contrário à exoneração do fiador com a morte do afiançado: Fiança. Morte do afiançado. Precedentes. 1. A melhor orientação da doutrina, de acordo com antigos precedentes do Colendo Supremo Tribunal Federal, é a de que não se extingue o contrato de fiança com a morte do afiançado, sendo este negócio jurídico bilateral entre o fiador e o credor, na lição sempre prestigiada de Pontes de Miranda. 2. Recurso especial conhecido, mas a que se nega provimento (REsp 255.662/PR, Rel. Min. Carlos Alberto Menezes Direito, Terceira Turma, j. em 19/04/2001).

522 FIGUEIREDO, Gabriel Seijo Leal de. *Contrato de fiança*. São Paulo: Saraiva, 2010, p. 228.

determinado credor, mas, caso não o seja – isto é, caso o fiador seja um terceiro que presta fiança sem conhecer o devedor, por interesse puramente econômico – a fiança onerosa persistirá à morte do devedor. Essa solução gera dúvida, pois cria uma indeterminação eficacial dentro do tipo contratual, deixando margem de discricionariedade para o juiz extinguir a fiança.

Parece, contudo, que se trata da solução mais adequada para o caso de falecimento do afiançado, de modo que a fiança perderá seu objeto, que é a própria promessa de que o devedor pagará[523], se o fiador fez essa promessa por causa daquele devedor. É dizer, em outras palavras, que quem afiança não o faz visando a garantir as dívidas dos herdeiros do devedor, mas sim, e exclusivamente, o próprio devedor. No entanto, é verdade que, em contratos de agentes profissionais, o fiador deverá manter seu vínculo, mesmo com o falecimento do afiançado, devendo ser presumida a manutenção da garantia[524].

Desse modo, em razão do eminente caráter *intuitu personae* da fiança; do possível agravamento do risco fidejussório com a sucessão do devedor – com o qual o fiador não anuiu – e com a imposição de interpretação restritiva característica da fiança, nos termos do artigo 819, do Código Civil, o caso é de extinção do contrato de fiança, salvo se a fiança for a chamada *profissional*, presente em contratos paritários, em que se pactuar expressamente a manutenção da fiança no caso de falecimento do devedor[525]. Evidentemente, em qualquer dos casos, a fiança poderá ser repactuada entre o fiador e credor, visando à garantia da dívida dos sucessores do devedor[526].

[523] PONTES DE MIRANDA, Francisco Cavalcanti. *Tratado de Direito Privado, T. 2.* São Paulo: Revista dos Tribunais, 2012, p. 185.

[524] Nesse sentido, sobre o ônus probatório: "na fiança de amigos ou parentes deverá ser o credor a contrariar a presunção *hominis* do carácter *intuitu personae* da fiança; nas fianças profissionais o ónus de contrariar presunção inversa caberá ao fiador" (COSTA GOMES, Manuel Januário da. *Assunção Fidejussória de Dívida: sobre sentido e o âmbito da vinculação como fiador.* Coimbra: Almedina, 2000, pp. 792-793).

[525] "Referimo-nos, neste particular, apenas às fianças de profissionais; no caso de fianças de amigos ou parentes, a imposição duma cláusula de sobrevivência d afiança à morte do devedor poderá ser tida como usurária ou ofensiva aos bons costumes" (COSTA GOMES, Manuel Januário da. *Assunção Fidejussória de Dívida: sobre sentido e o âmbito da vinculação como fiador.* Coimbra: Almedina, 2000, p. 792, nota 180).

[526] FIGUEIREDO, Gabriel Seijo Leal de. *Contrato de fiança.* São Paulo: Saraiva, 2010, p. 229.

Toda a controvérsia acima narrada decorre do fato de que, tal como no Brasil, em Portugal o Código Civil não faz menção à morte do devedor e seus efeitos sobre a fiança. Costa Gomes, no entanto, aponta que "*não menos certo é que a dívida de fiança é normalmente assumida em função da concreta pessoa e património do devedor principal, devendo haver razões sérias que justifiquem a imposição ao fiador de um risco económico diferente*"[527]. Não obstante, esse raciocínio somente se aplica com as premissas acima expostas, ou seja, de que a fiança é assumida *em razão* de um determinado devedor. Nesse caso, há extinção da fiança com a morte do devedor. É preciso salientar que as dívidas vencidas à altura da morte do devedor continuam sob responsabilidade do fiador, "*uma vez que não há, por virtude da substituição de devedor, um agravamento do risco fidejussório*"[528], o que só ocorre com a substituição do afiançado pelos seus herdeiros no polo passivo da obrigação garantida, formando novas obrigações.

3.1. Sucessão causa mortis do codevedor

Ainda sobre a sucessão do afiançado, a garantia pode ter sido prestada tendo como suporte uma obrigação principal com multiplicidade de devedores, considerando aqui que o fiador afiança estes devedores *intuitu personae*, não como atividade econômica. É o caso de o fiador *F* garantir a dívida no valor de 100 reais que o credor *C* tem com os devedores *D1* e *D2*. Dado que a solidariedade entre *D1* e *D2* não se presume, cada um deles é devedor e responsável pela quantia de 50 reais; se *F* afiançar somente *D1*, a fiança garantirá 50 reais; o falecimento de *D1* implicará a extinção da fiança, pois, como visto acima, a fiança é prestada *intuitu personae*, não em favor dos sucessores do afiançado; se falecer *D2*, contudo, *F* continuará responsável pela dívida de *D1*, de 50 reais.

A hipótese se altera se *F* garantir as dívidas de *D1* e de *D2*, ou seja, a integralidade da dívida. Nesse cenário, a morte de qualquer um deles implicará a extinção parcial da fiança, reduzindo o âmbito de garantia para a metade, pois cada um deles era devedor e responsável por somente metade da dívida, em decorrência da impossibilidade de agravamento

[527] Costa Gomes, Manuel Januário da. *Assunção Fidejussória de Dívida: sobre sentido e o âmbito da vinculação como fiador*. Coimbra: Almedina, 2000, p. 790.

[528] Costa Gomes, Manuel Januário da. *Assunção Fidejussória de Dívida: sobre sentido e o âmbito da vinculação como fiador*. Coimbra: Almedina, 2000, p. 791.

do risco fidejussório e da qualidade *intuitu personae* da fiança prestada – ficando, portanto, *F* responsável por 50 reais. Se, contudo, *D1* e *D2* forem solidários entre si – a sucessão do codevedor solidário segue o regime do artigo 276 do Código Civil –, o falecimento de qualquer um deles não implica o agravamento do risco fidejussório, pois *F* garantiu que ambos pagariam a quantia integral, de modo que, se um deles falecer, a promessa de *F* quanto ao supérstite continua eficaz, ficando o garantidor responsável pela integralidade da dívida.

No caso de subfiança, como é a "fiança da fiança", o subfiador promete ao credor que o fiador pagará. Trata-se de promessa da mesmíssima natureza em relação à do fiador, de modo que, se a subfiança foi prestada em razão da pessoa do fiador, em caso de falecimento do fiador – devedor da subfiança –, se extinguirá a subfiança, caso contrário, isto é, se a subfiança foi prestada profissionalmente, ela continuará eficaz com o falecimento do devedor da subfiança (fiador da obrigação original) – para caracterização da profissionalidade da fiança, a presença dos elementos paridade e onerosidade é relevante, mas é necessária a previsão expressa de manutenção da fiança. Outrossim, se o contrato de fiança se extinguir em razão da morte do devedor original, a subfiança também se extinguirá, pois a fiança também se extingue com a morte do devedor, se foi prestada *intuitu personae*.

4. Sucessão *causa mortis* do credor

A morte do credor, por outro lado, não afeta a higidez do contrato de fiança, devendo operar a sucessão legal dos contratos. Isso porque a fiança não é prestada em razão da figura do credor, mas sim em razão do devedor, nos termos da lição de Pontes de Miranda: "Se *houve sucessão entre vivos no crédito principal do credor, a fiança persiste, como persistiria se tivesse havido sucessão a causa de morte*"[529]. A solução é a mesma para o caso de subfiança, uma vez que, na fiança e na subfiança, o credor é a mesma pessoa, não havendo motivos para tratamento diferenciado em situação idêntica. Para o retrofiador, a morte do credor tampouco produz efeitos, uma vez que não possui, com ele, qualquer liame jurídico – trata-se de contrato de contragarantia firmado entre o fiador e o retrofiador, visando à garantia do direito de regresso do fiador em face do (retro)afiançado.

[529] Pontes de Miranda, Francisco Cavalcanti. *Tratado de Direito Privado, T. 44*. São Paulo: Revista dos Tribunais, 2012, p. 332.

5. Especificidades da Lei de Locações

As locações de imóveis urbanos possuem especial relevo no cenário econômico de uma nação. O mercado de locações é relevante ao ponto de ter uma legislação específica para sua regência. Trata-se da Lei n. 8.245/91, que tem regras específicas para esse tipo contratual que ora se afastam da codificação civil, ora se aproximam. No que toca especialmente à sucessão contratual na locação urbana, seguindo a regra geral, a morte do locador transmite o contrato aos herdeiros, em hipótese de sub-rogação legal[530]. Também em relação à fiança, dado que a morte do fiador põe fim à garantia, manteve o legislador a extinção da fiança, nos termos do artigo 40, inciso I, da Lei n. 8.245/91[531]. Com a morte do fiador, o locador deverá notificar o locatário, no prazo de 30 (trinta) dias, para apresentar nova garantia, sob pena de extinção da locação.

As disposições da lei especial quanto à morte do locatário se afastam do Código Civil. Independentemente de vocação sucessória, exclusivamente para o caso de locações residenciais – atenta, portanto, à promoção do direito à moradia –, a Lei criou, em seu artigo 11[532], hipótese de sub-rogação de cônjuge ou companheiro nos direitos e obrigações do *de cujus* e, não havendo cônjuge ou companheiro, dos herdeiros e das pessoas que viviam na dependência econômica do *de cujus*, desde que residentes no imóvel. Nas locações não residenciais, o espólio e, se for o caso, o sucessor no negócio, sub-roga-se no contrato de locação. Aqui a finalidade da regra é a proteção do fundo de comércio.

Ao contrário do regime geral, no qual a morte do afiançado importa a extinção da fiança, uma vez que o fiador não garantiu os sucessores do devedor, na locação urbana, regulada pela Lei n. 8.245/91, o fiador deve ter cuidado redobrado. Isso porque, como visto, a sucessão do locatário importa a sub-rogação de todos os seus direitos e obrigações,

530 Art. 10. Morrendo o locador, a locação transmite-se aos herdeiros.

531 Art. 40. O locador poderá exigir novo fiador ou a substituição da modalidade de garantia, nos seguintes casos: (...) I – morte do fiador;

532 Art. 11. Morrendo o locatário, ficarão sub-rogados nos seus direitos e obrigações:
I – nas locações com finalidade residencial, o cônjuge sobrevivente ou o companheiro e, sucessivamente, os herdeiros necessários e as pessoas que viviam na dependência econômica do de cujus, desde que residentes no imóvel;
II – nas locações com finalidade não residencial, o espólio e, se for o caso, seu sucessor no negócio.

inclusive da fiança, bastando, para tanto, tão-somente que seja o fiador comunicado por escrito, nos termos do §1º do artigo 12[533]. Exsurge, não obstante, o direito de o fiador se exonerar, que deverá ser exercido no prazo decadencial de 30 (trinta) dias. Exercido o direito de exoneração decorrente da modificação do risco fidejussório com a sub-rogação do polo passivo da obrigação locatícia, a denúncia fica suspensa pelo prazo de 120 dias contados do recebimento da notificação (ver capítulo I da Segunda Parte – Exoneração do Fiador), durante os quais o fiador continua responsável, prazo também mais extenso do que o da fiança não locatícia. Caso o fiador não exerça o direito exoneratório nos prazos legais, sendo que ele deverá ser notificado do evento morte, por aplicação analógica do artigo 11, §1º, continuará ele vinculado ao contrato até o seu término[534].

6. Conclusões

1. A transmissibilidade da fiança aos herdeiros do fiador foi introduzida pelo direito romano, após a unificação do regime jurídico dessa garantia pessoal, com o direito justinianeu, no instituto da *fideiussio*, respondendo à extinção do *nexum* e à maior complexidade da economia romana. A transmissibilidade foi absorvida pelo direito português régio e aceita nas codificações civis que lhe seguiram, seja de forma explícita, seja por iniciativa doutrinária.
2. No direito brasileiro atual, seguindo previsão pioneira do Código Comercial de 1850 – que, por sua vez, foi inscrita na codificação cível de 1916 –, o Código Civil de 2002, em seu artigo 836, prevê a transmissão das obrigações do fiador aos seus herdeiros, no limite da responsabilidade do garante no momento de seu falecimento. Dessa forma, o legislador ofereceu uma solução jurídica conforme o caráter benéfico e *intuitu personae* da fiança, configurando a morte do fiador como causa de extinção da fiança. Ao mesmo tempo, adotando posição que mantém a função econômica da garantia, o legislador

[533] § 1º Nas hipóteses previstas neste artigo e no art. 11, a sub-rogação será comunicada por escrito ao locador e ao fiador, se esta for a modalidade de garantia locatícia.

[534] O prazo do fiador se inicia com a ciência da morte, pois ele não pode ser prejudicado sem sequer saber do fato. Sobre início dos prazos de prescrição e decadência ver: Simão, José Fernando. *Prescrição e decadência: início dos prazos.* São Paulo: Atlas, 2013.

resguarda o credor, na medida em que possibilita eventual responsabilização dos herdeiros do fiador pelas dívidas constituídas ao tempo do óbito do garante, no limite de sua herança.

3. Quanto à sucessão *causa mortis* do cofiador, o montante a que estarão responsabilizados seus herdeiros, na proporção de seus respectivos quinhões hereditários, dependerá da previsão contratual do benefício de divisão no instrumento da fiança. Assim, previsto o benefício, o montante equivalerá à parcela da dívida garantida pelo *de cujus*. Por outro lado, estando o benefício ausente, incide a presunção legal de solidariedade inscrita no artigo 829 do Código Civil de 2002, e os herdeiros estariam passíveis de responder pela dívida integral – respeitando a limitação das forças da herança.

   3.1. Finalizando a análise da sucessão *causa mortis* do cofiador, tem-se a subfiança e a retrofiança. Em ambos os casos, aplica-se o raciocínio exposto, considerando que, tanto o abonador, quanto o retrofiador, ocupam a posição de fiador em seus respectivos contratos.

4. Na hipótese de o fiador ser casado, duas situações podem ser aventadas, levando-se em consideração a carência de outorga conjugal no momento de formação da fiança.

   4.1. Na primeira hipótese, na qual o fiador falece, a responsabilidade dos herdeiros pode ser obstada pela invalidação do contrato de fiança, desde que se alegue a falta de outorga conjugal em juízo dentro do prazo decadencial de 2 (dois) anos, contados da dissolução da sociedade conjugal.

   4.2. Na segunda hipótese, em que o cônjuge outorgante falece, ainda será possível aos demais herdeiros alegar o vício de validade assinalado, seguindo a previsão do artigo 1.650 do Código Civil de 2002.

5. A controvérsia jurídica criada em torno da sucessão *causa mortis* do afiançado cinge-se à configuração, ou não, da morte do devedor como causa de extinção da garantia pessoal. Como visto, nesta hipótese, deve-se atentar ao caráter *intuitu personae* da fiança, de modo que ela se extingue quando a personalidade do afiançado ser causa relevante para a formação da garantia. Essa consequência não é aplicável à fiança profissional, onde o vínculo entre o fiador e o devedor é econômico.

6. Estando-se diante de pluralidade no polo passivo da obrigação principal, a morte de um dos codevedores poderá afetar a fiança de três formas.

6.1. Sendo o fiador garante de apenas um dos codevedores, a morte deste implica a extinção da fiança, desobrigando-se o fiador.

6.2. Sendo o fiador garante de todos os sujeitos do polo obrigacional passivo e não havendo solidariedade passiva no contrato principal, a morte de um dos codevedores implica a diminuição do montante da garantia, podendo o fiador responder pelo valor total da dívida subtraído da parcela devida pelo *de cujus*.

6.3. Sendo o fiador garante de todos os sujeitos do polo obrigacional passivo e havendo solidariedade passiva no contrato principal, a morte de um dos codevedores nada altera o âmbito da fiança, podendo ser exigido, do fiador, o valor integral da dívida garantida, após verificado inadimplemento.

7. Considerando-se que a prestação da fiança tem em vista a figura do devedor, não há que se cogitar a extinção da garantia em razão da morte do credor da obrigação principal. O que ocorre, nesta hipótese, é a mera sucessão dos herdeiros do *de cujus* no polo ativo dos contratos principal e acessório.

8. No âmbito do microssistema legal da Lei do Inquilinato, destacam-se duas inovações quanto à sucessão no contrato de fiança locatícia.

8.1 Como resultado da importância da garantia pessoal à locação de imóvel urbano, a extinção da fiança em razão da morte do garante pode levar à extinção do contrato principal, conforme se depreende do artigo 40 do diploma especial.

8.2 Vindo a falecer o locatário, em vez da fiança se extinguir – seguindo a regra geral estatuída no tópico 5 –, a Lei do Inquilinato possibilita a sub-rogação de terceiros nos direitos e obrigações do locatário em seu artigo 11. Dessa forma, deve o fiador atentar-se, na fiança locatícia, à figura dos terceiros arrolados pelo diploma especial, sem prejuízo de poder se exonerar após a morte do locatário, nos termos do artigo 12, §1º, da mesma lei, devendo ser intimado para tanto.

3. BEM DE FAMÍLIA E FIANÇA

1. Introdução: posição da controvérsia[535]

Com a promulgação da Lei n. 8.009/1990, em 29 de março, o bem de família[536], caracterizado como aquele imóvel residencial próprio da entidade familiar, tornou-se impenhorável perante qualquer dívida civil, comercial, fiscal, previdenciária ou de qualquer natureza, com exceção

535 Durante os trabalhos de revisão da dissertação de mestrado para a publicação deste livro, ocorreu o julgamento definitivo da questão que ensejou a redação do presente capítulo. Tratava-se da discussão sobre a penhorabilidade do bem de família em fiança que garantia locação comercial. Após muita reflexão, acredita-se que o presente capítulo continua pertinente, mesmo com o julgamento do RE 1.307.334/SP e aparente consolidação da matéria no Tema 1127/STF, pois, como se verá, a questão é presença constante nos tribunais e há grande inconformismo da doutrina, que protesta constante e fixamente, pela revisão dos enunciados consolidados pela jurisprudência. Ao final, senão como defesa da legalidade, o presente capítulo servirá para que futuros estudantes do tema tenham acesso a toda a discussão que envolve a matéria, pois a pacificação jurisprudencial ocorrida se deu no sentido defendido pelo trabalho apresentado para obtenção do título de mestre.

536 Zeno Veloso anota que o bem de família tem origem na República do Texas em 1836, e não no direito romano, como a maioria dos institutos jurídicos de direito privado. Segundo a Constituição daquele estado, todo o cidadão poderia obter do Governo uma porção de terra para se estabelecer, trabalhar e produzir (VELOSO, Zeno Augusto Bastos. Bem de família. Revista de Informação Legislativa, Brasília, n. 107, a. 27, p. 203-214, jul./set. 1990). Já em 1862, com a promulgação do *Homestead Act*, muitos americanos conseguiram adquirir terras por preços módicos, com o objetivo de elevar a condição do homem. Veloso assinala que Coelho Rodrigues previu um "lar de família", inalienável e indissolúvel, em seu projeto, no art. 2.079 (VELOSO, Zeno Augusto Bastos. *Bem de família*. Revista de Informação Legislativa, Brasília, n. 107, a. 27, p. 203-214, jul./set. 1990).

de ressalva legal. Tratou-se de importante avanço em direção à teoria da proteção do patrimônio mínimo, segundo a qual há intangibilidade, por certos credores, sobre determinados bens e direitos, embora com ela não se confunda, uma vez que essa teoria é muito mais ampla do que a impenhorabilidade do bem de família[537].

A Lei, portanto, restringiu o alcance eficacial da garantia dos devedores, determinando que certos bens não se sujeitam à execução forçada, o que é absolutamente compatível com o exposto na introdução do presente trabalho: a responsabilidade patrimonial não implica a total sujeição do patrimônio à satisfação da dívida. Aliás, é importante frisar, o bem de família não é o único que conta com proteção legal, juntando-se aos bens gravados com cláusula de inalienabilidade ou impenhorabilidade: os móveis, pertences e utilidades domésticas que guarnecem a residência (exceto os que exacerbarem o padrão médio de vida); os vencimentos e subsídios; livros, máquinas e ferramentas da profissão; o seguro de vida, entre outros[538].

A questão, portanto, cinge-se ao campo eficacial do negócio jurídico: quais bens, dentro do patrimônio do devedor, podem ser atingidos em eventual responsabilização patrimonial do fiador e quais bens não podem? A resposta para essa questão determinará maior ou menor eficácia da fiança.

Ainda no ano de 1990, a celeuma se instalou, pois houve temor generalizado do mercado imobiliário que a principal garantia à locação restasse esvaziada. Segundo Capanema, essa exceção se impôs, "*pois estava se tomando quase impossível o oferecimento da garantia da fiança, já que raramente o candidato à locação conseguia um fiador que tivesse, em seu patrimônio, mais de um imóvel residencial*", de modo que o locador que recusava a loca-

[537] Segundo Luiz Edson Fachin "*a pessoa natural, ao lado de atributos inerentes à condição humana, inalienáveis e insuscetíveis de apropriação, pode ser também, à luz do Direito Civil brasileiro contemporâneo, dotada de uma garantia patrimonial que integra sua esfera jurídica*", de modo que a pessoa teria direito a um patrimônio mínimo, que garanta uma vida digna, e que esse patrimônio não pode ser expropriado da pessoa, uma vez que o autor sustenta "*existir essa imunidade juridicamente inata ao ser humano, superior aos interesses dos credores*" (FACHIN, Luiz Edson. *Estatuto Jurídico do Patrimônio Mínimo*. Rio de Janeiro: Renovar, 2001, pp. 1-2)

[538] Atualmente o rol dos bens impenhoráveis está localizado no art. 883 do Código de Processo Civil. É verdade que esse rol foi bastante ampliado com a reforma feita, ainda na vigência do Código de Processo Civil de 1973, pela Lei 11.382/2006. Na redação original, o rol de impenhorabilidade era bastante mais restrito.

ção sem garantia (ou com uma garantia ineficaz) não podia ser condenado[539]. Nesse contexto, quando da promulgação da Lei do Inquilinato (Lei nº 8.245/1991), em 18 de outubro, foi introduzida, na Lei do Bem de Família, uma nova exceção à impenhorabilidade do bem de família, qual seja a penhora decorrente de fiança prestada em contrato de locação (artigo 3º, inciso VII[540]).

A nova exceção à regra de impenhorabilidade, "*que pela sua clareza, parecia que não iria suscitar divergências, é hoje um dos mais polêmicos, em razão da densidade social de que se reveste*"[541], sendo submetido diversas vezes a testes jurisprudenciais, e tendo, inclusive, tido sua inconstitucionalidade arguida na sede do Recurso Extraordinário 407.688/SP, de 8 de fevereiro de 2006. Como lembra Capanema, no processo em referência, o Ministro Carlos Mário Velloso do Supremo Tribunal Federal concedeu tutela liminar para suspender a realização de leilão judicial, pois a regra em debate feriria o direito constitucional de moradia[542]. Nesse julgado, ficou reconhecida a constitucionalidade da exceção à impenhorabilidade criada pela Lei nº 8.245/1991.

Em brevíssima síntese do extenso acórdão do Recurso Extraordinário 407.688/SP, que conta com 48 laudas, o objeto da discussão foi "*saber se a penhorabilidade do bem de família do fiador de contrato de locação persiste, ou não, com o advento da Emenda Constitucional nº 26, de 14 de fevereiro de 2000, que ampliou a disposição do artigo 6º da Constituição Federal, incluindo a moradia entre os direitos sociais*". O acórdão se inicia com a exposição, pelo novo Relator designado após a aposentadoria do Ministro Velloso, Ministro Cezar Peluso, de que a penhora do bem de família não viola o artigo 6º da Constituição, pois o direito social previsto na Carta Política "*supõe provisão legal de prestações aos cidadãos, donde entrar na classe dos chamados '**direitos de prestações**, dependentes de atividade mediadora dos pode-*

[539] Souza, Sylvio Capanema de. *A Lei do Inquilinato Comentada Artigo por Artigo*. 8ª Edição. Rio de Janeiro: Gen/Forense, 2012, p. 406.

[540] Art. 3º A impenhorabilidade é oponível em qualquer processo de execução civil, fiscal, previdenciária, trabalhista ou de outra natureza, salvo se movido: (...) VII – por obrigação decorrente de fiança concedida em contrato de locação (Incluído pela Lei nº 8.245, de 1991).

[541] Souza, Sylvio Capanema de. *A Lei do Inquilinato Comentada Artigo por Artigo*. 8ª Edição. Rio de Janeiro: Gen/Forense, 2012, p. 406.

[542] Souza, Sylvio Capanema de. *A Lei do Inquilinato Comentada Artigo por Artigo*. 8ª Edição. Rio de Janeiro: Gen/Forense, 2012, p. 407.

res publicos"[543], de modo que não há repugna à ordem constitucional na previsão da penhorabilidade do bem de família do fiador, até porque a norma em comento estimula a oferta de imóveis para locação.

Em esforço conclusivo, assim termina o voto do Ministro Peluso:

> "*Não admira, portanto, que, no registro e na modelação concreta do mesmo direito social, se preordene a norma subalterna a tutelar, mediante* estímulo do acesso à habitação arrendada – *para usar os termos da Constituição Lusitana* –, *o direito de moradia de uma classe ampla de pessoas (interessadas na locação), em dano de outra de menor espectro (a dos fiadores proprietários de um só imóvel, enquanto bem de família, os quais não são obrigados a prestar fiança). Castrar essa técnica legislativa, que não pré-exclui ações estatais concorrentes doutra ordem, romperia equilíbrio do mercado, despertando exigência sistemática de garantias mais custosas para as locações residenciais com conseqüente desfalque do campo de abrangência do próprio direito constitucional à moradia*"

Em voto contrário, o Ministro Eros Grau ressaltou que a penhorabilidade do bem de família do fiador poderia criar a seguinte distorção: se o locatário tiver imóvel próprio, este não poderia ser penhorado para satisfação da dívida locatícia, enquanto o bem do fiador, na mesma situação, poderia sê-lo. Além disso, destaca que a norma do artigo 6º da Constituição Federal vincula o legislador, de modo que a penhorabilidade deveria ser afastada.

O Ministro Joaquim Barbosa, a seu turno, destacou que a suposta violação do direito social à moradia se dá em uma relação de particulares, de modo que é tipicamente de direito privado. Assim, a incidência dos direitos fundamentais, embora deva ser considerada, mesmo entre privados, merece ser temperada com a casuística, prestigiando a proteção da propriedade do fiador em detrimento da liberdade, pois "*o cidadão, por livre e espontânea vontade, põe em risco a incolumidade de um direito fundamental social que lhe é assegurado na Constituição. E o faz, repito, por vontade própria. Por via de consequência, entendo que não há incompatibilidade*".

O Ministro Carlos Britto, a partir de uma análise protetiva da família, vota pela impenhorabilidade do bem de família do fiador. O Ministro

[543] Citado, entre aspas, a seguinte referência: CANOTILHO, J. J. Gomes. *Direito Constitucional e Teoria da Constituição.* 3ª ed. Coimbra: Almedina, p. 446 C, I e 447-448.

Gilmar Mendes, por sua vez, traz para o centro da controvérsia a autonomia privada e a autodeterminação das pessoas, pois não seria possível "*vislumbrar, na concretização que lhe deu a lei, a violação apontada*". A Ministra Ellen Gracie acompanhou, também, a relatoria do Ministro Cezar Peluso. O Ministro Marco Aurelio, centrado na interpretação legal e constitucional dos dispositivos, afirmou que a tutela do artigo 6º é da moradia, não da propriedade, de modo que não confere intangibilidade à propriedade do bem de família.

O Ministro Celso de Mello argumentou pelo provimento da ação e pela declaração de inconstitucionalidade do dispositivo em foco, enquanto o Ministro Sepúlveda Pertence afastou o argumento do Ministro Grau. Este sustentou que reconhecer a penhorabilidade seria "*atender à lógica de mercado*", sendo que aquele protestou, atentando-se à "*realidade circundante da questão constitucional. A alternativa à 'fiação' eficaz é enredar-se o inquilino na garantia bancária, inacessível à grande massa daqueles que não têm como realizar o seu direito à moradia senão mediante o arrendamento do imóvel residencial*", acompanhando o voto do Ministro Peluso.

Por fim, o Presidente, Ministro Nelson Jobim, foi peremptório ao afirmar que a desatenção à realidade poderia gerar efeitos contrários àqueles desejados academicamente, dando, ao final, sua concordância ao voto do relator.

Ao cabo, o Supremo Tribunal Federal, por maioria de 7 votos (contra 3), negou provimento ao recurso, mantendo a penhorabilidade do bem de família do fiador, com os votos contrários dos Ministros Eros Grau, Carlos Britto e Celso de Mello, que davam provimento ao recurso. Contudo, mesmo a decisão em plenário não foi suficiente para encerrar a controvérsia, pois a matéria ainda retornava à Corte Suprema, até que, em 13 de agosto de 2010, em sede do Recurso Extraordinário 612.360/SP, foi reconhecida sua repercussão geral, tão somente para reafirmar a jurisprudência fixada no Recurso Extraordinário 407.688/SP[544],

[544] Cite-se, a título ilustrativo, os precedentes citados pelo voto que negou seguimento ao referido Recurso Extraordinário: "Esta Corte firmou entendimento no sentido da constitucionalidade da penhora sobre o bem de família do fiador, mesmo após a EC 26/2000. Nesse sentido: RE 407.688, rel. Min. Cezar Peluso, Pleno, DJ 6.10.2006; RE 477.953-AgR, rel. Min. Eros Grau, 2ª Turma, DJ 2.2.2007; RE 493.738-AgR, rel. Min. Cármen Lúcia, 1ª Turma, DJe 5.2.2009; AI 584.436-AgR, rel. Min. Cezar Peluso, 2ª Turma, DJe 12.3.2009; AI 693.554, rel. Min. Gilmar Mendes, DJe 11.2.2008; RE 591.568, rel. Min. Ayres Britto, DJe 18.9.2008; RE

originando o Tema 295 do STF, que fixou a tese de que "É constitucional a penhora de bem de família pertencente a fiador de contrato de locação, *em virtude da compatibilidade da exceção prevista no art. 3º, VII, da Lei 8.009/1990 com o direito à moradia consagrado no art. 6º da Constituição Federal, com redação da EC 26/2000*".

Diante de postura incisiva do Supremo Tribunal Federal, a questão pareceu restar bem resolvida, repercutindo tal ponto em entendimento sumulado pelo Superior Tribunal de Justiça[545]. Trata-se da Súmula n. 549, que teve diversos precedentes informadores, entre eles os seguintes julgados, que serão a seguir analisados: AgRg no Ag 1.181.586/PR; AgRg no AREsp 31.070/SP; AgRg no AREsp 160.852/SP; AgRg no AREsp 624.111/SP; AgRg no REsp 1.088.962/DF; REsp 1.363.368/MS.

Quanto ao AgRg no Ag 1.181.586/PR, relatado pelo Ministro João Otávio de Noronha, votou-se pela penhorabilidade do bem de família do fiador, dado o entendimento atual da Corte Suprema, sem qualquer tipo de ressalva quanto à natureza ou destinação da locação. Já no julgamento do AgRg no AREsp 31.070/SP, relatado pelo Ministro Luis Felipe Salomão, considerou-se a tentativa de rediscussão da matéria manifestamente inadmissível em razão dos precedentes firmados, também sem qualquer ressalva à natureza ou destinação da locação. Por ocasião do julgamento do AgRg no AREsp 160.852/SP, sob a relatoria do Ministro Ricardo Villas Bôas Cueva, o Superior Tribunal de Justiça também rejeitou a tese da impenhorabilidade do bem de família do fiador sem qualquer ressalva quanto à natureza ou destinação da locação, sendo mesma a situação do REsp nº 1.088.962/DF, de relatoria do Ministro Sidnei Beneti.

O interessante julgamento do AgRg no AREsp 624.111/SP, da lavra do Ministro Marco Aurelio Bellizze, expõe a seguinte situação: o fiador é cônjuge do devedor, sendo que ambos residem em imóvel de propriedade do fiador (e o contrato locatício é sobre imóvel diverso daquele que residem os réus). Da observância dos autos de origem (processo n. 1000130-86.2006.8.26.0543) é possível observar que a locação garan-

598.036, rel. Min. Celso de Mello, DJe 6.4.2009; AI 642.307, rel. Min. Marco Aurélio, DJe 26.6.2009; RE 419.161, rel. Min. Joaquim Barbosa, DJe 9.11.2009; AI 718.860, rel. Min. Dias Toffoli, DJe 19.4.2010; e RE 607.505, rel. Min. Ricardo Lewandowski, DJe 5.3.2010".

545 Súmula 549 – É válida a penhora de bem de família pertencente a fiador de contrato de locação. (Súmula 549, SEGUNDA SEÇÃO, julgado em 14/10/2015, DJe 19/10/2015).

tida pela fiança era de imóvel comercial, conforme comprova o contrato juntado à folha 5 de referido processo[546]. A tese da impenhorabilidade do bem de família do fiador foi, então, afastada novamente, não se tendo verificado circunstância que justificasse uma mudança em relação à orientação consolidada pelo Supremo Tribunal Federal.

A fim de encerrar a discussão, o Superior Tribunal de Justiça afetou a questão para julgamento pela sistemática dos Recursos Repetitivos, sendo afetada como Tema 708. Novamente, é importante notar que o REsp 1.363.368/MS, relatado pelo Ministro Luis Felipe Salomão, em momento algum, fez qualquer ressalva quanto à natureza da locação para fins de avaliar a higidez da penhora do bem de família do fiador, referindo-se, sempre, a "*pacto locatício*" de modo genérico, fixando a tese "É legítima a penhora de apontado bem de família pertencente a fiador de contrato de locação, ante o que dispõe o art. 3º, inciso VII, da Lei n. 8.009/1990", em 12 de novembro de 2014, citando precedentes, inclusive, de locações comerciais, como o caso do AgRg no REsp 1.061.373/SP de relatoria do Ministro Og Fernandes.

2. O Recurso Extraordinário n. 605.709/SP

As decisões apresentadas acima consubstanciavam o estado da arte em nossos Tribunais, até que o Supremo Tribunal Federal pautou novamente a questão, desta vez no âmbito do Recurso Extraordinário n. 605.709/SP, julgado pela Primeira Turma do Supremo Tribunal Federal. Nesse caso, foi arguida uma suposta diferença entre a locação residencial e a voltada para fins comerciais, de modo que seria inaplicável a tese do Recurso Extraordinário n. 407.688/SP para as locações comerciais, sendo, portanto, impenhorável o bem de família do fiador nessas hipóteses[547].

[546] Cópias do processo disponíveis no Agravo de Instrumento n. 2070988-61.2013.8.26.0000, cujo acórdão, de 13/02/2014, foi relatado pelo Des. Hugo Crepaldi Neto.

[547] Antes mesmo de debater o mérito da questão, é preciso colocar que o método de julgamento foi inadequado, pois os Recursos Extraordinários são ferramentas do controle incidental de constitucionalidade, de modo que não se trata do suporte correto para determinar a inconstitucionalidade da penhora do bem de família do imóvel do fiador de locação comercial – nem de qualquer outra penhora de bem de família, ao menos não de maneira vinculante. É a lição de Zeno Veloso: "o controle difuso, a alegação da inconstitucionalidade não é a demanda principal, constituindo **questão prejudicial**. O juízo de inconstitucionalidade é suscitado incidentalmente, por ser relevante e necessário para saber se a lei vai ser aplicada, ou não, ao caso concreto. Se houver a declaração de inconstitucionalidade, argüida

O Referido julgamento foi iniciado em 14 de outubro de 2014 com o voto do relator, Ministro Dias Toffoli, que destacou: "*O art. 3º, inciso VII, da Lei nº 8.099, de 29 de março de 1990, ao tratar da garantia qualificada, não fez qualquer diferenciação quanto à natureza do contrato de locação, razão pela qual não há como se acatar a interpretação pretendida pelos recorrentes, como também salientado no parecer ministerial*". Defendendo a estabilidade das decisões da Suprema Corte, o relator lembrou dos julgamentos dos Recursos Extraordinários nn. 407.688/SP e 612.360/SP, nos quais ficou assentada a penhorabilidade do bem de família do fiador, repisando os argumentos de ambos os acórdãos, de modo que a pretendida distinção, entre locação comercial e residencial, não teria cabimento.

O julgamento, contudo, não teve prosseguimento, pois o Ministro Luis Roberto Barroso pediu vistas com os seguintes fundamentos: "é porque a tese de que permitir a penhora facilita o exercício do direito de moradia, ela só tem pertinência se for uma locação para moradia. No caso de locação comercial, então, eu gostaria de fazer uma reflexão". Embora tenha dito que a vista seria para "*brevíssimo debate*", a questão ficou adormecida por 4 (quatro) anos.

Em 12 de junho de 2018 o Ministro Barroso proferiu seu voto vista, no qual ressaltou que "*a lógica do precedente é válida também para os contratos de locação comercial, na medida em que – embora não envolva o direito à moradia dos locatários – compreende o seu direito à livre iniciativa*", alegando, ainda, que não há desproporcionalidade na exceção à impenhorabilidade do bem de família, negando provimento ao recurso.

A divergência, contudo, foi aberta pela Ministra Rosa Weber, seguindo o debate no referido Recurso Extraordinário em tela: "É o que ocorre com o bem de família do fiador, destinado à sua moradia, cujo sacrifício, com a vênia dos que pensam em sentido contrário, não pode ser exigido a pretexto de satisfazer o crédito de locador de imóvel comercial ou de estimular a livre iniciativa". Dessa forma a Ministra realça, em seu voto, a suposta e alegada distinção com o precedente informador.

como questão prejudicial, a conseqüência é a não-aplicação da norma impugnada na relação jurídica sob exame. Não há a invalidação da lei, de modo geral, perante todos. A decisão afasta, apenas, a sua incidência **no caso, para o caso e entre as partes**. A eficácia da sentença é restrita, particular, refere-se, somente, à lide, subtrai a utilização da lei questionado ao caso sob julgamento, não opera *erga omnes*. A lei, teoricamente, continua em vigor, não perde sua força obrigatória com relação a terceiros, sendo aplicável a outros casos" (Veloso, Zeno Augusto Bastos. *Controle jurisdicional de constitucionalidade*. Belém: CEJUP, 1999, p. 43).

O Ministro Marco Aurélio apresentou seus argumentos da seguinte maneira: "*Não cabe distinguir onde a lei não distingue. Há manifestação de vontade do fiador, quer se trate de locação residencial, quer comercial. E não vejo como potencializar a livre iniciativa, o comércio, em detrimento de certo direito fundamental, o direito à moradia, proteção da própria família. Por isso, peço vênia ao Ministro Relator e ao ministro Luís Roberto Barroso para acompanhar a ministra Rosa Weber, provendo o recurso*". Tal proceder soa, no mínimo, contraditório, pois ao afirmar que "*não cabe distinguir onde a lei não distingue*", o Ministro aparenta negar provimento ao recurso – uma vez que a Lei não cria distinção entre a locação para fins residenciais e a locação para fins comerciais –, mas acaba por provê-lo, criando, justamente, uma distinção onde a lei não distinguia oriunda de interpretação que, na ponta, revela claro ativismo judicial[548].

A argumentação do Ministro Luiz Fux tampouco convence, ao apresentar a relevância e importância do contrato de fiança, lhe tira a efetividade conferindo impenhorabilidade ao bem de família do fiador de locação comercial, com o argumento de que a responsabilidade do fiador fere alguma suposta isonomia, pois a fiança sujeita o fiador a uma responsabilidade maior do que a do devedor, o que, como será exposto, não se sustenta.

Fato é que o Supremo Tribunal Federal, por maioria de sua Primeira Turma, decidiu que é impenhorável o bem de família do fiador de locação comercial, revolvendo matéria que estava pacificadíssima nos Tribunais pátrios. Conforme afirma Capanema, "*a decisão traz insegurança jurídica ao mercado, que, pela sua relevante densidade social e econômica, precisa de regras estáveis e equilibradas, que incentivem a construção de novas unidades, aumentando a oferta de imóveis para locação e, por via de consequência, reduzam os aluguéis*"[549].

[548] Sobre o ativismo do Judiciário, tem-se importante crítica doutrinária: "Além disso, a crítica maior reside na observação de que o juiz não teria qualificação e preparo suficientes para fazer escolhas a respeito de temas que envolvem os direitos fundamentais ou configuram opções políticas, como acontece com a intervenção nas atividades do Legislativo e sobretudo do Executivo" (Grinover, Ada Pellegrini. *Ensaio sobre a processualidade: fundamentos para uma nova teoria geral do processo*. Brasília: Gazeta Jurídica, 2016, p. 127).

[549] Souza, Sylvio Capanema de. *A penhorabilidade do imóvel de fiador de contrato de locação*. Disponível no Portal Migalhas, publicado em 28 de setembro de 2018, endereço: https://www.migalhas.com.br/Edilicias/127,MI288298,61044-A+penhorabilidade+do+imovel+de+fiador+de+contrato+de+locacao, acesso em 4 de abril de 2023.

3. A decisão do Recurso Extraordinário n. 605.709/SP e suas consequências

Conforme supra narrado, a jurisprudência da Corte Suprema sofreu radical abalo em sua higidez, pois o que estava consolidado e coerente tornou-se imprevisível e contraditório.

A decisão do Recurso Extraordinário n. 407.688/SP não abre margem para qualquer interpretação ou superação, criando um verdadeiro precedente que estabiliza as relações econômicas e a vida civil – independentemente da técnica de superação de precedente que se utilize, tanto no *distinguishing*, quanto no *overruling*, no caso concreto não é possível sua aplicação, como será visto na análise da decisão sob o prisma processual. Não sendo possível aplicar qualquer das formas de superação do precedente, a decisão é ilegal, por violar a autoridade dos precedentes da própria Corte Suprema, sem observância ao dever de fundamentação estatuído nos artigos 489, § 1º, inciso VI, do Código de Processo Civil de 2015, e 93, inciso IX, da Constituição Federal de 1988, bem como ao dever de manter a jurisprudência íntegra, consagrado pelos artigos 926 e 927, especialmente pelo seu §2º, também do regramento processual pátrio de 2015.

Contudo, para além desses citados aspectos processuais e de teoria do direito, com especial destaque à teoria dos precedentes em seu principal desdobramento que é a segurança jurídica[550-551-552], a interpretação de inconstitucionalidade do artigo 3º, inciso VII, da Lei 8.009/1990, dada pelo julgamento do Recurso Extraordinário n. 605.709/SP, possui diversos outros problemas constitucionais, econômicos e civis.

Autores como Flavio Tartuce[553], Pablo Stolze Gagliano e Rodrigo Pamplona Filho[554], que defendem de forma incisiva a inconstituciona-

[550] Para definição de segurança jurídica ver: Ávila, Humberto. *Segurança jurídica Entre permanência, mudança e realização no Direito Tributário*. São Paulo: Malheiros, 2011, p. 109-120.

[551] Nesse sentido: "*O fundamento básico do respeito aos precedentes, porém, é a promoção da segurança jurídica, representada pela estabilidade e pela previsibilidade do Direito*" (Lucca, Rodrigo Ramina de. *O dever de motivação das decisões judiciais: Estado de Direito, segurança jurídica e teoria dos precedentes*. 2ª edição, revista e atualizada. Salvador: Juspodivm, 2016, p. 259).

[552] Sobre o assunto, ver: Mitidiero, Daniel. *Precedentes: da persuasão à vinculação*. São Paulo: Revista dos Tribunais, 2016.

[553] Tartuce, Flavio. *Direito Civil: Teoria Geral dos Contratos e Contratos em espécie* – 15ª edição revista, atualizada e ampliada – São Paulo: Gen/Forense, 2020, pp. 543-551.

[554] Gagliano, Pablo Stolze; Pamplona Filho, Rodolfo. *Novo Curso de Direito Civil*, volume 4, tomo II Contratos em Espécie. – 4ª ed. – São Paulo: Saraiva, 2011, pp. 629-633.

lidade do dispositivo, nunca se manifestaram sobre a possibilidade de cingir a constitucionalidade do dispositivo, criando um regime jurídico para a locação comercial e outro para a residencial. Longe disso, como demonstra o posicionamento de Flavio Tartuce, que defende uma proposta de *lege ferenda*, onde a controvérsia acerca da constitucionalidade da penhora do bem de família do fiador seria resolvida pela revogação expressa do artigo *3º, inciso VII, da Lei nº 8.099/1990*[555]. Em outros termos, mesmo discordando-se no presente trabalho da posição dos autores citados, a solução proposta por eles se situaria no âmbito dos mecanismos jurídico-positivos de nosso ordenamento, não sendo sustentado o descumprimento imotivado de um entendimento já consolidado no STF e aplicado pelas instâncias inferiores.

A decisão do Supremo causa, no mínimo, perplexidade e, como conforme apontado por Ingo Sarlet[556], abre as portas para a revisão de toda a jurisprudência do Supremo Tribunal Federal, do Superior Tribunal de Justiça e dos Tribunais de Justiça do Brasil.

O fato inafastável é que a jurisprudência do Supremo Tribunal Federal sofreu profunda alteração. O próprio Ministro Edson Fachin, cujo livro abre o presente capítulo, ao relatar o Recurso Extraordinário n. 1.277.481/SP, invocou o *distinguishing* supostamente feito pelo Recurso Extraordinário n. 612.360/SP, em relação à jurisprudência do Tema 295 (constitucionalidade da penhorabilidade do bem de família do fiador), pois, alegadamente, por ocasião do Recurso Extraordinário n. 407.688/SP, a Corte Suprema somente teria sopesado o direito de moradia do fiador com o direito de moradia do locatário[557]. A decisão monocrática do Ministro Fachin foi proferida em 12 de agosto de 2020,

[555] "Por todo esse panorama de dúvidas e incertezas no âmbito da jurisprudência, entendo que a melhor solução para a temática, de fato, é que a norma seja revogada, resolvendo-se definitivamente a questão e afastando-se a grande instabilidade que sempre existiu sobre o tema." (Tartuce, Flavio. *Direito Civil: Teoria Geral dos Contratos e Contratos em espécie* – 15ª edição revista, atualizada e ampliada – São Paulo: Gen/Forense, 2020, p. 551).

[556] Sarlet, Ingo Wolfgang. *STF, o direito à moradia e a discussão em torno da penhorabilidade do bem de família*, publicado em 30 de junho de 2018 no Portal Consultor Jurídico, https://www.conjur.com.br/2018-jun-30/observatorio-constitucional-stf-direito-moradia-penhorabilidade-bem-familia, acesso em 4 de abril de 2023.

[557] O ministro Fachin, em seu voto, consignou que "Com efeito, a Primeira Turma desta Corte, ao apreciar matéria análoga à presente, no julgamento do RE 605.709, redatora para o acórdão Min. Rosa Weber, realizou o distinguishing entre o paradigma da repercussão

tendo sido o agravo regimental negado em 16 de novembro de 2020, consolidando o entendimento da Segunda Turma do Supremo Tribunal Federal.

Igual solução deu a Ministra Carmen Lúcia ao Recurso Extraordinário 1.296.835, no qual também se reconheceu a impenhorabilidade do bem de família do fiador de locação comercial, com base no julgamento do Recurso Extraordinário n. 612.360/SP e no *distinguishing* para o Tema 295. A decisão monocrática da Ministra Cármen Lucia foi proferida em 29 de janeiro de 2021, tendo seu trânsito em julgado reconhecido dia 25 de fevereiro de 2021.

Assim, tanto a Primeira, quanto a Segunda Turmas do Supremo Tribunal Federal assentaram o entendimento de que a penhorabilidade do bem de família do fiador é adstrita às locações residenciais.

3.1. Do ponto de vista processual: desrespeito ao precedente

A decisão proferida por ocasião do julgamento do Recurso Extraordinário 407.688/SP estabilizou a situação jurídica do bem de família do fiador de locação. Em que pese a insistência da doutrina, a Corte Suprema reafirmou a autoridade dos seus precedentes, julgando o Recurso Extraordinário n. 612.360/SP, justamente para afastar a "nova" tese de que a Emenda Constitucional 36/2000, ao inserir no rol dos direitos sociais o direito à moradia, tornaria o artigo 3º, inciso VII, da Lei 8.009/1990, inconstitucional.

Quando a questão pareceu resolvida, contudo, o Recurso Extraordinário n. 605.709/SP, após quase nove anos na conclusão para julgamento, foi levado à turma julgadora, que supostamente, aplicou o mecanismo do *distinguishing*, a fim de alterar a jurisprudência da própria Corte Suprema.

Isto é: a pretexto de se aplicar a técnica da distinção, o Supremo Tribunal Federal, por via transversa, realizou a superação de seu entendimento pretérito sem que houvesse, para tanto, imprescindível evolução da sociedade passível de justificar, naquele e no atual momento, a impenhorabilidade tão só do bem de família do fiador de locação não residencial[558].

geral e a controvérsia dos autos e entendeu ser impenhorável bem de família do fiador em contrato de locação comercial".

[558] "A Corte, em verdade, tem dever de revogar o precedente que foi superado diante da evolução da sociedade, de uma nova concepção geral do direito, ou, ainda, que se mostra

É necessário cindir a questão para melhor analisá-la. Em primeiro lugar, a decisão fere a estabilidade da jurisprudência e dos precedentes – não se perca de vista que as decisões da Corte Suprema podem ser superadas (*overruling*) ou podem não ser aplicáveis ao caso concreto, caso os elementos fáticos sejam distintos, (*distinguishing*), de modo que o ônus de fundamentação para afastar um precedente deve ser maior do que o ônus aplicável a qualquer outra decisão. Ao proferir uma decisão com repercussão geral reconhecida, o Supremo Tribunal Federal emite um comando para todos os juízes e cidadãos do país, irradiando sua *ratio decidendi* para casos presentes e futuros, daí a importância de respeitá-la em prol de conferir maior cognoscibilidade ao direito[559]. Como bem anota Cruz e Tucci, a "*jurisprudência consolidada garante a igualdade dos cidadãos perante a distribuição da justiça, porque situações assemelhadas são tratadas do mesmíssimo modo*", pois o contrário, a distribuição desigual de justiça, dá indícios de injustiça, ao menos em um dos casos[560].

Na locação comercial, por exemplo, todos os locadores que aceitaram como fiadores pessoas que somente possuíam o imóvel próprio tiveram, subitamente, importante redução do patrimônio sujeito à execução forçada de eventual dívida locatícia. É exatamente por isso que Luiz Fux diz que a "*força emprestada à jurisprudência viabiliza, também, a previsibilidade das decisões, respeitando as justas expectativas dos jurisdicionados e preservando em níveis aceitáveis o denominado 'risco Brasil'. É que a mudança abrupta da jurisprudência desorganiza a vida de pessoas e empresas e, por via oblíqua, afasta*

claramente equivocado – o que é excepcional" (Marinoni, Luiz Guilherme. *A Ética dos precedentes: justificativa do novo CPC*. 2ª edição, revista, atualizada e ampliada. São Paulo: Revista dos Tribunais, 2016, p. 105).

559 Sobre a importância de se respeitar a eficácia vinculante dos precedentes, tem-se o seguinte excerto doutrinário: "Porém, negar eficácia obrigatória às decisões de Turma e de Seção, diante de casos que jamais poderão ser definidos como repetitivos, é cometer um lamentável equívoco, na medida em que a eficácia obrigatória de uma decisão de Corte Suprema está muito longe de se destinar a inibir decisões diferentes para casos de massa. A eficácia obrigatória nada mais é do que resultado da circunstância de que as decisões das Cortes Supremas definem o sentido do direito e, assim, destinam-se a orientar a sociedade e a regular os casos futuros para que a igualdade e a liberdade não sejam violadas" (Marinoni, Luiz Guilherme. *Julgamento nas Cortes Supremas: precedente e decisão do recurso diante do novo CPC*. São Paulo: Revista dos Tribunais, 2015, pp. 22-23).

560 Tucci, José Rogério Cruz e. *Precedente judicial como fonte do direito*. São Paulo: Revista dos Tribunais, 2004, pp. 294-296.

os investimentos no país, cuja ratio essendi *se situa exatamente na previsibilidade da legalidade da atividade empreendida*"[561]. Repita-se: a mudança abrupta da jurisprudência desorganiza a vida de pessoas e empresas[562], afastando investimentos do país[563].

Uma das funções precípuas do artigo 926[564] do Código de Processo Civil de 2015 é, justamente, a promoção de um sistema jurídico justo e previsível, fundamentos básicos de um Estado democrático de direito[565]. O comando legal é um dever imposto a cada tribunal de uniformizar sua jurisprudência e de mantê-la estável, íntegra e coerente – justamente o que não fez o Supremo Tribunal Federal, ao julgar o Recurso Extraordinário n. 605.709/SP. Em detrimento da eficácia horizontal dos precedentes – cujo conteúdo impõe às Cortes o dever de observar e considerar entendimento símile pretérito já decidido por elas mesmas –, tem-se

561 Fux, Luiz. *O novo processo civil.* Rev. TST, Brasília, vol. 80, no 4, out/dez 2014, pp. 264-290.

562 Sobre o tema: Rezende, Christiane Leles; Zylbersztajn, Decio. *Quebras contratuais e dispersão de sentenças.* Revista Direito GV. v. 7.n. 1. t. 13. São Paulo: Jan-Jun de 2011, pp. 155-176. Disponível em: http://www.scielo.br/scielo.php?script=sci_arttext&pid=S1808-24322011000100008.

563 "*O mercado não poderia existir sem a calculabilidade e a previsibilidade instaladas pelo direito moderno – afirmei-o nas primeiras linhas deste livro. São clássicas, quanto a este ponto, as considerações de Weber: a calculabilidade e a confiança no funcionamento da ordem jurídica e na Administração constituem exigências vitais do capitalismo racional; o capitalismo industrial depende da possibilidade de previsões seguras – deve poder contar com estabilidade, segurança e objetividade no funcionamento da ordem jurídica e no caráter racional e, em princípio, previsível das leis e da Administração*". (Grau, Eros Roberto. *Por que tenho medo dos juízes: a interpretação/aplicação do direito e os princípios.* 6ª edição. 2ª tiragem. São Paulo: Malheiros, 2014, p. 119). Note-se que a segurança e a previsibilidade podem ser mais importantes do que a decisão em si, uma vez derrotado o entendimento do Ministro Grau, deve-se aplicar a lição doutrinária e gerar previsibilidade e coerência ao sistema.

564 Art. 926. Os tribunais devem uniformizar sua jurisprudência e mantê-la estável, íntegra e coerente.

565 "Se aos juízes compete a tarefa de devolver à sociedade a definição dos direitos, porque sobre esses recai o dever de decidir todas as disputas jurídicas que lhe sejam submetidas, não sendo, portanto, o exercício de uma faculdade judicial (o que consubstancia a inevitabilidade da decisão), deve o processo de tomada de decisão judicial se desenvolver em conformidade com os valores jurídicos que restaram frustrados no primeiro momento de aplicação do ideal do Estado de Direito. Nessa linha, analisaremos neste tópico três valores fundamentais que devem nortear a forma pela qual o direito é definido e modificado pelos juízes. Tais valores são a previsibilidade jurídica, a igualdade perante o direito e a imparcialidade." (Pereira, Paula Pessoa. *Legitimidade dos precedentes: universabilidade das decisões do STJ.* São Paulo: Revista dos Tribunais, 2014, p. 55).

estruturado, no direito brasileiro, uma jurisprudência lotérica[566-567]: não se sabe qual conduta é correta, pois o Judiciário ora afirma A, ora o exato oposto de A (~A)[568].

Importante frisar que a observância dos precedentes tem caráter constitucional, na medida em que tal mister demanda motivação adequada, nos termos do artigo 93, inciso IX da Constituição Federal[569], regulamentado pelo artigo 489, §1º, do Código de Processo Civil[570].

[566] "Tem-se o fenômeno da chamada jurisprudência lotérica, senão galopante, violadora da isonomia, segurança jurídica e previsibilidade das decisões emanadas da jurisdição que, *a priori*, é una" (Castro, Daniel Penteado de. *Os critérios de análise do distinguishing como fundamento ao cabimento de embargos de declaração*. Portal Migalhas, publicado em 22 de março de 2018, disponível no Portal Migalhas em https://www.migalhas.com.br/coluna/cpc-na-pratica/276834/os-criterios-de-analise-do-distinguishing-como-fundamento-ao-cabimento-de-embargos-de-declaracao, acesso em 10 de abril de 2021).

[567] "Não é esse, pois, o Judiciário que se pretende, em que prevalece a jurisprudência lotérica em detrimento de uma certeza jurídica. De nada adianta a Constituição Federal de 1988 estabelecer a isonomia como princípio fundamental se os juízes, invocando o livre convencimento, podem, por exemplo, simplesmente ignorar o entendimento emanado de uma corte hierarquicamente superior sobre o mesmo tema" (Lima, Thiago Asfor Rocha. *Precedentes judiciais civis no Brasil*. São Paulo: Saraiva, 2013, p. 134-135)

[568] "**8. Imprevisibilidade da sentença** Mas, a esta altura, eu me sinto tentado a fazer uma pergunta a vocês que me escutam, àqueles de vocês que, como juízes ou como advogados, já conhecem, pela prática, como, em realidade, funciona a justiça. A pergunta que lhes faço é esta: parece-lhes, de verdade, que esta concepção puramente intelectualista e silogística do juiz seja satisfatória e, sobretudo, que corresponda à verdade? A certeza do direito... Cada um sabe, antecipadamente, quais são os seus direitos e os seus deveres: cada um pode ler antecipadamente nas leis, como em uma lista de mercado, o preço jurídico das suas ações; cada um, quando vai diante do juiz, pode prever sua sorte sabendo unicamente argumentar. Mas tudo isso é verdade ou ilusão? (...) digamo-lo em segredo. Quem, entre nós advogados, pode prever antecipadamente o êxito de uma causa? (...) A sentença é injusta, não importa, *habent sua sidera lites*, e nos consolamos assim" (Calamandrei, Piero. *Processo e democracia: conferências realizadas na Faculdade de Direito da Universidade Nacional Autônoma do México*. Porto Alegre: Livraria do Advogado, 2017, pp. 46-47).

[569] Art. 93 (...) IX – todos os julgamentos dos órgãos do Poder Judiciário serão públicos, e fundamentadas todas as decisões, sob pena de nulidade, podendo a lei limitar a presença, em determinados atos, às próprias partes e a seus advogados, ou somente a estes, em casos nos quais a preservação do direito à intimidade do interessado no sigilo não prejudique o interesse público à informação.

[570] Art. 489. São elementos essenciais da sentença: § 1º Não se considera fundamentada qualquer decisão judicial, seja ela interlocutória, sentença ou acórdão, que: I – se limitar à indicação, à reprodução ou à paráfrase de ato normativo, sem explicar sua relação com a causa ou a questão decidida; II – empregar conceitos jurídicos indeterminados, sem explicar o

Ao deixar de observar um precedente, o magistrado é obrigado a motivar as razões de fato e direito que autorizam a sua superação ou distinção[571].

No caso da Corte Suprema, tal dever é ainda mais incisivo, pois ela é responsável por pacificar interpretações que orientarão os operadores do direito em âmbito nacional[572]. Conforme expõe Mitidiero, "*No que concerne à* alteração *do precedente, pode ocorrer de o Supremo Tribunal Federal ou de o Superior Tribunal de Justiça* alterar diacronicamente *o seu precedente e com isso acarretar igualmente uma crise de estabilidade no significado de determinado enunciado legislativo*". Nesse cenário, impõe-se a questão de se apurar se a mudança do entendimento do tribunal afetará os processos em andamento, ou se haveria modulação de efeitos, pois "*o precedente protege a todos que se encontram ao abrigo da jurisdição do Supremo Tribunal Federal e do Superior Tribunal de Justiça. Sendo a norma fruto da sua interpretação judicial,* conhecer o direito aplicável significa conhecer a interpretação a ele conferida pelo Supremo Tribunal Federal e pelo Superior Tribunal de Justiça. *A existência de determinado precedente, portanto, assegura a cognoscibilidade normativa*"[573].

motivo concreto de sua incidência no caso; III - invocar motivos que se prestariam a justificar qualquer outra decisão; IV - não enfrentar todos os argumentos deduzidos no processo capazes de, em tese, infirmar a conclusão adotada pelo julgador; V - se limitar a invocar precedente ou enunciado de súmula, sem identificar seus fundamentos determinantes nem demonstrar que o caso sob julgamento se ajusta àqueles fundamentos; VI - deixar de seguir enunciado de súmula, jurisprudência ou precedente invocado pela parte, sem demonstrar a existência de distinção no caso em julgamento ou a superação do entendimento.

[571] LUCCA, Rodrigo Ramina de. *O dever de motivação das decisões judiciais: Estado de Direito, segurança jurídica e teoria dos precedentes.* 2ª edição, revista e atualizada. Salvador: Juspodivm, 2016.

[572] "O Supremo Tribunal Federal e o Superior Tribunal de Justiça, como cortes responsáveis por dar a última palavra a respeito da interpretação da Constituição e da legislação infraconstitucional federal na ordem jurídica brasileira, devem ser pensados como Cortes Supremas, a fim de que se possa reconstruí-los em termos conceituais, estruturais, funcionais e eficaciais a partir de um quadro teórico capaz de fornecer soluções coerentes aos problemas ligados à interpretação judicial no Estado Constitucional. Nessa linha, o Supremo Tribunal Federal e o Superior Tribunal de Justiça devem ser pensados como cortes de interpretação e não como cortes de controle, como cortes de precedentes e não como cortes de jurisprudência, tendo autogoverno e sendo dotados de meios idôneos para consecução da tutela do direito em uma dimensão geral de forma isonômica e segura" (MITIDIERO, Daniel. *Cortes superiores e cortes supremas: do controle à interpretação da jurisprudência ao precedente.* 2ª edição, revista, atualizada e ampliada. São Paulo: Revista dos Tribunais, 2014, p. 81).

[573] MITIDIERO, Daniel. *Precedentes*: da persuasão à vinculação. São Paulo: Revista dos Tribunais, 2016, p. 139.

A lição é de suma percuciência, pois o precedente gera confiança que, por sua vez, orienta o próprio exercício da liberdade das partes. O Supremo Tribunal Federal, ao alterar uma lei que, no caso concreto, da data da elaboração do contrato já era vigente há mais de 11 anos, afeta a legítima expectativa depositada no Poder Judiciário pelos contratantes. É por isso que se afirma a indubitável promoção de igualdade decorrente do respeito aos precedentes. Casos idênticos demandam decisões idênticas, sob pena de um direito casuístico sujeito à miríade de intempéries humanas, a menos que se demonstre, por meio da devida fundamentação, a superação da tese firmada à luz da densidade e relevo das especificidades do caso analisado.

Para além da estabilidade dos precedentes, em abstrato, o caso concreto da superação do Recurso Extraordinário n. 407.688/SP e do Recurso Extraordinário n. 612.360/SP não seguiu os ditames adequados da boa processualística. Isso porque os precedentes[574] somente podem deixar de ser aplicados em duas hipóteses, que, como vimos, devem ser motivadas: ou se demonstra a distinção do caso em análise cotejado ao precedente, ou se demonstra a superação do precedente.

Na superação de um precedente, o chamado *overruling*, o precedente superado é revogado, não podendo ser mais utilizado como *ratio decidendi* para as decisões futuras. Para isso é necessário que haja um fundamento jurídico relevante para o abandono de um precedente, como, por exemplo, uma mudança social importante, uma alteração no quadro normativo etc. É importante que existam as válvulas de escape aos precedentes, pois o mundo está sujeito a constantes mudanças, mas como a sociedade cria expectativas e deposita confiança nos precedentes firmados, a superação de um precedente obrigatoriamente deve ser fundamentada robusta e coerentemente, sob pena de a ruptura causar insegurança jurídica e insatisfação social.

[574] "Para a teoria do precedente, a *ratio decidendi* é a porção de um julgado, extraída do caso concreto, que vincula os demais órgãos judiciais. A sua definição pressupõe a plena verificação dos fatos juridicamente relevantes para a causa, da questão de direito que eles colocam, bem como o exame dos fundamentos utilizados pelo tribunal para decidir o caso concreto. A partir desses elementos, produz-se uma descrição dos motivos que determinaram a decisão do tribunal naquele caso. É justamente esta descrição que vinculará o julgamento de casos futuros." (GRINOVER, Ada Pellegrini. *Ensaio sobre a processualidade: fundamentos para uma nova teoria geral do processo*. Brasília: Gazeta Jurídica, 2016, p. 141).

Já no caso de distinção, também chamado de procedimento de *distinguishing* – que, alegadamente, foi a técnica utilizada no caso analisado –, o julgador deve analisar as especificidades concretas do caso posterior em relação ao precedente para verificar se os fundamentos deste se aplicam, ou não, ao novo processo. Se as razões de decidir (*ratio decidendi*) analisadas do prisma finalístico forem análogas, deve ser aplicado o precedente, caso contrário, pode haver distinção. No caso concreto, com base em tão-somente um dos argumentos (parte, portanto, da *ratio decidendi*), de que a fiança da locação residencial promoveria o direito à moradia – o que não seria diretamente aplicável ao caso da fiança de locação comercial –, criou-se a aventada distinção. Ignorou-se todo o restante da *ratio decidendi* do precedente para criar uma distinção desnecessária, com o intuito de privilegiar uma posição que foi derrotada na formação do precedente.

Não houve mudança social a ensejar a superação dos julgados antecedentes, nem a lei criou a distinção aventada, nem os precedentes deram a ela espaço – aliás, como visto, doutrina e jurisprudência sempre aplicaram de forma indistinta a penhorabilidade. Por sua vez, o *distinguishing* aplicado é falho e, do ponto de vista processual, não atende aos seus requisitos mínimos, pois a análise da *ratio decidendi* foi incompleta e focada em tão somente um dos argumentos que levaram à formação do precedente.

Dessa forma, é impossível concordar com o posicionamento de Miranda e Bortolucci, segundo o qual "(...) *a veiculação da distinção no caso concreto não representou, por si, uma rejeição à norma do precedente anteriormente firmado. Pelo julgamento realizado não existe o reconhecimento de erro na norma do precedente invocado, mas tão somente que a regra do precedente é inaplicável ao caso em julgamento. A autoridade do precedente é resguardada, mantendo-se íntegra, para aqueles casos em que esteja diante de contrato de locação residencial*"[575]. A aversão clara à análise integral do entendimento firmado no Recurso Extraordinário n. 407.688/SP e de sua aplicação, sem diferença quanto à destinação do imóvel alugado, pelo STF; as contradi-

[575] Miranda, Victor Vasconcelos; Bortolucci, Lygia Helena Fonseca. *Comentários acerca dos precedentes judiciais sobre a impenhorabilidade do bem de família do fiador a partir dos posicionamentos do STJ e do STF: o refinamento da ratio decidendi no tempo.* Rio de Janeiro: Revista Forense, v. 430, jul./dez. 2019. Disponível em: http://genjuridico.com.br/2020/04/28/impenhorabilidade-bem-de-familia/. Acesso em: 4 de abril de 2023.

ções inerentes aos posicionamentos de ministros que acompanharam o posicionamento inaugurado pela Ministra Rosa Weber (como é o caso do Ministro Luiz Fux e Marco Aurélio, que parecem tentar rediscutir a constitucionalidade da penhora do bem de família do locador); a invocação do direito à moradia como se fosse imediatamente eficaz e absoluto (o que será visto, de forma mais aprofundada, no tópico seguinte); e o descaso para com a realidade dos locatários de imóvel urbano para fins comerciais (que será, por sua vez, analisado na abordagem do julgamento do Recurso Extraordinário n. 605.709/SP sob o plano econômico) sinalizam, longe do aperfeiçoamento do precedente anterior ou do refinamento de sua *ratio decidendi*, um posicionamento insustentável e seletivo, ao ponto da incompletude, quanto aos seus argumentos.

O julgamento do Recurso Extraordinário n. 605.709/SP, bem como dos diversos recursos seguintes que se perfilaram ao entendimento fixado, diminui a confiança depositada na estabilidade dos precedentes do Supremo Tribunal Federal e, portanto, a própria segurança – até porque foi derrogado (distinção pela não aplicação do precedente às fianças de locações comerciais) o entendimento firmado em repercussão geral por simples julgamento de uma das turmas da Suprema Corte e, embora este último julgado não vincule as cortes inferiores, com a pacificação da questão no Supremo Tribunal Federal, é questão de tempo para todas a cortes do Brasil passem a adotar a mesma linha decisória.

Observando-se a amplitude da apreciação judicial que gerou o entendimento a favor da constitucionalidade da penhora do bem de família do fiador em contratos de locação de imóvel urbano, sem distinção alguma quanto à natureza deste, igualmente, a mudança de entendimento do Supremo Tribunal Federal espanta. Isso ocorre na medida em que o julgamento do Recurso Extraordinário n. 605.709/SP foi marcado pela participação parcial do colegiado (deu-se no âmbito da Primeira Turma do STF) e, não se situando em sede de repercussão geral, a apreciação do caso concreto prescindiu de diversas qualidades que caracterizam o precedente alterado[576].

[576] A respeito da apreciação judicial que tipicamente se dá ante recursos extraordinários em sede de repercussão geral, Luiz Guilherme Marinoni e Daniel Mitidiero ressaltam diversos aspectos que estariam ausentes no julgamento do Recurso Extraordinário n. 605.709, mas presentes no precedente modificado por ele: "Impõe-se que a questão debatida, além de se ensartar como de relevante importe econômico, social, político ou jurídico, ultrapasse o

Nesse sentido, Scavone Junior sintetiza: "*O STF, ao não reconhecer a existência de repercussão geral sobre a questão jurídica no RE 605.709 de 12/06/2018, permite concluir que não analisou questões relevantes do ponto de vista econômico, político, social ou jurídico, que ultrapassem os interesses subjetivos das partes (art. 322, parágrafo único, do RISTF), não cabendo às instâncias inferiores a revisão da anterior conclusão com repercussão geral que não distingue a fiança e não concede proteção ao fiador de contrato de locação, seja ele residencial ou não residencial, espelhada no RE 407.688-8 de 08/02/2006*"[577].

É dizer, em outras palavras, que, na prática, chegou-se ao absurdo de inutilizar parcialmente um precedente forte, geral e formado em voto do colegiado, a partir de uma decisão concreta, com efeitos relativos e deliberação restrita a uma das turmas. E, mais grave, contrariando todo o *stare decisis*[578] dos tribunais brasileiros, inclusive da Corte Superior, responsável pela uniformização da interpretação da legislação federal.

âmbito de interesse das partes. Vale dizer: tem de ser transcedente. (...) A transcendência da controvérsia constitucional levada ao conhecimento do Supremo Tribunal Federal pode ser caracterizada tanto em uma perspectiva qualitativa como quantitativa. Na primeira, sobreleva para individualização da transcendência o importe da questão debatida para a sistematização e desenvolvimento do direito; na segunda, o número de pessoas suscetíveis de alcance, atual ou futuro, pela decisão daquela questão pelo Supremo e, bem assim, a natureza do direito posto em causa (notadamente, coletivo ou difuso)" (MARINONI, Luiz Guilherme; MITIDIERO, Daniel. *Repercussão geral no recurso extraordinário* – 3ª edição – São Paulo: Revista dos Tribunais, 2012, pp. 43-44).

577 SCAVONE JUNIOR, Luiz Antonio. *A Fiança, O bem de família, O Direito Social à moradia e o Ativismo Nocivo do Supremo Tribunal Federal.* Disponível em https://www.scavone.adv.br/a-fianca-o-bem-de-familia-o-direito-social-a-moradia-e-o-ativismo-nocivo-do-supremo-tribunal-federal-1.html. Acesso em: 10 de março de 2021.

578 Segundo a Wex, do Legal Information Institute da Escola de Direito Cornell, *stare decisis* é a expressão latina para "*to stand by things decided*" ou, em tradução livre, para manter as decisões. É a expressão recorrente para expressar a doutrina dos precedentes (disponível em https://www.law.cornell.edu/wex/stare_decisis). A frase latina original era *stare decisis et non quieta movere*, algo como manter os precedentes e não perturbar as coisas já estabelecidas. É bem verdade que nem mesmo no berço moderno do *stare decisis* a manutenção das decisões é seguida, como anotam Saul Brenner et. al., em sua obra chamada ironicamente de *stare indecisis*, apontando, não obstante, que os precedentes promovem justiça, equidade, legitimidade e melhora as decisões das Cortes, além de proteger a confiança e a estabilidade do direito (BRENNER, Saul; Spaeth, Harold J. *Stares indecisis. Las alteraciones del precedente em la Corte Suprema de Estados Unidos 1946-1992.* Madrid: Marcial Pons, 2017, pp. 16-20).

3.2. Do ponto de vista constitucional: inaplicabilidade dos direitos fundamentais

Quando do julgamento do Recurso Extraordinário n. 605.709/SP, a Primeira Turma do Supremo Tribunal Federal – que, como visto, seria seguida pela Segunda Turma posteriormente –, decidiu pela impenhorabilidade do bem de família, fundamentando-se a proteção como desdobramento do direito constitucional de moradia. O argumento constitucional, em síntese, é o seguinte: o fiador de imóvel residencial promove o direito à moradia, pois sem ele não há locação (Tema 295, STF), mas o fiador de imóvel comercial não promove o direito à moradia, portanto seu bem de família não poderia ser penhorado.

Se, do ponto de vista processual, a distinção feita pela Suprema Corte não faz sentido, do ponto de vista constitucional ela é ainda mais ilógica. É frequente a utilização do argumento de que os direitos fundamentais possuem eficácia imediata em face das normas de direito privado, funcionalizando-as de forma proibitiva e imperativa, devendo as cortes constitucionais exercer controle de proporcionalidade das normas infraconstitucionais[579]. Essa teoria é bem exposta por Canaris, veja-se o exemplo: a criação da "Lei de Proteção contra Despedimentos (demissões)" na Alemanha criou um embaraço insuperável aos pequenos empresários, que, impossibilitados de demitir funcionários, estavam fadados à bancarrota (BVerfG, in NJW, 1998, p. 1475)[580].

No caso, a legislação especial cedeu frente ao princípio constitucional da livre iniciativa econômica, afastando a aplicação de uma lei que inviabilizava a atividade empresária, de modo que é possível que, nas relações entre particulares, haja a aplicação de direitos fundamentais para afastamento do direito positivo – lá a Lei de Demissões, aqui penhorabilidade do bem de família do fiador de locação. Essa aplicação, contudo, deve ser feita *cum grano salis*, como alerta o próprio autor[581].

[579] Ver, nesse sentido, TARTUCE, Flavio. *Direito Civil: Teoria Geral dos Contratos e Contratos em espécie* – 15ª edição revista, atualizada e ampliada – São Paulo: Gen/Forense, 2020, pp. 495-496.

[580] Referência do caso concreto: CANARIS, Claus-Wilhelm. *Direitos Fundamentais e Direito Privado*. Lisboa: Almedina, 2003, p. 36-37.

[581] Importante destacar, ainda, que a eficácia dos direitos fundamentais nas relações entre particulares é diversa daquela aplicável na relação público-privado. Nesses casos, é necessária proteção muito mais intensa do cidadão contra o poder público, pois há vertiginosa

Primeiramente, nas relações entre agentes privados, se houver vulnerabilidade, será ela menos assimétrica. Em segundo lugar, princípios como "*bem comum*" e "*interesse público*" não têm, geralmente, papel para a tutela dos interesses tratados entre particulares[582]. Desse modo, o âmbito de aplicação dos direitos fundamentais no direito privado deve seguir ditames muito rigorosos, privilegiando-se a autonomia privada, sob pena de restringir e, eventualmente, anular as liberdades individuais – direitos fundamentais, estes sim, inalienáveis e inafastáveis. É nesse sentir a doutrina de Silva, que anota que os direitos sociais são "*prestações positivas proporcionadas pelo Estado*"[583], e que são voltados para a "*tutela jurisdicional dos hipossuficientes*"[584], de modo que a incidência dos direitos sociais entre particulares é regra excepcional.

Percebe-se, desde logo, que afirmar tal característica da eficácia dos direitos sociais é da mais alta importância, pois, ao alçar o direito à moradia ao ápice da controversa constitucionalidade da penhora do bem de família do fiador, a linha argumentativa inaugurada pela Ministra Rosa Weber, no julgamento do RE 605.709/SP, ampliou de forma a eficácia desse direito fundamental. Consequentemente, como bem destaca Galli, ao invés de impor deveres jurídicos positivos ao Estado, o direito à moradia foi instrumentalizado para onerar particulares, justificando eventuais omissões do Poder Público em promovê-lo ao transformar o credor em suposto violador do direito à moradia do fiador[585].

vulnerabilidade do indivíduo frente ao estado, que, ademais, não é titular de direitos fundamentais.

582 Canaris, Claus-Wilhelm. *Direitos Fundamentais e Direito Privado*. Lisboa: Almedina, 2003, p. 37-38.

583 Silva, José Afonso da. *Curso de direito constitucional positivo*. 16ª edição. São Paulo: Malheiros, 1999, p. 289.

584 Silva, José Afonso da. *Curso de direito constitucional positivo*. 16ª edição. São Paulo: Malheiros, 1999, p. 465.

585 "Em primeiro aspecto, não há como se negar que a norma em comento, por suas características e localização no texto constitucional – direitos sociais –, revelam inegável caráter programático, de eficácia contida, e como tal depende de regulamentação por direito infraconstitucional. Sua aplicação não é nem poderia ser imediata, e muito menos tributada indiretamente à população brasileira. O direito à moradia digna é efetivamente um ônus social a ser suportado pelo Poder Público constituído, que arrecada impostos e tem o poder-dever de empregá-los em prol de seus cidadãos, inclusive e especialmente nos objetivos constitucionalmente definidos." (Galli, Leandro. *Direito à Moradia e Penhora*

No caso concreto em análise, a Suprema Corte fez uso da teoria da aplicação direta dos direitos fundamentais para justificar uma alteração na lei, criando uma distinção onde o legislador não a desejou, aviltando a ordem jurídica e distorcendo-a – em nenhum momento a Lei pretendeu criar uma distinção entre as locações comerciais e residenciais. No mesmo sentido, sobre as dificuldades de aplicação de princípios constitucionais nas relações entre particulares, alertou Rodrigues Junior que se propala que há um novo Direito Civil, voltado para valores como dignidade da pessoa humana e função social, contudo, ignorar a história, a metodologia, os princípios e as funções do Direito Civil pode ser muito danoso. Ressalta, ainda, que a mera transposição de valores e princípios do Direito Público, como a teoria dos direitos fundamentais, resulta em um sistema civilístico remendado, sem especial apego à sua completude[586].

Para a continuação do argumento, mesmo seguindo a linha mais intervencionista de Silva, segundo a qual os direitos fundamentais possuem aplicabilidade imediata e eficácia plena[587], não é possível invadir o sopesamento – entre direito de crédito e direito de propriedade do bem de família – realizado democraticamente pelo processo legislativo e alterar o texto de lei. Aliás, importante frisar, a aplicação da regra da

de Bem Imóvel Residencial de Fiador de Contrato de Locação: Enfim, o Reestabelecimento do Direito. In. Revista Magister de Direito Imobiliário, Registral, Urbanístico e Ambiental, v. 1, n. 4, *p. 78-85, fev./mar. 2006*).

586 Dois exemplos dados pelo autor exemplificam a impossibilidade da transposição dos princípios do direito público para o direito privado. No primeiro exemplo, é um fato que todos os dias pessoas são contratadas e demitidas de diversas sociedades empresárias pelos ainda mais diversos motivos. Nesse cenário, questiona o autor, seria possível exigir dos patrões o dever de fundamentação e o procedimento administrativo para apuração das circunstâncias da demissão típicos dos cargos públicos? Evidente que não. No segundo exemplo, tem-se que o nepotismo é vedado e abolido no serviço público pelo art. 37, caput, da Constituição Federal e pela Súmula Vinculante n. 13. Há vasto consenso de que o nepotismo pode ser nefasto para a administração de um estado ou de uma empresa, mas seria possível aplicar a mesma restrição às empresas familiares? Conclui-se, portanto, que a mera transposição de princípios do direito público é impossível, pois ignora toda a estrutura epistemológica do direito privado (RODRIGUES JUNIOR, Otavio Luiz. *Estatuto epistemológico do Direito civil contemporâneo na tradição de civil law em face do neoconstitucionalismo e dos princípios.* in. O Direito, Coimbra, ano 143, vol. II, pp. 43-66, 2011).

587 SILVA, José Afonso da. *Curso de direito constitucional positivo.* 16ª edição. São Paulo: Malheiros, 1999, p. 467.

proporcionalidade, utilizada para a resolução de conflitos entre direitos fundamentais e que pressupõe a análise trifásica de adequação, necessidade e proporcionalidade em sentido estrito, também não foi aplicada de forma correta.

Em primeiro, porque não há conflito entre direito à moradia e penhora do bem de família do fiador, pois o conflito se dá entre direito à propriedade do bem de família, previsto pela Lei n. 8.009/1990, e direito de crédito – embora, evidentemente, de forma indireta, a tutela da propriedade do bem de família possa promover o direito à moradia. Superado esse falso conflito – o que, por si só, já soterraria o sopesamento realizado pela Suprema Corte –, é evidente que proteger a propriedade do bem de família do fiador fomenta indiretamente o direito à moradia daquele proprietário, contudo não há adequação na medida realizada pelo Supremo Tribunal Federal, pois não há nenhum indício empírico que demonstre que a penhorabilidade do bem de família do fiador aumenta o número de pessoas sem moradia – a questão é absolutamente teórica.

Em segundo lugar, no teste de necessidade, pergunta-se se aquela medida é a melhor – em comparação com todas as alternativas – para a tutela do direito fundamental que se pretende privilegiar, no caso a moradia: quando o legislador analisou a questão preferiu excluir, do âmbito protetivo do bem de família (direito de propriedade), algumas restritas hipóteses (atualmente 6). Isso ocorreu na seara do sopesamento democrático, mas, além do argumento formal, materialmente é questionável se a alternativa da impenhorabilidade era melhor, uma vez que, como restou demonstrado nos acórdãos que defenderam a penhorabilidade, as consequências da restrição à liberdade individual podem resultar na escassez da oferta de imóveis para locação.

Por fim, a proporcionalidade em sentido estrito busca analisar a restrição dos outros direitos fundamentais, causada pelo privilégio a uma medida que teria superado os testes de adequação e necessidade. No caso, o teste da proporcionalidade em sentido estrito não foi realizado de forma adequada, pois não foram levados em conta princípios como a segurança jurídica, a livre iniciativa, o direito de crédito etc. A questão pode ser resumida assim: o pequeno comerciante que dependia da fiança para obter seu imóvel e desenvolver a atividade empresária não a realizará, perdendo renda e, em última análise, tendo seu direito à moradia, além de outros, afetados pela maior dificuldade de empreender[588].

Ao lançar mão do direito fundamental à moradia para justificar a impenhorabilidade do bem de família, jurisprudência e doutrina recaem em infeliz e perigoso erro. E isso se afirma a partir do viés histórico, segundo o qual a contaminação do direito privado pelo direito público acarretou, reiteradas e sucessivas vezes, a perda da liberdade, instrumento último contra o totalitarismo. Olvidou-se, o Supremo Tribunal Federal, que também são direitos fundamentais o direito à livre-iniciativa, o trabalho, o livre mercado, a propriedade privada, a concorrência e tantos outros direitos fundamentais que foram sumamente afastados em proteção de um suposto direito à moradia, sem a aplicação mínima de um teste de proporcionalidade.

Em que medida o direito à propriedade do imóvel utilizado para residência da família do fiador é mais importante do que a fiança que "*impulsiona o empreendedorismo, ao viabilizar a celebração de contratos de locação empresarial em termos mais favoráveis*". Ademais a "*fiança prestada voluntariamente para viabilizar a livre iniciativa*" é motivo razoável para fazer frente à proteção do direito de propriedade sobre o bem de família. O único teste de proporcionalidade, de ponderação entre os princípios, realizado pelo voto do Min. Barroso, concluiu que "*não há desproporcionalidade na exceção à impenhorabilidade do bem de família*".

Retome-se o ponto fulcral de análise: a Constituição Federal nunca protegeu a propriedade do imóvel residencial destinado à moradia com o manto da impenhorabilidade. O que fez a Constituição foi, acertadamente, proteger o direito à moradia, que pode ser concretizado de infinitas formas – inclusive permitindo e facilitando que os indivíduos empreendam, busquem renda e realizem o princípio à da livre iniciativa. Importante salientar que, como bem aponta o Min. Dias Toffoli em seu voto divergente, muitos dos enunciados presentes na Constituição Federal não possuem *exequibilidade autônoma*, uma vez que "*não podemos ter na Constituição de um país apenas normas consideradas como de 'ordem fundamental', com determinações vinculantes e proibições específicas. Há em nossa*

588 Sobre a estrutura formal do teste de proporcionalidade que realizamos sobre a medida tomada pelo Supremo Tribunal Federal, ver: SILVA, Virgilio Afonso da. *Direitos Fundamentais: Conteúdo essencial, restrições e eficácia*. 2ª ed. São Paulo: Malheiros, 2010. pp. 167-182.

Constituição Federal diversos dispositivos que prestigiaram a discricionariedade e concederam uma margem de ação ao legislador", de modo que o direito à moradia insculpido no artigo sexto da Constituição Federal não pode ser utilizado como a panaceia para todos os males.

Nesse sentido, também, assinala Moraes que "*os direitos e garantias fundamentais consagrados pela Constituição Federal, portanto, não são ilimitados, uma vez que encontram seus limites nos demais direitos igualmente consagrados pela Carta Magna (princípio da relatividade ou convivência das liberdades públicas)*"[589], por sua vez, Silva enuncia que "*a* eficácia *e a* aplicabilidade *das normas que contêm os direitos fundamentais dependem muito de seu enunciado, pois se trata de assunto que está em função do Direito positivo*", anotando que, em regra, os direitos sociais possuem eficácia contida e aplicação imediata[590]. Se fosse o caso de restringir a aplicação da lei, que, ao menos, tivesse, o Supremo Tribunal Federal, destacado os direitos que ele próprio estava restringindo, como forma de proferir uma decisão transparente e democrática.

O direito privado é o direito das liberdades individuais, sacrificá-lo para trazer ao centro da análise a tutela de "direitos fundamentais" absorve o indivíduo, que se transforma em mera parte de um todo, um subproduto[591]. É de se refutar, portanto, a aplicação desenfreada de direitos fundamentais, especialmente às relações entre particulares, de modo que, do prisma constitucional, tampouco se sustenta a decisão do Supremo Tribunal Federal, ou, como consignado pelo próprio Min. Barroso, "É um pouco, como eu senti, de *paternalização para estimular a pessoa a não cumprir aquilo que se obrigou*", que, aliás, muito tem de um problema histórico e crônico de ativismo judicial no Brasil[592].

[589] MORAES, Alexandre de. *Direito Constitucional.* 28ª edição. São Paulo: Atlas, 2012, p. 30.

[590] SILVA, José Afonso da. *Curso de direito constitucional positivo.* 16ª edição. São Paulo: Malheiros, 1999, p. 183.

[591] DEL NERO, João Alberto Schützer. *Do "Estado liberal" para o "Estado social": ocaso do Direito Privado?.* In: Notícia do Direito Brasileiro. Nova série. Brasília, n. 3, 1997, pp. 43-63.

[592] Sobre esse tópico específico, Oscar Vilhena é imprescindível, especialmente em seu texto Supremocracia, no qual analisa o fato de que o Supremo é o principal ator político do sistema brasileiro, criando regras, como da impenhorabilidade do bem de família do fiador de locação comercial (VIEIRA, Oscar Vilhena. *Supremocracia. In.* Revista Direito GV, n. 8. Jul-dez 2008, p. 441-464). Enquanto Rui Barbosa e Aliomar Baleeiro apontaram a pouca proeminência do Supremo, vê-se atualmente um Tribunal atuante, midiático, com ministros famosos e reconhecidos em público. Do ponto de vista sociológico e jornalístico, ver também a

Finalizando a análise constitucional, cabe destacar uma preocupação de Pablo Stolze Gagliano e Rodrigo Pamplona Filho, segundo a qual a admissão da constitucionalidade da penhora do bem de família do fiador em contratos locatícios poderia levar o Poder Judiciário a, incorretamente, admitir uma sub-rogação do fiador nos direitos do credor que abrangesse a penhorabilidade do bem de família do afiançado. Em outros termos, a regra inscrita no artigo 837 do Código Civil de 2002 serviria como forma de ampliar o rol taxativo do artigo 3º da Lei n. 8.009/90[593]. A análise da preocupação exposta se desmembra, essencialmente, em duas, sendo que, em ambas, a resposta do Poder Judiciário seria, necessariamente, contrária à ampliação tácita do rol taxativo do art. 3º da Lei n. 8.009/1990 pela sub-rogação do fiador nos direitos do credor da obrigação principal.

Em um primeiro plano, percebe-se que constituiria um equívoco hermenêutico interpretar o artigo 3º da Lei n. 8.009/90 de forma extensiva, pois ele constitui um dispositivo normativo excepcional. Os autores mencionados chegam à mesma conclusão[594], podendo ser esta igualmente extraída da análise realizada anteriormente sobre o brocardo "*exceptiones sunt strictissimae interpretationis*" (vide Capítulo I, item 3, *supra*). Em uma segunda apreciação da controvérsia, mesmo que se admitisse a existência de um confronto normativo entre o artigo 837 do Código Civil de 2002 – que prevê a sub-rogação integral do fiador

obra de Felipe Recondo e Luiz Weber, *Os Onze: O STF, seus bastidores e suas Críticas*, publicada pela Companhia das Letras em 2019.

593 Assim se manifestam os autores citados: "Posto isso, fazemos a seguinte indagação: se o fiador, terceiro interessado, pagar a obrigação locatícia, e, por consequência, sub-rogar-se nos direitos do credor satisfeito, teria em seu favor a prerrogativa de penhorar o imóvel residencial do devedor afiançado, em eventual ação regressiva? Vale dizer, partindo da premissa de que o credor primitivo detinha este poder contra si, assumindo agora o posto de credor, poderia exercê-lo em face do devedor principal. (...) A nossa preocupação, todavia, é que, com o julgamento do RE 407.688/SP, que firmou equivocadamente, *data venia*, a constitucionalidade desta penhora, passe-se a admitir a legitimidade da sub-rogação do fiador nesta prerrogativa" (Gagliano, Pablo Stolze; Pamplona Filho, Rodolfo. *Novo Curso de Direito Civil, volume 4, tomo II Contratos em Espécie.* – 4ª ed. – São Paulo: Saraiva, 2011, pp. 631-632).

594 "Tal entendimento, em nosso sentir, padeceria de vício, pois, a par da manifesta inconstitucionalidade da medida, admitiria uma interpretação extensiva do preceito legal (art. 3º, VII, da Lei do Bem de Família) para contemplar hipótese não admitida em lei" (Gagliano, Pablo Stolze; Pamplona Filho, Rodolfo. *Novo Curso de Direito Civil, volume 4, tomo II Contratos em Espécie.* – 4ª ed. – São Paulo: Saraiva, 2011, pp. 632-633).

nos direitos do credor da obrigação principal após o adimplemento da dívida do afiançado –, e o artigo 1º da Lei n. 8.009/1990 – que prevê a impenhorabilidade do bem de família do casal e da entidade familiar como regra geral do diploma[595] –, chegar-se-ia à mesma conclusão. Nessa hipótese, seria constatada a existência de uma antinomia entre as normas jurídicas mencionadas, devendo esta ser solvida pelos critérios tradicionais: o cronológico, o hierárquico e o de especialidade[596]. Não se pode chegar a uma solução com base no critério hierárquico, afinal, ambas as normas se situam no plano da legislação infraconstitucional cível. O critério cronológico, segundo o qual o dispositivo posterior derroga o anterior, dá prevalência à regra inscrita no artigo 837 do Código Civil, afinal, este diploma entrou em vigência no início de 2003, enquanto a Lei n. 8.009/90 já produzia efeitos jurídicos desde 1990. Por fim, como codificação com pretensões de regulamentação geral do direito civil, o Código Civil de 2002 é menos específico que a Lei n. 8.009/90, sendo superado no que concerne ao critério de especialidade. Ao final, percebe-se que a antinomia se mantém presente, na forma de um conflito entre o critério cronológico e o da especialidade, o que, longe de torná-la insolúvel, permite sua simples resolução por um metacritério, assim explicado por Bobbio: "*Tem-se conflito porque, aplicando o critério de especialidade, dá-se preponderância à primeira norma, aplicando o critério cronológico, dá-se prevalência à segunda. Também aqui foi transmitida uma regra geral, que soa assim:* Lex posterior generalis non derrogat priori speciali. *Com base nessa regra, o conflito entre critério de especialidade e critério cronológico deve ser resolvido em favor do primeiro: a lei geral sucessiva não tira do caminho a lei especial precedente. O que leva a uma posterior exceção ao princípio* lex posterior

[595] Art. 1º O imóvel residencial próprio do casal, ou da entidade familiar, é impenhorável e não responderá por qualquer tipo de dívida civil, comercial, fiscal, previdenciária ou de outra natureza, contraída pelos cônjuges ou pelos pais ou filhos que sejam seus proprietários e nele residam, salvo nas hipóteses previstas nesta lei.

[596] A existência de outros métodos ou inovações para a resolução de antinomias em nada prejudica o presente raciocínio, na medida em que se trata de confronto normativo relativamente simples de se resolver, como será demonstrado. Nesse sentido, bem afirma Eduardo C. B. Bittar: "Considera-se que a resposta mais correta esteja na observação de que para os casos usuais e mais simples, para os quais a *técnica tradicional*, com a aplicação dos critérios e metacritérios trouxer boas soluções aos casos concretos, o intérprete deve dela se valer, pois não foi retirada do sistema jurídico" (Bittar, Eduardo C. B. *Introdução ao estudo do direito: humanismo, democracia e justiça* – 2ª edição – São Paulo: Saraiva, 2019, p. 462).

derogat priori: *esse princípio falha, não só quando a* lex posterior é inferior, *mas também quando é* generalis *(e a* lex prior é specialis*)*"[597]. Nesse caso, deve prevalecer, portanto, a proteção do bem de família.

3.3. Do ponto de vista econômico: externalidades negativas inesperadas

O julgamento do Recurso Extraordinário n. 605.709/SP, afastando a penhorabilidade do bem de família do fiador de locação comercial, trará, inexoravelmente, consequências econômicas imprevistas. O Ministro Luiz Fux ressaltou, logo na apresentação de sua obra sobre análise econômica do processo civil, os efeitos inesperados de regras tributárias. No século XVII, em manifestação de sanha arrecadatória, o Estado holandês (à época República das Sete Províncias Unidas dos Países Baixos) passou a arrecadar utilizando como base de cálculo a área das fachadas. Já, em 1696, a Inglaterra, governada por William III, instituiu a *window tax*, imposto que possui como base de cálculo o número de janelas dos edifícios, que, à época, eram sinais de riqueza. O que os reguladores não previram foi que os holandeses diminuiriam o tamanho de suas fachadas e os ingleses tampariam suas janelas. A realidade, em prejuízo das intenções do regulador, se adapta às condições impostas – infelizmente nem sempre em condições favoráveis[598]. A lei inglesa foi revogada, em 1851, por pressão dos médicos ingleses, que observavam condições de insalubridade em casas cujas janelas foram fechadas por tijolos, ou eram construídas sem janelas – justamente para evitar os tributos.

Como assinala Fux, "*Com base nas regras que disciplinam a conduta humana, indivíduos formulam as suas decisões mais corriqueiras*", de modo que qualquer decisão que tenha o poder de influenciar toda a nação deve

[597] Bobbio, Norberto. *Teoria do ordenamento jurídico*: tradução de Ari Marcelo Solon – 2ª edição – São Paulo: EDIPRO, 2014, pp. 106-107. Bobbio expõe a existência de autores que dão maior prevalência ao critério cronológico, contudo, o acolhimento dos metacritérios pela doutrina pátria sempre foi no sentido de dar preferência ao de especialidade (a título de exemplo, vide Bittar, Eduardo C. B. *Introdução ao estudo do direito: humanismo, democracia e justiça* – 2ª edição – São Paulo: Saraiva, 2019, p. 460), sendo excepcional a prevalência do cronológico. Evidentemente, tendo em vista o caráter protetivo que o art. 1º da Lei n. 8.009/90 assume diante do bem de família, o rompimento com o metacritério transcrito seria manifestamente incoerente.

[598] Fux, Luiz; Bodart, Bruno. *Processo civil & análise econômica*. Rio de Janeiro: Forense, 2019, apresentação.

ser, no mínimo, cautelosa. Mesmo boas intenções podem gerar resultados absolutamente prejudiciais, como no caso das leis *ban-the-box* – leis promulgadas com o objetivo de facilitar a ressocialização de egressos do sistema carcerário que proibiram os empregadores de questionarem em formulários de processos seletivos se a pessoa era egressa do sistema carcerário. O resultado foi um aumento na proporção de candidatos brancos aceitos, em detrimento de candidatos negros (antes, a proporção era de 7%, passando a 45%)[599].

A análise econômica, no seu vetor de interpretação da realidade, foi utilizada de forma contundente na motivação do Ministro Cezar Peluso para seu voto no Recurso Extraordinário n. 407.688/SP. Como já visto, segundo o Ministro, a declaração de inconstitucionalidade do dispositivo "*romperia equilíbrio do mercado, despertando exigência sistemática de garantias mais custosas para as locações residenciais com conseqüente desfalque do campo de abrangência do próprio direito constitucional à moradia*". O caso teve repercussão doutrinária, tendo sido analisado por Pargendler e Salama, em seu ensaio "*Law and Economics in the Civil Law World: The Case of Brazilian Courts*". Segundo os autores, o Ministro Cezar Peluso justificou seu voto em fatos "*aparentemente fora do escopo da norma legal em questão*", como a quantidade de brasileiros que não possuem casa própria, mas, implicitamente, aplicou um modelo padrão de oferta e demanda a fim de inferir uma relação de causalidade entre a interpretação da lei pelo Supremo Tribunal Federal e o oferecimento de residências e seu correlato preço[600].

As consequências econômicas – embora o Min. Eros Grau tenha afirmado que o mercado encontraria novos meios de se regular – são patentes. Além de o Brasil ser um dos países mais difíceis do mundo para se empreender[601], o Supremo Tribunal Federal criou uma dificuldade

599 Fux, Luiz. *Processo civil & análise econômica*. Rio de Janeiro: Forense, 2019, p. 2-3.

600 Tradução livre de Pargendler, Mariana e Salama, Bruno M., *Law and Economics in the Civil Law World: The Case of Brazilian Courts* (October 24, 2014). Stanford Law and Economics Olin Working Paper No. 471. Disponível em https://ssrn.com/abstract=2514577 e http://dx.doi.org/10.2139/ssrn.2514577, acesso em 4 de abril de 2023.

601 Em 2017 o Brasil estava na 176ª posição no ranking Doing Business do Banco Mundial no quesito facilidade de se começar um negócio https://www1.folha.uol.com.br/mercado/2017/10/1931820-brasil-cai-duas-posicoes-em-ranking-que-avalia-facilidade-de-fazer-negocios.shtml, acesso em 13 de abril de 2021. No relatório Doing Businness de 2020, o Brasil tinha avançado para a 138ª posição, ainda muito ruim (https://www.doingbusiness.

adicional aos empreendedores: serão obrigados a recorrer ao seguro aluguel para firmar contratos de locação, isto é, serão obrigados a pagar de 13 a 15 meses de aluguel por ano. Como se sabe, o risco de sinistro é inversamente proporcional ao prêmio pago pelo segurado, de modo que os empreendedores mais pobres serão obrigados a pagar o prêmio mais caro. É dizer, em outras palavras, que o Supremo Tribunal Federal, ao alterar sua jurisprudência, tornará inútil, para muitos casos, a fiança de locação comercial[602].

Ademais, o Supremo Tribunal Federal, através do julgamento do Recurso Extraordinário n. 605.709/SP, alterou o equilíbrio contratual de milhares (senão milhões) de contratos de locação comercial – portanto entre pessoas hipersuficientes, presumidamente – firmados nos últimos 28 anos. É intuitiva a conclusão que, para a assunção de riscos, o locador aceitava fiadores com somente 1 (um) imóvel – que, segundo a Primeira Turma do Supremo Tribunal Federal, no que foi seguida pela Segunda Turma, não pode ser penhorado mais. É de se concluir, portanto, que, em razão de duplo fundamento, a decisão é insustentável do ponto de vista da análise econômica.

3.4. Do ponto de vista civil: limitação injustificada da autonomia privada

Ainda no âmbito do julgamento do Recurso Extraordinário n. 605.709/SP, pela impossibilidade de penhorar o bem de família do fiador de locação comercial, plasma a discussão o seguinte argumento, pela defesa da inconstitucionalidade do artigo 3º, inciso VII da Lei 8.009/1990[603]: o

org/content/dam/doingBusiness/country/b/brazil/BRA.pdf, acesso em 13 de abril de 2021). O Brasil mantém, até hoje, o título de 184º país do mundo em facilidade para pagamento de impostos (em 190 considerados), de 170º em facilidade de obtenção de licenças de construção, 133º em facilidade de registro de propriedade etc.

602 A hipótese em questão é análoga, nos impactos da jurisprudência sobre a prática empresária, à situação decorrente da venda futura de soja no estado de Goiás e sua recepção pela jurisprudência daquele estado. Para a análise desse caso e dos dados que demonstram os efeitos deletérios da falta de pacificação da jurisprudência, ver Rezende, Christiane Leles; Zylbersztajn, Decio. *Quebras Contratuais e Dispersão de Sentenças*. Revista Direito GV. v. 7. n. 1. t. 13. São Paulo: Jan-Jun de 2011, p. 155-176.

603 Art. 3º A impenhorabilidade é oponível em qualquer processo de execução civil, fiscal, previdenciária, trabalhista ou de outra natureza, salvo se movido: (...) VII – por obrigação decorrente de fiança concedida em contrato de locação.

fiador, ao sujeitar seu bem de família à execução, sofre uma quebra de isonomia, pois não pode exigir a mesma excussão do devedor. Segundo a doutrina, "À luz do Direito Civil Constitucional - pois não há outra forma de pensar modernamente o Direito Civil –, parece-nos forçoso concluir que este dispositivo de lei viola o princípio da isonomia insculpido no art. 5º da CF, uma vez que trata de forma desigual locatário e fiador, embora as obrigações de ambos tenham a mesma causa jurídica: o contrato de locação"[604].

O argumento não se sustenta. Preliminarmente, a fim de se corrigir desvio categorial, é de se ressaltar que a causa jurídica das obrigações do locatário e do fiador não é a mesma[605]. Quanto ao ponto, a precisão técnica de Pontes de Miranda: "*a fiança é promessa de ato-fato jurídico ou de outro ato jurídico, porque o que se promete é o adimplemento do contrato, ou do negócio jurídico unilateral, ou de outra fonte de dívida, de que se irradiou, ou se irradia, ou vai irradiar-se a dívida de outrem*"[606]. O fiador não promete pagar, promete, sim, que o devedor pagará, sendo esta promessa a causa de sua obrigação.

Não obstante, mesmo se superada a questão da suposta impossibilidade de tratamento desigual de obrigações derivadas de um mesmo *contexto jurídico*, aceitar essa tese implica inaceitável e injustificável limitação da liberdade das pessoas e parte de um erro de premissa, como explicou Capanema: não há quebra de isonomia, pois isonomia é justamente "*tratar igualmente os que são iguais e desigualmente os desiguais*" e, sen-

[604] Gagliano, Pablo Stolze; Pamplona Filho, Rodolfo. *Novo Curso de Direito Civil, volume 4, tomo II Contratos em Espécie.* – 4ª ed. – São Paulo: Saraiva, 2011, p. 629 e, no mesmo sentido, Tartuce, Flavio. *Direito Civil: Teoria Geral dos Contratos e Contratos em espécie* – 15ª edição revista, atualizada e ampliada – São Paulo: Gen/Forense, 2020, p. 338.

[605] Não fica claro qual o conceito de causa para os autores. É certo que há controvérsia histórica de causalistas com anticausalistas, que se estende desde os primórdios do direito francês. Especificamente sobre essa controvérsia e a distinção de causa e motivo: "não confundamos 'causa' com 'motivo'. Igualmente não a confundamos com o objeto que, nos negócios jurídicos bilaterais, é duplo. Mas fixemos que ela é o escopo jurídico prático, ou razão econômico-jurídica do negócio. Faltar ela ao negócio é faltar-lhe o seu sôpro vital. Expressa, ou não, ela se incorpora aos negócios jurídicos. Explícita ou implícita na lei, bem haja a jurisprudência que sempre a reconheceu" (Leme, Lino de Moraes. *A causa nos contratos.* Revista da Faculdade de Direito, Universidade de São Paulo, v. 52, p. 72-79, 1957. Disponível em: https://www.revistas.usp.br/rfdusp/article/view/66264. Acesso em: 4 de abril de 2023).

[606] Pontes de Miranda, Francisco Cavalcanti. *Tratado de Direito Privado,* T. 44. São Paulo: Revista dos Tribunais, 2012, p. 185.

do o fiador ator jurídico diferente do devedor, não há qualquer mácula apriorística em aplicar regramentos distintos[607]. É pacífico que o fiador pode, por exemplo, dar em hipoteca um bem seu no bojo do contrato de fiança, mesmo que o devedor não tenha tomado tal providência. A questão nunca foi de isonomia, mas sim uma intervenção na autonomia privada.

Levar o argumento ao limite é dizer, em síntese e como argumentou Sarlet[608], que o fiador deve ser protegido de si mesmo, através da indisponibilidade de seus bens. A premissa é equivocada, pois não se pode obrigar alguém, através da indisponibilidade, a continuar sendo proprietário. Conforme exposto acima no item sobre os direitos fundamentais, é um equívoco acreditar que a perda do imóvel impede o fiador de usufruir do direito à moradia. Isso porque este não deve ser confundido com o direito de propriedade – afinal, nem todo mundo que tem moradia é proprietário do imóvel que habita –, aliás, o contrário também não é verdadeiro: uma pessoa pode ser proprietária de um imóvel e não ter moradia, veja-se o caso do herdeiro que não pode exercer a posse sobre o imóvel que recebeu, pois o cônjuge supérstite tem direito real de habitação (artigo 1.831 do Código Civil[609]).

Como dito acima, o direito privado é, por excelência, liberdade individual, sacrificá-lo absorve o indivíduo, que se transforma em mero

[607] Souza, Sylvio Capanema de. *A Lei do Inquilinato Comentada Artigo por Artigo.* 8ª Edição. Rio de Janeiro: Gen/Forense, 2012, p. 407.

[608] "pelo menos naquilo em que revela uma conexão com a dignidade da pessoa humana, um direito de personalidade, não se pode deixar de reconhecer também a existência de um dever de proteção da pessoa contra si mesma, pelo menos no âmbito em que prevalece a indisponibilidade do direito, o que ocorre justamente no plano da sua dimensão existencial" (Sarlet, Ingo Wolfgang. *STF, o direito à moradia e a discussão em torno da penhorabilidade do bem de família*, 30 de junho de 2018, https://www.conjur.com.br/2018-jun-30/observatorio-constitucional-stf-direito-moradia-penhorabilidade-bem-familia, acesso em 4 de abril de 2023).

[609] Art. 1.831. Ao cônjuge sobrevivente, qualquer que seja o regime de bens, será assegurado, sem prejuízo da participação que lhe caiba na herança, o direito real de habitação relativamente ao imóvel destinado à residência da família, desde que seja o único daquela natureza a inventariar.

Também são possíveis outras situações: propriedade sem usufruto (artigos 1.390-1.411 do Código Civil); direito real de habitação contratual (artigos 1.414-1.416 do Código Civil); propriedade locada para outrem (Lei 8.245/91) etc.

subproduto do processo[610-611]. Liberdade é a base do sistema jurídico--político-sociológico-filosófico ocidental e, a partir do desdobramento da autonomia privada[612], é o valor a partir do qual se constrói todo o sistema jurídico[613]. Não é à toa que Azevedo escreveu que a dignidade da pessoa humana depende de três fatores, entre eles a liberdade[614].

[610] Del Nero, João Alberto Schützer. *Do "Estado liberal" para o "Estado social": ocaso do Direito Privado?*. In: Notícia do Direito Brasileiro. Nova série. Brasília, n. 3, 1997, pp. 43-63.

[611] "a questão da liberdade ganha atualidade com a irrupção dos eventos totalitários da primeira metade deste século, com ênfase para as experiências anti-semíticas nazistas, que absorveram o cidadão em uma estrutura ideológica sem medida, fazendo-o escravo e alvo do próprio Estado (Reich)"; "O homem é livre porque é um começo (*initium*). Há a referência a Agostinho: *Initium... ergo ut esset, creatus est homo, ante quem nullus fuit.* Enquanto o mundo e os seres foram criados do nada (*ex nihilo*), o homem foi criado após o mundo. Com a criação do mundo foi criado o tempo. O homem é após o tempo. É um início já no tempo. Sempre individualmente, ele é um início, e por isso é pessoa. E porque tem essa peculiaridade de ser criatura temporal, que sabe da sua morte, que conhece seu termo final. O animal é liberto da expectação da morte, avança eternidade a dentro, como jorram as fontes (Rilke)" (Bittar, Eduardo Carlos Bianca; Barbosa, Samuel Rodrigues. *Liberdade e ação na teoria política de Hannah Arendt.* Revista da Faculdade de Direito, Universidade de São Paulo, v. 94, p. 339-346, 1999. Disponível em: https://www.revistas.usp.br/rfdusp/article/view/67447. Acesso em: 4 de abril de 2023).

[612] Autonomia vem do grego αὐτός (autós, "para si") + νόμος (nómos, "regras"), podendo ser traduzido para criar regras para si próprio.

[613] "A fenomenologia dos valores convence-nos, em verdade, da impossibilidade da referida identificação absoluta entre valor e liberdade no âmbito do processo espiritual, visto como o valor não só implica sempre no seu contrário, como transcende cada experiencia axiológica particular, cada ato que livremente se constitua: a polaridade 'liberdade-valor' representa, no meu entender, a vida mesma do espirito, sendo a condição de seu '*processus*'" (...) "Por outro lado, cada experiência particular de valores não está em função da liberdade exclusiva de um sujeito isolado, dependendo, ao contrário, necessariamente, de sua intersubjetividade, pois, sendo um valor, a liberdade não pode deixar de possuir, como sua qualidade essencial, liames de solidariedade ou de coparticipação com todos os demais valores. Não é livre quem comanda escravos, nem há liberdade onde se estiolaram todas as virtudes. A validade da liberdade singular transcende o ato que a constituí. Daí poder-se dizer que o espírito, como síntese de liberdade e valor, é enquanto se transcende" (Reale, Miguel. *Liberdade e valor.* Revista da Faculdade de Direito, Universidade de São Paulo, v. 53, p. 89-112, 1958. Disponível em: https://www.revistas.usp.br/rfdusp/article/view/66284. Acesso em: 4 de abril de 2023).

[614] Junqueira de Azevedo, Antonio. *Caracterização jurídica da dignidade da pessoa humana.* Revista da Faculdade de Direito, Universidade de São Paulo, v. 97, p. 107-125, 2002. Disponível em: https://www.revistas.usp.br/rfdusp/article/view/67536. Acesso em: 4 de abril de 2023. É verdade que o autor não delineia, aqui, o escopo da liberdade, apontando como fatores essenciais a liberdade de crença e de locomoção, não obstante acredita-se que a ótica é mais ampla. Mesmo utilizando a estrutura como definição do negócio jurídico, Junquei-

A maior representação dessa liberdade e da autonomia dela decorrente é o contrato. Como visto, a fiança está no *locus* contratual e, portanto, afiançar é um exercício de autonomia. Hironaka expõe que o interregno entre a Revolução Francesa e a pós-modernidade limitou a autonomia privada "*pela adição de normas de ordem pública. Limitando-se a liberdade contratual, buscou-se impedir a opressão do fraco pelo forte, do tolo pelo esperto, do pobre pelo rico*". Consequentemente, o contrato seria afetado pela inserção de princípios denominados sociais, que, embora não limitassem a liberdade de contratar, afetariam o conteúdo contratual, a fim de retirar abusos e situações contrárias à boa-fé objetiva e à função social[615]. Mesmo com a incidência dos chamados "novos princípios" (em contraposição aos princípios clássicos como *pacta sunt servanda* e *res inter alios acta, aliis nec nocet prodest nec*), não se desvirtua a importância da liberdade de as partes contratarem.

Portanto, retirar da esfera de direitos do indivíduo a possibilidade de a pessoa vincular seu patrimônio a uma outra relação contratual é, no limite, limitação à autonomia privada e, consequentemente, à liberdade, sem, contudo, contraposição civilística para isso: nem os princípios clássicos, nem os novos princípios reduzem o âmbito operativo da fiança. Portanto, a fiança não é contrária à boa-fé, nem à função social do contrato, embora esses princípios tenham aplicação jurídica[616].

ra nunca renunciou à vontade, que deve ser declarada, como cerne do negócio jurídico: a vontade declarada é a força motriz da constituição das obrigações (JUNQUEIRA DE AZEVEDO, Antonio. *Negócio Jurídico Existência, Validade e Eficácia*. 4ª edição, atualizada de acordo com o novo Código Civil (Lei n. 10.406, de 10-1-2002), 2002, 7ª tiragem, 2010, especialmente pp. 15-22).

615 HIRONAKA, Giselda Maria Fernandes Novaes. *Contrato: estrutura milenar de fundação do direito privado*. Revista da Faculdade de Direito, Universidade de São Paulo, v. 97, p. 127-138, 2002. Disponível em: https://www.revistas.usp.br/rfdusp/article/view/67537. Acesso em: 4 de abril de 2023.

616 Gogliano anota que a função social do contrato é "nebulosa e intangível", "etérea e abstrata" e que, "Facilmente, a decantada função social pode tornar-se impregnada de ideologia, quando em nome dela, o aplicador do Direito, segundo a sua concepção subjetiva, buscará um motivo para arrancar o contrato de seu equilíbrio natural. E, a justiça contratual será pisoteada, no momento em que a função social ficar a mercê de mecanismos políticos-institucionais" (GOGLIANO, Daisy. *A função social do contrato. Causa ou motivo*. Revista da Faculdade de Direito, Universidade de São Paulo, [S. l.], v. 99, p. 153-198, 2004. Disponível em: https://www.revistas.usp.br/rfdusp/article/view/67622. Acesso em: 4 de abril de 2023).

O argumento não se funda em eventual erro do fiador quanto à extensão de sua obrigação – o que poderia ser discutido, mas escapa do objeto da presente análise –, mas sim na incapacidade do fiador de sujeitar seus bens para garantir dívida alheia. A doutrina pretende rever a lei mediante impossíveis releituras constitucionais, o que não pode ser aceito como subterfúgio.

O sistema revela-se, ao final, incoerente. No entendimento do Supremo Tribunal Federal, o fiador de locação comercial – presumivelmente hipersuficiente, por se tratar de obrigação comercial – merece maior proteção do que o fiador de locação residencial, que pode ver seu bem de família expropriado.

É natural que as pessoas possam exercer suas liberdades, inclusive para assumir, por outrem, responsabilidades. Veja-se a situação: aquele que exerce sua liberdade prestando fiança para outrem não pode ver seu imóvel penhorado, mas aquele que inadimplir impostos prediais ou territoriais – que o devedor não contrata, somente se sujeita à ordem estatal –, perderá o imóvel e não terá (no suposto raciocínio civil-constitucional) direito à moradia.

A escolha do Supremo Tribunal Federal é, no fundo, ideológica: defende-se o direito de o estado arrecadar, mas não a liberdade da pessoa assumir as consequências de seus atos. Diante da proteção do indivíduo, especialmente da ótica civilística, prefere-se a defesa da liberdade, contra o paternalismo e a sanha arrecadatória estatal, não se podendo aceitar intromissões mal fundamentadas na liberdade individual sob o rótulo do "dirigismo contratual". A aceitação de uma apreciação judicial mais ampla em matéria contratual, portanto, não pode ter seus limites transgredidos em prol de restrições crescentes e arbitrárias à liberdade, como se a valorização desse direito fundamental se equivalesse à defesa do egoísmo e do individualismo, devendo-se recordar da prioridade a ser dada à liberdade como pilar da cultura jurídica e econômica das nações ocidentais[617].

[617] Nesse sentido, cabe transcrever a clássica lição de Rawls no sentido de se priorizar a liberdade e de se tomar uma postura rígida quanto à aceitação de restrições à mesma, cuja banalização deturparia um princípio jurídico que deve ser resguardado, o que não se confunde com a resignação diante algo absoluto: "Por prioridade da liberdade, eu me refiro à precedência do princípio de liberdade igual sobre o segundo princípio de justiça. Os dois princípios estão em ordem lexical, e, portanto, os pleitos da liberdade devem ser satisfeitos

Assim, cabe destacar, ao final da presente exposição, até por sintetizar porção importante da posição aqui defendida, uma passagem da fala do Ministro Luís Roberto Barroso proferida no julgamento do Recurso Extraordinário n. 605.709/SP para a Ministra Rosa Weber, em que se alerta, justamente, para uma intromissão estatal indevida na esfera da autonomia privada do garantidor que, ao final, além de iníqua, acaba por resguardar indevidamente o fiador de sua escolha em obrigar-se, voluntariamente, na fiança:

> *"Mas veja Vossa Excelência, o fiador celebra espontaneamente um contrato. Depois de tê-lo feito espontaneamente, cuja única finalidade é garantir a percepção do aluguel pelo proprietário, ele se escusa de cumprir a sua obrigação, que assumiu voluntariamente, dizendo que é um bem de família. É um pouco, como eu senti, de paternalização para estimular a pessoa a não cumprir aquilo que se obrigou. (...) Há pequenos empreendedores que também precisam de fiador para a locação, aliás, esses são os que mais precisam. Portanto, em última análise, a gente penalizaria o pequeno empresário em favor de um fiador que assumiu espontaneamente uma obrigação."*

4. Recondução da questão: Tema 1.127/STF

Como consignado na nota de rodapé inaugural deste capítulo final, no interregno entre a elaboração da dissertação de mestrado e a publicação do livro, após a série supra narrada de julgados desastrosos, o Supremo Tribunal Federal decidiu pela existência de repercussão geral da distinção entre locação comercial e residencial, no que toca à penhorabilidade do bem de família do fiador. Em atenção aos mandamentos do processo

em primeiro lugar. Até que isso seja satisfeito, nenhum outro princípio deve ser colocado. A prioridade do certo sobre o bom, ou da justa oportunidade sobre o princípio do tratamento diferenciado, não está nas nossas preocupações no momento. Como ilustram todos os exemplos anteriormente expostos, a precedência da liberdade significa que a liberdade só pode ser restrita para o seu próprio bem" – tradução livre de: "By the priority of liberty I mean the precedence of the principle of equal liberty over the second principle of justice. The two principles are in lexical order, and therefore the claims of liberty are to be satisfied first. Until this is achieved no other principle comes into play. The priority of the right over the good, or of fair opportunity over the difference principle, is not presently our concern. As all the previous examples illustrate, the precedence of liberty means that liberty can be restricted only for the sake of liberty itself." (Rawls, John. *A Theory of Justice* – revised edition – Cambridge, Massachussets: Harvard University Press, 1999, p. 214).

civil democrático, foi aberta a participação da sociedade civil, pela figura do *amicus curiae*, o que, diante da relevância da questão, gerou grande engajamento. Algumas das entidades que participaram foram: Confederação Nacional de Dirigentes Lojistas – CNDL, Associação Brasileira das Administradoras de Imóveis – ABADI, Associação Brasileira de Empresas do Mercado Imobiliário – ABMI, Associação Brasileira de Shopping Centers – ABRASCE e a Confederação Nacional do Comércio de Bens, Serviços e Turismo – CNC.

A seguir, a Procuradoria-Geral da República ofertou parecer, defendendo a impenhorabilidade do bem de família do fiador na locação comercial, salvo no caso de fiança onerosa. Frise-se, por oportuno, que se trata, novamente, de distinção descabida. Pretendeu, a Procuradoria, criar lei onde o legislador não criou.

Após duas sessões de julgamento, nos dias 5 e 12 de agosto de 2021, já haviam votado, a favor da penhorabilidade do bem de família do fiador na locação comercial, os Ministros Alexandre de Moraes, Roberto Barroso, Nunes Marques e Dias Toffoli; contra a penhorabilidade votaram os Ministros Edson Fachin, Rosa Weber, Carmen Lúcia e Ricardo Lewandowski. A votação estava, portanto, empatada, com quatro votos para cada lado. O tema só voltaria ao Tribunal Pleno, em sessão virtual, entre os dias 25 de fevereiro e 8 de março de 2022. Nessa sessão virtual, acompanharam o voto do relator, Ministro Alexandre de Moraes, os Ministros Luiz Fux, Gilmar Mendes e André Mendonça, de modo que o resultado de julgamento foi negar provimento ao Recurso Extraordinário, por maioria (7 votos a 4), fixando a seguinte tese: "*É constitucional a penhora de bem de família pertencente a fiador de contrato de locação, seja residencial, seja comercial*".

Cumpre, a fim de encerrar o presente capítulo, fazer algumas notas do acórdão da lavra do Ministro Alexandre de Moraes. Após breve relatório, o extenso acórdão, que conta com 144 páginas, faz uma retomada dos antecedentes da discussão, iniciando com a análise do Tema 295, que foi objeto deste livro. Também em linha com aqui traçado, o Ministro retomou a discussão da Emenda Constitucional 26/2000 e a ratificação do entendimento no bojo do RE 407.688/SP. Frisou, como aqui, que "*nenhuma distinção foi feita entre tratar-se de penhora de bem de fiador atrelado a contrato de locação residencial ou não residencial*" e que, com base nas expectativas criadas, o Superior Tribunal de Justiça editou a Súmula 549, como também aqui delineado.

A seguir, o Ministro Alexandre de Moraes defende a manutenção da aplicabilidade do Tema 295 do STF, relatando que a Primeira Turma havia feito a distinção, excluindo da aplicabilidade da referida súmula a fiança à locação comercial – trata-se, exatamente, do acórdão do RE 605.709/SP, longamente debatido aqui. Narra que os julgados, monocráticos e colegiados, espraiaram-se também à Segunda Turma.

De forma precisa, o Ministro de Moraes descreve que o legislador, quando quis, distinguiu os tipos de locação, mas não o fez no que toca à fiança, de modo que entendeu "*não ser possível criar distinção onde a lei não distinguiu, pois haveria flagrante violação ao princípio da isonomia, haja a vista que o fiador de locação comercial, embora também excepcionado pelo artigo 3º, VII, da Lei 8.009/1990, teria incólume seu bem de família, ao passo que o fiador de locação residencial poderia ter seu imóvel penhorado*". A seguir, passou-se à análise da impenhorabilidade prevista na Lei 8.009/90.

Em linha com o que se defendeu no item 3.4, supra, argumentou que defender a penhorabilidade é prestigiar o direito de propriedade e a autonomia privada. Pede-se vênia para transcrever este trecho: "*Logo, na fiança, em contrato escrito, que não deve deixar margem de dúvidas, o fiador oferece não só o seu bem de família, mas também todo o patrimônio que lhe pertence, em garantia de dívida de terceiro; e o faz de livre e espontânea vontade, no pleno exercício de seu direito de propriedade*". É o acordo, é a praxe e todos sabem disso. Desrespeitar o acordo das partes é postura inaceitavelmente paternal.

Também sobre o conflito entre direitos fundamentais, especialmente entre livre iniciativa e direito à moradia, o Ministro Alexandre retoma a discussão que travamos no item 3.2., supra. Realizando sopesamento entre direitos fundamentais, conclui que a postura paternalista obstrui a livre iniciativa e, sob o ponto de vista econômico (também tratado, no item 3.3., supra), impede que pequenos empreendedores abram seus negócios. O Ministro se escora nos dados trazidos pela Rede Avançada de Locações: "*em recente pesquisa tipo 'sondagem em nível nacional', apurou-se que, num universo de cerca de 20.000 mil contratos comerciais, verificou-se que dentre as de menor porte, com valor médio de R$ 3.377,00 (três mil trezentos e setenta e sete reais),* ***78% delas eram garantidas por fiadores e dentre essas mais de 90% contam com os sócios na condição de garantes da rela-***

ção locatícia*. A constatação é simples e o lógico objetivo é minimizar os custos da jornada econômica da empresa e maximizar o emprego dos recursos financeiros na própria atividade*".

Também retomando a questão do ponto de vista civil, tratado no item 3.4., supra, o Ministro conclui que não há regra de isonomia entre locatário e fiador, pois se tratam de contratos distintos. Contratos distintos geram consequências distintas.

A seguir, o Ministro Luís Roberto Barroso adere à argumentação do relator, alegando que não vê "*razão para o Estado intervir nessa relação privada, para exonerar alguém que se obrigou espontaneamente de fazê-lo, de cumprir seu dever, de cumprir sua obrigação*".

O voto seguinte foi do Ministro Nunes Marques, que destaca "*ser comum na realidade empresarial que os fiadores dos contratos de locação comercial sejam os próprios sócios da pessoa jurídica locatária*", de modo que "*a impenhorabilidade do bem de família dado em garantia em contrato de locação comercial implicaria desestimular ou até mesmo inviabilizar a livre iniciativa*", acompanhando o relator.

Abrindo a divergência, o Ministro Edson Fachin propôs a acolhida da tese fixada nos julgamentos das turmas do Supremo, cujos acórdãos foram acima analisados. No que foi acompanhado pela Ministra Rosa Weber, ressaltando que a "*compreensão de que a dignidade da pessoa humana e a proteção à família exigem que se ponham ao abrigo da constrição e da alienação forçada determinados bens*", alegando que a distinção entre as locações comercial e residencial é relevante, pois a locação comercial não prestigiaria o direito à moradia – o que deve ser refutado, conforme delineado acima.

O Ministro Dias Toffoli ressaltou que em acórdão de sua relatoria o Supremo reconheceu a impenhorabilidade (RE 605.709/SP), no qual ficou vencido, de modo que, neste julgamento, adotou a mesma linha de raciocínio e seguir o Relator.

A Ministra Carmen Lucia acompanha a divergência, alegando que a argumentação do Ministro Fachin, "*com poucas diferenças, seria a que eu apresentaria*". No voto vogal, alega a "*ilogicidade da possibilidade de se penhorar o único imóvel do fiador de locação comercial, desconsiderando-se totalmente o direito à moradia*" para impedir a penhora. Sobre a autonomia privada, diz que "*é certo poder o indivíduo escolher ser ou não fiador*", mas "*sob o prisma constitucional da proteção ao direito de moradia, essas circunstâncias reforçam ser injustificável a penhora do bem de família do fiador, em se tratando de locação de imóvel comercial*", embora reconheça que, na fiança onerosa, o sinalagma contratual seria alterado. Ao fim, dá provimento ao recurso, para propor a impenhorabilidade.

Já o Ministro Ricardo Lewandowski alegando, preambularmente, "*que não me impressiona o argumento da autonomia da vontade nem o da preservação da boa-fé objetiva*", pois algumas pessoas seriam "*compelidas*" a prestar fiança. Assim, em defesa dos hipossuficientes, alegando que o mínimo existencial é "*ciosamente protegido pelos ordenamentos jurídicos dos países civilizados*".

O ministro Gilmar Mendes, a seu turno, inicia seu voto de maneira bastante precisa, delineando o âmbito de proteção e a intervenção estatal no que se refere ao direito de moradia. Trata-se um direito de proteção e, enquanto direito fundamental, consiste "*a um só tempo, em direitos subjetivos e elementos fundamentais da ordem constitucional objetiva*". Descrevendo o contexto do pós-guerra, o ministro consigna que o direito à moradia deve ser compreendido como um direito prestacional, no qual o estado presta uma utilidade concreta. Cita, como forma de proteção estatal desse direito, a usucapião familiar. Assim, em que pese essa natureza, a conclusão de que esse direito fundamental não pode ser utilizado como defesa não é absoluta, mas possui exceções bem delineadas: "*(i) "possíveis reduções a zero de discricionariedade no âmbito de conflitos jurídico-fundamentais" ou (ii) para a garantia do mínimo existencial*". Seria nessa segunda exceção que seria declarada a impenhorabilidade do bem de família do fiador. Contudo, segundo o ministro, o desenho normativo das exceções à impenhorabilidade do bem de família não é inconstitucional, até porque a elaboração dessa exceção específica foi amplamente debatida, de modo que "*O dispositivo tinha – e tem – uma conexão sistemática com o marco normativo que então se propunha ao Congresso Nacional*", pois "*havia um cenário de crise econômica e de déficit habitacional, ante o qual milhões de proprietários preferiam deixar seus imóveis fechados a alugá-los*". Em que pese a leitura em tela poder ser lida como análise econômica do direito, o ministro faz questão de frisar que "*é mais uma valorização do significado histórico dessa mudança legislativa, e menos um exercício de 'análise econômica do direito'*".

Ainda no voto do Ministro Gilmar Mendes, assim como aqui frisado, delineou-se que "*a natureza residencial da locação não figurou como condição necessária para a compatibilidade da penhora de bem de família do fiador com o direito à moradia. Consequentemente, não poderia ser a natureza comercial da locação condição suficiente para a superação, ainda que parcial, da jurisprudência deste Tribunal*". Ressalta, ainda, que "***sob a ótica do princípio da autonomia privada é até mesmo questionável se a conduta de oferecer fiança em contrato de locação sequer tangencie o âmbito de proteção do direito à moradia***" (destaques no original). O ministro anota, portanto, que é necessário respeitar a autonomia privada, a conformação do legislador ordinário e a necessidade de cautela no reconhecimento de eficácia de direitos fundamentais nas relações privadas, concluindo que é necessário negar provimento ao recurso e aderir à tese proposta pelo relator.

É nestes termos que foi restabelecido o direito positivo e afastada a intervenção estatal desmedida no contrato de fiança, pelo que o Supremo Tribunal Federal merece aplausos.

5. Conclusões

1. Com o julgamento do Recurso Extraordinário n. 605.709/SP, a Primeira Turma do Supremo Tribunal Federal reviu o entendimento antes consolidado na decisão colegiada tomada no âmbito do Recurso Extraordinário 407.688/SP, que determinou a constitucionalidade do artigo 3º, inciso VII, da Lei nº 8.245/1991. Consequentemente, determinou a incidência de efeitos jurídicos diversos na fiança, a depender da natureza da locação de bem imóvel garantida, criando uma distinção inusitada e perigosa frente à orientação antes consolidada e à sua prévia aplicação pelas instâncias judiciais inferiores.
2. Do ponto de vista processual, feriu-se a estabilidade dos precedentes sem justo motivo que o ensejasse, diminuindo a autoridade dos precedentes e diminuindo, portanto, a segurança jurídica e a previsibilidade, com efeitos nefastos para toda a sociedade, uma vez que os entendimentos supostamente firmados no STF poderão ser revistos a qualquer tempo;
3. Do ponto de vista constitucional, a aplicação horizontal, entre particulares, de direitos fundamentais padece de graves dificuldades. Como exposto, o direito privado é o direito da liberdade, a mitigação de tal fato é excepcionalíssima e sua banalização é a porta de entrada para regimes autoritários;

4. Do ponto de vista econômico-comercial, a decisão é mais grave para os comerciantes que não conseguem acesso ao mercado de seguros ou de garantias outras que demandam maior esforço financeiro que a fiança. Em síntese, a decisão prejudica os empreendedores com menos capital;
5. Do ponto de vista civil, a tese da quebra de isonomia é também inaceitável, pois, além de fiança e a locação possuírem causas distintas, não há direito que impeça alguém de fiar por outrem. Trata-se, em verdade, de limitação injustificável à autonomia privada e manifestação de injustificável paternalismo estatal.
6. Com o julgamento do Tema 1.127 a questão foi novamente pacificada, retomando-se o direito anteriormente vigente e, por ora, afastando o excesso de ativismo judicial que mitiga sobremaneira a autonomia privada, criando um sistema jurídico inseguro e, em última medida, injusto.

REFERÊNCIAS

Aguiar Junior. Ruy Rosado de. *Extinção dos contratos por incumprimento do devedor – Resolução* – 2ª edição. Rio de Janeiro: AIDE, 2003.

_________. *Proteção da boa-fé subjetiva.* Revista da AJURIS, Porto Alegre, ano 39, n. 126, p. 187-233, jun. 2012, p. 190 e p. 226

Almeida, Candido Mendes de. *Ordenações e leis do Reino de Portugal,* livro III. Rio de Janeiro: Typ. do Instituto Philomathico, 1870.

_________. _________. livro IV. Rio de Janeiro: Typ. do Instituto Philomathico, 1870.

Almeida Costa, Mario Julio de. *Direito das obrigações.* Coimbra: Almedina, 12ª edição, 2016.

_________. *História do direito português* – 4ª ed. – Coimbra: Almedina, 2010.

Alves, José Carlos Moreira. *Direito Romano* – 18ª edição. Rio de Janeiro: Forense, 2018.

Amaral, Francisco. *Direito Civil: introdução.* Rio de Janeiro: Renovar, 7ª ed. Revista, modificada e aumentada, 2008.

Amorim Filho, Agnelo. *Critério Cientifico Para Distinguir a Prescrição da Decadência e Para Identificar as Ações Imprescritíveis. In.* Revista dos Tribunais, ano 49, volume 300, outubro/1960, p. 7-37.

Antunes Varela, João de Matos. *Das obrigações em geral – vol. II* – 7ª ed. – Coimbra: Almedina, 1997, reimpressão de 2003.

Aprigliano, Ricardo de Carvalho. *Ordem pública e Processo – O Tratamento das Questões de Ordem Pública no Direito Processual Civil.* São Paulo: Atlas, 2011.

Arendt, Hannah. *A Condição Humana* – 10º ed – Rio de Janeiro: Forense, 2007.

AULETE, Caldas. *Dicionário contemporâneo da língua portuguesa em 5 volumes* – Volume I – 2ª Ed. – Rio de Janeiro: Delta, 1964.

________. ________. – Volume III – 2ª Ed. – Rio de Janeiro: Delta, 1964.

ÁVILA, Humberto. *Segurança jurídica Entre permanência, mudança e realização no Direito Tributário*. São Paulo: Malheiros, 2011.

AZEVEDO, Álvaro Villaça. *Estatuto da Família de Fato*: de acordo com o novo Código Civil. 2ª edição. São Paulo: Atlas, 2002.

BIAZI, João Pedro. *A exceção do contrato não cumprido no direito brasileiro*. Rio de Janeiro: GZ, 2019.

BEVILAQUA, Clóvis. *Código Civil dos Estados Unidos do Brasil, comentado por Clovis Bevilaqua*, vol. 1. Rio de Janeiro: Editora Rio, Edição Histórica, 1975.

________. ________. vol. 2. Rio de Janeiro: Editora Rio, Edição Histórica, 1975.

BITTAR, Carlos Alberto. *Teoria Geral do Direito Civil*. Rio de Janeiro: Forense Universitária, 2ª ed. rev., atual. e ampliada por Carlos Alberto Bittar Filho, Marcia Sguizzardi Bittar, 2007.

BITTAR, Eduardo C. B. *Introdução ao estudo do direito: humanismo, democracia e justiça* – 2ª edição – São Paulo: Saraiva, 2019.

________; BARBOSA, Samuel Rodrigues. *Liberdade e ação na teoria política de Hannah Arendt*. Revista da Faculdade de Direito, Universidade de São Paulo, v. 94, p. 339-346, 1999. Disponível em: https://www.revistas.usp.br/rfdusp/article/view/67447. Acesso em: 4 de abril de 2023.

BRAGA DA CRUZ, Guilherme. *O direito subsidiário na história do direito português*. Revista Portuguesa de História, Tomo XIV – Homenagem ao Doutor Paulo Merêa, vol. III, Coimbra: Imprensa da Universidade, 1974, pp. 177-316.

BRASIL. Congresso Nacional. Câmara dos Deputados. Comissão Especial do Código Civil; Barroso Junior, Sabino. *Projecto de Código Civil brazileiro Trabalhos da Commissão Especial da Câmara dos Deputados: mandados imprimir pelo ministro do interior, Dr. Sabino Barroso Junior*, vol. 1, Rio de Janeiro: Imprensa Nacional, 1902.

________. ________. vol. 2, Rio de Janeiro: Imprensa Nacional, 1902.

________. ________. vol. 6, Rio de Janeiro: Imprensa Nacional, 1902.

BRENNER, Saul; Spaeth, Harold J. *Stares indecisis. Las alteraciones del precedente em la Corte Suprema de Estados Unidos 1946-1992*. Madrid: Marcial Pons, 2017.

BORGES CARNEIRO, Manuel. *Direito Civil de Portugal. Tomo II.* Lisboa: Typ. de Maria da Madre de Deus, 1858.

_________. *Direito Civil de Portugal. Tomo III.* Lisboa: Typ. de Maria da Madre de Deus, 1858.

BULGARELLI, Waldirio. *Contratos Mercantis* – 11ª edição. São Paulo: Atlas, 1999.

CAHALI, Yussef Said. *Prescrição e decadência.* São Paulo: RT, 2008.

CALAMANDREI, Piero. *Processo e democracia: conferências realizadas na Faculdade de Direito da Universidade Nacional Autônoma do México.* Porto Alegre: Livraria do Advogado, 2017.

CALÇAS, Manoel de Queiroz Pereira. *Exoneração Da Fiança,* in. Revista do Instituto de Pesquisas e Estudos, Bauru, n. 23, p. 127-139, ago./nov. 1998.

CANARIS, Claus-Wilhelm. *Direitos Fundamentais e Direito Privado.* Lisboa: Almedina, 2003.

CARVALHO, Carlos Augusto de. *Nova Consolidação das Leis Civis.* Porto: E. Nogueira, 1915.

CARVALHO SANTOS, J. M. de. *Código Civil Brasileiro Interpretado, principalmente do ponto de vista prático.* Vol. XIX. São Paulo: Livraria Editora Freitas Bastos, 1937.

CASTRO, Daniel Penteado de. *Os critérios de análise do distinguishing como fundamento ao cabimento de embargos de declaração.* Portal Migalhas, publicado em 22 de março de 2018, disponível em https://www.migalhas.com.br/coluna/cpc-na-pratica/276834/os-criterios-de-analise-do-distinguishing-como-fundamento-ao-cabimento-de-embargos-de-declaracao, acesso em 4 de abril de 2023.

CLAUDIO, Affonso. *Direito Romano: Da retenção do cadaver do devedor em garantia do direito creditorio, entre os romanos.* Rio de Janeiro: Besnard Frères, 1916.

COELHO DA ROCHA, Manuel Antonio. *Instituições de Direito Civil Portuguez – Tomo I* – 8ª edição. Lisboa: Livraria Clássica, 1917.

_________. _________ – *Tomo II* – 8ª edição. Lisboa: Livraria Clássica, 1917.

COMPARATO, Fábio Konder. *O seguro de Crédito.* São Paulo: Revista dos Tribunais, 1968.

_________. *Notas retificadoras sobre seguro de crédito e fiança.* Rev. de Direito Mercantil, Industrial, Econômico e Financeiro, São Paulo, jul./set. 1983, v. 51, p. 95-104.

CORRÊA TELLES, José Homem. *Digesto Portuguez ou Tratado dos direitos e obrigações civis*. Tomo I, 3ª edição. Coimbra: Universidade de Coimbra, 1845.

________. *Commentário Crítico à Lei da Boa Razão*. Lisboa: Typographia de Maria da Madre de Deus, 1865.

COSTA GOMES, Manuel Januário da. *Assunção Fidejussória de Dívida: sobre sentido e o âmbito da vinculação como fiador*. Coimbra: Almedina, 2000.

COUTO E SILVA, Clovis V. do. *A obrigação como processo*. Rio de Janeiro: Editora FGV, 1ª edição 2006, 8ª Reimpressão 2013.

DEL NERO, João Alberto Schützer. *Do "Estado liberal" para o "Estado social": ocaso do Direito Privado?*. in: Notícia do Direito Brasileiro. Nova série. Brasília, n. 3, 1997, pp. 43-63.

DINIZ, Maria Helena. *Curso de Direito Civil Brasileiro* – v. 3 – 30ª edição. São Paulo: Saraiva, 2014.

DWORKIN, Ronald. *Levando os direitos a sério* – 3ª ed. – tradução de Nelson Boeira. São Paulo: WMF Martins Fontes, 2010.

FACHIN, Luiz Edson. *Estatuto Jurídico do Patrimônio Mínimo*. Rio de Janeiro: Renovar, 2001.

FERRAZ JUNIOR, Tercio Sampaio. *Introdução ao Estudo do Direito: Técnica, Decisão, Dominação*. – 11ª ed. – São Paulo: Atlas, 2019.

FIGUEIREDO, Gabriel Seijo Leal de. *Contrato de Fiança*. São Paulo: Saraiva, 2010.

FRANÇA, Rubens Limongi. *Recepção do direito romano no direito brasileiro*, in. Revista da Academia Brasileira de Letras Jurídicas, Referência: v. 10, n. 9, p. 21–41, jan./jun., Rio de Janeiro, Academia Brasileira de Letras Jurídicas, 1996, pp. 21-41.

________. *Importância e atualidade do direito romano*. Revista da Faculdade de Direito, Universidade De São Paulo, 60, 206-221. Recuperado de http://www.revistas.usp.br/rfdusp/article/view/66470, acesso em 4 de abril de 2023.

FREIRE, Laudelino. *Grande e novíssimo dicionário da língua portuguesa*, vol. III – 3ª ed. – Rio de Janeiro: Livraria José Olympio, 1957.

FREITAS, Augusto Teixeira de. *Consolidação das Leis Civis, vol. 1*. Ed. Fac.Sim. Brasília: Senado Federal, 2003.

________. ________. *vol. 2*. Ed. Fac.Sim. Brasília: Senado Federal, 2003.

________. *Código Civil, Esbôço, vol. 1*. Brasília: Ministério da Justiça e Fundação Universidade de Brasília, 1983.

________. ________, *vol. 2*. Brasília: Ministério da Justiça e Fundação Universidade de Brasília, 1983.

FORGIONI, Paula Andrea. *Contratos empresariais – teoria geral e aplicação – 4ª edição*. São Paulo: Revista dos Tribunais, 4ª edição, 2019.

_________. *A evolução do Direito Comercial Brasileiro – Da mercancia ao mercado* – 4ª edição. São Paulo: Revista dos Tribunais, 2019.

FUX, Luiz. *O novo processo civil. In.* Rev. TST, Brasília, vol. 80, no 4, out/dez 2014, pp. 264-290.

_________; BODART, Bruno. *Processo civil & análise econômica*. Rio de Janeiro: Forense, 2019.

GAGLIANO, Pablo Stolze; PAMPLONA FILHO, Rodolfo. *Novo Curso de Direito Civil, volume 4, tomo II Contratos em Espécie.* – 4ª ed. – São Paulo: Saraiva, 2011.

GALLI, Leandro. *Direito à Moradia e Penhora de Bem Imóvel Residencial de Fiador de Contrato de Locação: Enfim, o Reestabelecimento do Direito. In. Revista Magister de Direito Imobiliário, Registral, Urbanístico e Ambiental, v. 1, n. 4, p. 78-85, fev./mar. 2006.*

GOGLIANO, Daisy. *A função social do contrato. Causa ou motivo.* Revista da Faculdade de Direito, Universidade de São Paulo, [S. l.], v. 99, p. 153--198, 2004. Disponível em: https://www.revistas.usp.br/rfdusp/article/view/67622. Acesso em: 4 de abril 2023.

GOMES, Orlando. *Contratos* – 27ª edição – Rio de Janeiro: Forense, 2019.

_________. *Introdução ao direito civil.* Rio de Janeiro: Forense, 14ª ed., 1999.

_________. *Transformações gerais do direito das obrigações* – 2ª ed. – São Paulo: Revista dos Tribunais, 1980.

GONÇALVES, Carlos Roberto. *Direito Civil Brasileiro. Contratos e Atos Unilaterais: Volume 3* – 16ª Edição – São Paulo: SaraivaJur, 2019.

GRAU, Eros Roberto. *Por que tenho medo dos juízes: a interpretação/aplicação do direito e os princípios.* 6ª edição. 2ª tiragem. São Paulo: Malheiros, 2014.

GRINOVER, Ada Pellegrini. *Ensaio sobre a processualidade: fundamentos para uma nova teoria geral do processo.* Brasília: Gazeta Jurídica, 2016.

GODOY, Claudio Luiz Bueno de. *Contratos em Espécie.* In: PELUSO, Cezar (coord.), Código Civil comentado. – 7ª ed. – Barueri: Manole, 2013.

GUEDES, Gisela Sampaio da Cruz; et al. (coord). *Direito das Garantias.* São Paulo: Saraivajur, 2017.

GUERREIRO, José Alexandre Tavares. *Contrato de fiança in.* Direito Processual Empresarial (org. Gilberto Gomes Bruschi et al.). Rio de Janeiro: Campus Jurídico, 2012, p. 409-419.

HIRONAKA, Giselda Maria Fernandes Novaes. *Contrato: estrutura milenar de fundação do direito privado.* Revista da Faculdade de Direito, Universidade de São Paulo, v. 97, p. 127-138, 2002. Disponível em: https://www.revistas.usp.br/rfdusp/article/view/67537. Acesso em: 4 de abril de 2023.

HAURIOU, Maurice. *La teoria de la institución y de la fundación (Ensayo de vitalismo social)* – tradução de Arturo Enrique Sampay. Buenos Aires: Abeledo-Perrot, 1968.

HULOT, Henri. *Les Cinquant livre du Digeste ou Des Pandectes de L'Empereur Justinien* – Tome Second. Paris : Chez Rondonneau, 1804.

_________. *Les Cinquant livre du Digeste ou Des Pandectes de L'Empereur Justinien* – Tome Sixième. Paris : Chez Rondonneau, 1804.

_________. *La clef de lois romaines, ou dictionnaire analytique et raisonné de toutes les matières contenues dans le Corps de Droit* – Tome Second. Metz: Chez C. Lamort, 1810.

JUNQUEIRA DE AZEVEDO, Antonio. *Negócio Jurídico Existência, Validade e Eficácia.* 4ª edição, atualizada de acordo com o novo Código Civil (Lei n. 10.406, de 10-1-2002), 2002, 7ª tiragem, 2010.

_________. *Caracterização jurídica da dignidade da pessoa humana.* Revista da Faculdade de Direito, Universidade de São Paulo, v. 97, p. 107-125, 2002. Disponível em: https://www.revistas.usp.br/rfdusp/article/view/67536. Acesso em: 4 de abril de 2023.

KELSEN, Hans. *Teoria Pura do Direito*: tradução João Baptista Machado – 8ª edição – São Paulo: Editora WMF Martins Fontes, 2009.

KURY, Mário da Gama. *Dicionário de Mitologia Grega e Romana*; 8ª edição. Rio de Janeiro: editora Zahar, 2009.

LEME, Lino de Moraes. *A causa nos contratos.* Revista da Faculdade de Direito, Universidade de São Paulo, v. 52, p. 72-79, 1957. Disponível em: https://www.revistas.usp.br/rfdusp/article/view/66264. Acesso em: 4 de abril de 2023.

LIMA, Thiago Asfor Rocha. *Precedentes judiciais civis no Brasil.* São Paulo: Saraiva, 2013.

LOBO, Paulo. *Direito Civil: Contratos.* São Paulo: SaraivaJur, 4ª edição, 2018.

LUCCA, Newton de. *O aval – parte II.* Revista da Faculdade de Direito, Universidade de São Paulo, *[S. l.]*, v. 81, p. 170-201, 1986. Disponível em: https://www.revistas.usp.br/rfdusp/article/view/67076. Acesso em: 4 de abril de 2023.

LUCCA, Rodrigo Ramina de. *O dever de motivação das decisões judiciais: Estado de Direito, segurança jurídica e teoria dos precedentes.* 2ª edição, revista e atualizada. Salvador: Juspodivm, 2016.

MACKAAY, Ejan; ROUSSEAU, Stéphane. *Análise econômica do direito* – 2ª edição – São Paulo: Atlas, 2015.

MAGALHÃES, J. M. Barbosa de. *Das obrigações solidárias*. Coimbra: Livraria Central de J. Diogo Pires. 1882.

MALHEIROS, Álvaro. *Aparência de Direito, in*. Revista de Direito Privado, vol. 1, p. 955-1006, São Paulo: Revista dos Tribunais, 2011.

MARKY, Thomaz. *Curso elementar de direito romano*. São Paulo: Saraiva, 8ª edição, 14ª tiragem, 2012.

MARINO, Francisco Paulo de Crescenzo. *Contratos Coligados no Direito Brasileiro*. São Paulo: Saraiva, 2009.

MARINONI, Luiz Guilherme. *Julgamento nas Cortes Supremas: precedente e decisão do recurso diante do novo CPC*. São Paulo: Revista dos Tribunais, 2015.

__________. *A Ética dos precedentes: justificativa do novo CPC*. 2ª edição, revista, atualizada e ampliada. São Paulo: Revista dos Tribunais, 2016.

MARMITT, Arnaldo. *Fiança Civil e Comercial*. Rio de Janeiro: AIDE Editora, 1989.

MARTINS-COSTA, Judith. *A Boa-Fé no Direito Privado* – 2ª edição. São Paulo: Saraiva, 2018.

MAXIMILIANO, Carlos. *Hermenêutica e Aplicação do Direito*. 20ª ed. – Rio de Janeiro: Forense, 2011.

MEIRA, Silvio. *Teixeira de Freitas – o Jurisconsulto do Império: Vida e Obra*. São Paulo: Editora Olympio, 1979.

MELLO, Marcos Bernardes de. *Teoria do fato jurídico: plano da eficácia, 1ª parte* – 3ª edição – São Paulo: Saraiva, 2007.

__________. *Teoria do fato jurídico: plano da validade* – 12ª edição – São Paulo: Saraiva, 2013.

MENEZES CORDEIRO, Antonio. *Boa fé no Direito Privado*, Coimbra: Almedina, 2012.

MENEZES CORDEIRO, António Barreto. *Do trust no direito civil*. Coimbra: Almedina, 2014.

MENEZES LEITÃO, Luís Manuel Teles de. *Direito das Obrigações, vol. II*. Coimbra: Almedina, 7ª edição, 2010.

__________. *Garantias das Obrigações – 2ª edição*. Coimbra: Almedina, 2008.

MIRAGEM, Bruno. *Direito bancário* – 3ª ed. São Paulo: Revista dos Tribunais, 2019.

MIRANDA, Victor Vasconcelos; BORTOLUCCI, Lygia Helena Fonseca. *Comentários acerca dos precedentes judiciais sobre a impenhorabilidade do bem de família do fiador a partir dos posicionamentos do STJ e do STF: o refinamento da* ratio decidendi *no tempo*. Revista Forense, Rio de Janeiro, v. 430, jul./dez. 2019. Disponível em: http://genjuridico.com.br/2020/04/28/impenhorabilidade-bem-de-familia/. Acesso em: 4 de abril de 2023.

MITIDIERO, Daniel. *Cortes superiores e cortes supremas: do controle à interpretação da jurisprudência ao precedente*. 2ª edição, revista, atualizada e ampliada. São Paulo: Revista dos Tribunais, 2014.

_________. *Precedentes: da persuasão à vinculação*. São Paulo: Revista dos Tribunais, 2016.

MONTEIRO, Washington de Barros. *Curso de Direito Civil: direito das obrigações: 2ª parte: dos contratos em geral, das várias espécies de contrato, dos atos unilaterais, da responsabilidade civil*, v. 5. – 35ª ed. – São Paulo: Saraiva, 2007.

MORAES, Alexandre de. *Direito Constitucional*. 28ª edição. São Paulo: Atlas, 2012.

MORAES, Bernardo B. Queiroz de. *Parte Geral: código civil: gênese, difusão e conveniência de uma ideia*. 1ª ed. – São Paulo: YK, 2018.

MORGAN, Willis D. *History and Economics of Suretyship*, 12 Cornell, L. Rev. pp. 153-171, 1927, Available at: http://scholarship.law.cornell.edu/clr/vol12/iss2/2, acesso em 4 de abril de 2023.

MOTA, Mauricio Jorge Pereira da. *A Teoria da Aparência Jurídica*. *in*. Revista de Direito Privado, vol. 32/2007, p. 218-279. São Paulo: Revista dos Tribunais, 2007.

MOTA PINTO, Carlos Alberto da. *Teoria Geral do Direito Civil* – 4ª edição. Coimbra: Coimbra Editora, 2005.

MOYLE, John Baron. *The Institutes of Justinian*. Oxford: Clarendon Press, 1906.

NANNI, Giovanni Ettore (org.). *Comentários ao Código Civil: direito privado contemporâneo*. São Paulo: Saraiva, 2018.

NORONHA, Fernando. *Direito das obrigações, vol. 1*. São Paulo: Saraiva, 2003.

OLIVEIRA, James Eduardo. *Código civil anotado e comentado*. Rio de Janeiro: Forense, 2010.

OLIVEIRA, Lauro Laertes de. *Da fiança*. São Paulo: Saraiva, 1981.

PARGENDLER, Mariana e SALAMA, Bruno M., *Law and Economics in the Civil Law World: The Case of Brazilian Courts* (October 24, 2014). Stanford Law and Economics Olin Working Paper No. 471. Disponível em https://ssrn.com/abstract=2514577 e http://dx.doi.org/10.2139/ssrn.2514577, acesso em 4 de abril de 2023.

PASSOS, Edilenice. LIMA, João Alberto de Oliveira. *Memória legislativa do Código Civil*. Vol. 1. Brasília: Senado Federal, 2012.

_________._________._________. Vol. 2. Brasília: Senado Federal, 2012.

_________._________._________. Vol. 3. Brasília: Senado Federal, 2012.

_________._________._________. Vol. 4. Brasília: Senado Federal, 2012.

PEREIRA, Caio Mario da Silva. *Instituições de Direito Civil, volume III – fontes das obrigações*. Rio de Janeiro: Editora Forense, 1963.

_________. _________. *Volume III: Contratos* – 24ª edição – Rio de Janeiro: Forense, 2020.

PEREIRA, Paula Pessoa. *Legitimidade dos precedentes: universabilidade das decisões do STJ*. São Paulo: Revista dos Tribunais, 2014.

PESTANA DE VASCONCELOS, Luís Miguel Delgado Paredes. *Direito das Garantias* – 2ª Ed – Coimbra: Almedina, 2013.

PINTO E SILVA, Fábio Rocha. *Garantia das Obrigações*. São Paulo: Editora IASP, 2017.

PONTES DE MIRANDA, Francisco Cavalcanti. *Tratado de Direito Privado, T. 2*. São Paulo: Revista dos Tribunais, 2012.

_________. _________. *T. 3*. São Paulo: Revista dos Tribunais, 2012.

_________. _________. *T. 5*. São Paulo: Revista dos Tribunais, 2012.

_________. _________. *T. 25*. São Paulo: Revista dos Tribunais, 2012.

_________. _________. *T. 34*. São Paulo: Revista dos Tribunais, 2012.

_________. _________. *T. 42*. São Paulo: Revista dos Tribunais, 2012.

_________. _________. *T. 44*. São Paulo: Revista dos Tribunais, 2012.

_________. _________. *T. 49*. São Paulo: Revista dos Tribunais, 2012.

QUINTELA, Felipe. *Decodificando o Código Civil (5) – A tramitação do Código Civil de 1916* (parte 1) disponível em Gen Jurídico http://genjuridico.com.br/2017/02/07/decodificando-o-codigo-civil-5-tramitac%CC%A7a%CC%83o-do-codigo-civil-de-1916-parte-1/, disponível em 4 de abril de 2023.

_________. _________. (parte 2) disponível em Gen Jurídico http://genjuridico.com.br/2017/02/14/decodificando-o-codigo-civil-6-tramitac%CC%A7a%CC%83o-do-codigo-civil-de-1916-parte-2/, disponível em 4 de abril de 2023.

REALE, Miguel. *Mensagem nº 160*. *In*. Projeto de Lei nº 634/1975. Diário do Congresso Nacional, Suplemento (B) ao nº 061, Capital Federal, Seção I, Sexta-Feira, 13 de junho de 1975.

_________. *Liberdade e valor*. *In*. Revista da Faculdade de Direito, Universidade de São Paulo, v. 53, p. 89-112, 1958. Disponível em: https://www.

revistas.usp.br/rfdusp/article/view/66284. Acesso em: 4 de abril de 2023.

________. *Boa-fé no Código Civil.* Disponível em https://www.migalhas.com.br/depeso/2543/boa-fe-no-codigo-civil. Acesso em: 4 de abril de 2023.

RECONDO, Felipe; WEBER, Luiz. *Os Onze: O STF, seus bastidores e suas Críticas*, São Paulo: Companhia das Letras, 2019.

REQUIÃO, Rubens. *Curso de direito comercial,* 1º volume – 28ª edição – São Paulo: Saraiva, 2009.

REZENDE, Christiane Leles; ZYLBERSZTAJN, Decio. *Quebras contratuais e dispersão de sentenças. Revista Direito GV.* v. 7.n. 1. t. 13. São Paulo: Jan--Jun de 2011, p. 155-176. Disponível em: http://www.scielo.br/scielo.php?script=sci_arttext&pid=S1808-24322011000100008, acesso em 4 de abril de 2023.

RODRIGUES JUNIOR, Otavio Luiz. *Estatuto epistemológico do Direito civil contemporâneo na tradição de civil law em face do neoconstitucionalismo e dos princípios. O Direito,* Coimbra, ano 143, vol. II, pp. 43-66, 2011.

RODRIGUES, Coelho Antonio. *Projecto do Código Civil Brazileiro precedido de um projeto de lei preliminar.* Rio de Janeiro: Imprensa Nacional, 1893.

RODRIGUES, Silvio. *Direito civil, volume 3: dos contratos e das declarações unilaterais da vontade* – 30ª edição – São Paulo: Saraiva, 2004.

SANTOS, Gildo dos. *Fiança.* São Paulo: Revista dos Tribunais, 2006.

SANTOS, Moacir Amaral. *Da Fiança e de alguns dos benefícios do fiador.* São Paulo: Revista FDUSP, vol. 49, 1954.

SANSEVERINO, Mílton. *Renunciabilidade do direito à exoneração de fiança.* Revista do Instituto de Pesquisas e Estudos, Bauru, n. 21, p. 345-350, abr./jul., 1998.

________. *Fiança concedida por um dos cônjuges sem o consentimento do outro: nulidade ou mera anulabilidade?.* Justitia, São Paulo, v. 58, n. 173, p. 58-60, jan./mar., 1996.

SARLET, Ingo Wolfgang. *STF, o direito à moradia e a discussão em torno da penhorabilidade do bem de família,* 30 de junho de 2018, https://www.conjur.com.br/2018-jun-30/observatorio-constitucional-stf-direito-moradia--penhorabilidade-bem-familia, acesso em 4 de abril de 2023.

SEGALLA, Alessandro Schirrmeister. *Contrato de fiança.* São Paulo: Atlas, 2013.

_________. *Mora do Afiançado e o Contrato de Fiança.* Disponível em http://www.cartaforense.com.br/conteudo/artigos/mora-do-afiancado-e-o--contrato-de-fianca/14363; acesso em 4 de abril de 2023.

SCHREIBER, Anderson ... [et al.]. *Código Civil comentado: doutrina e jurisprudência.* 2ª ed., Rio de Janeiro: Forense, 2020.

SILVA, José Afonso da. *Curso de direito constitucional positivo.* 16ª edição. São Paulo: Malheiros, 1999.

SILVA, Virgílio Afonso da. *Direitos Fundamentais: Conteúdo essencial, restrições e eficácia.* 2ª ed. São Paulo: Malheiros, 2010.

SIMÃO, José Fernando. *Prescrição e decadência: início dos prazos.* São Paulo: Atlas, 2013.

_________. *Vícios do Produto no Novo Código Civil e no Código de Defesa do Consumidor.* São Paulo: Atlas, 2003

_________. *Os pactos sucessórios ontem e hoje: uma leitura à luz da teoria do patrimônio mínimo de Luiz Edson Fachin in.* Transformações no Direito Privado nos 30 anos da Constituição: estudos em homenagem a Luiz Edson Fachin/Marcos Ehrhardt Júnior, Eroulths Cortiano Junior (Coord.) – Belo Horizonte: Fórum, 2019, pp. 777-790.

_________. *A teoria dualista do vínculo obrigacional e sua aplicação ao direito civil brasileiro.* In: Fernanda Pessoa Chuahy de Paula; et. al. (Org.). Direito das obrigações: reflexões no direito material e processual. – obra em homenagem a Jones Figueirêdo Alves. 1ed. São Paulo: Método, 2011, v. 1, p. 239-253.

_________. *Ser ou não ser: outorga conjugal e solidariedade familiar. In.* A Leitura: cad. ESM-PA, Belém, v.2, n.3, nov. 2009, p. 56-67.

_________. *Mora do afiançado não impede a exoneração do fiador nos contratos por prazo indeterminado – Parte 1.* Disponível em https://professorsimao.com.br/mora-do-afiancado-nao-impede-a-exoneracao-do-fiador-nos-contratos-por-prazo-indeterminado-parte-1/, acesso em 4 de abril de 2023.

_________. _________. *Parte 2.* Disponível em https://professorsimao.com.br/mora-do-afiancado-nao-impede-a-exoneracao-do-fiador-nos-contratos-por-prazo-indeterminado-parte-2/, acesso em 4 de abril de 2023.

_________. *E então o STF decidiu o destino do artigo 1.790 do CC?* (parte 1) https://www.conjur.com.br/2016-dez-04/processo-familiar-entao-stf-decidiu-destino-artigo-1790-cc-parte, acesso em 4 de abril de 2023.

________. ________. (parte 2) https://www.conjur.com.br/2016-dez-25/processo-familiar-entao-stf-decidiu-destino-artigo-1790-cc-parte, acesso em 4 de abril de 2023.

________. O testamento magistral: uma nova figura criada em Guaxupé (parte 2), publicado em 12 de agosto de 2018, Portal Consultor Jurídico, disponível em https://www.conjur.com.br/2018-ago-12/processo-familiar-testamento-magistral-figura-criada-guaxupe-parte, acesso em 4 de abril de 2023.

________. *A PEC Do Divórcio: A Revolução do Século em Matéria de Direito de Família*, artigo disponível em http://www.ibdfam.org.br/artigos/652/novosite, acesso em 4 de abril de 2023.

________. *LICC OU LINDB? A triste mudança e a mediocridade legislativa.* Publicado originalmente na Carta Forense, atualmente disponível em https://professorsimao.com.br/licc-ou-lindb-a-triste-mudanca-e-a-mediocridade-legislativa/, acesso em 4 de abril de 2023.

________. *Separação obrigatória com pacto antenupcial? Sim, é possível.* Consultor Jurídico, disponível em https://www.conjur.com.br/2018-fev-11/processo-familiar-separacao-obrigatoria-pacto-antenupcial-sim-possivel#sdfootnote5sym, acesso em 2 de abril de 2023.

________. e Kairalla, Marcello Uriel. *A desnecessidade de uma teoria geral da obrigação empresarial e os equívocos do projeto de Código Comercial.* https://migalhas.uol.com.br/coluna/migalhas-contratuais/315377/a-desnecessidade-de-uma-teoria-geral-da-obrigacao-empresarial-e-os, acesso em 4 de abril de 2023.

Simões, Marcel Edvar. *Ação em sentido material ainda existe em nosso sistema jurídico? (parte 2)*, in. Direito Civil Atual, Consultor Jurídico. https://www.conjur.com.br/2016-mai-23/direito-civil-atual-acao-sentido-material--ainda-existe-nosso-sistema-juridico-parte#_ftn4, acesso em 4 de abril de 2023.

Souza, Sylvio Capanema de. *A lei do Inquilinato comentada artigo por artigo.* 8ª Edição. Rio de Janeiro: Gen/Forense, 2012.

________. *A penhorabilidade do imóvel de fiador de contrato de locação* https://www.migalhas.com.br/Edilicias/127,MI288298,61044-A+penhorabilidade+do+imovel+de+fiador+de+contrato+de+locacao, acesso em 4 de abril de 2023.

Tartuce, Flavio. *Direito Civil: Teoria Geral dos Contratos e Contratos em espécie. Vol. 3* – 15ª edição revista, atualizada e ampliada – São Paulo: Editora Gen/Forense, 2020.

_________; SIMÃO, José Fenando. *Direito de família* – 8ª ed. – São Paulo: Método, 2013.

_________. *Manual de Direito Civil: Volume Único* – 5ª ed. – São Paulo: Método, 2015.

_________. *Alguns pontos do art. 1.647 do CC.* Carta Forense, disponível em https://www.ibdfam.org.br/artigos/540/A+quest%C3%A3o+da+outorga+conjugal, com acesso em 4 de abril de 2023.

TEPEDINO, Gustavo; KONDER, Carlos Nelson; BANDEIRA, Paula Greco. *Fundamentos do direito civil: volume 3: contratos.* – 1ª edição – Rio de Janeiro: Forense, 2020.

THEODORO JÚNIOR, Humberto. *A Fiança e a Prorrogação do Contrato de Locação*, in. Revista de Direito Privado: RDPriv, v. 5, n. 18, p. 66-83, abr./jun. 2004.

TUCCI, José Rogério Cruz e. *Precedente judicial como fonte do direito.* São Paulo: Revista dos Tribunais, 2004.

_________. *Tradição luso-brasileira dos* Assentos *da Casa da Suplicação.* In: BITTAR, Eduardo C. B. (org.). História do Direito Brasileiro: Leituras da Ordem Jurídica Nacional – 4ª ed. – São Paulo: Atlas, 2017, pp. 101-119.

VELOSO, Zeno Augusto Bastos. *Invalidade do negócio jurídico: nulidade e anulabilidade* – 2ª edição; Belo Horizonte: Del Rey, 2005.

_________. *Controle jurisdicional de constitucionalidade.* Belém: CEJUP, 1999.

_________. *Teixeira de Freitas e Pontes de Miranda.* Belém: Unama, 2010.

_________. Revista de Informação Legislativa, Brasília, n. 107, a. 27, jul./set. 1990, p. 203-214.

VENOSA, Sílvio de Salvo. *Direito Civil: Contratos – 13ª edição* – São Paulo: Atlas, 2013.

_________. *Lei do inquilinato comentada – doutrina e prática* – 15ª edição. São Paulo: Atlas, 2020.

VIEIRA, Oscar Vilhena. *Supremocracia. In.* Revista Direito GV, n. 8. Jul-dez 2008, pp. 441-464.

VILELA, João Batista. *Apontamentos sobre a cláusula "... ou devia saber" – in.* Revista Brasileira de Estudos Políticos, v. 97, 1 jan. 2008, pp. 179-200.

WATSON, Alan. *The Digest of Justinian, vol. 1.* Philadelphia: University of Pennsylvania Press, 1998.

_________. _________. *vol. 2.* Philadelphia: University of Pennsylvania Press, 1998.

_________. _________. *vol. 4.* Philadelphia: University of Pennsylvania Press, 1998.